作者自序

作者簡介

Timbee LO
個人網站： timbeelo.shop

2016 年起以「窮遊達人」身份拍攝一系列以最低成本、享受最高質旅遊為宗旨的旅遊影片YouTuber，強項發掘日本當地不為人知的神隱小店，甚至將最時尚最潮流的餐飲、美食、時尚、美容資訊帶給大家。

窮遊達人 MR. TRAVEL GENIUS
YouTube 頻道《京阪神》專輯：

很□□□□ □an Publishing 的邀請，為大家介紹「京阪神」地區的旅遊景點！過去許多年來，由於時裝設計的工作關係，經常到日本各地跟不同的時裝界人仕往來，除了探索當地的時尚潮流，更在日本當地朋友的引領之下，深入許多不為人知的神隱地帶發挖土炮小店，接觸到遊客未必注意到的好地方。

這次由我操刀主編的《京阪神》，算是我涉足旅遊 YouTuber 後開拓的另一個新領域。我大膽嘗試為書籍排版作出一些大改動，希望能讓讀者有更好的閱讀體驗。

首先，《京阪神》一書的更新旅程以及最新、最潮的餐飲美食介紹，均會同步上載影片到 YouTube 頻道「窮遊達人 MR. TRAVEL GENIUS」，跟大家分享。

此外，本書中每一個觀光景點，都從車站開始順序排列路線，方便讀者可以拿著書本，依照順序（或反方向）逛完整個地區，一覽無遺；地圖亦極度簡化，令讀者一眼看清景點佈局；店舖介紹亦全部換成直排，方便讀者用手機整格拍下，從而整理行程。

另一方面，我亦跟不同的網站爭取優惠，如書中有刊載 QR Code，大家不妨掃一掃，或許會發現意外驚喜優惠。

最後，感謝大家購買本書！能夠得到大家的支持，將會為 I Can Publishing 全人帶來無限動力，繼續發掘更多新景點與大家分享！

大阪

京都

神戸

京阪神

圖例：

 世界遺產

 退稅 提供退稅或免稅服務

 Wi-Fi 提供免費 Wi-Fi

提提你

[contents]

關西旅遊事前準備須知

基本資料

　　所謂關西地區（Kansai），即本州飛驒山脈以西的地方，官方名稱應為「近畿地方」，曾是日本古代 1200 年歷史的古都，文化遺產豐富。由京都府、大阪府、滋賀縣、兵庫縣、奈良縣，以及和歌山縣 6 個位於本州的府縣組成，有時更會加入福井縣和三重縣。

時差

　　日本的格林威治標準時間為 GMT+9 小時，全國各地皆為統一時間，比香港和台灣快 1 小時。

氣候

　　關西地區氣候較東京溫暖，雨量也較少，夏季平均攝氏 27.7 度；冬季平均攝氏 7.6 度。但內陸和沿海地方略有差異，氣溫南高北低，其中大阪、京都較溫暖，但 12 月至翌年 1 月也常下雪。

日本氣象廳網址：jma.go.jp

通用語言

　　關西的日語，會混雜方言「関西弁」（關西腔）。在市中心旅遊區，特別是京都和神戶，英語通用情況良好，很多受旅客歡迎的食店或商店，也常有華裔留學生店員，溝通不難。

電壓與插頭

　　電壓為 100V、頻率為 50Hz，電源插口則為兩腳扁插頭。手機、電腦、相機等充電器一般備有自動變壓，毋須使用變壓器，但請帶備兩腳的轉駁插頭。

日本法定假期

　　日本的長假期主要有 3 個，分別為：年末年始的元旦休假、5 月初的黃金周和 8 月的盂蘭盆節，住宿價格會增加。

日期	日本假期	備註
1 月 1 日	元旦	12 月 29 日至 1 月 4 日連休
1 月第 2 個星期一	成人日	
2 月 11 日	建國記念日	
2 月 23 日	天皇誕生日	
3 月 20 日	春分日	
4 月 29 日	昭和日	
5 月 3 日	憲法紀念日	黃金周連休
5 月 4 日	綠色日	黃金周連休
5 月 5 日	兒童節	黃金周連休
7 月第 3 個星期一	海洋日	
8 月 11 日	山之日	
9 月第 3 個星期一	敬老節	
9 月 22 日	秋分節	
10 月第 2 個星期一	體育日	
11 月 3 日	文化日	
11 月 23 日	勞動感恩節	

＊ 如假期遇上周日，則翌日補假一天。

通用貨幣

　　現時「日元」（¥ /円）流通市面的硬幣有：¥1、¥5、¥10、¥50、¥100 及 ¥500 共 6 種；紙幣則有 ¥1,000、¥5,000、¥10,000 及不常見的 ¥2,000 共 4 種。須注意 2024 年日本會發行新鈔。

匯率

　　現時港元兌日圓匯率約為 0.6，即 ¥1,000 = HK$60，僅供參考。＊本書所列價錢，除特別標明，均為日圓（¥）。

提款

　　日本不是所有 ATM 都接受外國提款卡，但只要提款卡或信用卡印有 VISA、PLUS、銀聯、MasterCard、Maestro、Cirrus、AMERICAN EXPRESS 或 JCB 標誌，即可在全日本 7-11 便利店的「SEVEN BANK」ATM 提款。備有中、英文介面，且 24 小時營業，但每次需收取 ¥150 手續費，匯率則以提款當日計算。

網址：sevenbank.co.jp/intlcard

注意：香港旅客於海外使用櫃員機提款，必須預先在香港啟動海外提款設定。

兌換

　　香港兌換最便宜方式，是事前在銀行網上兌換成外匯，然後再預約到銀行門市提取現鈔，會比銀行即時找換 / 找換店的匯率都要高，但需要提前最少兩星期準備。

　　如急需日元現鈔，亦可到日本機場找換，但匯率不划算。而便利店提款，匯率雖然不錯，但注意每次提款金額也有上限，而且每單交易需額外支付手續費，加起來後可不划算。

消費稅與退稅

　　2019 年起，日本消費稅已提高至 10%。旅客購物時需留意價格標示，「稅込」表示價格已含稅；「稅別」則表示未連稅。

　　海外旅客若果購買「一般物品」與「消耗品」，只要購物金額 ¥5,000 以上，即可辦理退稅，詳見後文「退稅攻略」介紹。

日本年號與西曆對照表

　　日本現時年號為「令和」。只要將西曆年份減去 2018，便可得出「令和」的年份。

日本年號	西曆
明治（Meiji）	1868 ~ 1912 年
大正（Taisho）	1912 ~ 1926 年
昭和（Showa）	1926 ~ 1989 年
平成（Heisei）	1989 ~ 2019 年
令和（Reiwa）	2019 年 ~ 現在

京阪神交通攻略

關西機場快線 HARUKA：

往返關西機場至大阪、新大阪、天王寺、京都、神戶、奈良的直通車，非指定席。透過 KKDAY 購買，於指定換票口取票後即日可以隨時上車，而且亦較便宜。

線上買：

南海電鐵 2 日券：

只能行走「和歌山至大阪、難波、新今宮」等地，最方便是關西空港去臨空港 outlet 再去難波，兩天內任意搭乘。透過 KKDAY 購買價錢會更便宜。

線上買：

日本關西周遊券 2 日券 / 3 日券：

可於整個關西地區搭乘地鐵、巴士往返，道合穿梭大阪、奈良、京都等地長途車。但絕不適用於大阪往返京都，因為大阪直接往返京都只有 JR，而 JR 線是不包含在內的。透過 KKDAY 購買價錢會更便宜。

線上買：

電子交通卡 ICOCA：

關西地區最方便首推「ICOCA」，名字為關西腔「行囉！（行こうか）」之意。適用於關西地區的 JR、私鐵、地下鐵及巴士等交通工具，還可作電子貨幣使用。可在各車站的票務處或貼有「ICOCA」標誌的售票機購買。票價￥2000，其中￥500 是按金，每次增值最少￥1000。

回數卡：

類似儲值票，成人票價￥3000，小童票價￥1500，適用於大阪市營及私鐵。於車站的售票機即可購買，但用剩的金額不設退款。

大阪地鐵巴士乘車券：

可一天內無限次搭乘大阪市營地鐵、巴士，「外國人專用版」更便宜，但在日本國內購買時需要確認護照。不過若透過 KKDAY 購買，不但可享折扣優惠，價錢會更便宜，而且抵達大阪後，於指定地點兌換成實體票券即可。

線上買：

大阪周遊：

超級划算！持有此卡，即可免費參觀約 40 個以上的熱門觀光景點，包括美術館、觀光船及摩天輪等等！更可搭乘大阪地下鐵及巴士全線（部分路線除外），但「1 日券」可乘搭大阪市區的阪急、阪神、京阪、近鐵和南海電鐵，而「2 日券」不可搭乘私鐵。此外，使用時間以「日」為單位，而非開卡後 24 小時 / 48 小時。透過 KKDAY 購買價錢會更便宜，抵達大阪後，於指定地點兌換成實體票券即可。

線上買：

部份景點及觀光船需事先網上預約，而且逾時不候。因無法重新預約，務必準時提前到達。

京阪神網路卡推介

TDPSI 日本 4G SIMCARD

安裝卡後簡單設定，等待 3-5 分鐘可用，14 日內很暢順，不錯。

線上買：

LUCKY 2 SIM CARD

日本、韓國、台灣、中國、澳門一卡通行，接收非常暢順，可用足一年 365 日，頭 20GB 高速，其後減速但仍有簡單網絡接收，不會數據用盡便完全失聯。（約 HK$160）

A. 出發前

防疫限制

　　2023 年 4 月 29 日起，日本已免除疫苗證明，不夠 3 針的旅客，不再需要出境前 72 小時內提交 PCR 陰性證明。

簽證

香港旅客：持有香港特區護照或 BNO，可享有 90 天免簽證入境。
www.hk.emb-japan.go.jp/
台灣旅客：持有中華民國護照，可享有 90 天免簽證入境。
www.koryu.or.jp/

Visit Japan Web 教學

　　日本厚生勞動省於 2021 年推出的自助入境系統，旅客可使用手機或電腦進入 Visit Japan Web 網站，支援繁體中文、簡體中文、英文、日文和韓文，從此入境無需再填紙仔！注意：旅客需於預定抵達日本

Visit Japan Web

辦理入境手續準備：

- ☐ 機票
- ☐ 護照（至少 6 個月有效期）
- ☐ 電郵地址
- ☐ 自遊密碼

＊如沒有事先登錄 Visit Japan Web，抵達日本機場後仍可即場填寫外國人入國記錄卡、海關申報表等，惟審查時間較長。vjw.digital.go.jp

1. 建立帳號

首次使用 Visit Japan Web，旅客必須建立一個新帳號。輸入電郵地址及設定密碼後，系統會發出認證碼到所輸入的電郵地址，輸入認證碼才為之完成註冊。

2. 填寫個人資料

登入帳號後，點擊「本人資料」便可以填寫個人資料。

2.1
首先，確認是否持有日本護照及日本再入國許可簽證（如工作簽證、學生簽證等），如沒有便選「否」。

第 3 欄是新增的「是否使用免稅 QR 碼」，本書後文會再詳細介紹。

2.2
按指示逐一填寫護照號碼、姓名、出生日期、國籍、性別等。

2.3
在日本的聯絡處為任意填寫，若果每次入境日本時的住處都不同，建議不要輸入維持空白。

2.4
按「下一步」，確認資料無誤再按「登錄」，便完成本人資料部分。

3. 填寫同行家人資料

若有小童或長者同行，可點選「同行家人資料」，再逐一填寫家人資料。
＊入境、回國手續，若有嬰幼兒等無法自行辦理手續者，可登錄為同行家人。

同行家人資料　　　　未登錄

4. 填寫入境、回國預定

返回首頁，繼續填寫「入境及回國預定」資料。

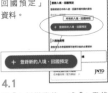

4.1
按「＋新增登錄」或「＋登錄新的入境、回國預定」。

4.2
逐一填寫：旅行名稱（非必填項目，如不填寫，系統會自動設定為抵達日期）、抵達日期、乘搭航空公司及航班編號。

4.3
填寫在日本的聯絡處，即是入住的酒店／旅館地址、郵遞區號及電話號碼，完成後按「確認輸入內容」。

若有同行家人，請點選同行家人姓名旁的勾選方塊（可選擇多位同行家人）。

4.4
確認資料無誤後，按「登錄」即完成。

5. 填寫外國人入境紀錄

點選「日本入境、回國手續」畫面的「外國人入境記錄」，填寫日本入境審查資料。

5.1
填寫個人資料，姓名及出生日期等系統會自動輸入，只需填寫香港／台灣居住地即可。

5.2
填寫入境目的、抵達航班編號、停留日數、住宿地點及聯絡資料等。

5.3
回答「提問事項」，如有否被拒入境、有否觸犯過刑法等。

5.4
確認輸入內容後按「登錄」即完成。返回主頁點選「外國人入境紀錄」下面的「顯示 QR 碼」，即可見到入境審查的 QR Code。

6. 填寫海關申報表

點選「返回入境、回國手續」，點選「攜帶品、後送物品申報」，填寫海關申報表格。

6.1
填寫職業、抵達日本日期及出發地點等。

6.2
輸入同行家人數目。

6.3
填寫日本住宿或酒店地址詳情。

6.4
回答「申報資訊」，如有否攜帶毒品、槍砲等。

6.5
完成登錄後，返回主頁點選「海關申報準備」下面的「顯示 QR 碼」，即可見到海關申報的 QR Code。

B. 入境當日

7. 過關出示 QR Code

抵達日本機場當日，逐一向入境審查員用手機出示 Visit Japan Web 的「入境」，以及向海關人員出示「海關」的 QR Code 即可。

7.1
進入「日本入境、回國手續」畫面，點選「外國人入境紀錄」下面的「顯示 QR 碼」，即可見到黃色 Bar 的「入境審查的 QR 碼」。

7.2
再點選下面的「海關申報的 QR 碼」，即能見到藍色 Bar 的「海關申報 QR 碼」。

C. 入境後

8. 新！申請免稅 QR Code

Visit Japan Web 新增的「免稅 QR 碼」功能，提前完成註冊，退稅時無需再向店員出示護照，只需提供免稅 QR 碼，快捷方便。

＊暫時支援服務的商店不多，建議購物時最好還是帶備護照。

8.1
返回主頁，按「在日本停留期間的手續」，點選「建立免稅 QR 碼」。

8.2
拍攝入境時海關人員貼在護照內的「上陸許可證」貼紙（請對準掃碼框，系統會自動讀取 QR 碼）。

8.3
完成登錄後，購物退稅時即可出示紅色 Bar 的「免稅 QR 碼」辦理退稅。

日本退稅攻略

現時日本的消費稅已提高至 10%，當地的退稅制度，將商品分為「消耗品」和「一般商品」兩類，旅客只要一天內於同一商店，購物金額 ¥5,000 以上，即享免稅優惠。

Japan. Tax-free Shop

合併退稅更方便

由 2018 年起，簡化外國遊客的免稅手續，新制下「一般物品」與「消耗品」可累積合併退稅，但所有退稅品均需放入密封袋內，離開日本前不

	一般商品	消耗品	一般商品＋消耗品
商品類型	電器、服裝、首飾、包包、工藝品	藥品、化妝品、食品、飲料、香煙等，但不包括生鮮食物	電器、服飾、首飾、包包、工藝品、藥品、化妝品、食品、飲料、香煙等
金額	¥5,000 以上（未連稅）	¥5,000 以上（未連稅）	¥5,000 以上（未連稅）

＊ 退稅上限為 ¥50 萬。　　　　**官網查詢**：tax-freeshop.jnto.go.jp/chc

能開封。最佳例子是在「驚安之殿堂」買了電器、化妝品和日本菓子，只要合計滿 ¥5,000 以上，即可一併退稅，毋須再分一般與消耗品。

退稅流程

日本有兩種退稅方式：一種是在結算時出示護照，直接享用免稅收費。另一種是在支付完含稅的金額後，當日在店內免稅櫃台出示購買商品的發票和護照，辦理退稅手續，即時退回消費稅金額。

1. 凡貼有「Japan. Tax-free Shop」標誌的商戶，即可退稅。

2. 付款時出示護照，即可辦理免稅／退稅服務，店員會代為填寫「免稅品購入記錄票」。

3. 若屬消耗品的免稅商品，會以密封膠袋包裹，理論上在日本境內都不能開封。

退稅注意

- 退稅日語是：「稅金還付（ぜいきんかんぷ）」，不過你說英文：「Tax Free」或亮出護照，店員已能明白。
- 密封膠袋包裹的免稅商品，在日本境內不能打開密封袋，否則免稅無效。至於出境時海關會否逐一檢查退稅品？**日本關員是會抽檢的！**
- 在百貨店辦理退稅時，除了護照，還需出示購物收據，如以信用卡支付，也要出示信用卡收據。
- 若然免稅品需要郵寄回家，只要保留郵寄單據作證明即可。
- 若然免稅品為液體，需放入行李箱托運，只要保留「購物記錄單」申報為已托運即可。

Tips
部分大型百貨店退稅時需收取手續費，如伊勢丹、0101 等需收取 1.1% 服務費，只能退到 8.9% 稅。

日本神社 參拜必Know！

神社、寺廟分別
寺廟是供奉佛教神祇的地方；神社則是日本本土原始宗教——神道教的信仰中心，主要祭祀「天照大神」（太陽女神），以及各種自然萬物之神。

神社常見景物解讀

手水舍（Temizuya / Tyouzuya）

是潔淨雙手和口腔的地方，寓意潔淨身心，也是一種被褉，日本人稱之為「Misogi」。最初本是光着身子在海裏或河流裏進行，後來簡化為漱口和洗手。

御神籤（Omikuji）

日本神社常見結滿白色紙條的樹或架子，這叫御神籤，用以祈求姻緣或人緣運，通常抽到凶籤便結於架上化解。

御守り（Omamori）

即護身符，正確名稱應是神符，作辟邪之用。御守內通常是一個小木片，上面印有神佛稱號、神印或平安符，但佩帶時請勿打開袋子。

「參拜」步驟

因為日語「五円」跟「御緣」同音，所以先丟五円硬幣到賽錢箱（Saizenbako）與神結緣。然後鞠躬兩拜、再兩拍掌合十禱告。

手水舍「洗手」步驟

1 先用右手拿起長柄勺子舀水，清洗左手。

2 再用左手拿勺子舀水，清洗右手。

3 用右手拿勺子舀水，然後將水倒在左手掌心，啜掌心的水來漱口。要注意：切勿讓嘴巴碰到勺子。

4 最後將杓子豎直，利用杓子中剩下的水來清洗杓子把手。

關西賞櫻、紅葉攻略！

關西地區歷史名勝眾多，一直是日本著名的賞櫻與紅葉勝地，「春櫻秋楓」，一生怎也要看一次！

賞櫻

日本人稱之為「お花見」（おはなみ），每年日本各地花期各異，最南面的沖繩早在1月便開花，關西地區位處中部，一般3月至4月初，花期約1星期。屆時日本氣象廳、旅遊局網站都會有櫻花情報公布。

Info

季節：3月下旬～4月上旬
（花期約1星期）
桜開花予想：sakura.weathermap.jp
日本氣象廳：jma.go.jp

賞櫻名所推介：
狹山池公園 大阪

1400年歷史，古稱「筥之池」，是日本最古老的水庫式蓄水池，兼大阪最大的水庫。池邊種有1,300株櫻花樹，屬早開的櫻花品種，素有「大阪中最早盛開的櫻花」之稱，並入選「日本歷史公園100選」，附近還有安藤忠雄設計的「狹山池博物館」。

Info

地址：大阪狹山市岩室
前往方法：南海電鉄「難波」駅轉乘高野線，至「狹山」駅，徒步約15分鐘。

櫻花品種
日本本土擁有超過100個品種的櫻花，顏色和花形各異，最常見的是染井吉野櫻和山櫻，甚至冬季也有櫻花盛開。

染井吉野櫻：
日本各地廣種的櫻花，由5片單瓣形成的單重花，呈淡粉紅色。

山櫻：
常見於日本山野間，花朵近似白色的淡粉色，同時會長出略帶紅色的新葉。

一葉櫻：
八重花的一種，內層花瓣白色，外層淺粉色，特徵是花開同時長出嫩葉。

枝垂櫻：
如柳樹般，所有樹枝下垂，常有樹齡幾百年的古樹。

八重櫻：
花瓣層層疊疊如球，花期比染井吉野櫻稍晚。

河津櫻：源自伊豆半島的河津町，擁有比吉野櫻稍濃的桃粉色花瓣。

芝櫻：莖葉攀爬於地面，盛放時如粉紅地毯，其實與櫻花不同科，只是花形相似。

提提你

大阪城公園 大阪

　　園內種有 3,000 株櫻花樹，乃大阪的賞櫻熱點，其中護城河、豊国神社和玉造口都是賞櫻勝地，西之丸庭園更以「夜櫻」著名。

每年開放一周 櫻花通
大阪造幣局 大阪

　　以八重櫻為主，屬於晚開的櫻花，從南門至北門，全長 560 米的櫻花路「桜の通」，夾道種有 349 棵、多達 133 種的櫻花樹，每年限定開放一星期，屆時會舉辦「桜の通り抜け」的賞櫻活動，也有夜櫻可賞。還可順遊鄰近的毛馬櫻之宮公園。

Tips

注意，賞櫻期間只能從南門進、北門出；非賞櫻期間則只能從北門進出。

關西賞櫻、紅葉攻略

─ Info ─
地址：大阪市中央区大阪城 1-1
網址：osakacastle.net
前往方法：JR 大阪環狀線「大阪城公園」或「森ノ宮」駅；地下鉄中央線或長堀鶴見緑地線「森ノ宮」駅出口 3-B，徒步 5 分鐘。

─ Info ─
地址：大阪市北区天満 1-1-79
開放時間：1000-2100
網址：www.mint.go.jp
前往方法：JR 東西線「大阪天満宮」駅徒步 15 分鐘；地下鉄「南森町」駅徒步 15 分鐘。

万博記念公園 大阪

　　園內種有 9 個品種、共 5,500 株櫻花樹，尤以「染井吉野櫻」為主。「東大路」沿路櫻花夾道，還有「太陽の塔」做背景。屆時更有各式小吃攤屋台，當地人一家大小圍坐樹下野餐，氣氛熱鬧過新年！

─ Info ─
地址：大阪府吹田市千里博公園
開放時間：0930-1700（逢周三休息）
前往方法：
地下鉄御堂筋線（北大阪急行）「千里中央」駅，轉乘單軌電車「大阪モノレール」（Monorail），於「万博記念公園」駅下車，出駅後沿天橋橫過馬路即達中央入口。

醍醐寺 京都

素有「花の醍醐」美譽，戰國時代豐臣秀吉曾在醍醐寺舉行盛大的賞花會，素有「花の醍醐」美譽。寺內櫻花品種特多，河津櫻、枝垂櫻、染井吉野、山櫻、八重櫻、大紅枝垂櫻和大山櫻分階段盛開，故賞櫻期亦較長。

─ Info ─
地址：京都市伏見区醍醐東大路町 22
網址：daigoji.or.jp
前往方法：地下鉄「醍醐」駅。

円山公園 京都

京都最古老的公園，園內種有約 850 株櫻花樹，包括染井吉野櫻、山櫻、里櫻等，其中 12 米高的枝垂櫻「祇園枝垂櫻」，被譽為櫻花之王。花季期間會有各式小吃攤販，氣氛熱鬧，壓軸戲是「祇園夜櫻」。

─ Info ─
地址：京都市東山区円山町 473
前往方法：
JR「京都」駅乗市 BUS（バス）100 或 206 號，車程約 15 分鐘，於「祇園」下車，往東過馬路即達。

京都御苑 京都

日本天皇東遷江戶前的舊皇居，而外圍的「御苑」則是天皇的御花園。總面積 65 公頃，種有超過 5 萬棵高聳綠樹，包括櫻花、桃花和梅花。前天皇明仁退位前都特意來欣賞「平成最後之櫻」。

─ Info ─
地址：京都市上京区京都御苑 3
網址：fng.or.jp/kyoto
前往方法：地下鉄烏丸線「丸太町」駅出口 1，徒步 1 分鐘。

平安神宮 京都

為紀念平安建都 1100 年，而於 1895 年建立，擁有東、中、西、南 4 個庭院，重現平安都城的建築。以櫻花絕景聞名，園內種有 20 個品種、約 300 株櫻花樹，以神苑內的八重紅枝垂為中心，四周還有染井吉野，鐘花櫻桃、山櫻等。

─ Info ─
地址：京都市左京区岡崎西天王町 97
網址：heianjingu.or.jp
前往方法：地下鉄東西線「東山」駅，徒步 10 分鐘。

東寺 京都

寺內 55 米高的五重塔，已被列入聯合國世界文化遺產，更被公認為京都「象徵」。最有名的是高達 13 米的枝垂櫻「不二櫻」，樹齡已超過 120 年，視覺極其震撼。

─ Info ─
地址：京都市南区九条町
前往方法：乗市 BUS（バス）「東寺東門前」下車即達；近鉄京都線「東寺」駅下車，徒步約 10 分鐘。

嵐山 京都

天龍寺種有約 200 株櫻花，渡月橋兩岸，中之島公園皆滿山櫻花，到處都是櫻花小徑。最佳觀賞法，是乘坐嵯峨野嵐山小火車，穿越櫻花隧道。

Info
地址：京都市右京区嵐山
前往方法：JR 嵯峨野線「嵯峨嵐山」駅下車。

鴨川沿岸 京都

三条至七条大橋之間的一段，被稱為「花の回廊」。兩邊河岸種滿染井吉野和垂櫻，每當櫻花盛放，花瓣飄落河面，儼如粉紅色地毡。

Info
前往方法：
京阪電鉄京阪本線「出町柳」、「神宮丸太町」、「三条」、「祇園四条」、「清水五条」、「七条」、「河源町」駅皆達。

南禪寺 京都

地位崇高，規模宏大，擁有多個極具代表性的日本庭園，造景多變，意景深遠，連同附近的哲學の道、平安神宮、蹴上頃斜鐵路等，一直是左京區的最佳賞櫻路線。

Info
地址：京都市左京区南禅寺福地町 86
網址：nanzenji.or.jp
前往方法：
地下鉄東西線「蹴上」駅出口 1 徒步約 10 分鐘；乘市 BUS（バス）於「南禪寺永觀堂道」下車，徒步約 3 分鐘。

哲学の道 京都

因日本哲學家西田幾多郎每天於此處散步而得名，從銀閣寺通往若王子神社，全長約 2 公里的散步道，流水潺潺，兩旁種滿近 500 株櫻花樹，形成粉紅色的櫻花隧道。

Info
地址：京都市左京区浄土寺下南田町 26
前往方法：京都駅前，乘市 BUS（バス）100 號（清水寺銀閣寺方向），於「銀閣寺前」駅下車。

祇園白川 京都

沿着白川建有 200 多公尺的寬闊石坂路，兩旁櫻花和柳樹夾道，淙淙的流水，構成最富京都古意的畫面。

Info
前往方法：京阪電鉄京阪本線「祇園四条」駅出口 9，徒步約 1 分鐘。

關西賞櫻、紅葉攻略

紅葉種類

葉子會轉紅的不止得楓樹一種，日本全國各地有超過 700 種紅葉樹，最常見的是伊呂波楓和銀杏。葉片會隨溫度轉葉，通常氣溫低於攝氏 8 度，葉子便開始轉色，由綠轉黃、再變紅，日本人認為猩紅色的紅葉最美！

日本楓葉一般有 5 到 7 裂。

另一常見的「紅葉」是銀杏，金黃色的葉子呈扇狀。

提提你

紅葉

「紅葉」日文可以寫成「もみじ」（Momiji）或「こうよう」（Kouyou）。而賞楓，古稱為「紅葉狩り」。相較於櫻花，紅葉的觀賞期較長，關西地區一般從 11 月中旬開始，到 12 月中旬止，為期長達 1 個月。歷史古剎配襯滿山通紅，景緻更醉人。

━Info━

季節：11 月中旬～12 月上旬
（為期約 1 個月）
紅葉見頃情報：tenki.jp/kouyou
日本氣象廳：jma.go.jp

賞紅葉名所推介：

嵐山 京都

春櫻秋葉，四季景致醉人，自平安時代以來，已是日本皇室貴族的度假勝地。特別是秋季，滿山紅葉層林盡染，最佳觀賞法，同樣是乘坐嵯峨野嵐山小火車，穿越紅葉隧道。

━Info━

地址：京都市右京区嵐山
前往方法：JR 嵯峨野線「嵯峨嵐山」駅下車。

高台寺 京都

豐臣秀吉正室「北政所」，安享晚年兼修佛的地方，以清幽寧靜見稱，也是觀賞紅葉的勝地，夜景尤其優美。

━Info━

地址：京都市東山区高台寺下河原町 526
網址：kodaiji.com
前往方法：
阪急京都線「河原町」駅乘市 BUS（バス）207 於「東山安井停」下車，徒步約 5 分鐘。

關西賞櫻、紅葉攻略

青蓮院 京都

院內以庭園景緻高雅見稱，乃賞楓名所。更設有「夜間特別拜観」（因寺內進行工程，暫停至 2024 年秋季），庭園加上燈光效果，方丈庭園更有大型燈光 Show，美得令人目眩。

Info
地址：京都市東山区粟田口三条坊町 69-1
網址：shorenin.com/night
前往方法：地下鉄東西線「東山」駅出口 1，沿三条通右轉入神宮道，徒步約 5 分鐘；乘市 BUS（バス）5、46 或 100 號於「知恩院前」下車，徒步約 3 分鐘。

清水寺 京都

京都最古老的寺院，跟金閣寺、二条城並列「京都三大名勝」。秋冬漫山紅葉，美不勝收，其中舉世聞名的「清水舞台」，四周被紅葉包圍，更被譽為京都絕景，屆時也有「夜間拜観」開放夜間賞楓。

Info
地址：京都市東山区清水 1-294
網址：kiyomizudera.or.jp
前往方法：京阪電鉄「清水五条」駅下車，徒步約 25 分鐘。

南禪寺 京都

擁有多個極具代表性的日本庭園，不止得櫻花，更是紅葉名所。其中造景庭園「天授庵」，設有枯山水和池泉回遊式庭園，池面倒映萬花筒般的紅葉，美得讓人窒息。

Info
地址：京都市左京区南禅寺福地町 86
網址：nanzenji.or.jp
前往方法：
地下鉄東西線「蹴上」駅出口 1 徒步約 10 分鐘；乘市 BUS（バス）於「南禅寺永観堂道」下車，徒步約 3 分鐘。

京都府立植物園 京都

日本第一個公立植物園，總面積 24 萬平方米，種有 12,000 種、約 120,000 棵植物，還有日本規模最大的溫室。四季花卉輪番綻放，重頭戲是秋季的紅葉，園內處處層林盡染，美得沒法形容。

Info
地址：京都市左京区下鴨半木町
網址：pref.kyoto.jp/plant
前往方法：地下鉄「北山」駅出口 3。

大阪城公園 大阪

別名「金城」或「錦城」，跟名古屋城、熊本城並列「日本三大名城」。春天以梅花及櫻花聞名，秋天則化身賞楓名所。園內林蔭密佈，護城河畔開滿紅葉，單是銀杏樹路就長達 1 公里。

Info
地址：大阪市中央区大阪城 1-1
網址：osakacastle.net
前往方法：
JR 大阪環狀線「大阪城公園」或「森ノ宮」駅；地下鉄中央線或長堀鶴見綠地線「森ノ宮」駅出口 3-B，徒步約 5 分鐘。

勝尾寺 大阪

座落大阪北部的箕面市深山，不止以祈求勝利聞名，也是大阪著名的紅葉名所，滿山紅葉加上可愛達摩，即成攝影勝地！

Info
地址：大阪府箕面市粟生間谷
網址：katsuo-ji-temple.or.jp
前往方法：
地下鉄御堂筋線「千里中央」駅，轉乘阪急巴士 29（往北攝靈園方向），於「勝尾寺」下車，車程約 45 分鐘。

關西賞櫻、紅葉攻略

大阪 Osaka 關西大都會

大阪（おおさか）古稱「浪速」、「難波」，自古已是日本商人聚集的經濟中心和交通樞紐，人口卻僅次於首都東京，乃日本的第2大都會。大阪人性格豪爽、不拘小節，到處都是浮誇的巨型看板，從早到晚遊人如鯽，熱鬧到不得了！

大阪市內交通

西日本鐵路（JR-WEST）：
最常用是「大阪環狀線」，環繞大阪市一周需時約40分鐘，繁忙時間每3分鐘一班車。

私營鐵路（私鐵）：
主要有**南海電鉄、阪急電鉄、阪神電車、京阪電鉄**及**近畿日本鉄道**，連接大阪市外地區。

市營地下鐵：
大阪市內共有9條線，包括：御堂筋線、四つ橋線、谷町線、堺筋線、中央線、千日前線、長堀鶴見綠地線、今里筋線及南海ポートタウン線。當中以貫通南北的「御堂筋線」最常用，梅田、心齋橋、難波均在此線。

單程車票：
分為普通的單程、儲值及各式特惠車票。依照路程遠近，全大阪劃分為5個區域收費，小童半價，可於各站的輕觸式售票機購票。

購票方法：
1. 先投幣
2. 選擇人數及單程（片道）
3. 選擇票價（查閱站內的路線圖）
4. 最後取票及找贖

電子交通卡 ICOCA：
「ICOCA」是關西地區最方便的電子交通卡，適用於關西地區的 JR、私鐵、地下鐵及巴士等交通工具，還可作電子貨幣使用。票價￥2000，其中￥500 是按金，每次增值最少￥1000，可在各車站的票務處或貼有「ICOCA」標誌的售票機購買。其他詳情請見本書第5頁專題介紹。

回數卡：
適用於大阪市營及私鐵的優惠儲值票，成人票價￥3000，可用金額為￥3300；小童票價￥1500，可用金額為￥1650，相當優惠。但用剩的金額不設退款。

大阪地鐵巴士乘車券：
票價：￥700（1日）、￥1300（2日）可一天內無限次搭乘大阪市營地鐵、巴士，若透過 KKDAY 購買更可享折扣優惠，並在抵達大阪後於指定地點兌換即可。

線上買：

＊大阪周遊券、Kansai Thru Pass、Nankai All Line 2day Pass 等，請見本書第5頁專題介紹。

大阪的士：
首 1.3 公里起錶價：￥600
其後每 260 米或每 1 分 35 秒：￥100
晚上 2300 至清晨 0500 加收20% 的夜間附加費。

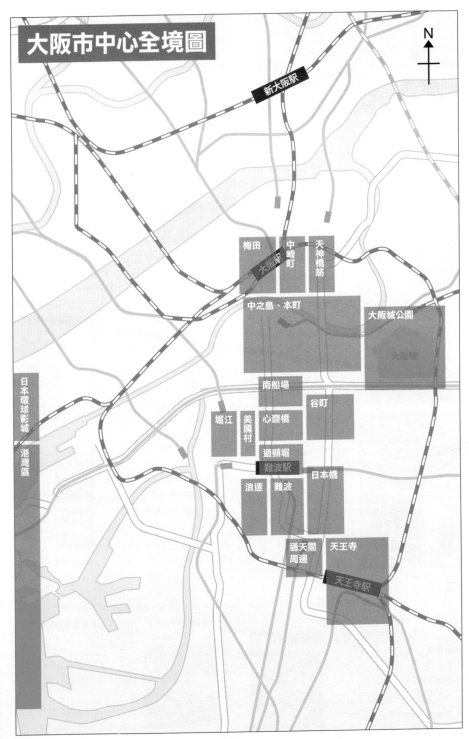

大阪市中心全境圖

N

新大阪駅

梅田　中崎町　天神橋筋

大阪駅

中之島、本町

大阪城公園

大阪城

南船場

堀江　美園村　心齋橋　谷町

道頓堀

難波駅

浪速　難波　日本橋

通天閣周邊　天王寺

天王寺駅

大阪府全境圖

能勢町
豊能町
島本町
箕面市　茨木市　高槻市
池田市
万博記念公園
枚方市
豊中市　吹田市
摂津市　寝屋川市　交野市
守口市
大阪市中心　門真市　四條畷市
淀川区　鶴見区　大東市
西淀川区　北区　城東区
此花区　福島区　中央区　東成区　東大阪市
西区　浪速区　生野区
港灣區　港区　天王寺区
大正区　西成区　阿倍野区　八尾市
住之江区　住吉区　平野区
堺区　松原市　藤井寺市　柏原市
北区
西区　東区　美原区　羽曳野市
高石市　中区　大阪狭山市　太子町
泉大津市　南区　富田林市　河南町
忠岡町
貝塚市　岸和田市　和泉市　千早赤阪村
河内長野市
田尻町　泉佐野市　熊取町
泉南市
阪南市

獅子神社

なにわ / Naniwa

浪速

11

1

12

3

2

木津 卸売市場

交通　乘坐地下鉄四つ橋線／御堂筋線至「なんば」駅、「大国町」駅即達。

10

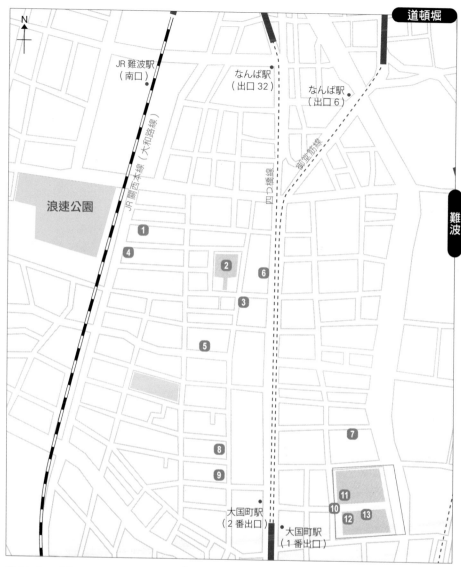

1 kitchen TSUBAKI

2 難波八阪神社

3 貓 Café 三日月

4 喫茶 MACHISU

5 我的布甸製作所

6 鴨錦 元町店

7 浪芳庵 本店

8 LIFE 大国町店

9 玉出 大国町店

10 木津卸売市場

11 MARUYOSI

12 湯源鄉 太平之湯

13 食材 Center ODA

烹調出幸福的味道
kitchen TSUBAKI

隣近浪速公園，設有露天茶座。提供以注重健康、美容為賣點的餐飲，設有低糖餐牌。其中卡邦尼意粉（カルボナーラ）是採用豆奶及低脂忌廉製作，配上蒟蒻麵條，口感也與一般意大利粉幾可亂真。

招牌菜是漢堡扒，因為重視鮮度，所以採用日本國產的牛肉，以人手即叫即製，口感柔軟而且肉汁豐富。

餐廳設有露天茶座，餐飲以健康、美容為賣點。

店內設有 10 多個座位，環境舒適。

┌─── Info ───┐

1 **地址**：大阪市浪速区元町 2 丁目 6-22
電話：070-8963-0225
營業時間：1030-1500
（周二、三、五、六 1030-2100）
前往方法：難波八阪神社西側門出，右轉小街再左轉，至大街口右轉下條街即達。

招牌菜「幸福芝士漢堡 130g（幸福のチーズハンバーグ）」（￥1150），濃厚的芝士上菜時才瀉出，色香味俱全。附餐湯及白飯，並可自選兩款伴碟小菜。另加美容健康飲品「浪速梳打（浪速スカッシュ）」。（￥530）

1974 年落成的獅子殿，實為奉納舞台，新年表演神樂，而夏祭則表演獅子舞。

獅子神社
難波八阪神社

供奉難波地區的產土神（守護出生地的神），焦點是社內的巨型「獅子殿」，象徵將萬民的苦難、厄運與不幸吸走，並以祈求「金運」和「必勝運」聞名。

主殿前的小石獅子，也是該神社的打卡景點。

神社正門入口的鳥居。

❷ **地址**：大阪市浪速區元町 2-9-19
電話：06-6641-1149
參拜時間：0600-1700
網址：nambayasaka.jp
前往方法：地下鉄「なんば」駅出口 32，步行約 6 分鐘。

三日月位於八阪神社正門入口的斜對面，近在咫尺。

愛貓之人的休息小站
貓 Café 三日月

貓 Café 在日本十分常見，而這間「猫カフェ 三日月」位於八阪神社旁邊，愛貓之人在參拜之後，不妨過去稍作休息，順便跟貓咪親熱一下，一小時收費￥1650。

職員在顧客大腿上剛鋪好毛毯，眾貓隨即一湧而上！

三日月的環境舒適，是愛貓之人的休息好去處。

❸ **地址**：大阪市浪速区元町　3 丁目 1-18
營業時間：1300-1800（逢周二、三休息）
網址：mikazuki-cat-cafe.com
前往方法：難波八阪神社正門出，左轉街口即到。

具 50 年歷史的咖啡店，是一人經營的街坊小店，充滿懷舊風格，咖啡一流。

昭和時代的懷舊咖啡店
喫茶 MACHISU

「喫茶 MACHISU（マーチス）」位於難波八阪神社附近、經營逾 50 年的咖啡店，以高水準咖啡聞名。提供早餐及可以吸煙，咖啡每杯約￥400。

除了咖啡之外，該店也有供應例如三文治之類的餐點，其中綜合多士（ミックストースト）每份￥500。

Info

4 **地址：**
大阪市浪速区元町 2 丁目 12-24
營業時間：
0700-1800
前往方法：
難波八阪神社西側門出，右轉小街再左轉直出大街口，步行約 2 分鐘。

該店布甸有多種口味，售價￥500 至￥650。

「彩虹布甸」的工場及外賣店
我的布甸製作所

「我的布甸（私のプリン）」在日本率先開發出「彩虹布甸」（みっくすジュース）。「彩虹布甸」（みっくすジュース）自下起，為蜜桃布甸、士多啤梨布甸，而最上層為藍色及粉紅色啫喱。每個￥550，此外尚有多種口味，售價為￥500 至￥650 不等。

此外，他們的布甸用最高級的馬達加斯加產雲呢拿豆。須知平時食到的雲呢拿，都是化學調味而成的；真材實料的雲呢拿其實十分矜貴，其濃郁的香味係難以形容。

該店為其製作工場所兼設之外賣店，隣近八阪神社。但須注意店外不可飲食，只可帶回旅館享用了。如欲堂食，另可去位於長居的「私のプリン食堂」。

該店為製作工場所兼設之外賣店，隣近八阪神社。

Info

5 **地址：** 大阪市浪速区元町 3 丁目 8-11
營業時間： 1100-1900
電話： 06-7777-0232
前往方法： 難波八阪神社東側門出，右轉直行，至第三個十字路口右轉，約 2 分鐘。

「三種盛」可一次過品嘗全部口味，每份￥1100。

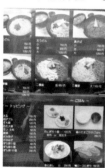

鴨肉湯底是鴨肉沾麵的靈魂所在。

鴨肉沾麵專門店
鴨錦 元町店

在日本沾麵店家眾多，但鴨錦的鴨肉沾麵依然深具特色。主餐共分三種：烏冬（うどん）、蕎麥麵（そば）及拉麵（中華そば）。沾麵除提供鴨肉湯底外，亦附一瓶熱薑湯，在吃完麵後，可倒入鴨肉湯底一起喝。同時有三種麵條的「三種盛」，可一次過品嘗全部口味，每份￥1100。本店隣近八阪神社，可順道一試。

餐牌俱有圖片，點餐沒有難度。

日本沾麵店家眾多，但鴨錦的鴨肉沾麵最具特色。

┌─ Info ─┐
6 **地址：**大阪市浪速区元町 2 丁目 8-9
電話：06-6646-0747
營業時間：1100-1600，1800-2300
前往方法：地下鉄「なんば」駅出口 32，步行約 4 分鐘。

「炙御手洗（炙りみたらし）」是現燒米果子，經過繁複的程序，帶給御手洗糰子Q彈的口感。配雪糕套餐每份￥1760。

炙燒御手洗糰子
浪芳庵 本店

1858 年創業的和菓子店「浪芳庵」，除零售之外，本店一、二樓為 Café，其中一樓為日式庭園擺設，座位必須預約，且上限二人。招牌甜點「炙燒御手洗（炙りみたらし）」及銅鑼燒、最中餅等等，深受當地人的喜愛。

店內銅鑼燒、最中餅等商品一應俱全，買手信一流。

「浪芳庵」本店是十分傳統的日式建築。

┌─ Info ─┐
7 **地址：**大阪市浪速区敷津東 1 丁目 7-31
電話：06-6641-5886
營業時間：1100-1815（逢周二休息）
網址：nambayasaka.jp
前往方法：御堂筋線或四つ橋線「大国町」駅出口 1，徒步 3 分鐘。

LIFE 大国町店樓高兩層，日用品百貨、藥房與文具一應俱全，並且營業至凌晨。

附設藥房百貨
LIFE 大国町店

　　「LIFE（ライフ）」是昭和年間創立的連鎖超市，200 多家分店遍布大阪、東京等地，定位比「玉出」較高級。其中大国町店樓高兩層，兼售日用品百貨，更附設藥房與文具書店，並營業到凌晨。

LIFE 所售的炸物小菜，賣相比「玉出」高級。

2 樓是售賣服裝和日用品的百貨，還附設大型藥房。

─Info─

8　地址：大阪市浪速区敷津西 1-4-1
　　電話：06-6645-0522
　　營業時間：**1/F** 0930-2400；
　　　　　　　2/F 0930-2400（藥房～ 2200）
　　網址：www.lifecorp.jp
　　前往方法：御堂筋線或四つ橋線「大国町」駅
　　　　　　　出口 2，徒步 3 分鐘。

「玉出」售價比其他超市便宜，尤以食品最抵買。

24 小時特價王
玉出 大国町店

　　「玉出」是大阪最著名的連鎖超市，號稱「日本一安売王」（全日本最便宜商店），大部分分店皆 24 小時營業，商品售價比其他超市便宜 2 至 4 成，尤以食品和熟食最抵買。除此之外，每日還有多款 ¥1 商品，便宜至不能相信！「玉出」大国町店就在木津市場附近，旁邊還有另一間道地超市 LIFE，可順道同遊。

只要購買滿 ¥1,000，即可購買一件 ¥1 商品。

─Info─

9　地址：大阪市浪速区敷津西 1-3-3
　　電話：06-6645-0522
　　營業時間：24 小時
　　網址：www.supertamade.co.jp
　　前往方法：御堂筋線或四つ橋線「大国町」駅
　　　　　　　出口 2，徒步 3 分鐘。

木津卸売市場樓高 2 層，左側南棟內為街市，有多達 150 個攤販；右側為北棟，一樓為 ODA 超市，二樓為澡堂。而外圍更有多家食肆及熟食攤檔。

300 歷史的批發市場
木津卸売市場

戶外攤販形式的木津市場自 1714 年已經形成，至今已有 300 年歷史。自從 2007 年翻新之後，目前市場北棟 1 樓為售賣海鮮、肉類、蔬菜等的街市，但可現買現吃的海鮮不算多，重點在於價格實惠、種類豐富的水果區。

街市內共分 7 條巷，為 1 至 7 番通。海鮮攤檔集中於 4-7 番通，而水果攤檔則集中後方的 1-3 番通。

而南棟一樓則有 ODA 超市，二樓為澡堂「太平のゆ」。而市場外圍有多家食肆，市場後方更有「木津まち橫丁」，多家熟食攤檔在此營業。

Info

🔟 **地址**：大阪市浪速区敷津東 2 丁目 2-8
街市休息日：逢周日、周三、公眾假期及不定休
網址：nambayasaka.jp
前往方法：御堂筋線或四つ橋線「大国町」駅
出口 1，徒步 3 分鐘。

市場後門的天橋底下，設有「木津まち橫丁」，多家熟食攤檔在此營業。

最高級的特上握壽司（特上にぎり），食材均經精心挑選，每份￥3300。

「太平之湯」入浴費每位￥850。

清晨開始營業的壽司店
MARUYOSI

　　「まるよし（MARUYOSI）」位於木津卸売市場的入口旁，特點是凌晨開始便營業，主要服務對像為市場內的工作人員，所以只在上午營業。以價廉物美的新鮮壽司與海鮮丼聞名。最高級的特上握壽司，食材高級且非常豐富，亦只不過售￥3300；而握壽司 雜錦拼盤食材普通卻份量充足，13貫僅售￥1650。此外還有多款不同的海鮮丼，一大清早肚子餓了，不妨到訪一試。

讓人忘掉都市的頂級綠洲
湯源鄉 太平之湯

　　以讓人忘掉都市的頂級綠洲作為主題的澡堂「太平之湯（のゆ）」，設有各式各樣的浴區，入浴費每位￥850，毛巾每條租金￥150（可自備）。此外亦設有「岩盤浴」，每位￥750，有興趣者不妨一試。

所謂「岩盤浴」是躺在岩盤上，讓熱力滲透身體，從而促進血液循環，溶解體內毒素後經汗水排出體外。

特上握壽司的大拖羅。

握壽司雜錦拼盤（にぎり盛り合わせ）毫不遜色。

店內設有多款浴區（店內不能拍照，上為官方圖片）

Info
⑪ 位置：
木津卸売市場正門左側第一間食肆
電話：
06-6641-5266
營業時間：
0500-1300
（周三 0800-1300，周日休息）

Info
⑫ 位置：木津卸売市場右側二樓
電話：06-6633-0261
營業時間：0800-2400
網址：www.taiheinoyu.jp

向食肆供貨的超市
食材 Center ODA

　　偌大的「食材 Center（センター）ODA」，是向食肆供貨的專業超市，食材、廚具應有盡有，而且在一般超市中所找不到的貨品，在這裡不但能找到，而且價格也更便宜。

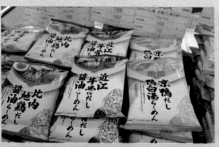
除了乾貨之後，店內亦有售賣鮮肉。

ODA 超市位於木津市場南棟一樓全層，貨量充足。

店內的拉麵亦款式眾多。

─── Info ───

13 位置：
木津卸売市場內右側一樓
電話：06-6641-1251
營業時間：
0530-2000
（街市休息日 0830-1800）

由於屬業務用商品，份量都偏巨形。

店內的水果價格，亦較一般超市更便宜。

浪速

難波

日本橋

通天閣周邊

天王寺

通頓堀

心齋橋

百貨公司林立

なんば / Nanba

難波

1

3

14

14

8

14

交通　乘坐地下鉄四つ橋線／御堂筋線、
南海電鉄至「なんば」駅即達。

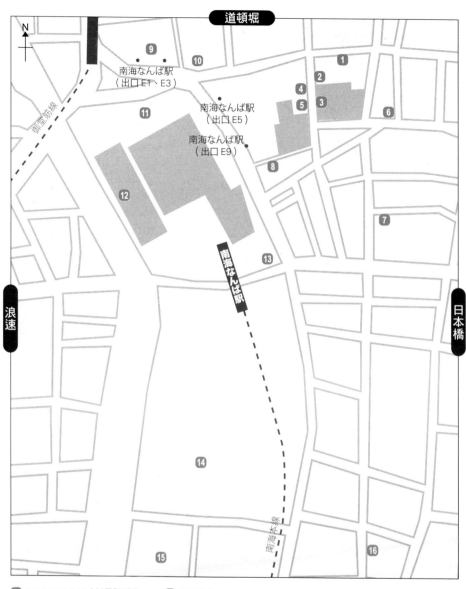

1 大阪風味御好燒 HATSUSE
2 章魚燒道樂 WANAKA 本店
3 難波豪華花月
4 吉本人形燒 本店
5 NMB48 Theater
6 NMB48 Offical Shop
7 麵屋丈六
8 食品 Sample R & M
9 難波丸井
10 EDION 難波本店
11 大阪高島屋
12 Namba SkyO
　象印食堂
　ikari supermarket
13 NAMBA City
14 NAMBA Parks
　PAPABUBBLE
　P2
15 LABI 1 LIFE SELECT 難波
16 業務 Super 日本橋店

ROYAL FLASH
RAGTAG NAMBA Parks 店
Bistro ITADAKIMASU
神戶元町多利亞
KONANA

該店最大賣點是大阪燒皆由客人 D.I.Y.，調味下多少、煎得多焦隨客人喜好。

D.I.Y. 大阪燒
大阪風味御好燒
HATSUSE

　　「大阪風味御好燒 HATSUSE（大阪の味お好み焼き：はつせ）」是 1945 年開業的大阪燒老店，選用高級鰹魚碎和海苔，粉漿由 4 種麵粉混合而成，並加入昆布提味，以保持最正宗的味道。但最大賣點是大阪燒皆由客人 D.I.Y.，調味下多少、煎得多焦隨客人喜好，店內有齊中、英、日、韓語製法簡介，官方網上還有影片教學，再不懂最後也有店員幫忙，而且全店個室設計，兩個人點一個大阪燒都有獨立包房，好玩又抵吃！

Info

1 位置：大阪市中央区難波
千日前 11-25 はつせビル 2/F
電話：06-6632-2267
營業時間：1130 - 2400；
周六、日及假期 1100 - 2400
（Last Order 2300）
網址：www.hatsuse.net
前往方法：
南海「難波」駅出口 E5，
沿南海通徒步 3 至 5 分鐘。

大阪燒製作步驟：

雜錦大阪燒（ミックス）：肥瘦均勻豬肩肉加上彈牙章魚和蝦肉，正是元祖大阪燒之味。（￥1130）

1 先將粉漿、雞蛋、椰菜、子薑和天婦羅碎等材料拌勻，攪拌時盡量混入空氣，煎出來的大阪燒才會軟糯煙韌。

2 鐵板擦上食油、開爐，然後先煎豬肉，煎至熟透後便以鐵鏟將豬肉切成小塊。

3 將豬肉塊加進之前的粉漿中再拌勻，便可倒下鐵板。

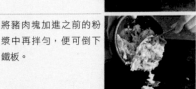

4 以鐵鏟將粉漿調整至圓餅狀，煎至餅面開始凝固，便可反轉煎另一面，每面約煎 5 - 10 分鐘。

5 隨個人喜好搽上醬汁、沙律醬，再灑下鰹魚碎和海苔即成！

6 吃時以鐵鏟子分割，逐少逐少吃，每口都熱呼呼，更會發現第一口剛熟時粉漿綿滑；食至最後餅身香脆，又是另一風味！

店後附設自助食堂，可以坐低慢慢享用。

一次品嚐 4 款口味
章魚燒道樂WANAKA 本店

「章魚燒道樂 WANAKA（たこ焼道楽わなか）」由後巷小攤起家，是隱藏千日前商店街內的人龍店，每逢周末顧客多達過千人，連日本 NHK 電視台也有報道。又因位於劇場「なんばグランド花月」旁邊，故經常有大阪藝人來親襯。粉漿使用混合麵粉製，更加有昆布增加鮮味。店後附設自助食堂，可以坐低慢慢享用。

「滿堂紅（おおいり）」包括蔥、沙律醬、燒汁和鰹魚等口味，外皮烤得微脆，味道鮮甜。（￥700／8粒）

─Info─

2 位置：大阪市中央区難波千日前 11-19
電話：06-6631-0127
營業時間：1000 - 2330
網址：takoyaki-wanaka.com
前往方法：南海「難波」駅出口 E5，沿南海通前行，至第一個街口右轉即達。

「吉本興業」在關西從事喜劇活動已有過百年歷史。

吉本興業劇場
難波豪華花月

「難波豪華花月（なんばグランド花月）」是關西著名喜劇演員事務所「吉本興業」的劇場，每日有多場日本傳統漫才、落語和喜劇表演，懂日語者可購票欣賞。

─Info─

3 位置：
大阪市中央区難波千日前 11-6
電話：06-6643-1188
售票時間：1000-1900
網址：ngk.yoshimoto.co.jp
前往方法：
南海「なんば」駅出口 E5，
沿南海通直走，至街口右轉。

難波名物
吉本人形燒 本店

開在「難波豪華花月」正對面的吉本人形燒本店，以吉本藝人為造型的人形燒是難波名物之一，口感鬆軟香濃，可存放兩星期，是花月劇場最具人氣的手信。

─Info─

4 位置：
大阪市中央区難波千日前 12-4
電話：06-4396-7040
營業時間：0930-1900
網址：www.y-ningyouyaki.net
前往方法：
なんばグランド花月正門對面。

沿樓梯進入地下室，便是 NMB48 的專用劇場。

女子偶像團「難波 48」專用劇場
NMB48 Theater

　　2010 年成立的 NMB48，為日本國民偶像組合 AKB48 的姊妹團體。而這此處為 NMB 專用劇場，設有 250 席，每天都會作公演，有意觀賞者須預先網上購票。

── Info ──

5 **位置：**大阪市中央区難波千日前 12 - 7
　　　YES. NAMBA ビル B1 / F
網址：www.nmb48.com
前往方法：なんばグランド花月斜對面地庫。

- - - - - - - - - - - - - - - - - -

NMB48 的官方精品店，位於劇場的同一條街上。

「難波 48」官方精品店
NMB48 Offical Shop

　　專售 NMB48 官方精品的紀念品店，包括最新成員相片、CD 和各式限定精品。

── Info ──

6 **位置：**大阪市中央区難波千日前 3-15
電話：06-6643-3448
營業時間：1200 - 2100
前往方法：なんばグランド花月側門出，左轉步行約 1 分鐘。

老闆不定期推出會限定口味，其中包括沾麵等等，可遇不可求！

長龍「高井田」拉麵
麵屋丈六

　　原名「○丈」，2015 年改名為「丈六」。店主丈六達司出身自和歌山，主打東大阪「高井田系」拉麵，特色是湯頭用雞骨與昆布熬製，再以醬油調味，濃郁而富深度。老闆不定期推出限定口味，像沾麵、雞白湯、野菜拉麵等。小店內只得 9 席，老闆一人獨力掌廚，故任何時間都大排長龍！

小店內只得 9 席，故任何時間都有人排隊。

── Info ──

7 **位置：**大阪市中央区難波千日前 6-16
電話：06-6643-6633
營業時間：1130 - 1500、1800 - 2100
　　　　　（逢周一休息）
網址：jouroku.blog.fc2.com
前往方法：なんばグランド花月側門出左轉，至燒肉店街口右轉，前行至 7-11 街口左轉，往前至公園前巷口右轉即見，步行約 5 分鐘。

食物模型體驗時間約 20 至 25 分鐘，在導師指導下製作，過程比魔術還要神奇！

食物模型製作體驗
食品 Sample R & M

日本餐廳的櫥窗，都會展示「食物模型（食品サンプル）」，既可裝飾又方便食客點餐，逼真得令人嘖嘖稱奇，其實全都用塑膠蠟造，製作過程比魔術還要神奇！在大阪難波著名的廚具用品街「千日前道具屋筋商店街」的「食品 Sample（サンプル）R & M」，就有店鋪提供 D.I.Y. 製作體驗。常設的食物模型體驗為「天婦羅」，有 A 和 B 兩款選擇，最平又最人氣的 A course 只￥2200，體驗時間約 20 至 25 分鐘，學員可製作 3 件天婦羅和 1 個生菜。

Tips

1. 小學一年級或以上學生可參加。
2. 預約時需決定體驗 A 或 B course，可請酒店或民宿職員代為致電。
3. 另有滑蛋豬扒飯、章魚丸燒、芭菲等特別體驗，需提早 1 天預約。

Info

8 位置：
大阪市中央区難波千日前 13-17
電話：06-6644-6373
營業時間：0900 - 1800
網址：www.r-and-m.jp
前往方法：
南海「なんば」駅出口 E9，左轉至「なんなん会館」旁小巷進入，徒步約 1 分鐘到達樓梯口，直上即達。

食品サンプル体験

天婦羅及生菜（天ぷら＆レタス）製作：

收費：A course（3 件天婦羅）￥2,200
　　　　B course（4 件天婦羅）￥2,750
體驗時間：約 15 - 20 分鐘
教學語言：日語、英語
備註：當天預約即可，1 人也可開班
難度：★★★★
成就感：★★★★★
評語：事前看網上流傳的短片時，已覺神乎其技。製作雖有一定難度，但神奇地只要跟着導師一步步做，完成品也似模似樣，超有成就感。

製作步驟：

筆者當日體驗的是 A course，先逐一做炸蝦、南瓜和辣椒，最後到生菜。

1 最精彩的是製作生菜，將白色和綠色的蠟汁，用湯匙先後溜入溫水中。

2 接著，用手指捏住已凝固的邊位，不快不慢地按入溫水中，並往後拉，瞬間便做成一大片生菜！

3 緊接，在溫水中把生菜捲成球形。

4 最後用刀切開成兩半。

5 完成！最後導師還會提供精緻陶瓷盤盛載，好好擺盤給你拍照！

浪速
難波
日本橋
通天閣周邊
天王寺
道頓堀
心齋橋

「難波丸井」的 Logo，常被誤以為是「0101」。

服裝潮牌最齊

難波丸井

以「OＩOＩ」作為 Logo 的「難波丸井」（なんばマルイ）連地庫樓高 8 層，主要售賣日本品牌服裝，由中低價至中價品牌都有，乃大阪的重點掃貨場。

Info

⑨ **位置：**大阪市中央区難波 3-8-9
營業時間：1100 - 2030
網址：www.0101.co.jp
前往方法：南海「なんば」駅出口 E1 或 E3。

「EDION」頂樓設有「拉麵街」，是其一大特色。

可以逛一整天的百貨公司

EDION 難波本店

「愛電王（EDION）」難波本店是一共九層的百貨公司，從家電、手機配件、文具、腕錶、藥妝十都應有盡有。而頂樓更設「拉麵街」，真的可以逛上一整天！

Info

⑩ **位置：**大阪市中央区難波 3 丁目 2 番 18 号
營業時間：1000 - 2100
網址：namba.edion.com
前往方法：位於なんばマルイ（OＩOＩ）旁邊。

「高島屋」總店曾奪民選「最喜愛百貨商店」榜首。

龍頭老百貨

大阪高島屋

自 1932 年開業，位於南海電鉄「難波」駅上蓋的「大阪高島屋」，是一間近百年歷史的老牌百貨公司，更是日本的「高島屋」總店，曾奪《朝日新聞》民選「最喜愛百貨商店」榜首。

連地庫樓高 10 層，2009 年經過大規模翻新，分本館、東館、西館和東別館 4 部分，網羅一眾日本國內外男女裝流行品牌，高中低檔次俱備。6 層高的本館建於日本大正年間，充滿古典味道。重點是位於地庫的食品部，可一次過買盡關西名物，很多甜品土產甚至是大阪獨家，掃手信必來！

高島屋食品部為日本電視台、雜誌每季美食專題的重點介紹，地位極高。

Info

⑪ **位置：**大阪市中央区難波 5 丁目 1 番 5 号
電話：06-6631-1101
營業時間：1000 - 2000
網址：www.takashimaya.co.jp/osaka
前往方法：南海「なんば」駅直達。

Namba SkyO 是配合關西國際機場而開發的大型商場。

午市的「象印御膳」只¥1980，經常大排長龍。

難波食買新地標
Namba SkyO

Namba SkyO（なんばスカイオ）是配合關西國際機場的發展，而開發出來的一個大型商場。由於位於南海難波駅上蓋，Namba SkyO 能透過南海電鉄直往機場，交通十分方便。

其命名為「SkyO」，是因為「天空（sky）」寓意著世界；而「O」一方面是大阪（Osaka）的字頭，同時也像徵是一個地球。由此引申，便是全世界的人與大阪能作國際交流。

商場位於大樓的 2 至 6 樓(不設 4 樓)，多間特色店舖及食肆進駐，尤以「象印食堂」及「ikari supermarket」最廣為人知。

象印「飯」堂
象印食堂

由 OL 至愛的保溫瓶品牌「象印」開設，以米飯為主題的健康食堂。主打各式定食，賣點是採用自家品牌最高級電飯煲「炎舞炊」（每個價值 ¥80000）煮的米飯，每天都有 3 款米選擇，點定食均可白飯任裝，其中午市的「象印御膳」只¥1980，經常大排長龍。

米飯使用自家品牌最高級的電飯煲「炎舞炊」來煮。

─Info─

12 **地址：**大阪市中央区難波 5 丁目 1-60
營業時間：1000-2100
網址：www.nambaSkyo.com
前往方法：南海電鉄「難波」 北改札口直達。

─Info─

位置：Namba SkyO 6/F
營業時間：1100-1530 / 1700-2100
網址：www.zojirushisyokudo.com

浪速
難波
日本橋
通天閣周邊
天王寺
道頓堀
心齋橋

ikari 以售賣優質商品作為賣點。

鬧市中的超級市場
ikari supermarket

位於大阪南海難波站 SkyO 商場 3 樓的「ikari supermarket」，是以關西為核心的連鎖高級超市，以售賣比其他地方更優質的商品作為賣點。除此之外，也是離開日本前極方便的一間超市，買完就可以乘坐南海電鉄直往機場了。

超市內售賣的水果蛋糕賣相頗為別緻。

超市內亦有售無核巨峰提子。

─ Info ─

位置： Namba SkyO 3/F
營業時間： 平日 1000-2200
　　　　　　周日及假期 1000-2100
網址： www.ikarisuper.com

NAMBA City 位處南海電鉄「なんば」駅上蓋。

交通方便 服飾巨場
NAMBA City

位處南海電鉄「なんば」駅上蓋的 NAMBA City（なんばCITY）是匯集服飾、化妝品和餐飲等的大型商場，連地庫樓高 4 層，分本館和南館兩部分，集合近 300 家男女服飾、化妝品、雜貨店和餐飲。本館主打流行品牌，南館則主打生活雜貨和男裝。

NAMBA City 跟南海電鉄「なんば」駅相連貫，故任何時間都人流暢旺。

─ Info ─

⑬ **位置：** 大阪市中央区難波 5-1-60
電話： 06-6644-2960
營業時間： 商店 1000-2200；餐飲 1000-2200
網址： www.nambacity.com
前往方法： 南海電鉄「なんば」駅直達。

大阪

浪速

難波

日本橋

通天閣周邊

天王寺

新世界

道頓堀

心齋橋

NAMBA Parks 是以綠色生活為主題設計的都市園林商場。

難波六本木山
NAMBA Parks

「NAMBA Parks（なんばパークス）」是大阪難波規模最大的綜合商廈，以綠色生活為主題設計的都市園林商場，落成即成難波新地標。難波公園樓高9層，外觀設計有如山丘。內裡集合超過200間商店、食肆，以及1萬平方米的Park Garden，猶如都市綠洲。

Info

14 **位置：**大阪市浪速区難波中 2-10-70
電話：06-6644-7100
營業時間：商店 1100-2100；餐飲 1100-2300
網址：nambaparks.com
前往方法：南海電鉄「なんば」駅直達。

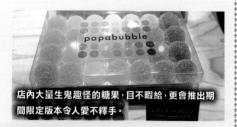

店內大量生鬼趣怪的糖果，目不暇給，更會推出期間限定版本令人愛不釋手。

源自西班牙的果汁軟糖
PAPABUBBLE

2003 年在西班牙巴塞隆拿創立的糖果店，將傳統的糖果加工技術推向極致，產品都色彩繽紛，十分具有特色。

Info

位置：NAMBA Parks - 5/F
電話：070-2236-7453
營業時間：1100-2100

P2 的寵物用品店品項及款式極多，不少在香港更是難得一見，養寵物人士不容錯過！

超人氣寵物用品店
P2

P2（ピーツー）是日本知名寵物用品店，坊間罕見的高級寵物食品、用品及服飾等應有盡有，養寵物人士不容錯過！

Info

位置：NAMBA Parks - 5/F
電話：06-4397-8677
營業時間：1100-2100

店內匯聚世界各地的精品，就像是一間藝術館。

時裝設計師時尚精品
ROYAL FLASH

ROYAL FLASH（ロイヤル フラッシュ）專門售賣日本及歐美許多知名設計師產品的名店。店內匯聚世界各地的精品，採用藝術家的角度，展現獨特的世界觀，就像一間值得朝聖的藝術館。

Info

位置：
NAMBA Parks - 4/F
電話：
06-4396-9233
營業時間：
1100-2100

RAGTAG 疑似 CDG 的御用 OUTLET。

主打 CDG 的中古店
RAGTAG NAMBA Parks 店

　　有別於一般的美國中古店，不乏 HERMES、CHANEL、GUCCI 等，其中以 CDG 為主打品牌，更疑似御用 OUTLET：一款全新衣服竟在全線 RAGTAG 同時出現！喜愛 CDG 的話，必定要來朝聖 ！

Info
位置：NAMBA Parks - 4/F
電話：06-6641-5110
營業時間：1100-2100
網址：ragtag.jp

午市只要單點食物，均免費享用自助沙律吧、湯品、燉牛肉鍋等。

鐵板漢堡牛排
Bistro ITADAKIMASU

　　每日午市只要單點食物，均免費享用自助沙律吧、湯品、燉牛肉鍋及茶水無限任吃，極高 CP 值，味道亦算中上，逛街想不到午餐吃甚麼，這裡可以吃到飽啊。

Info
位置：NAMBA Parks- 7/F
電話：06-6631-3923
營業時間：1100-2300

該店以芝士焗製的料理為主，廚窗看到多達 30 款芝士烤焗主食，號稱世界最多款式！

芝士焗飯專門店
神戶元町多利亞

　　常被以為是西餐的芝士烤焗，實際上是誕生於 1930 年代日本的菜式，其名稱「多利亞（ドリア）」靈感來自 16 世紀意大利海軍上將 Andrea Doria 的名字。作為「多利亞」專門店，提供了多達 30 款芝士烤焗菜式，號稱款式為世界最多！

Info
位置：NAMBA Parks- 6/F
電話：06-6636-0309
營業時間：1100-2200

該店意大利粉平均價位約 ¥1200。

和式意大利粉
KONANA

　　KONANA（こなな）以和洋汁煮意粉為主，採用了日本傳統醬汁烹調，有別於正宗意大利口味，當中更有奶油、茄汁、醬油味道的選擇，不妨路過一試！

Info
位置：NAMBA Parks - 6/F
電話：06-6556-6803
營業時間：1100-2200

該店號稱「山田電機」集團史上面積最大、商品種類最多的分店。

日本規模最大的連鎖家電城
LABI 1 LIFE SELECT
難波

日本規模最大的連鎖家電零售商山田電機，於 2006 年開設「LABI1 難波」：LABI 是 Life Ability Supply 略語；而規模特大店則再加上「1」。2022 年，該店再加上「Life Select」並開始兼售非家電產品，包括家俱、玩具、生活雜貨等等，並號稱「山田史上面積最大、商品種類最多」的分店，既然來到難波，實在不容錯過。

作為日本最大的家電城，店內的電器商品不但款式日最多、最新，而且價格也較便宜。

---Info---
⑮ 位置：大阪市浪速区難波中二丁目 11 番 35 号
電話：06-6649-8171
營業時間：1000-2100
網址：www.nambaparks.com
前往方法：南海電鉄「なんば」駅中央口或南口至 NAMBA Park，過行人天橋即達。

「業務 Super」因為定價便宜，故深受日本當地的家庭主婦歡迎。

餐飲店專用超市
業務 Super 日本橋店

「業務 Super（スーパー）」是專為餐飲業商戶而設的連鎖超市，單是大阪也有 90 家分店，主打食品乾貨與餐飲業常用雜貨，自設食品工廠生產，賣點是大包裝，而且定價便宜，故深受日本當地的家庭主婦歡迎，經常來搜羅食材。而日本橋店，更有不少遊客最愛採購的零食及杯麵。

店內各種食材，往往都是商業用的特大包裝。

---Info---
⑯ 地址：大阪市浪速区日本橋西 1-4-13
電話：06-4397-9777
營業時間：0900-2100
網址：www.gyomusuper.jp
前往方法：南海電鉄「なんば」駅，徒步約 12 分鐘。

浪速

難波

日本橋

通天閣周邊

天王寺

道頓堀

心齋橋

關西秋葉原

1

15

日本橋
にっぽんばし／Nipponbashi

2

16

9

10

交通 地下鉄堺筋線或千日前線、近鉄難波線
「日本橋」駅。

長崎産
とらふぐ
136

　　Billiken（ビリケン）在日本是幸運之神，1908 年由美國的美術教師 Florence Pretz 所創作，於 1909 年傳入日本，並被大阪的神田屋田村商店（今「田村駒株式會社」）申請成為商標。在該公司的廣告中，將之喻為「世界性的福神」，自此在日本廣為人知。

　　時至今日，大阪人深信只要摸完 Lucky Billiken 腳底，便會帶來幸福及好運。所以看到他的腳底局部掉色，便知是眾多善信爭相摸他的結果了。

提提你

1 豪快立食壽司 日本橋店

2 黑門市場

3 魚丸

4 高橋食品

5 寿恵廣

6 黑門三平 黑門市場店

7 千成屋

8 黑門浜藤 本店

9 高木水產

10 MINA 美

11 鮪與黑銀

12 電電城

13 CCO 茶

14 K-Books

15 Super Kids Land

16 藥罐亭櫻 總本店

滿到瀉海膽三文魚籽

豪快立食壽司 日本橋店

　　名副其實，「豪快立食壽司（立ち寿司）」份量豪邁，性價比極高。於日本橋、難波都有分店，尤以日本橋店評分最高。人氣 NO.1「うに・いくらこぼれ盛り（海膽三文魚籽盛）」新鮮海膽和三文魚籽多到滿瀉！「生 SET」的生啤配壽司 5 件套餐，壽司連啤酒都只收￥1000。雖然店名叫「立食壽司」，但其實有舒適座位。

雖然店名叫「立食壽司」，但其實有舒適座位。

傳統居酒屋酒場裝滿，晚晚爆場。

┌─────── Info ───────┐

1 **地址：**大阪市中央区日本橋 2-5-20
　　電話：080-3509-5522
　　營業時間：1130-1400、1700-2300
　　前往方法：地下鉄、近鉄「日本橋」駅出口 5，
　　　　　　　　徒步約 3 分鐘。

うに・いくらこぼれ盛り（海膽三文魚籽盛），新鮮海膽和三文魚籽鋪滿海苔卷，多到要用湯匙來吃。（￥1980）

黑門市場從早到傍晚人潮如鯽、叫賣
聲此起彼落，更隱藏大量道地名食店。

大阪廚房
黑門市場

　　大阪素有「天下廚房」美譽，而黑門市場正是「大阪の台所」（廚房）。位處大阪市中心，早在明治末期經已出現，至今超過 120 年歷史，是當地人的傳統菜市場。全長 600 多米的道路兩旁約有 170 家店舖，尤以生鮮蔬果、海產和日常用品為主。由於享負盛名、遊客不絕，近年有大量外國商家進駐，並偽裝成日本店家，實質是黑心商店，光顧時務必小心選擇，以免被劏一頸血。與此同時，黑門市場價格亦較比市面昂貴，其實路過趁個熱鬧就好了。

清晨 6、7 點開始營業，　海鮮刺身已不比外面便
海鮮、精肉率先進貨。　宜，但傍晚會特價促銷。

━━━━ Info ━━━━

2 **地址**：大阪市中央区日本橋 2 丁目 4 番 1 号
　　電話：06-6631-0007（商店街振興組合）
　　營業時間：約 0900-1800
　　網址：kuromon.com
　　前往方法：地下鉄、近鉄「日本橋」駅出口 9，
　　　　　　　　街口左轉即達。

魚丸曾被日本電視節目極力推介，店內的吞拿魚質
素極高，媲美高級料亭。

吞拿魚專門店
魚丸

　　早在昭和 10 年（1935 年）便已開業的魚商，乃日本電視節目極力推介的吞拿魚專門店。店內的吞拿魚來貨水準極高，皆因魚丸擁有專業買手，長駐大阪中央市場大量入貨，質素媲美高級料亭。現場除了海產生料，也有盒裝刺身，方便遊客買來「就地正法」。

購買 Garçons 前須留意不設試身，亦不提供退貨。

━━━━ Info ━━━━

3 **地址**：大阪市中央区日本橋 1-17-7
　　電話：06-6641-1595
　　營業時間：0700 - 1630（逢周日及假期休息）
　　網址：www.uomaru.co.jp
　　前往方法：地下鉄、近鉄「日本橋」駅出口 9，
　　　　　　　　街口左轉，至第一個街口右轉即達。

「高橋食品」的老闆更以「豆腐の匠」自居，每日早、午兩次磨豆製作，完全天然絕無添加。

特濃豆乳
高橋食品

「高橋食品」是一家近百年的豆腐名店，老闆更以「豆腐の匠」自居，每日早、午兩次磨豆製作，完全天然絕無添加。特濃豆乳，無糖原味，質感濃稠，富淡淡黃豆香。作為遊客，生鮮豆腐未必適合你，必試推介高橋的特濃鮮豆乳，試過便知何為濃郁！

特濃豆乳每杯￥100，另有樽裝￥250。

━━Info━━

④ **地址：** 大阪市中央区日本橋 1-21-31
電話： 06-6641-4548
營業時間： 0900-1600（逢周日休息）
前往方法： 地下鉄、近鉄「日本橋」駅出口 9，街口左轉即達。

店內所用的海產食材都是每天從市場進貨，每碟約￥300 至￥1000 不等。

蔡瀾推介壽司
黑門壽惠廣

1954 年創業的市場老食堂，正所謂近水樓台，店內所用的海產食材都是每天從市場進貨，故格外新鮮，手握壽司每碟約￥300 至￥1000 不等，單價雖然偏高，但價格跟海鮮新鮮程度是相等的。若想要吃飽恐怕不划算，但如果想要享受食材新鮮度，則值得一試。此外，若想經濟一點，可購外賣壽司，推介道地的鯛魚和大蝦箱壽司，用料上乘。而且漁販嘴刁，若非有真功夫怎能屹立 60 年，就連食家蔡瀾也曾推薦，必定信得過。

若想經濟一點，可在店前購買外賣壽司。

━━Info━━

⑤ **地址：** 大阪市中央区日本橋 1-21-33
電話： 06-6641-6114
營業時間： 1100 - 2030
（逢周三，每月第 3 個周二休息）
前往方法： 地下鉄、近鉄「日本橋」駅出口 9，街口左轉即達。

「黑門三平」擁有專業的買手團隊大手採購，海產刺身特別便宜且質素高。

「千成屋」是黑門市場最具規模的老字號蔬果店。

超便宜刺身
黑門三平 黑門市場店

此店為1949年在黑門市場創業的「海老の大栄」，於2008年與另外兩家公司合併成「ショクリュー」集團後，門店於2013年再獨立為子公司「黑門三平」。因母公司為大阪數一數二的漁商，擁有專業的買手團隊大手採購，故海產刺身特別便宜且質素高。店內附設數張枱椅，供遊客即買即吃，下午四時後更有折扣優惠，大大盒吞拿魚刺身可低至￥1500！

黑門三平，即昔日的「海老の大栄」。

每天四時後更有大減價，刺身、壽司平均7折。

黑門蔬果大王
千成屋

自1945年創業以來，是黑門市場最具規模的老字號蔬果店，還有漬物、刺身、熟食和各式道地醬料，面積偌大，像間小型超市。來自日本全國各地的時令水果和蔬菜琳琅滿目，表面油亮潤澤，像剛採摘下來似的，售價更比超市和百貨公司便宜，不妨買來作手信。

店內販售的福岡縣士多啤梨。

─── Info ───

6 **地址**：大阪市中央区日本橋1-22-5
電話：06-6634-2611
營業時間：0930-1700
網址：kuromon-sanpei.co.jp
前往方法：地下鉄、近鉄「日本橋」駅出口9，街口左轉，過第一個街口即達。

─── Info ───

7 **地址**：大阪市中央区日本橋1-21-6
電話：06-6648-5931
營業時間：0900-1900
網址：sennariya.jp
前往方法：地下鉄、近鉄「日本橋」駅出口9，街口左轉，過第一個街口即達。

最便宜的河豚火鍋套餐「浜」，包含河豚刺身、河豚火鍋、炸河豚和稀飯，每位￥5000。

「鰻魚重（うな重）」選用鹿兒島產的鰻魚，鰻魚肥美，油潤豐富甘香，每份￥1800。

￥5000 河豚火鍋
黑門浜藤 本店

「黑門浜藤」是一家具 80 多年歷史的河豚店，前舖漁檔；後舖料理店，選用最高級的天然河豚，配上獨家的橘子醋，更能凸顯河豚清淡的鮮美。提供多款河豚火鍋套餐，最便宜的「浜」，包括河豚刺身、河豚火鍋、炸河豚和稀飯，每位￥5000。

「黑門浜藤」是一家具 80 多年歷史的河豚店。

現烤鰻魚飯
高木水產

大阪的冬天冷得要命，最好有熱辣美食下肚暖胃。高木主打現點現烤的鰻魚飯，家庭式經營，由老闆烤鰻魚、老闆娘負責樓面招呼，而食客都是附近店舖的職員或老街坊。該店的「鰻魚重（うな重）」每份￥1800，選用鹿兒島產的鰻魚，鰻魚肥美，油潤豐富甘香，吃後即時寒意全消、充滿力量。

店內採用吧枱設計，只有 8、9 個座位。

---Info---

8 **地址**：大阪市中央区日本橋 1-21-8
電話：050-5487-4894
營業時間：1100 - 2200
網址：hamatou-nihonbashi.gorp.jp
前往方法：地下鉄、近鉄「日本橋」駅出口 9，
街口左轉，過第一個街口即達。

---Info---

9 **地址**：大阪市中央区日本橋 2-3-18
電話：06-6634-8018
營業時間：1000 - 1700
前往方法：地下鉄、近鉄「日本橋」駅出口 9，
街口左轉，過第二個街口右轉即達。

「MINA 美」本身為漁檔，河豚質素高又便宜。

蔡瀾、周中推介
MINA 美

黑門市場的河豚（ふぐ）店成行成市，價格更比外面便宜一大截，當地人都喜歡買回家作火鍋。其中河豚專門店「MINA美（みな美）」，就連蔡瀾和周中兩大食家都有推介，河豚質素高又便宜。本身為漁檔，旅客可買即吃的河豚刺身「就地正法」，另有河豚茶漬、河豚醬汁等加工製品，大可買來作手信。

日本專門處理河豚的料理人，必須取得專門的料理河豚資格證。而店內師傅都已取得合資格的牌照，大可放心吃。

─ Info ─

⑩ 地址：大阪市中央区日本橋 2-3-20
電話：06-6643-0373
營業時間：0800 - 1630（逢周日及假期休息）
前往方法：地下鉄、近鉄「日本橋」駅出口９，街口左轉，過第二個街口即達。

「鮪與黑銀」是吞拿魚刺身專賣店，只賣拖羅。

吞拿魚自選料理
鮪與黑銀

「鮪與黑銀（まぐろや黑銀）」是吞拿魚刺身專賣店，而且只賣拖羅，全部按照大小及級數明碼實價寫在包裝上。由於遊客眾多，近年更推出現場即吃拖羅壽司、拖羅井飯及拖羅刺身等等，性價比很高，而且即買即吃，所以大受歡迎。但每年也漲價，下次去不肯定還划不划算，可以先貨比三家。

拖羅每件價位在￥6000 左右，可自選製成壽司、井飯或刺身。

─ Info ─

⑪ 地址：大阪市中央区日本橋 2-11-1
電話：06-4396-7270
營業時間：0930 - 1500（售罄關門，不定休）
網址：kurogin.co.jp
前往方法：地下鉄、近鉄「日本橋」駅出口９，街口左轉，過第三個街口即達。

巨大的高達外牆廣告，已成為「電電城」的象徵之一。

大阪秋葉原
電電城

━━Info━━

⑫ **地址：**大阪市浪速区日本橋筋商店街
網址：www.nippombashi.jp
前往方法：地下鉄、近鉄「日本橋」駅出口 5 或
10，徒歩約 5-8 分鐘。

　　從日本橋 3 丁目十字路口到地下鉄「惠美須町」駅之間的「電電城（でんでんタウン）」，乃日本 3 大電器街之一。兩旁橫街更開滿偶像精品店、模型玩具店、女僕 Café、漫畫書店等，絕對是御宅族（オタク）天堂，故電電城又有「御宅大道（オタロード）」之稱。

電電城首間女僕 Café
CCO 茶

　　「CCO 茶（ちゃ）」是「電電城」首間 Maid Café，所有女僕都經嚴格考核才能入職。客人一進入店內，即有超萌女僕大叫「主人你回來啦！」店內還設有小型舞台，女僕們每晚載歌載舞，相當熱鬧。

━━Info━━

⑬ **地址：**大阪市浪速区難波中 2-4-8
電話：06-6644-5028
營業時間：平日 1500-2030；
　　　　　　周六、日 1200-2030
　　　　　　（每月第 2、4 個周二休息）
網址：www.ccocha.com
前往方法：地下鉄、近鉄「日本橋」駅出口 5 或
10，徒歩約 5-8 分鐘，從小巷進入。

該店要穿過巷道進入，地點有點隱蔽，卻是當地歷史最悠久的女僕 Café。

此店為 K-Books 大阪唯一分店，命名為「大阪難波一番館（なんば壱番館）」。

同人誌書店
K-Books

　　「同人誌」即以商業漫畫中的角色為基礎進行的二次創作。K-Books 為日本著名的同人誌漫畫書店，此店為大阪唯一分店，取名「大阪なんば壱番館」。

┌─────── Info ───────┐
⑭ **地址：**大阪市浪速区日本橋 4-10-4
　電話：06-4396-8981
　營業時間：1200 - 2000
　網址：k-books.co.jp
　前往方法：地下鉄、近鉄「日本橋」駅出口 5 或
　　　　　　　10，徒步約 5-8 分鐘。
└────────────────────┘

Super Kids Land 乃日本最大規模的模型專賣店。

高達專門店
Super Kids Land

　　隸屬日本連鎖家電店 Joshin 旗下，乃日本最大規模的模型專賣店，外牆有巨型高達為標記。專售最新高達模型玩具，有齊 Fans 最愛的高達 Tee 及限定商品。

┌─────── Info ───────┐
⑮ **地址：**大阪市浪速区日本橋 4-12-4
　電話：06-6634-0041
　營業時間：1000-2000
　前往方法：地下鉄、近鉄「日本橋」駅出口 5 或
　　　　　　　10，徒步約 5-8 分鐘。
└────────────────────┘

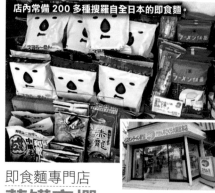

店內常備 200 多種搜羅自全日本的即食麵。

即食麵專門店
藥罐亭櫻 總本店

　　「藥罐亭櫻（やかん亭さくら）」位於電電城的即食麵專門店，老闆「大和イチロウ」（yamato160）自 2009 年開始寫 Blog，以「一日一麵」介紹日本各地不為人知的即食麵，並經常被日本電視台邀請上節目推介，堪稱「即食麵博士」。店內常備 200 多種搜羅自全日本的即食麵，罕有的地方限定、期間限定，甚至自家品牌的創新口味俱備。老闆還經常跟老麵廠合作，將失傳已久的即食麵重新推出。不止外國旅客，很多連日本人也沒嚐過，比日清的即食麵博物館收藏更豐富！

位於電電城的「やかん亭」為首家專門店。

┌─────── Info ───────┐
⑯ **地址：**大阪市浪速区日本橋 5-17-20
　電話：06 - 6644 - 9001
　營業時間：1100 - 1900（逢周四休息）
　網址：yakantei.com
　前往方法：地下鉄堺筋線「恵美須町」駅 1-B 出
　　　　　　　口，步行約 7 分鐘。
└────────────────────┘

百年新世界

ツウてんかく / Tsūtenkaku

通天閣周邊

交通 地下鉄堺筋線「恵美須町」駅；大阪
環状線「新今宮」駅；地下鉄御堂筋
線或堺筋線「動物園前」駅。

大阪

浪速 難波 日本橋 通天閣周邊 天王寺 道頓堀 心齋橋

052

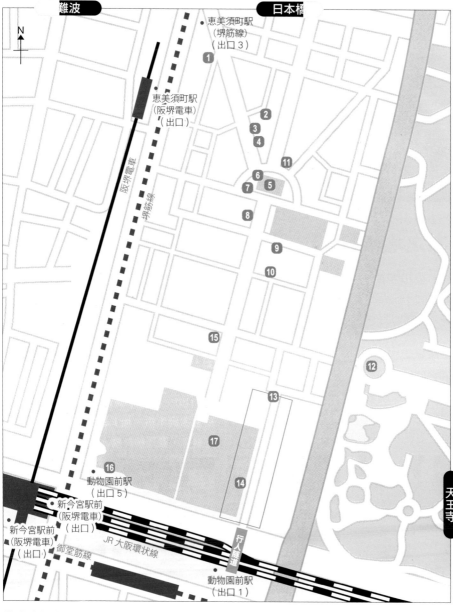

浪速
難波
日本橋
通天閣周邊
天王寺
道頓堀
心齋橋

1 肉之坂本

2 新世界 Grill 梵

3 總本家更科

4 美味棒 Shop

5 通天閣
　　通天閣 Wakuwaku land
　　TOWER SLIDER

6 釣鐘屋本舗 夢 YUKO'S SHOP

7 喫茶 Do-Re-Mi

8 Kokomoyotteya

9 近江屋 本店

10 串炸達磨 總本店

11 串炸達磨 通天閣店

12 天王寺動物園

13 錚錚橫丁

14 八重勝

15 橫綱 通天閣店

16 MEGA Donki

17 世界大溫泉

「炸牛扒三文治（ビーフカツサンド）」每份￥500。

百年牛肉三文治
肉之坂本

　　1910 年開業的「肉之坂本（肉のさかもと）」超過 100 年，位於新世界市場內的精肉老店，除了各式生鮮肉料外，也兼售油炸小吃。時至今日，該店已停售鮮肉產品，只販售牛肉速食。其中最有名的莫過於牛扒三文治，有不同重量的牛扒可以選擇，最厚的「特上菲力牛扒三文治（特上ヘレカツサンド）」索價￥1800，並不便宜，有興趣可以一試。

「牛肉薯餅（コロッケ）」即叫即炸。（￥80）

店內還附設枱椅，方便旅客坐低慢慢吃。

┈Info┈

1 **地址：**大阪市浪速区恵美須東 1-22-6
　　 電話：06-6641-0508
　　 營業時間：1000-1600（逢周四休息）
　　 網址：shinsekai-nikunosakamoto.com
　　 前往方法：地下鉄堺筋線「恵美須町」駅出口 3，
　　　　　　　　　「新世界市場」入口處。

招牌名物「炸牛扒三文治（ヘレビーフカツサンド）」每份￥2100。

星級老洋食
新世界 Grill 梵

　　1961 年開業的「Grill（グリル）梵」，不甚起眼的店面藏身通天閣附近的小巷，內部一枱一機都充滿懷舊味道，卻是大阪名人明星最愛的秘店。招牌名物「ヘレビーフカツサンド」（炸牛扒三文治）每份￥2100，從開業便已有售，香脆的麵包夾着吉列牛扒，加上秘製的芥末醬汁，一吃難忘，難怪能持續人氣 70 年！

「燉炸牛扒（ヘレツカレー煮込）」外脆內嫩，牛味極度濃郁。（￥2100）

藏身橫街窄巷之中，卻是名人明星最愛的秘店。

┈Info┈

2 **地址：**大阪市浪速区恵美須東 1-17-17
　　 電話：06-6632-3765
　　 營業時間：1200 - 1400；1700 - 1930
　　　　　　　　（每月 6、16 及 26 日休息）
　　 前往方法：地下鉄堺筋線「恵美須町」駅出口 3，
　　　　　　　　　朝「通天閣」前行，至小巷直入即至。

店內人氣第一的「笊蕎麥（ざるそば）」
彈牙爽口，每份￥750。

新世界首家食店
總本家更科

1907 年創業的百年蕎麥麵店，也是新世界區內最古老的食店。「更科」是盛產蕎麥粉的長野縣千曲市南部，素有「御膳粉」之美譽，是該店蕎麥麵馳名的原因。店內人氣第一的「笊蕎麥（ざるそば）」彈牙爽口，每份￥750。而另一名物「親子丼」同樣人氣，半熟的蛋汁一吃難忘。

「親子丼」半熟的蛋汁令雞肉更嫩滑。￥750

更科在「通天閣本通商店街」無人不識。

─ Info ─

3 **地址：**大阪市浪速区恵美須東 1-17-10
電話：06-6643-6051
營業時間：1100-2100（逢周五休息）
前往方法：地下鉄堺筋線「恵美須町」駅出口 3，
朝「通天閣」前行至中段即至。

店內盡頭設有超可愛的打卡位：
「美味Ａ夢（うまえもん）」神社。

全日本首間美味棒專門店
美味棒 Shop

日本國民零食「美味棒（うまい棒）」自 1979 年定價￥10，之後一直沒有加價，被譽為「10 円の守護神」，2022 年才加至每支 12 日圓。「美味棒 Shop（うまい棒ショップ）」內有多個打卡位，亦有海量周邊玩具精品，值得到此一遊，買手信亦是不錯的選擇。

大量「美味Ａ夢（うまえもん）」的周邊產品。

偌大的「ANNEX」是建築物名稱，而不是店名。

─ Info ─

4 **地址：**大阪市浪速区恵美須東 1-17-9
通天閣 ANNEX
電話：06-6641-9566
營業時間：1000-1930
網址：umaiboshop.base.shop
前往方法：地下鉄堺筋線「恵美須町」駅出口 3，
朝「通天閣」前行至中段即至。

浪速

難波

日本橋

通天閣周邊

天王寺

道頓堀

心齋橋

1956 年重建的「通天閣」新塔是大阪著名的地標。

100 年大阪地標
通天閣

初建於 1912 年，塔身造型模仿自巴黎的艾菲爾鐵塔，當時是全日本最高的建築物，在二戰期間被摧毀。現存為 1956 年重建的新塔，4、5 樓設有展望台，而天台為特別展望台，可 360 度眺望大阪景色。而 5 樓的「黃金展望台」更安放了第三代「Billiken 先生（ビリケンさん）」，據說觸摸其腳板即能行運。

Lucky Billiken 其實是美國畫家 Florence Pretz 於 1908 年創造的角色，到日本後大受歡迎。

Info

⑤ 地址： 大阪市浪速区恵美須東 1-18-6
電話： 06-6641-9555
開放時間： 1000-2000
展望台門票： ￥900（含特別展望台￥1200）
網址： tsutenkaku.co.jp
前往方法： 地下鉄堺筋線「恵美須町」駅出口 3，徒歩約 3 分鐘。

日清元祖雞拉麵專門店，亦有提供大量關西限定。

吉祥物主題街
通天閣 Wakuwaku land

「通天閣 Wakuwaku land（わくわくランド）」食品吉祥物主題街，集合森永大嘴鳥、江崎固力果先生、日清元祖雞拉麵 3 大專門店，提供大量關西限定。

Info

位置： 通天閣 B1/F
營業時間： 1000-1930

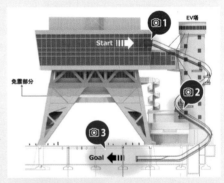

通天閣極速滑梯
TOWER SLIDER

通天閣最新的景點「TOWER SLIDER」是全長 60 米的滑梯，繞著電梯塔外圍從 3 樓滑到地庫，需時不到 10 秒。因大排長龍，記得填妥「同意書」再去排隊買票。

Info

位置： 通天閣 3/F（入口）至 B1/F（出口）
門票： 成人￥1000、兒童￥500

「吊鐘饅頭（釣鐘まんじゅう）」一包五個￥810。

「皇家布甸（プリンローヤル）」每份￥1000。

百年歷史的吊鐘饅頭
釣鐘屋本舖 夢 YUKO'S SHOP

百年老店「釣鐘屋本舖」的本店其實在附近，但及不上通天閣旁的分邊就腳，但分店招牌大大的一個「夢」字，令人難以聯想到竟是直營的分店。該店的特產就是「吊鐘饅頭（釣鐘まんじゅう）」，一包五個￥810，是不錯的手信之選。

「小蛋糕（一口かすてら）」每包￥432。

作為直營分店，店名全稱「夢 YUKO'S SHOP」。

通天閣旁的咖啡店
喫茶 Do-Re-Mi

位於通天閣旁邊的「喫茶 Do-Re-Mi（ドレミ）」創業於 1962 年，主打經典舊式甜品，包括超華麗的水果雪糕聖代、布丁香蕉船、日式鬆餅等等；而日本獨有的雪糕配蜜瓜梳打，更是當店熱賣。作為傳統老店價格不算昂貴，因此很多日本人都會光顧，往往一位難求。如想一試打卡，請預早時間排隊。

櫥窗把模型陳列出來，點餐沒有難度。

店外的蔓藤會隨四季而變化，頗有時代的感覺。

─Info─

6 地址：大阪市浪速区恵美須東 1-18-13 大阪新世界会館
電話：06-6361-6047
營業時間：0900-1800
網址：tsuriganeyahonpo.co.jp
前往方法：位於「通天閣」旁邊。

─Info─

7 地址：大阪市浪速区恵美須東 1-18-8
電話：06-6643-6076
營業時間：1000-1800（逢周一休息）
前往方法：位於「通天閣」旁邊。

花形笑臉餅乾是當今最火熱的手信第一位。

大阪名物手信百貨
Kokomoyotteya

這間大型手信店「Kokomoyotte（コ
コモよってぇ屋）」就在通天閣的正對面，
集合近 20 家大阪土產手信品牌，儼如百
貨店。店內區從菓子、名店食品、日本威士
忌，到人氣吉祥物的專櫃俱備，計有夫妻
善哉、自由軒、PALBO 等大阪名店。店內
所有手信禮盒，也是全日本最新、最受歡
迎的款式，不定期更新，一站式可以買到
最新最潮的禮盒，比各大商場更齊全！

「Billiken 先生（ビリケ
ンさん）」的布公仔，買
回去可以天天摸腳。

集合全大阪名物手信，分
類清楚，地方偌大好逛。

---Info---

8 **地址**：大阪市浪速区恵美須東 2-7-2
電話：06-6634-0606
營業時間：0800 - 0000
網址：yotteya.jp
前往方法：位於「通天閣」對面。

其串炸的麵衣脹卜卜，入口煙韌軟糯，每串售￥100
至￥330。

麵包皮串炸
近江屋 本店

1949 年創業，乃新世界另一串炸老
店，特點在於其炸漿以小麥粉做成，而不
是用傳統的麵包糠，因此麵衣如炸麵包般
脹卜卜，入口煙韌軟糯，別有一番風味。
又因這間本店位置略為偏離大街，故如非
飯市，一般不用排隊，正適合時間不多的
遊客光顧。

坐在吧枱用餐，可以看到
師傅的串炸工夫。

因位置偏離大街，一般不
用排隊。

---Info---

9 **地址**：大阪市浪速区恵美須東 2-3-18
電話：06 - 6641 - 7412
營業時間：1200-1400，1600-2000
（逢周四休息）
前往方法：「通天閣」沿南本通り直行，至第一
個街口左轉即至。

「串炸達磨」以麵衣特薄兼酥脆而聞名，每串售¥120至¥400。

開在通天閣旁的分店，地方比本店闊落得多，設有更多座位，可以節省不少排隊時間。

長龍串炸王
串炸達磨 總本店

　　「串炸達磨（串かつ だるま）」是1929年於新世界創立的串炸名店，目前已傳到第四代，門前的惡老闆形象更是深入民心。以麵衣特薄兼酥脆而聞名，明星如坂口憲二、名模蛯原友理等也是其Fans。分店遍布全大阪，單在新世界已有四間，這間店面細小又殘破，卻是其始創的本店，任何時間都大排長龍。

地方闊落座位更多
串炸達磨 通天閣店

　　雖然總本店只隔兩條街，但在通天閣旁的分店，不但比總本店就腳得多，而且地方也闊落得多，節省不少排隊時間。雖然炸串達磨規定「炸串只能蘸一次醬汁」，想蘸第二次必需用生椰菜來蘸；但這間分店的醬汁已改用樽裝，想要吃重口味不斷加醬汁的話，就要到這一間分店了。

因為醬汁為公用，每串串炸只可蘸醬一次。

始創店門面殘殘舊舊，只有老饕才懂得來。

樽上寫明醬汁可以加完再加，那就不必客氣了。

門前的等身大惡老闆，排隊前不妨先打卡。

─── Info ───

10 **地址：**大阪市浪速区恵美須東 2-3-9
　　 電話：06-6645-7056
　　 營業時間：1100-2230
　　 網址：kushikatu-daruma.com
　　 前往方法：「通天閣」沿南本通り直行，至第二個街口左轉即至。

─── Info ───

11 **地址：**大阪市浪速区恵美須東 1-6-8
　　 電話：06-6643-1373
　　 營業時間：1100-2230
　　 前往方法：位於「通天閣」對面。

天王寺動物園最具人氣的就是北極熊。

低設防動物園
天王寺動物園

　　1915 年開園、過百年歷史的動物園，位處通天閣商圈對面，飼養近 300 種、約 1500 隻動物，包括北極熊、企鵝、樹熊、獅子、河馬等等。由於動物園已相當老舊，就在 100 周年時開展翻新工程，至今仍在進行中。其特色在於低設防，能近距離觀看，部分亦能讓旅客餵飼。

企鵝園區在翻新後，動物的生活環境有顯著改善，並能從水底角度觀賞。

黑猩猩的圍欄外貼著告示，教遊客從黑猩猩的表情了解牠的心情。

—— Info ——

⑫ 地址： 大阪市天王寺区茶臼山町 1-108
　電話： 06-6771-8401
　開放時間： 0930-1700（逢周一休息）
　入場費： ￥500
　網址： tennojizoo.jp
　前往方法： 地下鉄御堂筋線「動物園前」駅出口 1 往左轉，穿過隧道及「ジャンジャン橫丁」直走到底，右轉出大街，過馬路即到入口。徒步約 5 分鐘。

「錚錚橫丁」是昔日通往「飛田遊廓」的必經之路。

庶民下町巷弄
錚錚橫丁

　　原名「南陽通商店街」的「錚錚（ジャンジャン）橫丁」昔日南行往「飛田遊廓」的必經之路。食店為吸引顧客，便奏起「三味線」（日本傳統樂器）而發出「錚錚」聲，因而得名。

—— Info ——

⑬ 地址： 大阪市浪速区恵美須東 3-3
　前往方法： 地下鉄御堂筋線「動物園前」駅出口 1 左轉，穿過隧道即至。

其串炸特色在於兩層炸漿，香脆之餘，原味也得以保留。每串售 ￥130 至 ￥500。

殿堂串炸王
八重勝

　　1948 年開業的串炸老店，乃「錚錚橫丁」內最大、最具人氣的食店。串炸的炸漿混有山芋，能減低油膩感。而且是兩層炸漿，香脆之餘，原味也得以保留。

—— Info ——

⑭ 地址： 大阪市浪速区恵美須東 3-4-13
　電話： 06-6643-6332
　營業時間： 1030-2030（逢周四休息）
　前往方法： 位於「ジャンジャン橫丁」中段。

一盤 8 人前的章魚燒 ￥1628，份量非常驚人。

24 小時營業居酒屋
橫綱 通天閣店

橫綱是一家售賣大胃王份量的食店，8 人前的章魚燒 ￥1628，份量非常驚人，性價比極高，其他食品同樣有大胃王份量，刷新三觀；人少也可以點單人份。

━━━ Info ━━━

15 **地址：** 大阪市浪速区恵美須東 3-6-1
電話： 06-6630-8440
營業時間： 24 小時營業
前往方法：「通天閣」沿南本通り直行，至第三個街口即至。

MEGA Donki 新世界店面積大如百貨公司。

巨無霸版「激安の殿堂」　退税
MEGA Donki

MEGA Donki（ドン・キホーテ）新世界店，面積大如百貨公司，由零食手信、藥妝、電器到家品雜貨一應俱全，營業至凌晨 5 點，最重要是還可退税！

━━━ Info ━━━

16 **地址：** 大阪市浪速区恵美須東 3-4-36
電話： 0570-061-311
營業時間： 0900-0500（藥房 0900-0300）
網址： www.donki.com/mega
前往方法： 地下鉄「動物園前」駅出口 5 直達。

溫泉為男女性劃分開於不同樓層，分 A/B 區各設 8 個特色溫泉浴區，每月兩區互相對調，可事先於官網查看池區編配。

世界最大溫泉樂園
世界大溫泉

I Can Tips
晚上 12 時後離場，需額外加收 1300 日元收費！

「Spa World（スパワールド）」是位於鬧市、世界最大的溫泉樂園，溫泉水抽取自地底，泉溫 42℃，性質溫和。分為亞洲和歐洲兩區，內設古羅馬、地中海、峇里等 16 國主題布置的溫泉池，頂樓還有露天溫泉「展望家族風呂」，可邊泡邊遠眺通天閣一帶景色。玩樂設施眾多，提供各式桑拿 Spa、岩盤浴、鹽桑拿等服務，並有餐廳、酒店。焦點是大型室內水上樂園，設有多條刺激的滑水梯，還有兒童水上樂園，開業多年人氣仍不減。

大型室內水上樂園，設有多條刺激的滑水梯及兒童水上樂園。

溫泉分為亞洲、歐洲區，包括以伊斯蘭為主題布置的溫泉池。

━━━ Info ━━━

17 **地址：** 大阪市浪速区恵美須東 3-4-24
電話： 06-6631-0001
營業時間： 1000- 翌日 0845
網址： spaworld.co.jp
前往方法：「通天閣」沿南本通り直行到底即至。

古今時代並存

天王寺
てんのうじ / Tennoji

🚆 交通　JR大阪環状線、地下鉄御堂筋線、谷町線「天王寺」駅。

1 黑毛和牛 焼肉 善 阿倍野本店

2 Q's Mall
ONE PIECE 草帽士多
POKEUNI 阿倍野店
Be! FRUITS PARLOR
貓貓食包
TOKYO HANDS
浪漫亭

3 阿倍野 and
LOFT
IL BISONTE 阿倍野店
松三製作所

4 阿倍野 Hoop
KINJI 阿倍野 Hoop 店

5 Yamachan 本店

6 阿倍野 HARUKAS
HARUKAS 300
近鉄百貨 本店
Sweden Trimpark
Ransel
Popondetta
阿倍野 Food City
阿倍野 Harukas Dining
大阪 竹葉亭
下関 春帆楼
太陽的笑容
Grill Capital 東洋亭
A Ran

7 天王寺 MIO
fruit tarte Delices
Pont de Tri-co
PAUL
久世福商店
新鶴松
大衆中華酒場 若林
TOKYO MACAPRESSO

8 和宗総本山 四天王寺
「大師会、太子会」骨董市

9 石鳥居、極楽門

10 南大門、中門

11 石舞台

浪速
難波
日本橋
通天閣周邊
天王寺
道頓堀
心齋橋

￥3850 黑毛和牛放題
黑毛和牛 燒肉 善
阿倍野本店

　　大阪著名日式燒肉放題「善」的本店。選用 A4 以上級別的鹿兒島黑毛和牛，店家整頭買入，確保稀珍部位都有供應。黑毛和牛放題有烤肉、壽喜燒及火鍋可選，最便宜的￥3850 套餐，食足 90 分鐘。提供 62 款單品選擇，除了多款霜降和牛肉類及刁鑽內臟部位，更有多款沙律、韓式特色石鍋飯、小食及雪糕芭菲，而且營業時間至凌晨 1 點，適合逛完街去享用。

A4 級鹿兒島黑毛和牛的霜降和牛水準穩定，保證每次上碟的也極高質，名不虛傳。

Info

1 **地址**：大阪市阿倍野区阿倍野筋 2-4-49
　　　アベニューホール 2F/3F
電話：06-7850-2090
營業時間：1130- 翌日 0100
網址：yakiniku-zen.com
前往方法：地下鉄谷町線「阿倍野」駅出口 1 直達。

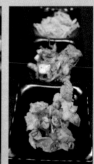

熟食方面，亦有多款炸物配菜，超多選擇。

套餐附送的小菜亦有多款。

　　提供近 30 款菜單選擇，包括和牛肩肉、牛舌，甚至牛腸、牛心等刁鑽部位。

Tips

日式燒肉源自於韓國烤肉，所以伴碟及主食都以韓國菜式為主。

Q's Mall 連地庫樓高 5 層，擁有超過 200 家商店。

天王寺購物地標
Q's Mall

　　連地庫樓高 5 層，擁有超過 200 家商店，包括佔據 3 層的百貨公司「伊藤洋華堂（イトーヨーカドー）」。餐飲的選擇更多，包括兩個 foodcourt：位於三樓的「Q's Kitchen」和四樓的「Q's Dining」，及佔 3 層的餐飲街「Via あべの Walk」。

「伊藤洋華堂（Ito Yokado）」是日本最大及世界第五大的零售企業。

Info

❷ **地址**：大阪市阿倍野区阿倍野筋一丁目 6-1
　電話：06-6556-7000
　營業時間：商店 1000-2100；餐廳 1100-2300
　網址：qs-mall.jp/abeno
　前往方法：地下鉄御堂筋線、谷町線「天王寺」
　　　　　　　 駅 12 番出口直達。

「ONE PIECE 草帽士多」日本全國只有七間門市。

關西首家海賊王專賣店
ONE PIECE 草帽士多
阿倍野店

　　「ONE PIECE 草帽士多（麦わらストア）」提供過萬款《海賊王》官方精品，除了關西店限定，更有不少聯乘的飾物。

Info

地址：「Q's Mall」3/F
電話：06-4393-8441
營業時間：1100-2100
網址：mugiwara-store.com

POKEUNI 的產品特色，是全部帶有心形標記。

心心卡通角色精品店
POKEUNI 阿倍野店

　　POKEUNI（ポケユニ）是將全球受歡迎卡通角色，設計成口袋大小的精品店，大部份也是布娃娃，小孩子一定很喜歡。

Info

地址：「Q's Mall」1/F
電話：06-6556-7797
營業時間：1000-2100
網址：palcloset.jp/pokeuni

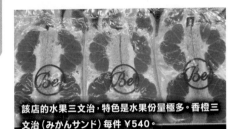

該店的水果三文治，特色是水果份量極多。香橙三文治（みかんサンド）每件 ¥540。

打卡水果三文治
Be! FRUITS PARLOR

「Be! FRUITS PARLOR」的三文治超級誇張，全部用上原個水果製作，超澎湃的口感！味道像水果奶油蛋糕，食用時不用餐具，非常方便！

誇張的「完熟菠蘿三文治（完熟パインサンド）」每件 ¥540，超稀奇！

---Info---

地址：「Q's Mall」B1/F
電話：06-6537-9025
營業時間：1000-2100

麵包用了 100% 牛奶製作，吃時牛奶的味道就在口內散發。每件 ¥240，全條 ¥880。

100% 牛奶製作
貓貓食包

「貓貓食包（ねこねこ食パン）」全店以貓咪為主題，所有麵包、餅乾都是貓咪，少女心爆發！麵包用了 100% 牛奶製作，有多款不同的口味選擇，美味又可愛。

---Info---

地址：「Q's Mall」B1/F
電話：06-6556-7255
營業時間：1000-2200
網址：allheartscompany.com

TOKYO HANDS 主打日常用品，針對女性市場。

專為女性供應生活用品
TOKYO HANDS

東京的店面幾乎都是佔整棟大廈的；大阪相對規模較細，但商品種類應有盡有，家品、電器、精品、美妝一應俱全！是不可錯過的高 CP 值創意生活百貨！

---Info---

地址：「Q's Mall」B1/F
電話：06-6645-0109
營業時間：1000-2100
網址：hands.net

浪漫亭（ロマン）主打牛扒丼飯，招牌「錦弁当」為牛肉燒、煮雙拼，每份 ¥1150。

牛扒丼飯
浪漫亭

浪漫亭（ロマン亭）主打牛扒丼飯，包括肉類主菜，配以白飯和沙律。將烤好的牛扒放在白飯上，配上店家秘製的醬汁，份量十足。除了堂食之外，店家亦提供多種外賣丼飯可供選購，買回旅館品嚐或是搭火車時享用，都是不錯的選擇。

---Info---

地址：「Q's Mall」B1/F
電話：06-6567-9629
營業時間：1000-2100

同為「近鉄百貨店」旗下的 HARUKAS、Hoop 及 and 三個商場，採「三館連攜體制」合作，其中 and 官方定位為「都市生活素材館」，主打品味雜貨。

都市家品雜貨
阿倍野 and

不少人以為這商場的名字是「&and」，事實上「&」是 Logo。商場的正式名稱是「阿倍野 and（あべのアンド）」而 and 是從商場主題「Abeno natural days」中，取各單字的第一個字母而成。

HARUKAS、Hoop 及 and 三個商場的母公司同為「近鉄百貨店」，採「三館連攜體制」合作，and 定位為「都市生活素材館」，樓高 6 層，以自然都市生活為主題，主打家品雜貨。

Info
③ 地址：大阪市阿倍野区阿倍野筋 2-1-40
電話：06-6625-2800
營業時間：1100-2100
網址：d-kintetsu.co.jp/and
前往方法：地下鉄谷町線「阿倍野」駅出口 1
　　　　　步行約 1 分鐘。毗鄰「Hoop」。

讓人有些新發現的生活雜貨店
LOFT

LOFT 是日本首屈一指的生活雜貨專門店，成立於 1987 年，現已分店遍及全國。主張「傳遞時代潮流」，希望讓人能在店內找尋東西時，是一次愉快的閒逛。因此，店內商品靈活多變，配合大眾需要或時代潮流而調整，讓人即使沒有任何目的而進店，也能「有些甚麼新發現」。此店位於 and 的一樓至三樓，從文具、雜貨、日常生活用品通通都有：一樓主打保健品及手錶之類，二樓為家居及旅行用品，而三樓則為文具及雜貨。

LOFT 的主要商品是文具及小飾物。

全店佔地三層，銷售的貨品種類甚多。

Info
地址：「and」1/F 至 3/F
電話：06-6625-6210
營業時間：1100-2100
網址：loft.co.jp

IL BISONTE 的製品以全手工製作,外觀優雅、堅韌耐用。

意大利優質皮具店
IL BISONTE 阿倍野店

「IL BISONTE(イル ビゾンテ)」是來自意大利的皮具手袋品牌。創辦人 Wanny Di Filippo 是一名皮革工匠,他於 1970 年與妻子一起,在佛羅倫斯成立了這家公司。他們以優質皮革全手工製作出外觀優雅、堅韌耐用的皮具,隨即風行世。2019 年公司被日本收購,作為母公司所在地,推出多款日本限定產品,不容錯過。

該店的皮具產品以外觀優雅、堅韌耐用享譽世界。

雖然分店遍布全球,但不少限定產品只在日本銷售。

─Info─

地址:「and」1/F
電話:06-4399-8727
營業時間:1100-2100
網址:ilbisonte.jp

松三製作所的製品超級輕巧,卻非常堅硬。

精密加工技術生產的家品
松三製作所

「松三製作所」本身是電子設備周邊精密鈑金加工的工場,自 1972 年創業以來,一直以先進的技術和品質,製造醫療設備和電腦設備的精密加工。

松三製作所售賣的商品,都以生產醫療設備的鋁合金製作,超級輕巧卻非常堅硬。店中有大量不同日用品以供選購,而且設計感十足。全國只有位於 and 的這家分店,是來到日本不能錯過的好物!

以生產醫療設備和電腦設備的精密加工技術,用來生產日常生活用品及寵物用品,質量超乎想像。

─Info─

地址:「and」3/F
電話:070-4452-7646
營業時間:1100-2100
網址:matumi-ours.com

同為「近鉄百貨店」旗下的阿倍野 Hoop，官方定位為「讓自己邁向全新、大人的風格的編輯館」。

精選時尚潮場
阿倍野 Hoop

「阿倍野 Hoop（あべのフープ）」毗鄰 HARUKAS，商場連地庫樓高 7 層，主打年輕人市場，有多家時尚品牌店，間間精選。地庫 1 層設有美食廣場，營業至晚上 11 時。

── Info ──

④ 地址：大阪市阿倍野区阿倍野筋 1-2-30
電話：06-6626-2500
營業時間：1100-2100
網址：d-kintetsu.co.jp/hoop
前往方法：「HARUKAS」過行人天橋即達。

中低價位古着店
KINJI
阿倍野 Hoop 店

「KINJI」以便宜又特別而聞名，關西地區有 11 間分店，但大部份都在偏遠地區，阿倍野 HOOP 店算是最方便到達，值得大家到訪挖寶。

── Info ──

位置：「Hoop」1/F
電話：06-6655-1264
營業時間：1100-2100
網址：kinji.jp

「Yamachan」的章魚燒，一盒八粒售 ¥720。

《米芝蓮》章魚燒
Yamachan 本店

「Yamachan（やまちゃん）」是曾獲 2016 年京阪《米芝蓮》推介」的章魚燒，有原味、拌蔥、沙津醬汁等多款口味。其粉漿混合的湯汁以雞骨、海帶及 10 多種蔬果熬煮 4 小時而成，再用特製高溫鐵板慢烤，令丸子外層薄脆，內餡濃稠。

毗鄰「HARUKAS」及「Hoop」的小店，十分方便。而且在左邊巷內，還開了 2 號店可供堂食。

── Info ──

⑤ 地址：大阪市阿倍野区阿倍野筋 1-2-34
電話：06-6622-5307
營業時間：1100-2300（每月第 3 個周四休息）
　　　　　周日及假期 1100-2200
網址：takoyaki-yamachan.net
前往方法：「Hoop」旁邊。

「阿倍野 HARUKAS」是大阪第一高廈，被譽為「大阪最先迎接日出的大樓」。

大阪最先迎接日出的大樓
阿倍野 HARUKAS

HARUKAS（晴るかす）在日文古語中是「使之晴朗明亮」的意思。「阿倍野（あべの）HARUKAS」樓高 300 公尺，自 2014 年落成後，一度是日本第一高廈，直至 2022 年才被超越；但仍是大阪第一高廈，被譽為「大阪最先迎接日出的大樓」。該廈地面共 60 層：地庫 2 層至 14 樓的「近鐵百貨」，16 樓為美術館及展望台售票處，17 至 57 樓之間，為 5 星級豪華酒店「大阪萬豪都」和甲級寫字樓。而真正焦點，是位於 58 至 60 樓、西日本最高的展望台「HARUKAS 300」，大阪市全景一覽無遺。

Info

⑥ **地址：** 大阪市阿倍野区阿倍野筋 1-1-43
電話： 06-6621-0300
營業時間： 0900-2200
網址： abenoharukas-300.jp
前往方法： 地下鉄御堂筋線「天王寺」駅出口 10 直達；或近鉄南大阪線「大阪阿部野橋」駅直達。

60 樓的「天上迴廊」全玻璃外牆加上中空的設計，可 360 度飽覽大阪市景色。

西日本最高觀景台
HARUKAS 300

佔據 3 層的展望台，由 60 樓的「天上迴廊」、59 樓的紀念品店，以及 58 樓的「天空庭園」及餐廳所構成。

在 16 樓售票處購票後，即可乘搭專用電梯，只需 20 秒即可抵達。貴為西日本最高觀景台，60 樓的「天上迴廊」，為一條 175 米長的室內迴廊，離地標高 300 公尺，全玻璃外牆加上中空的設計，使 360 度大阪市景致盡收眼底。

先乘搭電梯上 16 樓。

沿藍色地標前往售票處。

16 樓另設「空中庭園」，亦可從較低角度俯瞰大阪。

Info

位置： 「HARUKAS」16/F 經售票處進入
開放時間： 0900-2200（最終入場 2130）
入場費： 成人￥1800、中學生￥1200、小學生￥700、幼兒￥500

「近鉄百貨」是日本最大百貨店。

日本最大百貨店
近鉄百貨 本店

退稅

佔地共 16 層，由「塔館（タワー館）」和「翼館（ウイング館）」所組成。其中地庫 1 至 2 層是「阿倍野 Food City（あべのフード・シティ）」主打糧油雜貨及魚肉蔬果。而 12 至 14 樓的「阿倍野 Harukas Dining（あべのハルカスダイニング）」則是食肆集中地。

Info
位置：「HARUKAS」B2/F 至 16/F
電話：06-6624-1111
營業時間：1000-2000
網址：abenoharukas.d-kintetsu.co.jp

Tips

傳說學生書包可以浮在水面，保障學生遇上溺水危機，是否屬實可跟店員查詢。

日本小學生書包專櫃
Ransel

日本小學生書包「ランドセル」譯自荷蘭文 Ransel，以堅固耐用、輕巧舒適而聞名世界。自 1887 年 8 歲的大正天皇使用這款四四方方的書包返學起，便漸漸成為日本小學生書包的指定款式。而「近鉄百貨」8 樓即有書包專櫃，有大量款式可供訂購，價位 ¥50000 起，相當矜貴。

Info
位置：「HARUKAS」近鉄百貨 8/F

「HARUKAS」內的收費遊樂場，設有職員駐守確保孩子安全。

北歐風兒童遊樂場
Sweden Trimpark

3 樓平台的露天兒童遊樂場「Sweden Trimpark（スウェーデン トリムパーク）」有職員駐守確保孩子安全，家長們大可放心。

Info
位置：「HARUKAS」近鉄百貨 3/F
開放時間：1000- 日落（雨天暫停）
入場費：兒童（16 歲以下）每小時 ¥1000
　　　　成人每小時 ¥500

店內設巨型情景電車場，可即場玩遙控火車。

鐵道模型專門店
Popondetta

源自秋葉原的鐵道模型專門店「Popondetta（ポポンデッタ）」，附設巨型情景電車場，可即場玩遙控火車，閒日每小時 ¥600，假期則每小時 ¥900！

Info
位置：「HARUKAS」近鉄百貨 8/F
電話：06-6625-2365
營業時間：1000-2000
網址：popondetta.com

「阿倍野 Food City」內，還有在日本以高品質著名的連鎖超市「成城石井」。

抵買土產手信
阿倍野 Food City

　　地庫 1 至 2 層是「阿倍野 Food City（あべのフード・シティ）」，主打糧油雜貨及新鮮魚肉蔬果，網羅日本全國各地的人氣手信和土產店，並附設輕食街「阿倍野（あべの）市場食堂」及超市「成城石井」。最重要是價格便宜！而且樓下便是近鉄車駅和高速巴士站，最適合離開前作最後掃貨。

有售新鮮日本水果。

壽司餐盒經濟實惠。

輕食街有各種餐點可供選擇。

Info
位置：「HARUKAS」B1/F 至 B2/F
營業時間： 商店及超市：1000-2030
　　　　　　 輕食街：1000-2200

「阿倍野 Harukas Dining」佔地 3 層，進駐的都是著名大餐飲。

日本最大餐廳街 Wi-Fi
阿倍野 Harukas Dining

　　12 至 14 樓的「阿倍野 Harukas Dining（あべのハルカスダイニング）」則是食肆集中地，佔地 3 層，集合數十家人氣著名餐飲，中西日菜俱備，包括昭和天皇曾光顧的「喜帆樓」、老字號洋食店「東洋亭」等，堪稱日本最大餐廳街。館內還提供免費 Wi-Fi 服務。

Info
位置：「HARUKAS」12/F 至 14/F
營業時間： 1100-2300

老字號鰻魚飯店
大阪 竹葉亭

　　江戶時代末期創業的老字號鰻魚飯店，以其傳統技術烤出肥美嫩滑的江戶燒鰻魚。而且提供白燒鰻魚，不加醬汁直火碳烤，足見對鰻魚品質及師傅廚藝的自信。

「白井」的鰻魚不加醬汁而烤製，可以品嚐鰻魚的清香鮮甜。（￥3520）

Info
位置：「HARUKAS」14/F
電話： 06-6625-2372
營業時間： 1100-2100
網址： osaka-chikuyoutei.simdif.com

午市限定的「萩御膳」每份￥2750。

昭和天皇亦曾光顧
下関 春帆楼

　　始創於山口縣下關市的「春帆樓」，由明治維新元老伊藤博文命名，並在1888年日本開放河豚料理後，首家獲政府核發許多的餐廳。其歷史悠久，以及昭和天皇、皇后都曾光顧過。

―Info―
位置：「HARUKAS」14/F
電話：06-6625-2378
營業時間：1100-2100
網址：shunpanro.com

有機料理放題，午市90分鐘每位￥2200。晚市120分鐘￥2800。

人氣有機放題
太陽的笑容

　　「太陽的笑容（お日さまのえがお）」是西日本超人氣有機料理放題店，所有食材都來自自家農場，絕不使用化學農藥，並經日本農林省頒發有機認證。

―Info―
位置：「HARUKAS」13/F
電話：06-6627-0909
營業時間：1100-1600，1700-2200
網址：moku-moku.com

東洋亭的招牌菜正是「百年洋食漢堡牛肉（ハンバーグステーキ）」，單點￥1480。

百年歷史的西餐廳
Grill Capital 東洋亭

　　「Grill Capital（グリルキャピタル）東洋亭」是1897年創業於京都的百年西餐廳，招牌菜是以秘製醬汁烹調的漢堡牛肉（ハンバーグステーキ）。

「百年洋食漢堡牛肉」被脹卜卜的錫紙袋包裹，並以鐵板上菜，十分特別。

―Info―
位置：「HARUKAS」13/F
電話：06-6654-6684
營業時間：1100 - 2200
網址：touyoutei.co.jp

親手製作「御好燒」，最便宜的「豚玉」只要￥935。

鐵板燒、御好燒居酒屋
A Ran

　　「A Ran（あ・らん）」是主打御好燒、日式炒麵及鐵板燒的居酒屋，價格亦算親民。如果上過「展望台」的話，憑票尾更可獲免費飲品一杯！

―Info―
位置：「HARUKAS」12/F
電話：06-6622-7908
營業時間：1100-2300

天王寺 MIO 位處
JR天王寺駅上蓋，
很適合買完手信便
直接去機場。

JR 天王寺駅上蓋商場
天王寺 MIO

位處 JR 天王寺駅上蓋，距離關西國際機場，搭電車只要 30 分鐘左右，很適合買完手信便直接去機場。

天王寺 MIO 分為「本館」及「廣場館（プラザ館）」兩翼，集結了許多深受受觀光客歡迎的知名品牌，還有餐飲、食品、生活雜貨等一共 380 間店舖。其中食肆集中在「本館」10 樓、11 樓及「廣場館」4 樓。

─── Info ───

7 **地址：**大阪市天王寺区悲田院町 10-39
電話：06-6770-1000
營業時間：商店 1100-2100；餐廳 1100-2200
網址：tennoji-mio.co.jp
前往方法：JR 大阪環状線「天王寺」駅直達。

季節限定的「蜜瓜撻」每件 ￥930。

人氣水果撻
fruit tarte Delices

人氣水果撻專賣店，以誇張地擺滿水果而聞名。其中「蜜瓜撻（完熟メロンのタルト）」上除鋪滿蜜瓜外，還加了一大件蜜瓜，令人歎為觀止。

─── Info ───

地址：「天王寺 MIO」本館 1/F
電話：06-6770-1167
營業時間：1100-2100
網址：delices-tartecafe.jp

「可麗露」專門店
Pont de Tri-co

Pont de Tri-co（ポン・ドゥ・トリーコ）是手工製作「可麗露（Cannelé，カヌレ）」的專門店，是起源於法國波爾多的香脆美食，有「天使之鈴」之稱。該店可麗露有別於一般原味，加入大量不同口味的材料，賣相及口味也相當多選擇，非常吸引，單個 ￥380 至 ￥420。

「可麗露」6 個 ￥1600，
12 個 ￥2800。

─── Info ───

地址：「天王寺 MIO」本館 1/F
電話：06-6770-1378
營業時間：1100-2100

百年法國西餅
PAUL

1889 年在法國創立的麵包店，時至今天已在世界各地開設分店，售賣頗具特色的麵包及西餅等。

該店最具人氣的是蝴蝶酥，每件￥476。

Info
地址：「天王寺 MIO」本館 1/F
電話：06-6770-1032
營業時間：1100-2100
網址：pauljapan.com

萬能高湯包
久世福商店

該店的「萬能高湯包（万能だし）」加水便能煮出高湯，亦可打開作調味粉用，十分方便。

該店的「All Fruits（オールフルーツ）」果醬，有橙味及士多啤梨味，大瓶裝每瓶￥770。

Info
地址：「天王寺 MIO」プラザ館 M2/F
電話：06-6777-1010
營業時間：1100-2100
網址：kuzefuku.jp

刺身、天婦羅
新鶴松

新鶴松（ニューツルマツ）主打天婦羅及刺身，其飯團亦以刺身作配料，很有特色。

店內菜式眾多，單點最貴不過￥999，任君選擇。

Info
地址：「天王寺 MIO」プラザ館 M2/F
電話：06-6796-7788
營業時間：1100-2300
網址：next-factory.info

日本的中華料理，是日本獨有的味道。午市套餐每份約￥1000。

五星級中華料理
大眾中華酒場 若林

日本「中華料理」與真正的中菜差異頗大，完全是日本的口味。「若林」的主廚來自五星級酒店，提供具昭和時代氣圍的「町中華」料理，可以一試。

Info
地址：「天王寺 MIO」プラザ館 M2/F
電話：06-6770-2419
營業時間：1100-2300

該店馬卡龍款式眾多，每件￥380。

馬卡龍專門店
MACAPRESSO

創業於東京的 MACAPREESO，特色是馬卡龍色彩繽紛非常可愛，造型又特別，而且用料講究，以北海道優質的牛奶製作厚厚的奶油餡料，有興趣可以一試。

Info
地址：「天王寺 MIO」プラザ館 M2/F
電話：06-6775-6255
營業時間：1100-2200
網址：macapresso.com

大阪

浪速

難波

日本橋

通天閣周邊

天王寺

道頓堀

心齋橋

「五重塔」，塔頂藏有 6 粒舍利。

進入「中心伽藍」參觀，須於「西重門」購票入場，大學生及中學生可享優惠，但必須出示學生證。

聖德太子供奉的觀世音佛像，位於「五重塔」旁邊的「金堂」中，並在四方設有四天王像作為守護。

大阪佛教總壇
和宗総本山 四天王寺

「四天王寺」由聖德太子始建於公元 593 年，佔地極廣，是日本最早期的佛教寺廟，很多大型祭典皆在這裏舉行。其核心建築群「中心伽藍」須自西重門購票入場，裡面自南而北為：中門、五重塔、金堂、講堂，呈直線排列。寺院曾經戰爭破壞，現在大部分為二戰後所重修。

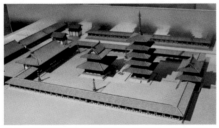

寺內設有模型說明「中心伽藍」的布局，自南（右）而北（左）為：中門、五重塔、金堂、講堂。

每月 21 及 22 日「中心伽藍」都會舉行「大師会．太子会」骨董市。

道地土產小吃市
「大師会・太子会」骨董市

每月 21 及 22 日「中心伽藍」都舉行「大師会・太子会」骨董市，當天免費入場。這是大阪最大的市集，貨品由古董古着、手作飾物到小吃攤，應有盡有。

─── Info ───

位置：四天王寺「中心伽藍」
舉行日期：每月 21 及 22 日，0830 - 1600
（下雨天休市）

─── Info ───

8 **地址：**大阪市天王寺区四天王寺 1-11-18
電話：06-6771-0066
開放時間：0830 - 1600
網址：shitennoji.or.jp
門票：成人￥300、中學生￥200、小學生免費
前往方法：地下鉄谷町線「四天王寺前夕陽ヶ丘」駅出口 4，往南徒步約 5 分鐘；JR 大阪環状線「天王寺」駅出口 17，再上樓梯 7 至地面，往北徒步約 12 分鐘。

四天王寺西側入口的「石鳥居」。

罕見的佛寺鳥居
石鳥居、極樂門

　　四天王寺西側入口的「石鳥居」建於 1294 年，在此之前為木造鳥居，匾額有「釈迦如来転法輪処当極楽土東門中心」十六字。因鳥居一向為神社專用，在寺廟中出現鳥居，是四天王寺的一大特色。

　　穿過「石鳥居」即到「極樂門」。該門自四天王寺創建時便存在，因朝向西方，有通往極樂之意而命名。現存之「極樂門」為昭和時代所重建。

穿過「極樂門」便到「西重門」的售票處。

―――Info―――
⑨ **位置：**四天王寺「中心伽藍」的西面。

作為寺院正門的「南大門」，亦為四天王寺創建時便存在。現存大門為昭和時代所重建。

四天王寺的「中門」。

日本國寶級佛像大師作品
南大門、中門

　　進入「南大門」後即為「中門」，門兩側的「那羅延金剛力士」及「密迹金剛力士」是日本國寶級佛像大師松久朋琳、松久宗琳父子的作品，值得細看。目前「中門」不可通行，要進入「中心伽藍」必須繞到「西重門」購票。

―――Info―――
⑩ **位置：**四天王寺「中心伽藍」的南面。

每年 4 月 22 日在石舞台舉行的「聖靈會」，已被列為日本重要文化財產。

懷念聖德太子的舞台
石舞台

　　「亀の池」中央有一座石舞台，每年 4 月 22 日都會舉行的「聖靈會」來緬懷聖德太子，屆時將會在此上演傳統雅樂。而這項活動已被列為日本重要文化財產。

―――Info―――
⑪ **位置：**四天王寺「中心伽藍」的北面。

南區最繁華食街

どうとんぼり / Dōtonbori

道頓堀

2

1

21

20

29

17

交通 南海電鉄南海本線「難波」駅；地下鉄
御堂筋線或千日前線「なんば」駅。

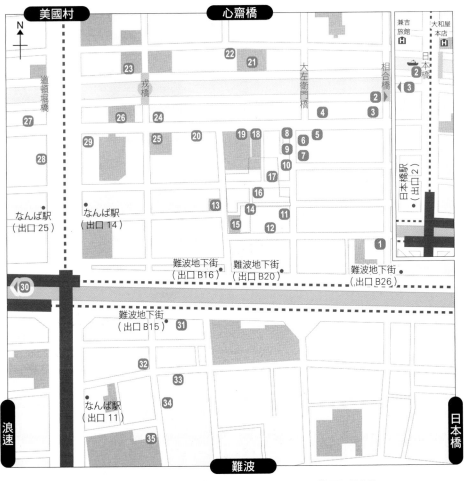

① 丸福珈琲店 千日前本店
② 遊船章魚燒
③ 千房 道頓堀大樓店
④ 昭和大衆內臟
　　道頓堀大樓店
⑤ 本家大章魚
⑥ 金久右衛門 道頓堀店
⑦ 美津の
⑧ 金龍拉麵 道頓堀店
⑨ 四天王 道頓堀店
⑩ 神座 千日前店
⑪ 花丸軒 難波‧法善寺店
⑫ 道頓堀赤鬼 本店
⑬ 上方浮世繪館

⑭ 法善寺
　　法善寺橫丁
⑮ 夫婦善哉
⑯ 關東煮工房 和乃子
⑰ 北新地橫膈膜 法善寺店
⑱ 道頓堀 今井
⑲ 中座食倒大樓
　　浪花名物 得意庵 道頓堀店
⑳ 大阪名物 食倒
㉑ 唐吉訶德 道頓堀店
㉒ 10 円麵包
　　唐吉訶德道頓堀店
㉓ nanohana 戎橋店
㉔ 蟹道樂 本店

㉕ TSUTAYA 戎橋店
㉖ 章魚家道頓堀 KUKURU 本店
㉗ 道頓堀 治兵衛
㉘ 道頓堀肉劇場
㉙ 播重 道頓堀本店
　　播重道頓堀本店 Curry Shop
㉚ SUSHIMARU 難波地下街店
㉛ 黑毛和牛 燒肉 善
　　難波千日前店
㉜ 551HORAI 本店
㉝ 自由軒
㉞ 老爺爺蛋糕店 本店
㉟ 北極

昭和時代的經典咖啡店

丸福珈琲店 千日前本店

　　「丸福珈琲店」自 1934 年創立，戰後即遷至千日前現址，樓高兩層，是日本昭和時代風味的經典咖啡店。

　　木地板、吊燈和漂亮的天花壓線，充滿濃烈的懷舊氣氛，飾櫃內放滿老闆收藏的古董茶具和名人簽名。精挑優質咖啡豆，以獨步方法烘焙，再用自製滴漏器逐滴過濾，咖啡偏苦後回甘，在復古洋風的裝潢中品嘗，頗有時光倒流的感覺。

Info

1 **地址**：大阪市中央区千日前 1-9-1
電話：06-6211-3474
營業時間：0800-2300
網址：marufukucoffeeten.com
前往方法：「日本橋」駅直入「難波地下街」（Namba Walk Area），至出口 B26 到地面，右轉入「相合橋筋」至第一個街口即達。

咖啡店中的招牌鬆餅及千層蛋糕，賣相精美。

日式喫茶店必備的超厚雞蛋三文治，吃的是情懷，對食物不要抱太大期望

木地板、吊燈和漂亮的天花壓線，充滿濃烈的懷舊氣氛，飾櫃內放滿老闆收藏的古董茶具和名人簽名。

在章魚燒師傅指導下，親手製作出章魚燒。

師傅現場即製大阪燒，色香味俱全！

在道頓堀製作章魚燒
遊船章魚燒

　　「章魚燒（たこやき）」是起源於大阪的料理，而「道頓堀」則是日本戰國時代由商人安井道頓所開鑿的一條運河。因此一邊享受在道頓堀上遊船，同時一邊製作章魚燒，堪稱充滿大阪特色的旅程！

　　這項活動必須先事透過網站預約報名參加，人數不足或惡劣天氣均會取消。乘船時間約 50 分鐘，從日本橋出發，直至道頓堀川水門折返。去程時可先專心製作章魚燒，而返程時間則可一面欣賞夾岸風光，同時品嘗親手製作的章魚燒！

★I Can
Tips

預約網址 QR Code：
這項活動必須先事預約，每位港幣 300 元，兒童 240 元。

所乘坐的遊船外觀（インディクルーズ提供）。

── Info ──

❷ **地址：** 大阪市中央區道頓堀 1-1-4
　　營業時間： 0940-2040（每小時一場）
　　前往方法：「日本橋」駅出口 2，往日本橋方向
　　　　　　　徒步約 3 分鐘，至道頓堀河前，從
　　　　　　　日本橋邊下樓梯即到碼頭。

高級大阪燒
千房 道頓堀大樓店

　　另一大阪燒名店，1973 年於難波開業，以用料新鮮、口味多又夠創新而聞名，現在分店超過 60 間遍布全日本，算是全國最大規模。位於道頓堀的支店樓高 5 層，其中大阪燒店佔據 3 層，裝潢型格、環境舒適，不似傳統大阪燒店環境侷促又重油煙味。招牌包括「千房燒」及此店限定的「道頓堀燒」，配料豐富，值得一試。

開放式廚房，可看着穿着整齊的師傅炮製大阪燒。

限定道頓堀燒，材料有牛肉、大蝦、豬肉和芝士等。
（￥1850）

── Info ──

❸ **地址：** 大阪市中央区道頓堀 1-5-5
　　電話： 06-6212-2211
　　營業時間： 1100-2200
　　網址： www.chibo.com
　　前往方法：「日本橋」駅直入「難波地下街」
　　　　　　　（Namba Walk Area），至出口
　　　　　　　B26 到地面，右轉入「相合橋筋」
　　　　　　　直走到底，左轉即達。近相合橋。

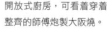

使用炭爐烤肉，增添一份炭火香。

懷舊炭火烤肉
昭和大眾內臟
道頓堀大樓店

「昭和大眾內臟（ホルモン）」是以昭和時代為主題布置的連鎖烤肉店，主打多達 40 多款不同部位的牛內臟，包括牛心、牛乳房、牛子宮等多刁鑽的都有提供，全是直營肉商供應的國產和牛，再配以炭火燒烤，風味一流！難得收費不算貴，尤其酒水飲料極便宜，適合夜遊人。

「昭和大眾內臟」以昭和時代作為主題布置。

昭和 30 年代的庶民食堂布置，充滿懷舊的感覺。

Info

❹ **地址：**大阪府大阪市中央区道頓堀 1-5-9
電話：06-6211-0291
營業時間：1130 - 2330
網址：syohoru.com
前往方法：「日本橋」駅直入「難波地下街」（Namba Walk Area），至出口 B20 到地面，左轉入「千日前商店街」直走到底，右轉即達。

章魚丸較一般的大粒（¥500/6 粒）

難波長龍王
本家大章魚

1972 年創業的「本家大章魚（たこ）」本來只是路邊攤，獨沽一味原味章魚丸燒，卻是難波道頓堀商店街的名店，店前永遠排着長長人龍。其號稱「日本一」的章魚丸，賣點在於用料新鮮，內餡章魚特別大粒，但售價便宜。章魚丸較一般的大粒，連內裏的章魚也一樣大，每粒幾近 2cm 長，軟嫩又有嚼頭，鮮甜味美。

「本家大章魚」是道頓堀商店街的名店之一。

Info

❺ **地址：**大阪市中央区道頓堀 1-4-16
電話：06-6211-5223
營業時間：1000 - 2300（售罄即止）
前往方法：「日本橋」駅直入「難波地下街」（Namba Walk Area），至出口 B20 到地面，左轉入「千日前商店街」直走到底，右轉第二家店。

大阪 Black（ブラック），鹹鮮而濃郁的湯頭，與粗麵條很匹配。（￥1000）

三屆大阪拉麵王
金久右衛門 道頓堀店

被譽為「大阪最強醬油拉麵」的金久右衛門，曾獲日本著名食評網「Tabelog」連續 3 年評予「大阪拉麵 No.1」，兼東京拉麵 Show 銷量第一名（5 日賣出 10000 碗）！

老闆大藏義一，原為日本運輸省高官，1999 年放棄高薪厚職創業，以自創的醬油拉麵闖出名堂。依照湯底濃淡分為金醬油、紅醬油等 5 款，麵條也有粗、幼兩款選擇。

ギョーザ（餃子）曾奪食評網「食べログ」的餃子冠軍。（￥500/5 隻）

金久右衛門被譽為「大阪最強醬油拉麵」。

Info

6 **地址**：大阪市中央区道頓堀 1-4-17
電話：06-6211-5502
營業時間：1100-0500
網址：king-emon.jp
前往方法：在「四天王」的斜對面。

招牌「山芋燒」燒餅表面煎得香脆，內部卻軟綿滑嫩，帶有淡淡的柚子香，味道鮮甜彈牙。（￥1730）

《米芝蓮》大阪燒
美津の

1945 年開業的大阪燒知名老店，樓高兩層的道頓堀店門外永遠排着長長的人龍。獨創山芋燒，由山芋粉代替傳統的麵粉，口感軟滑還有獨特香氣，而且更健康有益，故深受女士歡迎。但最重要是真材實料，大阪燒配料特別多，海鮮等每日從黑門市場新鮮入貨，再加上口味創新多變，被食家譽為「日本第一大阪燒」。

「美津の」是 1945 年開業的燒知名老店，2016 年獲大阪米芝蓮推介，被食家譽為「日本第一大阪燒」。

Info

7 **地址**：大阪市中央区道頓堀 1 丁目 4-15
電話：06-6212-6360
營業時間：1100-2200（逢周四休息）
網址：www.mizuno-osaka.com
前往方法：「千日前商店街」內，在「神座」的斜對面。

「拉麵（ラーメン）」麵質略軟滑順，消夜一流。每碗￥800。

「四天王」的醬油拉麵湯頭清爽帶微辣，細直麵條也入口軟滑。（連炒飯套餐￥1050）

宵夜首選
金龍拉麵 道頓堀店

　　「金龍拉麵（ラーメン）」是以巨龍看板作招徠的名拉麵店，因為 24 小時營業又便宜，成為宵夜首選，單在難波一帶已有近 10 家分店。其中道頓堀店設有榻榻米座席，其他的多為立食店。該店只供應「拉麵（ラーメン）」（￥800）和「叉燒拉麵（チャーシューメン）」（￥1100）兩款，後者只多兩片叉燒。採用自家製的幼身麵，配以豬骨湯頭，枱面有泡菜、韭菜可隨意添加。

坐傳統榻榻米座席，應先脫鞋再盤膝而坐。

善變的大阪拉麵
四天王 道頓堀店

　　店名「四天王」指的是湯頭、麵條、叉燒和醬油這 4 種拉麵必備元素，乃道頓堀激戰區的第 3 人氣拉麵。然而店內環境是區內最好的一間，同樣採食券制方便旅客落單。湯頭以豬骨為基礎，號稱創新口味，不受門派所限，醬油、味噌、鹽味拉麵都有供應，正好體現大阪商人靈活善變的特性。自家製麵加上鹿兒島黑豚肉做的叉燒，看似濃烈其實味道清淡。

「四天王」在道頓堀拉麵激戰區中為第 3 人氣拉麵，卻是店內環境最好的一間。

Info

8 **地址：**大阪府大阪市中央区道頓堀 1-7-26
電話：06-6211-3999
營業時間：24 小時
前往方法：「日本橋」駅直入「難波地下街」（Namba Walk Area），至出口 B20 到地面，左轉入「千日前商店街」直走到底，左邊即是。

Info

9 **地址：**大阪市中央区道頓堀 1-7-1
電話：06-6212-6350
營業時間：1100-2400
前往方法：「日本橋」駅直入「難波地下街」（Namba Walk Area），至出口 B20 到地面轉入「千日前商店街」直走到底，在金龍ラーメン後面。

幸福拉麵(しあわせラーメン)的「結緣」
海苔片是其特色。(￥850)

煮玉子ラーメン(￥860)湯頭看似油膩，
入口卻清爽鮮甜。

難波拉麵王
神座 千日前店

　　1986 年由大阪人布施正人開設，由道頓堀的小麵攤，發展至今日全國擁有70 多間分店，更是大阪票選人氣第一名的拉麵店，被譽為「難波拉麵王」。

　　美味源於醬油湯頭中加入炒香的大白菜，味道清甜更可中和拉麵的油膩感，是故深受女士歡迎。

「神座」曾獲大阪票選為人氣第一名拉麵店，被譽為「難波拉麵王」。

―――― Info ――――
10 **地址：**大阪市中央区道頓堀 1-7-3
電話：06-6213-1238
營業時間：1000- 翌日 0730
網址：kamukura.co.jp
前往方法：「日本橋」駅直入「難波地下街」
　　　　　（Namba Walk Area），至出口
　　　　　B20 到地面，左轉入「千日前商店
　　　　　街」徒步約 3 分鐘即達。在「金久
　　　　　右衛門」的斜對面。

24 小時排隊豬軟骨拉麵
花丸軒 難波·法善寺店

　　號稱難波第一拉麵，隸屬關西著名餐飲集團，本身也是做豬肉食材起家。湯頭以豬骨加上小豆島熟成醬油熬煮 24 小時，招牌「幸福拉麵」，配豬軟骨和五花腩雙叉燒。還有配 25cm 原條慢煮豬軟骨叉燒的「トロコツ」1 本のせ。難得便宜又抵吃，免費加大不在話，還有免費泡菜和雞蛋，性價比超高，即使 24 小時營業，但直至半夜依然大排長龍。

花丸軒性價比超高，直至
半夜依然大排長龍。

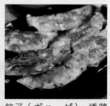

餃子（ギョーザ），透薄
外皮煎得香脆，內餡清爽
甜美。（￥290 / 6 隻）

―――― Info ――――
11 **地址：**大阪市中央区難波 1-2-1
電話：06-6213-0131
營業時間：24 小時
前往方法：「日本橋」駅直入「難波地下街」
　　　　　（Namba Walk Area），至出口
　　　　　B20 到地面，左轉入「千日前商店
　　　　　街」徒步約 1 分鐘即達。

醬汁酸甜,章魚爽脆但略為細粒。
(¥720 / 8 粒)

創新口味
道頓堀赤鬼 本店

　　跟「本家大章魚」和「KUKURU」組成「道頓堀章魚丸燒三國」,經常都有季節獨定的創新口味推出,如夏天的刨冰章魚丸燒;冬天的濃芝士章魚丸燒,特別受年輕人歡迎。老闆本身是魚商,故章魚特別新鮮,粉漿由小麥粉等多種麵粉混合而成。招牌章魚丸燒有甜、辣、醬油和素食4款醬汁可供選擇,尤以辣味和甜味最人氣。

「道頓堀赤鬼」的老闆本身是魚商,故章魚特別新鮮。

Info

⑫ **地址:**大阪市中央区難波1丁目2-3
　　電話:06-6211-0269
　　營業時間:1100 - 2200
　　網址:www.doutonbori-akaoni.com
　　前往方法:「日本橋」駅直入「難波地下街」
　　　　　　　　(Namba Walk Area),至出口
　　　　　　　　B20到地面,左轉入「千日前商店
　　　　　　　　街」至第一個街口,左轉即達。

「上方浮世繪館」展出的浮世繪主要是「役者繪」。

浮世繪美術館
上方浮世絵館

　　「上方浮世絵館」是日本唯一上方浮世繪常設美術館,館內藏有近200件不同名家出名的浮世繪,主要是「役者繪」,以及道頓堀一帶珍貴的歷史舊照,頂樓則設有浮世繪教室,地下還有紀念品店,有很多日本傳統特色的精品發售。

展出價值不菲的和服。　　美術館就在法善寺前方。

Info

⑬ **地址:**大阪市中央区難波1-6-4
　　電話:06-6211-0303
　　營業時間:1100-1800(逢周一休息)
　　入場費:¥700
　　網址:kamigata.jp
　　前往方法:地下鉄御堂筋線或千日前線「なん
　　　　　　　　ば」駅出口14,徒步約3-5分鐘,
　　　　　　　　法善寺參道前。

浪速

難波

日本橋

通天閣周邊

天王寺

道頓堀

心齋橋

藏身於小巷子中的「法善寺」，每日來參拜的善信絡繹不絕。

潑水參拜的由來？
本來日本人只以代表「生命之源」的水來供奉不動明王，據說戰前有一位女善信欲洗刷不動明王，於是向菩薩身上澆水，卻引來其他善信仿效，自此成為參拜不動明王的指定步驟。

提提你

參拜時先燒香、往錢箱投錢，然後才向菩薩潑水，最後合十祝禱。

潑水青苔菩薩
法善寺

始建於 1637 年，藏身於小巷子中的小寺廟，但每日來參拜的善信絡繹不絕。全因寺內供奉了一尊身上長滿青苔的「西向不動明王」，又名「水掛不動さん」（水掛不動尊），參拜時善信將水往菩薩身上潑，即能消災解難、生意興隆、天賜良緣。日本人都說靈驗非常，是否屬實不得而知，但對旅客來說的確好玩。

舊大阪情懷食街
法善寺橫丁

由法善寺橫丁和法善寺參道組成，長約 80 米的石板小徑，昔日是曲藝場、紅梅亭和落語劇館的集中地。現在小徑兩旁道地食堂、居酒屋和酒吧鱗次櫛比，是大阪著名的道地食街。每到傍晚霓虹招牌五光十色，充滿舊大阪情懷，成為不少日本小說、電影的故事背景。

Info
⑭ 地址： 大阪府大阪市中央区難波 1 丁目 2-16
電話： 06-6211-4152
營業時間： 24 小時
網址： www.houzenji.jp
前往方法： 地下鉄御堂筋線或千日前線「なんば」駅出口 14，徒步約 3 - 5 分鐘，法善寺參道中央。

屬淨土宗的不動尊，右手持劍、背負火燄，身旁的矜羯羅童子和制多迦童子同樣生滿厚厚青苔。

醬汁酸甜，章魚爽脆但略為細粒。
（￥720 / 8 粒）

姻緣紅豆湯
夫婦善哉

　　明治 16 年（1823 年） 創業的「夫婦善哉」。原名「お福」，開業至今只賣紅豆丸子湯一味，稱為「善哉」，某日老闆將之分成兩碗，好讓夫婦倆客人分甘同味，份量和售價都不變，取名「夫婦善哉」。及後故事被日本著名作家織田作之助寫成小說《夫婦善哉》內的情節，於是一夕成名。紅豆丸子湯採用最頂級的丹波大納言小豆，熬煮 8 小時而成，粒粒飽滿，味道甜中帶鹹，丸子也軟糯煙韌。

店內置滿歷年《夫婦善哉》的電影、電視劇海報和名人簽名。

Info

⑮ **地址：**
大阪市中央区難波 1-2-10
電話：
06-6211-6455
營業時間：1000-2200
前往方法：
地下鉄御堂筋線或千日前線「なんば」駅出口 14，徒步約 3-5 分鐘，法善寺西向不動明王旁。

「牛雜煮（牛あぶらかす）」乃大阪道地菜。

大阪關東煮王
關東煮工房 和乃子

　　「關東煮（おでん）工房 和乃子」是大阪的高級關東煮名店，曾入選日本「Best Restaurant 2010」的 40 強，被當地美食家封為大阪 3 大關東煮。關東煮美味秘訣源自金黃色的「出汁」，即以昆布和鰹魚熬製的湯頭，做到清澈如水，味道鮮甜，能充分牽引出食材的原味。必吃推介包括牛雜煮、大根等。

「和乃子」被當地美食家封為大阪 3 大關東煮。

Info

⑯ **地址：**大阪市中央区道頓堀 1-1-18
電話：06-6214-8478
營業時間：1730 - 2200（逢周一休息）
前往方法：地下鉄「なんば」駅出口 14，左轉入巷內直行，至法善寺前左轉，再前行一個街口，右轉入「法善寺橫丁」即達，步行約 3 分鐘。

黑毛和牛橫膈膜肉專門店
北新地橫膈膜 法善寺店

　　牛橫膈膜肉屬稀有部位，每頭國產和牛身上，僅能取得兩、三公斤，十分珍貴。而「北新地橫膈膜（はらみ）」這間位於法善寺橫丁的這間隱世小店，便是一家專售牛橫膈膜肉的餐廳。

　　該店的「夢幻橫膈肉套餐（幻のはらみコース）」一共 13 道菜式，除牛橫膈膜外，更有牛舌、牛心等部位，全部取自日本國產黑毛和牛。

由店長親自以白蘭地特製燒烤的牛橫隔膜是套餐的重頭戲，食物水準相當驚豔！

─── Info ───

17 **地址：**大阪市中央区道頓堀 1-7-8
電話：06-6214-5667
網址：harami.jp
營業時間：1200-2200
前往方法：地下鉄「なんば」駅出口 14，左轉入巷內直行，至法善寺前左轉，再前行一個街口，右轉入「法善寺橫丁」，前行一個街口即達，步行約 3 分鐘。

必須由店長親手燒製的牛排，淋上白蘭地燒烤超震撼。

湯匙橫膈膜生牛肉配金箔魚子醬，媲美法國料理。

★I Can
Tips

預約網址 QR Code：
「夢幻橫膈肉套餐」可透過 KKDAY 訂購，價格會更優惠。

「夢幻橫膈肉套餐（幻のはらみコース）」（￥9900）的 13 道菜式，全都小巧精緻，不乏新鮮黑松露、魚子醬的西洋配搭，而且每道牛肉的燒烤有標準時限，是舌尖上美味的挑戰！

油豆腐蔥花烏冬（きつねうどん），烏冬口感軟腍嫩滑，湯頭更是鮮甜而清爽。（¥880）

優雅的油豆腐烏冬
道頓堀 今井

　　油豆腐烏冬可謂大阪名物，1946 年創業的「今井」正是當中的名店，曾獲「大阪市長大賞」。傳統日式民宅的本店，藏身喧鬧的道頓堀商店街，形成強烈對比。

　　其招牌菜「油豆腐蔥花烏冬」，關鍵在於以北海道的天然昆布、以及九州鰹魚片熬成的高湯，味道鮮甜而清淡，最能體現和食清淡而優雅的精粹。

「今井」的外觀與喧鬧的道頓堀形成強烈對比。

日本人吃烏冬喜歡加點七味粉調味，店內提供的是傳統竹筒裝，記得抽出底下的小塞才能倒出啊！

Info

18 **地址：**大阪市中央区難波 1-2-1
電話：06-6213-0131
營業時間：1130-2130
前往方法：「日本橋」駅直入「難波地下街」（Namba Walk Area），至出口B20 到地面，左轉入「千日前商店街」直走到底右轉約 1 分鐘即達。

道頓堀河道周邊介紹

　　「道頓堀」運河為商人安井道頓，以其私人財力所開鑿。生於戰國時代的安井道頓作為豐臣家家臣，戰死於 1615 年的「大阪夏之陣」；其後運河完工，時任大阪藩藩主、德川家康之外孫松平忠明，認為安井道頓功不可沒，乃把運河命名為「道頓堀」。

　　自江戶時代開始，鄰近地區漸次出現多座劇場；時至今日更以戲院、商業及娛樂場所聞名，為大阪最熱鬧的市區。

提提你

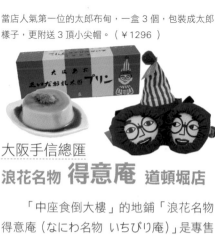

「食倒太郎（くいだおれ太郎）」是真正代表的大阪標誌。

當店人氣第一位的太郎布甸，一盒 3 個，包裝成太郎樣子，更附送 3 頂小尖帽。（￥1296）

大阪手信總匯
浪花名物 得意庵 道頓堀店

「中座食倒大樓」的地鋪「浪花名物得意庵（なにわ名物 いちびり庵）」是專售大阪特色土產手信和精品的紀念品店，店中央置了一架老爺三輪車是該店特色，乃昔日大阪街上常見的小貨車。

「得意庵（いちびり庵）」是大阪有名的手信店。

― Info ―
位置：中座食倒大樓（くいだおれビル）1/F
電話：06-6212-5104
營業時間：1100-1930

食倒太郎專門店
大阪名物 食倒

「得意庵」同街另有一間「大阪名物食倒（くいだおれ）」，亦有售大量「食倒太郎」紀念品。

相比「得意庵」這是間「食倒太郎」專門店。

― Info ―
20 位置：大阪市中央区道頓堀 1-8-25
電話：06-6211-5300
營業時間：0915-2130

道頓堀娛樂食廈王
中座食倒大樓

在日本人心目中，真正代表的大阪標誌，其實是身穿條子服、頭戴尖帽，懂得微微轉頭、開口和打鼓竹的「食倒太郎（くいだおれ太郎）」；在日文中「くいだおれ」是為了吃而把錢花光的意思。

然而這個「食倒太郎」，只是道頓堀一家餐廳門外的小丑公仔。然而該餐廳於 2008 年倒閉，其後經過當地人發起全國簽名運動，太郎終在 2009 年復活，擺放於原址建成的商場「中座食倒大樓（くいだおれビル）」中。

― Info ―
19 地址：大阪市中央区道頓堀 1-7-21
營業時間：1100-2200
網址：nakaza-cuidaore.com
前往方法：「日本橋」駅直入「難波地下街」（Namba Walk Area），至出口 B20 到地面，左轉入「千日前商店街」直走到右底轉約 1 分鐘即達。

位於道頓堀川旁的「唐吉訶德」設有日本唯一的橢圓形摩天輪，乘搭費每位￥600。

摩天輪乘搭方法

營業時間： 1600-2200（最後上車時間 2130）

收費： ￥600/1 人（持大阪周遊券者可減￥100）

乘搭方法：

從ドン・キホーテ道頓堀店 1F 免稅櫃台旁樓梯進入，透過售票機購買車票，並在入口廳從職員指示登車。

備註： 每卡車上限搭乘 4 人。

激安之殿堂「摩天輪」

退稅

唐吉訶德 道頓堀店

　　港人暱稱 Donki 的日本連鎖雜貨店「ドン・キホーテ」，其實官方譯名叫「唐吉訶德」，以貨品包羅萬有兼價格便宜而聞名。位於道頓堀川旁的為大阪最大分店，樓高 6 層，美容化妝品、日用品、精品玩具、家具雜貨、零食手信、服裝、名牌，甚至連 Cosplay 裝扮、性商品也一應俱全。

　　最重要是該店外牆設有日本唯一的橢圓形摩天輪，高達 77.4 米，每台車廂可載 4 人，繞一圈約 15 分鐘，乘搭費每位￥600。

----Info----

㉑ **地址：** 大阪市中央区宗右衛門町 7-13

電話： 06-4708-1411

營業時間： 24 小時

網址： www.donki.com

前往方法：「千日前商店街」直走到底，再過「太左衛門橋」，在道頓堀川旁左轉。

「10 円麵包」有多種口味可以選擇，每個￥500。

拉出超長芝士

10 円麵包
唐吉訶德道頓堀店

　　外型如同巨型￥10 日幣般的「10 円麵包（10 円パン）」，以酥脆鬆軟的外皮，包裹超濃厚芝士，中間撕開的話，裡面的芝士可不斷拉長，似乎拉不斷似的，極具話題性，造成日本大排長龍。雖然取名為「10 円麵包」，但事實上賣￥500 一個。有多種口味可以選擇。

----Info----

㉒ **位置：**「ドン・キホーテ」大門前右側

電話： 06-4708-1411

營業時間： 1100-2100

網址： 10yenpan.jp

前往方法： 毗鄰「ドン・キホーテ」。

打卡點「延續跑道」讓人
看似與固力果人在賽跑。

★I Can
Tips

11 點才開門，
不用太早前往。

道頓堀隱世打卡點
nanohana 戎橋店

道頓固力果（Glico）糖果公司的巨型廣告看板自 1935 年開始設置，時至今日已經成為大阪必的打卡景點。而位於看板對岸，有一間開業僅三年的彩妝用品店 nanohana 戎橋店，特設兩個隱世打卡位：一個是「延續跑道」，讓人看似與固力果人在賽跑；另一個是「窗框海報」，讓固力果看板變成室內的一張海報似的。重點是費用全免，不容錯過！

而打卡點「窗框海報」則讓固力果看板，變成牆上一張海報似的。

── Info ──

㉓ **地址：**大阪市中央区心斎橋筋 2 丁目 4-5
營業時間：1100-2045
前往方法：從「心斎橋筋」前的「戎橋」旁下樓梯，沿河畔往右走，徒步約 1 分鐘，即 nanohana 戎橋店後門打卡點。

店前的巨型松葉蟹看板，幾成大阪地標。

食蟹專家
蟹道楽 本店

「蟹（かに）道楽」本店位於道頓堀川戎橋旁，樓高 6 層，供應近百款煮法的蟹料理。店前的巨型松葉蟹看板，幾成大阪地標。蟹宴本身不便宜，但「蟹道楽」比大阪其他料理店便宜，午市更有多款廉價套餐，最平的「りん」只￥3300，包括松葉蟹腳酢、蟹肉茶碗蒸、蟹肉薯餅、蟹肉壽司和湯共 5 道菜。

★I Can
Tips

午市廉價套餐只供應至下午 4 點。晚市人客多，需取號碼等候，如有日本電話號碼，可於網上預約留位。

蟹道樂亦有多款外賣便當，在堂食外亦有多種選擇。

── Info ──

㉔ **地址：**大阪市中央区道頓堀 1-6-18
電話：06-6211-8975
營業時間：1100-2200
網址：douraku.co.jp
前往方法：地下鉄「なんば」駅出口 14，道頓堀商店街與戎橋筋商店街交界。

「蔦屋（TSUTAYA）書店」是日本老牌連鎖書店。

日本老牌連鎖書店
TSUTAYA 戎橋店

　　「蔦屋（TSUTAYA）書店」是日本老牌連鎖書店，戎橋（EBISUBASHI）店連地庫樓高 6 層，是打書釘勝地。

　　「蔦屋書店」戎橋店，其實只佔據了 1 樓至地庫，而 1 至 2 樓為 Starbucks、3 樓為美妝網店「@cosme store」，4 至 5 樓為 CD 店。

「蔦屋書店」的入口位置放滿旅遊雜誌。

招牌作是兵庫縣風格的「明石燒」，吃時蘸鰹魚湯汁，口感軟滑富蛋香。（￥970 / 8 粒）

世博章魚丸燒
章魚家道頓堀 KUKURU 本店

　　開業 20 年的章魚丸燒名店，作風新派，2010 年曾代表日本名物出征「上海世博」，創下大賣 50 萬客紀錄！位於道頓堀的本店，收費雖略貴，但設有舒適座位。招牌作是兵庫縣風格的「明石燒」，吃時蘸鰹魚湯汁，口感軟滑富蛋香。還有本店獨家限定的「名物びっくりたこ燒」，解作嚇一跳章魚丸燒，有原條章魚爪破丸而出。

名物「嚇一跳章魚丸燒（びっくりたこ燒）」為本店獨家限定，大條章魚爪破丸而出，粉漿特別加入蘋果蓉，使味道增添清爽。（￥1800 / 8 粒）

河豚火鍋套餐「てっちりコース萩」每份 ¥6270。

知名河豚火鍋店
道頓堀 治兵衛

　　創業於 1946 年的「治兵衛」是日本河豚料理的老店。河豚種類多達幾百種，但可食用的只有 20 幾種，其中公認最美味的是虎河豚，而該店售賣的正是虎河豚。河豚火鍋套餐「てっちりコース萩」每份 ¥6270，包含河豚刺身、炸河豚、河豚火鍋及雜炊等等。

炸河豚的外層酥脆而不油膩，而河豚肉則頗厚實。

火鍋食材有帶骨及沒有帶骨的河豚肉二種。

傳統的日式風格的外觀，從遠處於能看見。

──Info──

27 地址：大阪市中央区道頓堀 2-1-4
電話：050-5484-0723
營業時間：1130-2230
網址：k048301.gorp.jp
前往方法：「はり重」向西過馬路即至。

黑毛和牛丼，肉質軟嫩脂香，加上激辛口味醬汁更惹味。（套餐 ¥1350）

CP 值爆燈「肉丼」
道頓堀肉劇場

　　2015 年開業，號稱「肉丼專門店」，提供約 10 款肉類丼飯，豬、牛、雞肉俱備，招牌大劇場丼 ¥1250，一碗有齊牛背肉、橫膈膜、雞脖肉和豬外脊肉，肉量豐富到瀉，食肉獸必 Buy！肉丼全部現點現煮，每碗肉的份量都多到蓋滿飯面，白飯無料加大，每月 2、9、29 號還免費增加肉量，CP 值爆燈！是故晚上 2200 仍大排長龍，分店已開至東京。

每月 2、9、29 號還免費增加肉量，CP 值爆燈，故深夜時分仍十分多人。

本店就在道頓堀，筆者晚上 2200 去到，店內仍有 10 多人排隊。

──Info──

28 地址：大阪市中央区道頓堀 2-2-2
電話：06-6214-2951
營業時間：24 小時
網址：nikudonsenmonten.com
前往方法：地下鐵御堂筋線「なんば」駅出口 25，步行 1 分鐘。

最高級的綜合壽喜燒套餐（特撰コース），
除了壽喜燒之外，還附天婦羅、和牛沙朗
牛扒及刺身。（￥18700）

百年高級和牛壽喜燒
播重 道頓堀本店

Tips

預約網址 QR Code：
「綜合壽喜燒套餐」
可透過 KKDAY 訂購，
價格會更優惠。

　　播重（はりじゅう）自1919年創業，
戰後搬遷至現址。其轉角的高級牛肉零售
店為本業，故附設的三間餐廳，皆採用了
上等和牛肉，質素極高。樓上的「日本料
理」的招牌菜為壽喜燒（すき焼き），收費
並不便宜，單點壽喜燒也要￥7700，但
其和牛的質素卻物超所值。店內環境古老
得像鬼滅之刃的「無限城」，只要預約「綜
合壽喜燒套餐」，便可以擁有獨立豪華廂
房享用餐點，更有穿和服的店員專門服侍
你，簡直是貴賓級的享受。

該店的所有餐店，皆採用了上等和牛肉，質素極高。

─ Info ─

29 地址：
大阪市中央区道頓堀 1-9-17
電話：
06-6211-7777
營業時間：
1130-2230（逢周二休息）
前往方法：
地下鉄御堂筋線或千日前線
「なんば」駅出口 14，徒
步 1 分鐘。

壽喜燒的和牛肉又大又厚。

套餐前菜賣相精美，有
鰻魚壽司、鮮蝦、甜蛋
等等，每件也像藝術品。

日本超流行的「燒汁冷牛肉火山丼飯（コールビーフ丼）」每碗￥1540

高級和牛牛肉飯
播重道頓堀本店 Curry Shop

　　同一建築物轉彎方向，還有「播重」洋食屋「Curry Shop（カレーショップ）」，招牌咖喱飯和牛肉飯同樣選用和牛，連蔡瀾也曾推介。當中有日本超流行的「燒汁冷牛肉火山丼飯（コールビーフ丼）」每碗￥1540，鋪滿和牛搭配生雞蛋黃。和牛較結實的口感，有別於壽喜燒的級數，但份量很多很厚，價格不貴 CP 值高，值得一試！

同樣是「播重」，這裡以西餐廳方式提供和牛洋食。

Info

位置：「播重」地面轉角
電話：06-6213-4736
營業時間：1130-2030（逢周二休息）
網址：harijyu.co.jp

激平！立食壽司配白酒
SUSHIMARU 難波地下街店

　　梅田人氣立食壽司店「SUSHIMARU（すしまる）」於「難波地下街」所開設的分店，以海鮮壽司配葡萄酒，兼價格便宜作招徠。時令海鮮每天從中央市場入貨，30 款手握壽司每碟￥100 起，招牌生蠔低至￥200 起，配天天不同的限定醬汁，像生蠔配味噌、生蠔配威士忌等等，大受上班族歡迎。

日本國產生蠔（シェルカキ）現點現開，肥美香甜。（￥200）

點菜時拿起面前的小牌交店員即可，店內還有日文名對照圖，不用開口說。

Info

30 地址：大阪市中央区難波 2
　　　なんばウォーク１番街北通り
電話：06-6213-3330
營業時間：1130 - 2200
前往方法：「難波地下街」（Namba Walk
　　　　　Area）內，近出口 B4。

浪速
難波
日本橋
通天閣周邊
天王寺
心齋橋

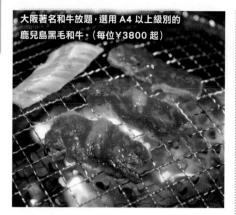
大阪著名和牛放題，選用 A4 以上級別的鹿兒島黑毛和牛。（每位¥3800 起）

¥3800 黑毛和牛放題
黑毛和牛 燒肉 善
難波千日前店

　　大阪著名和牛放題，選用 A4 以上級別的鹿兒島黑毛和牛，店家整頭買入，確保稀珍部位都有供應。黑毛和牛放題有烤肉、火鍋及壽喜燒可選，最便宜的¥3800 套餐，食足 90 分鐘，提供近 30 款菜單選擇，包括和牛肩肉、牛舌，甚至牛腸、牛心等刁鑽部位，附送小菜和甜點，還營業至凌晨 1 點。

套餐包括一份黑毛和牛腩、牛腿肉和五花腩。

全店獨立包廂「個室」，坐得舒服又夠私隱。

Info
31 **地址：**大阪市中央区難波 3-4-13
　　　　 味わいばしビル 4/F
電話：06-6633-8888
營業時間：1130- 翌日 0100
網址：www.yakiniku-zen.com
前往方法：地下鉄御堂筋線、四つ橋線「なんば」
　　　　　　駅出口 B15，至大廈上樓即達。

「551 蓬萊」開業自 1945 年，店名取自本店電話號碼的最後 3 個位數字。

大阪名物爆汁豚饅
551HORAI 本店

　　「551 蓬萊（HORAI）」是一家開業自 1945 年的中華料理店，店名「551」取自本店電話號碼的最後 3 個位數字。其「豚饅（豚まん）」外皮鬆軟，內餡肉汁豐富到流出來，每日賣出超過 17 萬個。另外煎菜肉餃子更加受歡迎。本店樓高 3 層，2、3 樓為中華料理餐廳，地下為豚饅工場和外賣部，現場即製即賣，人頭湧湧，但其實到處也有分店，不用特意去這家排隊。

「豚饅」軟綿如雪，肉餡滑嫩鮮味，蘸點黃芥末更惹味。（¥420 / 2 個）

「551 蓬萊」煎菜肉餃子（燒ぎょうざ）更受歡迎。（¥360 / 10 個）

Info
32 **地址：**大阪市中央区難波 3-6-3
電話：06-6641-0551
營業時間：1000-2130
　　　　　　（每月第 1 及第 3 個周二休息）
網址：www.551horai.co.jp
前往方法：御堂筋線「なんば」駅出口 11，右轉
　　　　　　入「難波本通」直行，至「戎橋筋」
　　　　　　商店街交界即至。

1910 年由吉田四一開創的大阪首家洋食餐廳，店面充滿懷舊風味。

大阪百年咖喱飯
自由軒

　　1910 年由吉田四一開創的大阪首家洋食餐廳，招牌「名物咖喱」，以碎牛肉和秘方醬汁煮成，有別於飯汁分開的傳統咖喱飯，原因是昔日沒有保溫電飯煲，店主見傳統咖喱飯吃時總是熱汁配冷飯，於是忽發奇想將冷飯與熱騰騰的咖喱混合，成為家傳戶曉的大阪名物。而飯面上的生雞蛋，既可降低辣度、又可令咖喱飯更滑順，雖然其貌不揚，但試過的無不大讚，被不少關西明星奉為最想念的家鄉菜！

名物咖喱（カレー）味道濃郁但不過辣。小 ￥800、大 ￥980（雙蛋）。

該店建議食法：先嚐一口原味咖喱飯，然後加特製醬油拌勻生雞蛋再食用。

──Info──
㉝ 地址：大阪市中央区難波 3-1-34
電話：06-6631-5564
營業時間：1100-2200（逢周一休息）
網址：www.jiyuken.co.jp
前往方法：「難波地下街」出口 B21 到地面，右轉入「千日前商店街」至第一個街口，右轉步行約 1 分鐘即達。

長龍芝士蛋糕
老爺爺蛋糕店 本店

　　「老爺爺蛋糕店（りくろーおじさんの店）」自 1956 年開業，2 樓附設 Café。招牌芝士蛋糕「焼きてチーズケーキ」（￥965）使用丹麥製 cream cheese、北海道十勝牛乳和加州提子乾製成，入口軟綿，芝士和蛋味濃郁。

──Info──
㉞ 地址：大阪市中央区難波 3-2-28
電話：0120-572-132
營業時間：1/F 0900 - 2000；
　　　　　　2/F Cafe：1130 - 1730
網址：www.rikuro.co.jp
前往方法：南海「なんば」駅出口 E3，左轉入「戎橋筋」商店街走約 1 分鐘即達。

60 多年雪條
北極

　　於 1945 年創業的大阪名物，一直以企鵝為標記。從前物資短缺，以砂糖製成的雪條已是名貴的小吃。雪條有牛奶、紅豆、可可、金橘、薩摩芋等 9 款口味，是不少大阪人的兒時回憶。每逢冬季則有期間限定的燒餅「回転焼き」。

──Info──
㉟ 地址：大阪市中央区難波 3-8-22
電話：06-6641-3731
營業時間：1100-2200
網址：hokkyoku.jp
前往方法：南海「なんば」駅出口 E3，左轉入「戎橋筋」商店街第一個街口即至。

浪速

難波

日本橋

通天閣周邊

天王寺

道頓崛

心齋橋

G

e

8

G

9

永恆購物大街

しんさいばし／Shinsaibashi

心齋橋

交通 地下鉄御堂筋線「心斎橋」或「なんば」駅；地下鉄長堀鶴見緑地線「心斎橋」駅。

c

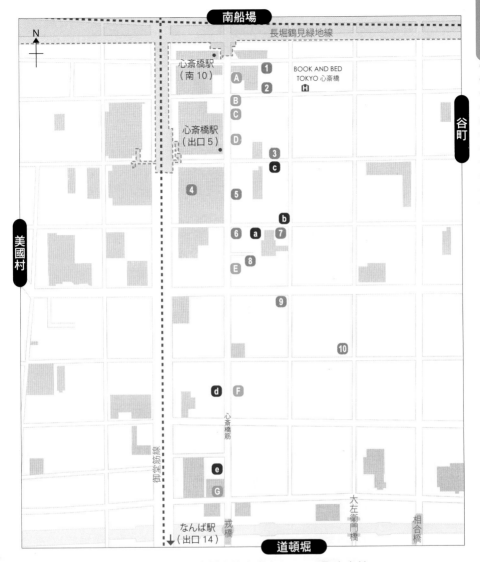

心斎橋駅
（南10）

BOOK AND BED
TOKYO 心斎橋
Ⓗ

心斎橋駅
（出口5）

A
1
2
B
C
D
3
c
4
5
b
6 **a** **7**
E **8**
9
10
d **F**
e
G

南船場

長堀鶴見緑地線

御堂筋線

心斎橋筋

なんば駅
（出口14）

戎橋

大左衛門橋

相合橋

道頓堀

浪速

難波

日本橋

通天閣周邊

天王寺

道頓堀

心齋橋 7 大連鎖藥房比併

A OS Drug 心斎橋店
B 大國藥妝 Ultra 心斎橋店
C Sugi 薬局 心齋橋店
D Sun Drug 心斎橋店
E 國民藥妝店 心齋橋筋 1 丁目店
F 鶴羽藥妝店 心齋橋筋 2 丁目店
G 松本清 心齋橋南店

心齋橋名牌中古店

a 銀蔵 心斎橋本店
b 大黒屋 心斎橋店
c RAGTAG 心齋橋店
d ORANGE BOUTIQUE
e OKURA 大阪本店

1 実身美 心斎橋店
2 298 燒肉放題
3 Camera 之浪速 心斎橋本店
4 大丸 心齋橋店
5 宇治園 本店
6 CANDY A.GO.GO 心齋橋 161 店
7 明治軒
8 魚菜処 光悦
9 炭火燒肉力丸 心齋橋店
10 心斎橋 Sand

心齋橋7大連鎖藥房比併！

「心齋橋商店街」是遊大阪必逛的街道，街上設有雨棚，完全不必擔心天氣，不管是白天或晚上都人潮如鯽。而近 20 年來，街內的藥房也開得越來越多，幾乎全日本的藥妝連鎖品牌都已進駐，不必擔心有買不到想找的商品。

由於日本藥房兼賣美容化妝品，所以通常稱為「藥妝店」，營業時間一般比百貨公司長，向來是女士們的掃貨地，以下特選其中 7 家重點介紹。

日本藥房掃貨 Tips

1. 每家藥房抵賣貨品不同，甚至同一商號的不同分店，定價亦可能有所不同，買前記得格價！

2. 購買化妝品付款時，不妨詢問有否樣本附送，只需要用英語跟店員說「Sample」便可以。

3. 大部分藥房都有 Point Card 制度，憑卡消費儲夠分，即可當現金使用。但限有日本住址的顧客申請，旅客並未適用。

4. 部分藥妝店設有退稅專櫃。根據日本退稅制度，購買食品、飲料、化妝品、藥品等「未稅」金額滿 ￥5000 以上即可退稅。但須注意：所有退稅品均需放入密封袋內，離開日本前不能開封。

提提你

Tips

OS Drug 不設退稅，亦不接受信用卡付款。

貨品從牆邊直堆上天花板，陳列頗為雜亂。

店內路邊則是一堆紙箱，讓人自行尋寶。

傳說中最平的藥妝店
OS Drug 心斎橋店

「OS Drug（オーエスドラッグ）」心齋橋店的店面狹長，貨品陳列頗為雜亂，從牆邊的貨直堆上天花板，路邊則是一堆紙箱，完全就是老式地區小店模樣。

能在競爭激烈的心齋橋筋商店街屹立不搖，最大原因就是藥品種類多，而且價格優惠大，即使不能辦理退稅，外國觀光客仍趨之若鶩，可想而知其價格魅力非凡。但要提醒大家一點：這家藥妝店無法用信用卡付款，敬請事先備妥現金。

Info

Ⓐ **地址**：大阪市中央区心斎橋筋 1-2-15
電話：06-6121-2500
營業時間：1000-1950
網址：osdrug.com
前往方法：地下鉄御堂筋線「心齋橋」駅，地下街南 10 出口進入「心斎橋筋商店街」即達。

Tips

如購物退稅後，宜即時檢查袋內貨品數量，跟帳單是否吻合。

號稱最便宜的藥妝店 〔退稅〕
大國藥妝 Ultra 心斎橋店

「大國藥妝（ダイコクドラッグ）」號稱自己的定價是全日本數一數二便宜，只要進到店內，無論是感冒藥、止痛藥、胃藥、眼藥水、面膜等藥妝品，或是零食、餅乾或手信，都會發現到處貼滿「買到賺到（お買得品）」的字眼，給人一種十分優惠的感覺。但根據網路上的買家評論，曾有人發現在購物後的退稅袋中，所裝的貨品跟購買的數量有所偏差，因此購買之後建議即時核對，看看是否齊全。

店內到處貼滿「買到賺到（お買得品）」。

超市式藥妝店 〔退稅〕
Sugi 藥局 心斎橋店

「Sugi 藥局」是由杉浦広一夫妻於1976年在愛知縣起家的藥妝店，除了販售藥品和美妝品之外，還有日常生活雜貨、文具用品、零食餅乾等，可以一次買完各種東西後同時辦理免稅，相當方便。

需要一提的是：店名「スギ（Sugi）」是取自老闆姓氏中的「杉（スギ）」字，但與名字相近的「スギヤマ藥品」或「杉浦藥品」並沒有任何關係，完全是不同的店家，大家千萬別去錯了。

Sugi 藥局有點接近超市，除了飲料、餅乾之外，也有許多人氣熱門零食可供採購。

┏Info┓

B **地址：**大阪市中央区心斎橋筋 1-3-24
電話：06-6121-7733
營業時間：0905-2230
網址：daikokudrug.com
前往方法：
地下鉄御堂筋線「心斎橋」駅 5 番出口，至「心斎橋筋商店街」左轉直達。

┏Info┓

C **地址：**大阪市中央区心斎橋筋 1-3-22
電話：06-4708-3906
營業時間：1000-2300
網址：www.sugi-net.jp
前往方法：
大阪 Metro 御堂筋線「心斎橋」駅 5 番出口，至「心斎橋筋商店街」左轉直達。

訂價相宜的藥妝店

退稅

Sun Drug 心斎橋店

　　是日本較時尚風格的連鎖藥妝店，主要販售日常生活藥品及保養品。由於分店多設在知名觀光區，訂價不算最低的一家，但空間最闊落不擁擠，相對較好逛。

店內設有免稅櫃台，外國旅客購買滿￥5000以上，即可享免稅 10%。

貨品定價沒特別低，但偶爾會有手機 APP 迎新優惠，隨時折扣後有意外驚喜。

---Info---

D **地址：** 大阪市中央区心斎橋筋 1-3-20
電話： 06-4963-8651
營業時間： 1000-2150
網址： www.sundrug.co.jp
前往方法：
大阪 Metro 御堂筋線「心斎橋」駅 5 番出口，至「心斎橋筋商店街」左轉直達。

結合百圓店及手信店的藥妝店

退稅

國民藥妝店
心斎橋筋 1 丁目店

　　日本藥妝店競爭激烈，因此很多新型態的藥妝店應運而生。其中「國民藥妝店（コクミンドラッグ）」雖然是創業自 1935 年的老店，但近年轉型成結合百元店跟手信店而成立的新型藥妝店，而且商品規劃區分得很清楚，最適合時間不多，想短時間購物的時候，便能一次過在這裡買到多數需要的東西了。

店內商品種類繁多，就像在逛百元店跟手信店似的。

---Info---

E **地址：** 大阪市中央区心斎橋筋 1-5-19
電話： 06-4704-5930
營業時間： 1000-1900
網址： www.kokumin.co.jp
前往方法：
大阪 Metro 御堂筋線「心斎橋」駅 5 番出口，至「心斎橋筋商店街」左轉直達。

特色自家品牌產品
鶴羽藥妝店
心斎橋筋 2 丁目店

　　「鶴羽藥妝店（ツルハドラッグ）」除了有藥品、美妝品的種類豐富齊全之外，連餅乾、食品、日用品、嬰兒用品也有販售。除此之外，「鶴羽藥妝店」非常致力於商品開發，推出自家品牌的髮妝產品，而且口碑甚佳。像是「La ViLLA ViTA」便是其中之一，許多顧客特地來購買這系列的產品。

退稅

全國最大藥妝店
松本清 心斎橋南店

退稅

　　日本全國分店最多，並且已經進軍香港的藥妝店「松本清（マツモトキヨシ）」，以藥物和日用品選擇最多也最便宜，更有跟其他公司 crossover 的限定商品。心齋橋筋南面入口，即有其中一間分店，主打藥物、日用品及美容化妝品，還設有外國人專用退稅櫃位。而每月的 1、2 日，更會對化妝品提供優惠。

「鶴羽藥妝店」致力於商品開發，推出不少自家品牌產品，口碑甚佳。

松本清經常推出與其他公司 crossover 的限定商品。

每月 1、2 日，松本清對化妝品提供優惠。

─── Info ───

F 地址： 大阪市中央区心斎橋筋 2-2-19
電話： 06-6214-0268
營業時間： 0900-2300
網址： www.tsuruha.co.jp
前往方法：
地下鉄御堂筋線或千日前線「なんば」駅出口 14，過戎橋後一直前行，徒步 5 分鐘。

─── Info ───

G 地址： 大阪市中央区心斎橋筋 1-7-1
電話： 06-6271-1231
營業時間： 1000-2000
網址： www.daimaru.co.jp/shinsaibashi
前往方法：
地下鉄御堂筋線或千日前線「なんば」駅出口 14，過戎橋後即到，徒步 3 分鐘。

心齋橋名牌中古店

大黑屋不乏絕版的經典舊款愛馬仕手袋。

以客為本的二手店

銀蔵 心斎橋本店

　　奢侈名牌手袋的中古買取店，在東京和大阪共擁有 5 家商店，位於心齋橋的是總本店。店面不算大，標榜「讓所有客戶滿意」，找到一兩款 Hermè 手袋折算下來只需港幣 15,000 元左右，相當划算，想挖到寶必定要排進行程中。

全日本第一大中古店

大黑屋 心斎橋店

　　貴為全國第一大的中古店「大黑屋」，在日本可謂無人不知，單單是心齋橋已經有非常多家分店。該店主要售賣二手中古品，很少全新未使用的貨，款式多數也較舊年代，所以價格相對便宜，是比較容易入手奢侈品的名店。

位於心齋橋的「銀蔵」是總店，庫存相當豐富。

大黑屋遍布心齋橋，擁有多家分店，總有一家在附近。

Info

ⓐ 地址：大阪市中央区心齋橋筋 1-5-28
電話：06-6244-4177
營業時間：1100-1900
網址：ginzo-buy.jp
前往方法：御堂筋線「心齋橋」駅出口 5 右轉至第一個街口，再左轉即至。

Info

ⓑ 地址：大阪市中央区心齋橋筋 1-4-7
電話：0120-787-664
營業時間：1100 - 2000
網址：daikokuya78.com
前往方法：御堂筋線「心齋橋」駅出口 5，至「心齋橋筋商店街」左轉，至街口再左轉即達。

裏原宿潮牌買取殿堂
RAGTAG 心斎橋店

裏原宿起家的潮服二手中古店，很多潮人來日本必定去挖寶。目前全日本超過 20 間分店，心齋橋店為大阪旗艦店，集齊當今最人氣的潮牌，包括 Maison Margiela、ZUCCa、n.hoolywood、UNDERCOVER、NUMBER(N)INE 等等。而 RAGTAG 可以説是 COMME des GARCONS 的 OUTLET 一樣，每家都有海量同款的 CDG 過季全新服裝發售，可惜價格沒有很便宜，二手中古品較划算。

衣服比較時尚大膽；手袋及首飾品牌較大眾化，相對價格較容易入手。

―― Info ――
c 地址：大阪市中央区心斎橋筋 1-4-29
電話：06-6241-6400
營業時間：1100-2000
網址：www.ragtag.jp
前往方法：地下鉄御堂筋線或長堀鶴見緑地線
　　　　　「心斎橋」駅出口 6，徒步約 1 分鐘。

索價 1 千 8 百萬日元的超稀有全新鱷魚皮 Birkin 手袋竟然出現在此！

「Hermès」二手專門店
ORANGE BOUTIQUE

專營世界第一奢華時尚品牌「Hermès」的手袋專門店。而 ORANGE 就是日本知名的愛馬仕二手包包店之一。全店貨量驚人，稱得上擁有稀世奇珍！連極稀有款的拼接鱷魚皮 Kelly 和 Birkin 手袋也應有盡有，而且單純是陳列的貨款，已經多達 200 個以上，全部也是新品未使用，不想去專門店配貨，可以考慮這裡入手。即使不打算購買奢侈品，當作博物館參觀也不錯。

裝修有點奇怪，門外看入去，根本櫃內一個手袋也看不到；但只要一踏進門內，滿場的 Hermès 手袋足以令人窒息狂歡。

―― Info ――
d 地址：大阪市中央区心斎橋筋 2-7-5
電話：06-6484-3733
營業時間：1130-2000
網址：www.kokumin.co.jp
前往方法：地下鉄御堂筋線或千日前線「なんば」
　　　　　駅出口 14，過戎橋後一直前行，徒步 5 分鐘。

尋寶的好去處
OKURA 大阪本店

這是一家店專營高級商品的二手店，店名「OKURA（おお蔵）」為大倉庫之意，寓意一個人已經不再需要、束之高閣的東西，可能是另一個人的心動之物。為此，這家店便為想要放手的人，與想要得到的人之間建立橋樑。因此，店內商品除了像是手袋、銀包、手錶等大路商品外，連寶石、和服、郵票乃至古錢幣等都應有盡有，是尋寶的好地方。

奢侈品當中較經濟的店，定價不算很高，但也不是售賣稀世奇珍的店。

---Info---

 地址： 大阪市中央区心斎橋筋 2-5-3
電話： 06-6214-2357
營業時間： 1100 - 2100
網址： www.wb-ookura.com
前往方法：
地下鉄御堂筋線或千日前線「なんば」駅出口14，過戎橋後即至，徒步 5 分鐘。

菜單每天不同，套餐大約￥1000 至￥2000。

人氣健康 Café
実身美 心斎橋店

標榜原味和健康，蔬菜均來自大阪岸和田市的有機農場，每日新鮮直送，更特別選用廣島的無農藥農場的玄米，經遠紅外線壓力鍋慢煮，能保留 100% 的營養。菜單每天不同，但價位大約落在￥1000 至￥2000 之間。雖然份量不多，但在營養均衡下足功夫，而且上菜都非常快，很適合趕時間的人。除了飯餐之後，亦有供應甜品，作為下午茶亦合適。

餐點的份量雖然不多，但在營養均衡上，的確下足功夫，十分健康。

店面隱藏在螺旋樓梯之內，要上幾級樓梯才能到達，很容易錯過。

---Info---

1 地址： 大阪市中央区心斎橋筋 1-2-22
電話： 06-6224-0316
營業時間： 1100 - 2100（逢周日休息）
網址： sangmi.jp
前往方法： 地下鉄御堂筋線「心斎橋」駅，地下街南 10 出口，徒步 1 分鐘。

70 分鐘放題成人每位￥1100。

￥1100 燒肉放題
298 心斎橋店

在日文中諧音「肉屋（にくや）」的「298」，以大字標題「1000 円」燒肉放題作招徠，含稅成人每位￥1100、兒童￥660，限時 70 分鐘，放題提供無限量牛肉、雞肉、豬五花、牛腸、香腸、牛丸等，附沙律菜、薯角、白飯、咖哩醬及蘸醬。因屬平價放題，食物選擇不多，味道尚可，性價比高，但不能要求太高。排隊平均要一小時，敬請提前到達。

「1000 円」招牌很顯眼。

店內設有一人烤爐，即使獨自前往亦十分適合。

---Info---

2 **地址：** 大阪市中央区心斎橋筋 1-2-8
電話： 06-6226-7298
營業時間： 1130-1500；1700-2300
網址： 298shinsaibashi.owst.jp
前往方法： 地下鉄御堂筋線「心斎橋」駅，地下街南 10 出口進入「心斎橋筋商店街」至第一個路口左轉即達。

「Camera 之浪速」是近畿地區規模最大的連鎖相機「買取店」。

關西最大中古相機店
Camera 之浪速
心斎橋本店

「Camera 之浪速（カメラのナニワ）」近畿地區規模最大的連鎖相機「買取店」，還提供鑑定、維修和攝影教學，極有地位。位於心齋橋的本店，新品和二手相機皆有，尤以二手居多。日本人對相機保養很講究，許多二手相機儼如新品，向來是攝影迷的尋寶地。

真正的尋寶地是這些中古破品，多為手動菲林機，玩家通常會拆件用來改裝。

---Info---

3 **地址：** 大阪市中央区心斎橋筋 1-3-12 2/F
電話： 06-6281-4133
營業時間： 1030-1930
網址： www.cameranonaniwa.co.jp
前往方法： 地下鉄御堂筋線或長堀鶴見緑地線「心斎橋」駅出口 6，徒步約 1 分鐘。

大丸百貨心齋橋店是日本有名的百貨建築之一。

連開 3 館心齋橋最大

退稅

大丸 心斋橋店

大丸發跡於京都，至今已有超過 300 年歷史。心齋橋店於 1726 年開設，及後於 1920 年因火災燒毀，便於 1922 由美國名建築家 William Merrell Vories 設計重建，讓大丸百貨心齋橋店成為了日本有名的百貨建築之一。

心齋橋店分為本館、北館和南館 3 座，集合一眾男女時尚品牌，重點是地庫的食品街，一次過便可買盡大阪名物；南館地庫設有女士專用層，集合多家美甲及化妝品店；北館則主打大型連鎖生活雜貨。

本館地庫的食品街集合多家大阪著名食品和土產店，尤以地道見稱，不乏廉價小吃。

Info

4 **地址：**大阪市中央区心斎橋筋 1-7-1
電話：06-6271-1231
營業時間：1000-2000
網址：www.daimaru.co.jp/shinsaibashi
前往方法：
大阪 Metro 御堂筋線「心斎橋」駅 4、5 或 6 番出口直達。

「綠茶生巧克力（抹茶生ショコラ）小佳女」￥1296。

京都老茶號

宇治園 本店

1869 年創業的京都老茶號，專售以宇治茶為主的日本名茶葉，招牌是自家研發的深蒸茶「小佳女」和上等焙茶「火男」，前者茶味帶甜；後者則味甘，可消脂解膩。附設傳統茶室「喫茶去」，供應傳統日本銘茶，還有很多以茶入饌的甜品小吃。

另外注意一點：在心齋橋筋另有「宇治香園」，位於「しんぶら街」的入口旁邊，該店是不設茶室的，大家千萬別去錯了。

造型搞笑的「小佳女」和「火男」銘茶罐禮盒，內有 150g 茶葉。￥5400

「宇治園」附設傳統茶室。心齋橋筋另有「宇治香園」，不設茶室。

Info

5 **地址：**大阪市中央区心斎橋筋 1-4-20
電話：06-6252-7800
營業時間：1030-2000
網址：www.uji-en.co.jp
前往方法：地下鉄御堂筋線或長堀鶴見緑地線「心斎橋」駅出口 6，大丸本館對面。

搜羅自世界各地的高級糖果，全都彩色繽紛！

日版高級「夾糖」
CANDY A.GO.GO
心斎橋 161 店

　　日本著名糖果店，主打自選軟糖櫃，超過 100 款選擇，全是搜羅自世界各地的高級糖果，全都彩色繽紛！購買散裝的糖果時，工作人員會要求先戴手套，相當衛生。除糖果外亦有售文具、雜貨，都是走可愛路線的，適合與孩子一同選購。

仔細一看，吊燈上竟全是熊仔軟糖的造型。

「CANDY A.GO.GO」位於「心斎橋筋商店街」的轉角位，其實相當顯眼。

―Info―

6 地址：大阪市中央区心斎橋筋 1-6-1
　營業時間：1100 - 2000
　網址：candyagogo.com
　前往方法：御堂筋線「心斎橋」駅出口 5，至「心斎橋筋商店街」右轉至第一個街口。

蛋包飯（オムライス）。
小￥800、大￥1000。

百年蛋包飯
明治軒

　　1925 年開業的蛋包飯名店，店內充滿傳統日式家庭食堂格調，招牌蛋包飯從開幕至今味道從沒改變，重點是淋在飯面的醬汁，以紅酒加上上等牛腿肉和洋蔥等材料熬煮兩天而成，入口齒頰留香。另有串炸、拉麵、牛丼等庶民美食供應。

蛋包飯連串炸 3 串套餐（オムライス＆串カツ 3 本セット），每份￥1130。

―Info―

7 地址：大阪市中央区心斎橋筋 1-5-32
　電話：06-6271-6761
　營業時間：平日 1100-1500、1700-2030
　（逢周三休息）
　網址：meijiken.com
　前往方法：御堂筋線「心斎橋」駅出口 5，至「心斎橋筋商店街」左轉，至街口再左轉即達。

心齋橋隱世米芝蓮
魚菜処 光悦

　　喧鬧的心齋橋商店街旁，有一條寧靜的小巷「しんぶら街」，聚集多家道地和食店。其中門面小小的「魚菜処 光悦」曾獲米芝蓮1星，全店海鮮都從淡路島海女直接入貨，不設餐牌，晚市主打廚師發辦的海鮮刺身料理，選料也是最當造的海鮮，賣相擺盤非常精美，用料新鮮，網絡評價普遍都很高，人均消費約￥13200。

看似簡單的野菜煮物，每一種都有淡淡昆布香。

─── Info ───

⑧ 地址：大阪市中央区心斎橋筋 1-5-19
　電話：06-6244-5711
　營業時間：1130-1400；1700-2300
　　　　　　　（逢周日休息）
　前往方法：地下鉄「心斎橋」駅出口6，宇治香園旁邊小巷直入。

小巷「しんぶら街」的入口就位於「宇治香園」旁邊。

小巷天花掛有四季裝飾。

Tips

午餐盒已經取消不再供應，此店沒有網站，如欲一試必需事先致電訂座。

雙層便當盒手工精緻，紅潤的鰹魚刺身入口慢慢化開，肥美如拖羅；連章魚也軟嫩甜美，

燒肉放題￥3608，有超過80款品項可供選擇。

￥3608 燒肉放題
炭火燒肉力丸
心斎橋店

　　大阪人氣燒肉放題店，選用日本國產新鮮牛肉，絕不使用冷凍或合成肉，由職人當天手切，再用炭火燒烤，別有一番風味。其中燒肉放題￥3608，有超過80款品項可供選擇，牛、雞、豬、內臟、熟食小菜俱備，食足120分鐘。較高級的￥4158，更有100款菜式選擇。在大阪多家分店中，尤以心齋橋店最就腳。

心齋橋店面積偌大，設有傳統和式座位、個室、卡位和宴會廳。

┣Info┫

9 地址：大阪市中央区心斎橋筋 2-1-32
　　　　IS ビル 4/F
　　電話：06-6211-7719
　　營業時間：1600 - 2400
　　網址：www.handafood.jp
　　前往方法：御堂筋線或千日前線「なんば」駅
　　　　　　　出口 14，過戎橋後至第四個街口
　　　　　　　右轉，徒步 7 分鐘。

「心齋橋 Sand」是只在晚上營業的高級三文治店。

超人氣炸玉子三文治
心斎橋 Sand

　　「心齋橋 Sand（サンド）」是一家隱藏於橫街中，只在晚上營業的高級三文治店，尤以超厚的吉列玉子三文治（タマゴカツサンド）聞名。由於是在客人下單後才即點即做，所以要等候比較久。然而軟綿非常的麵包，包住吉列滑蛋，口感豐富，即使冷掉仍然可口，已成大阪人氣宵夜。

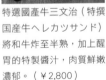

特選國產牛三文治（特撰国産牛ヘレカツサンド）將和牛炸至半熟，加上醒胃的特製醬汁，肉質鮮嫩濃郁。（￥2,800）

吉列玉子三文治（タマゴカツサンド），吉列滑蛋外層香脆，內裏仍有豐富蛋汁，加上蛋黃醬的絕妙配搭！（￥1000）

┣Info┫

10 地址：大阪市中央区東心斎橋 2-8-8
　　電話：06-6211-1545
　　營業時間：1800-0500（周日及公眾假期休息）
　　網址：kitashinchisand.com
　　前往方法：御堂筋線或千日前線「なんば」駅
　　　　　　　出口 14，過戎橋後至第三個街口
　　　　　　　右轉再過第二個街口。徒步 7 分鐘。

大阪街頭文化發源地

アメリカ村 / America Mura

美國村

乘坐地下鉄御堂筋線或長堀鶴見緑地線「心斎橋」駅；地下鉄四つ橋線「四ツ橋」駅即達。

交通

114

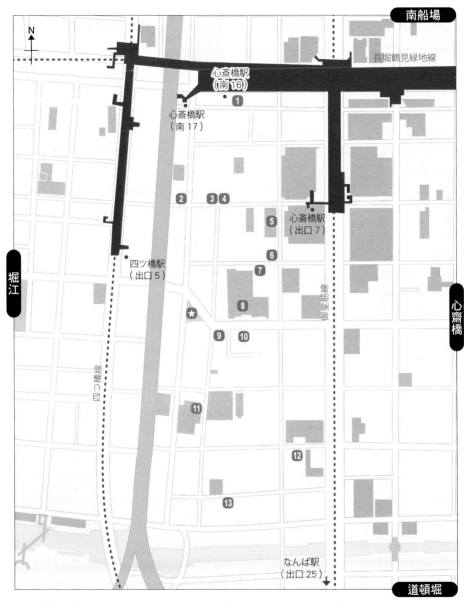

心斎橋駅
（南16）

①

心斎橋駅
（南17）

②

③ ④

⑤

心斎橋駅
（出口7）

⑥

⑦

四ツ橋駅
（出口5）

⑧

★

⑨ **⑩**

⑪

⑫

⑬

なんば駅
（出口25）

南船場

長堀鶴見緑地線

N

堀江

御堂筋線

四ツ橋線

道頓堀

★ 三角公園

① Salon de Mon Cher
② CHERISH
③ 豆助 西心斎橋店
④ 古着屋 GRIZZLY 美國村店
⑤ 心斎橋 OPA KIREI 館

⑥ Ameri VINTAGE
⑦ &G 心斎橋店
⑧ 心斎橋 BIG STEP
　 390 Thank you mart
　 KINJI BIGSTEP 店
　 SLIVER BALL PLANET
⑨ TOP to TOP by Hi Culture

⑩ 幸福鬆餅
⑪ GOOD BOYZ 大阪跳蚤市場
⑫ 焼肉五苑 西心斎橋店
⑬ 北極星 心齋橋本店

「大阪套餐」的堂島卷奶味濃厚，口感幼滑。
（¥1628）

美國村地標
三角公園

「美國村（アメリカ村）」泛指三角公園一帶，昔日原是大丸等百貨公司的停車場和貨倉。直至 1970 年代，有商人開始在空置的倉庫和三角公園前，擺賣從美國西岸進口的古着、唱片和雜貨，吸引崇尚自由與外國文化的年輕人聚集，當地人於是稱之為美國村。

現在的美國村，乃大阪年輕人街頭文化的發源地，區內開滿古着、進口雜貨店、個性品牌小店、非主流唱片店和特色 Café，假日常有街頭表演和市集舉行。所謂美國村精神，不止單純的崇洋，而是不隨波逐流、敢於追尋夢想的精神。

─Info─

★ **地址**：大阪市中央区西心斎橋 1 丁目、2 丁目
　網址：americamura.jp
　前往方法：地下鉄「四ツ橋」駅出口 5 左轉，至街口再左轉，沿路直行至第二個街口即達。

一嚐新鮮「堂島卷」
Salon de Mon Cher

「Mon Cher」作為大阪著名甜品店，目前分店已經開到香港。然而這間「Salon de Mon Cher（サロン・ド・モンシェール）」是集團的十周年紀年店，附設貴婦風的優雅 Cafe，供應獨家限定的下午茶和輕食，可一嚐新鮮製作的「堂島卷」。「堂島卷」被譽為大阪名物，風靡全日本，而新鮮製作的口感更是特別鬆軟幼滑，並非分店零售的可媲美，值得一試！而大阪限定的「大阪套餐（大阪セット）」利用北海道生乳製成的特製忌廉 CHANTILLY，奶味濃厚，新鮮出爐口感特別幼滑。（¥1628）

「Salon de Mon Cher（サロン・ド・モンシェール）」是集團的十周年紀年店。

─Info─

❶ **地址**：大阪市中央区西心斎橋 1-13-21
　電話：06-6241-4499
　營業時間：1000-1900
　網址：www.mon-cher.com
　前往方法：地下鉄長堀鶴見緑地線「心斎橋」駅南 16 出口即達。

「CHERISH」位處十字路口，十分當眼。

街頭時尚古着屋
CHERISH

　　這是美國村起家的地區性古着屋「Jolly Clan」的其中一家店。他們一共開了四家店，全部圍繞著美國村的三角公園，其中「CHERISH」位處十字路口，是最當眼的一間。該店主打日本街頭時尚古着，愛好此風格者，定必不可錯過！

鬆垮垮的超大彩色外套，超大的卡通圖案褲子，都是日本千禧年原宿風格，正是現在捲土重來的 Y2K 潮流打扮。

Info

② **地址：**大阪市中央区西心斎橋 1-15-15
電話：06-4256-0525
營業時間：1000-1800（逢周六、日及假期休息）
網址：be-in.online
前往方法：地下鉄長堀鶴見緑地線「心斎橋」駅南 17 出口，南行至第一個十字路口即達。

「是日燒魚（日替わり焼き魚）定食」，每份約¥1100，性價比極高。

傳統居酒屋
豆助 西心斎橋店

　　位於美國村的傳統居酒屋，午市供應的「是日燒魚（日替わり焼き魚）定食」，每份約¥1100，性價比極高。由於美國村主要由中古二手店構成，食店並不多，相當難找到午餐的地方，所以中午時人頭湧湧，是極高人氣的午餐食店之一。晚市則是傳統居酒屋，提供新鮮生蠔刺身、炭燒肉類、煮鍋物等等，同樣極高質，值得一試。

這家店的外觀，相比其他居酒屋顯得更傳統。

該店名物「七味七彩田楽」是 7 種口味的豆腐和面筋，每份¥1280。

Info

③ **地址：**大阪市中央区西心斎橋 1-10-18
電話：06-4980-0630
營業時間：1130-1430；1700-2200
前往方法：地下鉄長堀鶴見緑地線「心斎橋」駅南 17 出口，南行至第一個十字路口即達。

「GRIZZLY」被稱為「大阪的傳說中古着屋」，是二手古着愛好者的天堂。

場內進駐了多家特別中古店，衣著款式多元化。

傳說中的古着屋
古着屋 GRIZZLY
美國村店

在日本，「GRIZZLY（グリズリー）」被稱為「大阪的傳說中古着屋」，據説曾經有一次，有多達 100 人排隊購買。一樓地面售賣的衣服較簇新，價格較貴；二樓售賣的全是瑕疵品，需細心檢查，但價格較便宜一點。該店的最新資訊，也會在 Instagram 上更新，去之前可以看一看。

Adidas 的二手古着，在這裡只售￥380。

店面明亮當眼，十分容易看到。

特別中古服裝
心斎橋 OPA KIREI 館

「心斎橋 OPA KIREI（キレイ）館」鄰近「心斎橋」駅，進駐了好幾家特別中古店，當中最大的 LILY BROWN 是名牌 2 手店，可以找到 CHANEL、YSL、DIOR 等等品牌的商品；SPINNS VINTAGE 則是售賣美國中性古著、WARGO 是日本和服的租賃店，此外尚有 AZUL BY MOUSSY，提供時裝、首飾、鞋帽和手袋等產品。值得一逛的小型商場。

AZUL BY MOUSSY 位於「心斎橋 OPA KIREI 館」向街的地鋪，十分當眼。

── Info ──

4 **地址：**大阪市中央区西心斎橋 2-12-14
電話：06-6211-4650
營業時間：1200-1930
網址：instagram.com/grizzly_amemura
前往方法：毗鄰「豆助」。

── Info ──

5 **地址：**大阪市中央区西心斎橋 1-9-2
電話：06-4256-1180
營業時間：1100-2100
網址：azul-m.com
前往方法：地下鉄御堂筋線「心斎橋」駅出口 7，往西行至第一個街口左轉即達。

超舊款的 CELINE 老花圖案包包，
狀態簇新，偶然會有驚喜。

增高式都市女裝
Ameri VINTAGE

Ameri VINTAGE 是由日本知名模特兼設計師黑石奈央子於 2014 年所創立的品牌，主要售賣女裝、首飾等，針對都市女性而進行創作。黑石奈央子最為著名是其「增高術」，透過穿著便能將 152cm 的身高，穿得恍似 170cm 的比例，散發的強大魅力。同時店內有輕奢侈的名牌二手包包售賣，不難發掘到寶藏。

黑石奈央子的穿著竅門是善用飾品：寬鬆的衣服配上搶眼的墨鏡等，便能在視覺上將全身比例巧妙拉長。

Info

⑥ 地址： 大阪市中央区西心斎橋 1-9-7
電話： 06-4256-4466
營業時間： 1100-2000
網址： amerivintage.co.jp
前往方法： 地下鉄御堂筋線「心斎橋」駅出口 7，往西行至第一個街口左轉，再直行至下個街口即達。

&G 很少個性化的時尚設計，適合喜歡休閒渡假風的顧客到訪。

世界著名品牌精選店
&G 心斎橋店

&G 是一家匯集世界各地輕奢侈品牌的買手店。網羅多個男女裝品牌，包括 BV、MARNI、DSQUARE 和 BALMAIN 等等。店內貨品及款式都極齊全，由於其理念是營造休閒、輕鬆的氛圍，商品都以 TEE 及恤衫等休閒服為主，很少個性化的時尚設計，較適合喜歡休閒渡假風造型的顧客到訪。

店內分為兩部分：一部分是針對青年男女的時尚風，另一部分則為針對社會人士的高級品牌，品項相當全面，值得一逛。

店外掛上大大個「&G」，從遠處就能看見。

Info

⑦ 地址： 大阪市中央区西心斎橋 1-6-32
電話： 06-6243-3739
營業時間： 1100-2030
前往方法： 地下鉄御堂筋線「心斎橋」駅出口 7，往西行至第一個街口左轉，直行至下至下個街口再右轉即達。

「心斎橋 BIG STEP」中間有一條木製樓梯，由地下三層直上到地面，十分適合打卡。

小眾品牌集散地
心斎橋 BIG STEP

「心斎橋 BIG STEP（ビッグステップ）」商場中，大小不同的店鋪林立，集購物、娛樂、飲食、戲院於一身。當中有不少潮牌店和古着店，以偏小眾的品牌居多，喜歡古着的人，絕對要多花點時間好好尋寶。而商場的中間，有一條木製樓梯由地下三層直上到地面，十分適合打卡。

適逢商場建立 30 周年，到處都有相關的佈置。

Info
---
8 **地址**：大阪市中央区西心斎橋 1-6-14
電話：06-6258-5000
營業時間：1000-2000
網址：big-step.co.jp
前往方法：「三角公園」往東過十字路口即達。

因日文的 39 和「THANK YOU」的發音相近，全店商品均為￥390。

￥390 雜貨店
390 THANKYOUMART

販售服裝、飾品、日用品等的知名雜貨店「390 THANK YOU MART」，因日文的 39 和「THANK YOU」的發音相近，全店商品均為￥390。價格實惠且多樣化，且不時與人氣角色聯動，因此很受日本年輕人歡迎。

Info

位置：「心斎橋 BIG STEP」B1/F
營業時間：1100-2000
網址：thankyoumart.jp

店內衣服分類清晰，款式眾多。

中低價位古着店
KINJI BIGSTEP 店

對古着愛好者而言，對「KINJI」一定不陌生！店內衣服分類清晰，款式眾多，而且屬於中低價位，值得去尋寶！

Info

位置：「心斎橋 BIG STEP」2/F
電話：06-6281-1515
營業時間：1100-2000
網址：www.kinji.jp

店內除了讓顧客遊玩之餘,亦定期舉辦活動及賽事,也是很有特色的打卡點。

全店有多款超增高熨斗鞋,是嬌小人仕的買鞋天堂。

彈珠機基地
SLIVER BALL PLANET

「彈珠機(Pinball)」是充滿了美國流行文化色彩的產物,因此該店特地選址在受美國文化影響而誕生的美國村。店內收集了自 1970 年代至今,在美國各地發現的稀有流行彈珠機,除了讓顧客遊玩之餘,亦定期舉辦活動及賽事,也是很有特色的打卡點。

高底鞋樂園
TOP to TOP by Hi Culture

「Top to Top」是日本 SteP 集團旗下的一支副線,主力銷售一般鞋店所沒有的稀有品牌。而位於美國村的,是全線唯一一間「by Hi Culture」的分店,針對龐克(punk)與樂隊(band)愛好者,全以黑白色及鍋釘為主題,超增高的鬆糕鞋底皮靴極多,男女尺碼也有供應,適合個子嬌小的人入手!

店內多達超過 100 台彈珠機,最便宜的機台只收 ¥390 一局,此外更有罕見的雙打及四打機台。

店外搖滾樂隊的海報,瀰漫濃烈的龐克(punk)風。

―Info―

位置:「心斎橋 BIG STEP」3/F
營業時間: 1100-2000
網址: silverballplanet.jp

―Info―

9 地址: 大阪市中央区西心斎橋 2-10-28
電話: 06-6210-1177
營業時間: 1100-2000
網址:
instagram.com/toptotop_by_hiculture
前往方法:「三角公園」往東之十字路口。

「幸福鬆餅（幸せのパンケーキ）」口感輕柔蓬鬆，蛋味濃郁，濕潤綿密。（￥1380）

超人氣鬆餅店
幸福鬆餅 心齋橋店

「幸福鬆餅（幸せのパンケーキ）」是南船場起家的超人氣鬆餅店，曾奪日本食評網 Tabelog 的甜點第一名！該店的 Pancake（パンケーキ）現點現做，需等待約 20 分鐘製作，使用日本國產小麥、奈良田中牧場的有機雞蛋，加上北海道熟成牛油來煎，吃時再淋上世界第一的紐西蘭 Manuka 蜂蜜，蛋香濃郁。

「幸福鬆餅」是超人氣鬆餅店，該店的 Pancake（パンケーキ）現點現做，需等待約 20 分鐘。

─Info─

10 **地址：**大阪市中央区西心斎橋 2-10-32 B1/F
電話：06-6211-1000
營業時間：1100-2000
網址：magia.tokyo
前往方法：至街口再左轉，沿路直行，過三個街口即達。從步約 7 分鐘。 至地下鉄「四ツ橋」駅出口 5 左轉，

一如其名，不少貨品都在店外露天陳列。

統一價格的跳蚤市場
GOOD BOYZ 大阪跳蚤市場

「GOOD BOYZ 大阪跳蚤市場（フリーマーケット）」一如其名，不少貨品都在店外露天陳列。而甚貨品包括 Ralph Lauren、Lacoste、Northface 等品牌的男女服飾，而且商品按類別統一價格，每件價格僅￥1000 起，仔細搜尋的話，不難找到便宜貨，堪稱是美國村內最便宜的古着店。

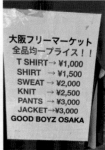

商品按類別統一價格，最貴的 Jacket 亦不過每件￥3000，大部份古着均有瑕疵，需小心選購。

─Info─

11 **地址：**大阪市中央区西心斎橋 2-12-2
電話：06-6212-0072
營業時間：1230-1930
網址：instagram.com/good_boyz_osaka
前往方法：地下鉄「四ツ橋」駅出口 5 往東行，經過「三角公園」後在路口右轉，往南直行至第二個街口即達。

該店「放題」只做晚市，標準套餐每位￥3278，共有 100 款食材可選。

4 級和牛烤肉放題
燒肉五苑 西心斎橋店

　　「燒肉五苑」是自大阪起家、目前已在全國各地經營的烤肉店，強調啤酒特別便宜並提供優質的牛肉。而位於美國村的這間分店，是限時任食的「放題」分店之一，只做晚市，標準套餐每位￥3278，共有 100 款食材可選。而高級套餐￥6578，則可以任食日本的 4 級和牛。

標準套餐的點餐時限為 90 分鐘，而任食 4 級和牛的高級套餐，時限則為 70 分鐘。

━Info━

12 **地址**：大阪市中央区西心斎橋 2-3-20
　　電話：06-6484-3529
　　營業時間：1700-2300
　　網址：y-goen.com
　　前往方法：地下鉄御堂筋線「心斎橋」駅出口 7，往南行至第四個街口右轉即達。

雞肉蛋包飯（チキンオムライス）￥1080，再加￥660 轉套餐，便多了炸蝦和味噌湯。

茄汁蛋包飯始祖
北極星

　　日本的蛋包飯有兩大始祖：一是包白飯的東京「煉瓦亭」，二是包茄汁炒飯的「北極星」。1922 年開業、原名「パンヤの食堂」的「北極星」，在開業初期有一位熟客，每次都只點奄列和白飯。老闆認為太單調，於是用煎得薄薄的蛋皮包裹有番茄醬調味的炒飯，令人食慾大增，並變成日本家傳戶曉的美食。

作為洋食店，其外觀卻是傳統的日式房屋，店內鋪設榻榻米座席並設傳統日式庭園，頗有一番風味。

━Info━

13 **地址**：大阪市中央区西心斎橋 2-7-27
　　電話：06-6211-7829
　　營業時間：1130-2130
　　網址：www.hokkyokusei.online
　　前往方法：御堂筋線「なんば」駅出口 25，向北直行，過道頓堀橋後，至第二個街口左轉直行即到。步行約 5 分鐘。

美國村

堀江

南船場

中之島、本町

梅田

中崎町

天神橋筋

3

1

關西代官山

堀江

ほりえ / Borie

5

9

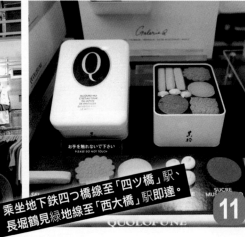

14

乘坐地下鉄四つ橋線至「四ツ橋」駅、
長堀鶴見緑地線至「西大橋」駅即達。

交通

11

124

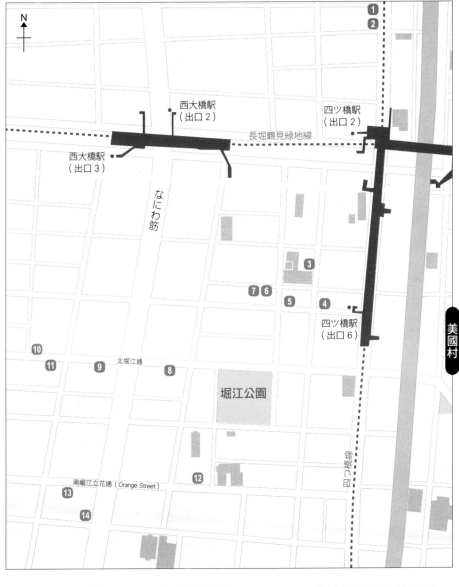

堀江

美國村
南船場
中之島、本町
梅田
中崎町
天神橋筋

西大橋駅
（出口2）

四ツ橋駅
（出口2）

長堀鶴見緑地線

西大橋駅
（出口3）

なにわ筋

③

⑦⑥

⑤

④

四ツ橋駅
（出口6）

⑩

⑪　⑨　北堀江通　⑧

堀江公園

美國村

⑫

南崛江立花通（Orange Street）

⑬

⑭

四ツ橋線

N

① 高級芋菓子 清水
　大阪新町店

② 江戸焼 姉小路

③ 堀江串炸 勝新

④ 法善寺霰餅 堀江店

⑤ 和果 北堀江店

⑥ 本等鮨 海馬

⑦ Light and Flaky pizza

⑧ Dodam coffee

⑨ 一口稲荷室屋 本店

⑩ Dry Bones 大阪店

⑪ 黑船 南堀江店

⑫ HYSTERIC GLAMOUR

⑬ 古着屋 jaBBer
　Orange Street 店

⑭ 古着屋 JAM 堀江店

「迷人的焦糖烤蕃薯」每份￥770。

烤蕃薯甜品專門店

高級芋菓子 清水
大阪新町店

在日文中「芋」並不是指芋頭，而是指蕃薯。而這間名為「清水（しみず）」的甜品店，是一家主打「高級芋菓子」，並開遍日本各地的連鎖甜品店，以其一系列的烤蕃薯甜品而著名。「迷人的焦糖烤蕃薯（魅惑の焼き芋ブリュレ）」是該店的招牌甜品，配上一球雪糕，每份￥770。店內設有餐廳，但不定期會關閉。如果要現吃，有機會只能站在門外位置享用。

在日本邊走邊吃是非常沒禮貌的，所以購買雪糕杯時，要站在門口位置，享用完才離開。

───Info───

❶ **地址**：大阪市西區新町 1-8-24
　電話：06-6643-9375
　營業時間：1200-1900
　網址：imoshimizu.com
　前往方法：地下鉄「四ツ橋」駅出口 2，左轉入
　　　　　　　十字路口路再左轉，步行約 4 分鐘。

鰻魚被先蒸後烤，肉質入口即化，而關東風味的醬汁也比較清淡。

只經營午市的地區鰻魚飯店

江戶燒 姉小路

「江戶燒（江戸焼き）姉小路」是由一對老夫婦所經營的鰻魚飯餐廳。「江戶燒」是將鰻魚先蒸後烤，所以肉質入口即化，而關東風味的醬汁也比較清淡。由於只經營午市，而且食材售完即止，往往未到中午 12 時便已經售罄打烊。如有意一嚐這具特色的鰻魚飯，敬請預早前往了。

該店只經營午市，而且食材售完即止，光顧請早。

頂級鰻魚飯菊餐（特上うなぎ菊）每份￥3500。

───Info───

❷ **地址**：大阪市西區新町 1-8-3
　電話：06-6541-7800
　營業時間：1115-1400
　　　　　　　（逢周三、周日及公眾假期休息）
　前往方法：地下鉄「四ツ橋」駅出口 2，左轉入
　　　　　　　十字路口路再左轉，步行約 3 分鐘。

不太起眼的店面，一不注意就會錯過。

由於座位不多，只適合兩、三人一起光顧。

炸蝦的賣相跟官方網站是一模一樣，每一次都可以炸成同樣形狀，果然是大師。（5 串套餐內含）

炸串套餐中最便宜的「試食 5 款套餐（お試し5本セット）」（¥1408）是廚師發辦，5 款炸串必須依順序搭配指定調味料，當中包括淡路島的海產，是一場視覺與味覺衝擊的旅程。套餐附送炸物沙律。

三文魚籽炸串¥539/串（生麩酢すみ ソイクラのせ）原來是炸蔬菜麻糬，外層用上脆粒，外脆內軟，再蓋上醬油三文魚籽，塗上特色海鮮醬，口感無與倫比，不是其他地方可以吃到的特色創作炸串 。

別具特色的優質炸串
堀江串炸 勝新

深受好評的炸串店「堀江串炸（串揚げ）勝新」，由店主獨自經營，營業時也不太跟客人交談，從不接受任何媒體採訪，是專心一意製作特色炸串的名店。標榜自家是「創作炸串店」，有別於大阪炸串。揉合了吉烈和天婦羅兩種截然不同的脆炸漿，創作出超多款極創新的炸串作品，堪稱炸串界的藝術家，網上評價獲得很高分數。只在晚上 6 時營業的居酒屋，別忘了每人點一杯飲品。全店坐位只有 8 個，有意前往品嚐，可提前訂座。

─── Info ───

③ **地址：**大阪市西區北堀江 1 丁目 10-2
電話：06-6567-8874
網址：www.katsushin-osaka.com
營業時間：1800-2400（逢周日休息）
前往方法：地下鉄「四ツ橋」駅出口 6，右轉入
　　　　　　巷內至十字路口，再右轉，步行約
　　　　　　1 分鐘即達。

美國村

堀江

南船場

中之島、本町

梅田

中崎町

天神橋筋

「迷人的焦糖烤蕃薯」每份￥770。

傳統日式雪餅店
法善寺霰餅 堀江店

　　1953 年在法善寺橫丁創業的「法善寺霰餅（あられ）」，專門售賣傳統日式燒餅乾而聞名。「霰餅」在中文一般譯為「雪餅」，該店所製作的雪餅，全部使用天然香料調味，不使用著色劑、防腐劑或化學調味料。而其所使用的原料，完全採用日本國產的糯米，保證食用安全。方塊狀的雪餅口感爽脆，而且有多款口味選擇，很適合買來作手信。

太多口味不知如何選擇的話，不妨購買「雜錦雪餅禮盒（いろいろあられ缶）250g」，每盒￥1360。

-**Info**-

4 **地址：**大阪市西區北堀江 1 丁目 4-8
　　電話：06-6532-3770
　　營業時間：1000-1800
　　　　　　　（逢周六、周日及公眾假期休息）
　　網址：www.houzenji-arare.co.jp/page/6
　　前往方法：地下鐵「四ツ橋」駅出口 6，右轉入
　　　　　　　巷內直行至十字路口即達。

作為招牌的「綠茶紅豆（抹茶あんこ）」，每個￥450。

馬卡龍式銅鑼燒
和果 北堀江店

　　和果是專賣一款名為「和卡龍（和かろん）」的特色銅鑼燒，其名稱也就是「和式馬卡龍」之意。該店的「和卡龍」有多款口味，餡料看似雪糕，實際卻是味道濃郁的慕絲，拿在手上並不會輕易融化，可以慢慢品嘗。

「和卡龍（和かろん）」有多款口味任君選擇。

-**Info**-

5 **地址：**大阪市西區北堀江 1 丁目 11-6
　　電話：06-6533-5050
　　營業時間：1100-2200
　　前往方法：地下鐵「四ツ橋」駅出口 6，右轉入
　　　　　　　巷內直行至第二個十字路口即達。

午市的「竹・握壽司（竹にぎり）12 貫」每份¥1800。

餅底就像牛角包，一如其店名「輕而脆」，每件約¥1000。

價格親民的 Omakase 壽司店
本等鮨 海馬

　　樓高兩層的本等鮨海馬，是一家較時尚的壽司店，1 樓是禁煙區，而 2 樓則是吸煙區，環境寧靜而舒適。

　　該店的午市餐牌有多款壽司拼盤，價格自¥1200 至¥3200 不等。此外亦有海鮮丼及炙烤丼（炙り），都只售¥1100。

　　而該店晚市則主打 Omakase 壽司（おまかせにぎり鮨），基本上一般壽司 5 貫只售¥1000，而高級壽司 16 貫亦不過¥6000。但因晚市經常爆滿，有意一嚐的話，記得要事先訂位了。

該店晚市主打 Omakase，經常爆滿，有意一嚐記得事先訂位。

輕而脆的牛角薄餅
Light and Flaky pizza

　　這間意大利薄餅店所製作的薄餅相當獨特：餅底並不像常見的圓盤形狀，而是像牛角包似的，一如其店名「輕而脆」每件約¥1000。此外，該店以滑浪為主題作布置，令人恍如置身海邊度假的感覺。

以夏威夷滑浪為主題，店內環境寬敞而舒適，到處都是滑浪版及渡假風的擺設。

店內環境寬敞而舒適，除薄餅外亦供應意粉及飯餐。

---Info---

6 **地址**：大阪市西區北堀江 1 丁目 15-22
　　電話：06-6532-2918
　　營業時間：1130-1400，1700-2300
　　前往方法：地下鉄「四ツ橋」駅出口 6，右轉入
　　　　　　　　巷內直行，至第二個路口右轉，至下
　　　　　　　　一個路口左轉即達，步行約 4 分鐘。

---Info---

7 **地址**：大阪市西區北堀江 1 丁目 15-21
　　營業時間：1100-2100（逢周一收 1700）
　　電話：06-6585-7737
　　前往方法：位於本等鮨海馬右側的相隣店。

店內裝潢極簡約而色彩鮮艷，打卡一流。

小清新打卡韓國咖啡店
Dodam coffee

由韓國年輕男生開設的樓上咖啡店 DODAM，位於三樓相當隱世。店內裝潢則是 60 年代的太空感主題，極簡約而色彩鮮艷。食物特色是每 3 個月會全店轉換一次甜品供應商，所以當你下次到訪時，往往所有甜品已經煥然一新。

此外，該店最有名是咖啡，同時亦提供多種不同的飲品可供選擇，因口味較清淡，正好配偏甜的洋菓子來吃。

韓式飲品口味清淡，而蛋糕則偏甜，正好相配。

Info

8　**地址：**大阪市西區南堀江 1 丁目 22-18
　　　　　ナイロンビル 3 階
　　營業時間：1200-1900
　　前往方法：地下鉄「四ツ橋」駅出口 6，右轉入巷內直行至近第三個路口左轉，至下一個路口右轉，從左側上樓。

該店腐皮壽司款式眾多，每盒約 ¥1500。

稻荷壽司專門店
一口稻荷室屋 本店

「一口稻荷（いなり）室屋（むろや）」是專賣腐皮壽司的外賣店，然而款式眾多，每盒售價約 ¥1500，值得一試。

Info

9　**地址：**大阪市西區南堀江 2-1-17
　　電話：06-6533-0018
　　營業時間：1130-1830
　　　　　　　（售完即止）
　　前往方法：從 Dodam 往西越過なにわ筋即達，步行約 1 分鐘。

Dry Bones 是現今日本著名的復刻服飾品牌。

日本復刻品牌
Dry Bones 大阪店

主要售賣二手古着的 Dry Bones，自 1989 年起推出自家設計牛仔褲、西裝後，至今已成日本著名的復刻服飾品牌。

Info

10　**地址：**大阪市西區北堀江 2-5-11
　　電話：06-6531-1298
　　營業時間：1100-1900
　　前往方法：「一口いなりむろや」出門左轉，過一個街口，前行右側即到。

黑船是「和洋合一」的菓子店，招牌產品是「黑船蜂蜜蛋糕（カステラ）」。

日式蛋糕專門店

黑船 南堀江店

　　黑船是一家「和洋合一」的菓子店，主要售賣送禮用的日式蛋糕禮盒。其招牌產品是「黑船蜂蜜蛋糕（カステラ）」。此外，該店的「1/4 年輪蛋糕 - 香橙味（クアルトバウム - ラランジャ）」也很受歡迎：在四分之一件的年糕蛋糕之上，鋪上了一層橙味的軟糖，口感鬆軟而滋潤。由於可以存放約兩星期，很適合買來作為手信。此外尚有紅豆及檸檬口味的對摺式銅鑼燒，但只能存放三天，只能親臨品嘗了。

「1/4 年輪蛋糕 - 香橙味（クアルトバウム - ラランジャ）」每件￥432。而「瀬戸内檸檬銅鑼燒（どらやき）」每件￥270。

---Info---

11 **地址**：大阪市西区南堀江 2-13-30
　　營業時間：1000-1900
　　電話：06-6539-0555
　　網址：www.quolofune.com
　　前往方法：「Dry Bones」正對面。

本為裏原宿品牌的 HYSTERIC GLAMOUR，是木村拓哉所鍾愛的日系潮牌服裝之一。

日系潮牌

HYSTERIC GLAMOUR

　　現在的年輕人或許不知道木村拓哉是誰；但很多人認識 HYSTERIC GLAMOUR 這品牌，正是因為木村拓哉。想當年，他就是亞洲的潮流指標。

　　由日本著名時裝設計師北村信彥所創立的 HYSTERIC GLAMOUR，是日本的跨國時裝品牌之一，香港亦有分店。該品牌的服裝風格以牛仔、軍裝、工作和戶外為核心，建基於美國休閒服，並融合了 1960 至 80 年代的搖滾音樂、藝術和流行文化元素。到來其發源地的日本，該店實為潮人必到的朝聖之地。

該品牌的服裝風格以牛仔、軍裝、工作和戶外為核心，並融合搖滾音樂、藝術和流行文化元素。

---Info---

12 **地址**：大阪市西区南堀江 1-20-10
　　電話：06-6538-6722
　　營業時間：1130-2000
　　前往方法：「Kindal」出門後左轉前行，過一個街口左轉即達。

美國村
堀江
南船場
中之島、本町
梅田
中崎町
天神橋筋

人稱 Orange Street（オレンジストリート）的南崛江立通大街，原為大阪家具製造商的集散地；時至今日，雖然家俬鋪和古董店仍隨處可見，但已成時尚品牌與咖啡店的主要據點。

挑戰大阪最便宜二手服裝店

古着屋 jaBBer

Orange Street 店

「古着屋 jaBBer」是大阪堀江地區的二手服裝店，宣稱要挑戰「大阪最便宜二手服裝店」地位，曾舉辦過「￥0 特賣」、「全店￥1000」的活動，幾度大排長龍。

論店面規模當然無法與全國性連鎖店相提並論，但其店內的衣服亦種類繁多，而且價格便宜。如店外的特價區，衣服每件只售￥100。而店內亦依貨架打折，不少更低至半價，實在值得一遊。

一雙色彩鮮艷的大手，讓人遠遠就能看見店鋪的位置。

Info

⑬ 位置： 大阪市西區南堀江 2-4-17
電話： 06-7410-2233
營業時間： 1200-2100
前往方法：「古着屋 JAM 堀江店」出門後左轉前行至街口，再右轉入南堀江立花通即達。

特價衣服每件只售￥100。

店內貨品繁多而且頗多折扣。

英倫復古風的進口二手服裝店

古着屋 JAM 堀江店

　　「古着屋 JAM」是全日本數一數二的連鎖二手服裝店，售賣來自美國的中古服裝，是古着愛好者必到的勝地。而這間分店大部份都為男裝，衣服的價位略貴，約在￥5000 左右，但多數是潮牌衣服，價格是否合理見仁見智。二樓衣服屬限量特別版的「炒款」，價格可高達￥32000，説不定可以找到絕版的心水靚 TEE。

堀江店座落在大街的十字路口上，十分顯眼。

―――――Info――――――

⑭ 地址： 大阪市西区南堀江 2-4-6
　電話： 06-6556-9603
　營業時間： 1200-2000
　前往方法： 地下鉄「西大橋」駅出口 3 前行至街口，右轉入「なにわ筋」後直行，步行約 8 分鐘可達。

店內衣服款式眾多，恐怕兩天也看不完。

樓高兩層的「古着屋 JAM 堀江店」內，設有一條充滿復古氣息的英倫風木樓梯，堪稱是這間分店的一大亮點。

低調的潮流勝地

みなみせんば／Minamisenba

南船場

11

11

17

9

1

11

地下鉄御堂筋線「心斎橋」或「なんば」駅；地下鉄長堀鶴見緑地線「心斎橋」駅。

交通

134

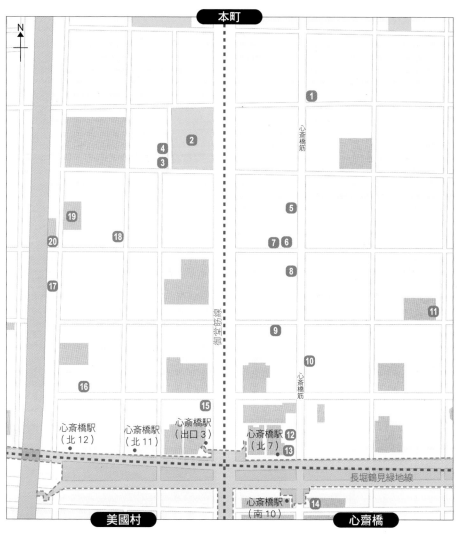

1 千鳥屋宗家 船場店
2 難波神社
3 DOORS
　DOORS HOUSE
4 Marimekko
5 鶴丸饂飩本舗 心齋橋店
6 板前燒肉 一牛 心齋橋本店
7 鶏 Soba 座銀 南船場にぼし店
8 DAISO 心齋橋店

9 日宝 Silver 大廈
　Kusaka Curry
　IKR51
10 大阪桑拿 DESSE
11 大阪農林会館
　FLANNAGAN
　山口 STORE
12 果物神社
13 SteP
14 COCOKARA FINE
　心齋橋長堀通店

15 Comme des Garçons
16 浜崎健立現代美術館
17 Aranzi Aronzo
18 Especial records
19 第一丸米大樓
　Citrus paper
20 第二飯沼大樓
　ZABOU
　B-Side Label
　Mirriam

「千鳥屋宗家」是大阪著名和菓子店，創業至今有 380 年歷史。

380 年歷史菓子店
千鳥屋宗家 船場店

「千鳥屋宗家」是大阪人的著名和菓子店，從寬永七年創業至今已經有 380 年的歷史，鎮店之寶「本千鳥饅頭」是大阪有名的手信之選。但因和菓子的保存期限往往短至只有兩天，所以若要買來手信，就最好安排在行程最後一天才買了。

鎮店之寶「本千鳥饅頭」。
（¥1950/12 個）

店內尚有許多具特色的和菓子可供選購。

―Info―

1 **地址**：大阪市中央区南久宝寺 3 丁目 4-14
電話：06-6120-6570
營業時間：0830-2000
網址：www.chidoriya.jp
前往方法：地下鉄長堀鶴見緑地線「心斎橋」駅北 8 出口進入「心斎橋筋」商店街，至第五個街口即達。步行約 8 分鐘。

供奉仁德天皇的「難波神社」為 1974 年所重建。

寧靜神社
難波神社

鬧市中的寧靜神社，內裏供奉仁德天皇，初設在河內地區（現在的松原市），後來因豐臣秀吉修建大阪城，於 1583 年遷移至此。及後在第二次世界大戰中因空襲而燒毀，現在的建築物為 1974 年所重建的。院內擁有上演日本人偶劇《人偶淨琉璃》的文樂座。每年 7 月 21、22 日更會舉行稱為「冰室祭」的夏季慶典，參拜者可分到敲碎的冰塊。

難波神社內有供奉稻荷神（農業神）的「博勞町稻荷大神」，相當有名。

―Info―

2 **地址**：大阪市中央区博労町 4 丁目 1 - 3
電話：06-6251-8000
開放時間：0700-1800
網址：www.nanba-jinja.or.jp
前往方法：地下鉄御堂筋線或長堀鶴見緑地線「心斎橋」駅出口 3，往北過四個街口即至，徒步約 5 - 8 分鐘。

「DOORS」南船場店樓高兩層，是一個讓人能感受到有機自然的空間。

DOORS 餐廳，貫徹品牌的自然理念，主打健康的有機菜式。

URBAN RESEARCH 副線
DOORS 南船場店

1974 年在大阪創立的服裝品牌 URBAN RESEARCH，旗下的「DOORS」以「環境」和「愉快的生活」為主旨，提供的商品不只是具設計感，也兼具環保的思維。南船場店樓高兩層，除了男女裝，還兼售家品雜貨、音樂 CD、家具和書籍，不乏有機天然之選。無論是店內或店外，還種了不少植物，是一個讓人能感受到有機自然的空間。除此之外，旁邊還設有自家主題餐廳 DOORS HOUSE。

貨品包括日本國內外出品，強調天然或傳統工藝。

┌─ Info ─┐

3 地址： 大阪府大阪市中央区博労町 4-4-6
電話： 050-2017-9049
營業時間： 1100-2100
網址： www.urban-research.co.jp
前往方法： 地下鉄御堂筋或長堀鶴見緑地線「心斎橋」駅 3 番出口，徒步約 5 - 8 分鐘，難波神社旁邊。

DOORS 的健康餐廳
DOORS HOUSE

南船場店旁邊有日本唯一的 DOORS 餐廳，貫徹品牌的自然理念，主打健康的有機菜式，而且午餐餐牌每天不同，但一律選用有機食材，烹調方法以帶出食材的原味為原則，絕不使用化學調味料，所以特別受女生歡迎。午餐價位閒日￥780，周六、日及假期￥950，每逢午市例必一位難求。

玄米 Lunch（ランチ）主菜選用和歌山特約農場豚肉加上番茄、忌廉焗製，豚肉嫩滑味道清淡，甜品牛奶凍更是香濃。

麵包 Lunch（パンランチ）選用和歌山農場特製煙肉焗製的肉批香濃味美，配栃木縣的有機蔬菜和洋葱湯，相當清新。

┌─ Info ─┐

地址： 大阪府大阪市中央区博労町 4-4-4
電話： 06-6241-2061
營業時間： 1100-2000
前往方法： DOORS 南船場店旁邊。

南船場店樓高3層，有齊品牌的服飾、家品、雜貨和布料，更附設童裝部。

「鶴丸」的烏冬套餐每天更換，是心齋橋一帶的用餐之選。

芬蘭國寶花布
Marimekko

1951年成立的芬蘭織品布料品牌，憑色彩繽紛的經典罌粟花 Unikko Pattern 走紅全世界，被譽為芬蘭國寶。2018年起更突破衣服和家品上的局限，與 Clinique 合作推出多款化妝品，當中包括琉璃唇彩。有南船場店樓高3層，有齊品牌的服飾、家品、雜貨和布料，更附設童裝部。

無論手作雜貨還是擺設布置，都貫徹清新風格。

心齋橋的用餐之選
鶴丸饂飩本舗 心齋橋店

「鶴丸」與丸龜製麵一樣，都是烏冬的專門店。而心齋橋的這間分店，環境相當乾淨，每張桌子都備有一條毛巾，可供顧客在需要時自行擦拭，相當貼心。

烏冬的套餐每天更換，價格為￥680，是心齋橋一帶便宜的餐廳之一，所以午市時往往大排長龍。餐廳採用自助模式，取餐後平台上放有筷子、湯匙等可自行取用。而在用餐後亦請記得將餐盤放到旁邊的櫃架上。

烏冬套餐價格為￥680，午市時往往大排長龍。

─Info─

4 **地址：**大阪市中央区南船場 4-4-2
電話：06-6120-2305
營業時間：1100-1930
網址：www.marimekko.com
前往方法：地下鉄御堂筋線或長堀鶴見綠地線「心齋橋」駅3番出口，徒步約5-8分鐘，難波神社對面。

─Info─

5 **地址：**大阪市中央区博労町 3-6-15
電話：06-6282-3330
營業時間：1100-2200
網址：www.kokumin.co.jp
前往方法：大阪 Metro 御堂筋線「心斎橋」駅出北8出口進入「心斎橋筋」商店街，過第三個街口即達。步行約5分鐘。

「一牛名物 8 段盛り」以梯級木架奉上。

招牌「鶏 Soba」拉麵，配嫩叉燒、慢煮雞胸肉、煙燻蛋與炸牛蒡絲，每碗 ¥950。

雌牛專門店
板前燒肉 一牛
心齋橋本店

所謂「雌牛」意指嚴選未生產過的黑毛和牛雌牛，亦即所謂「處女牛」，肉質是最為優良的。該店強調食材均為神戶牛、松阪牛，而且是整頭牛購買，比起其他店家，能以更划算的價格提供上等的極品和牛，性價比甚高。其中最為精采為「一牛名物 8 段盛り」的神戶牛、黑毛和牛豪華套餐（¥8778），以梯級式木架一次過奉上八款極品和牛部位，一試難忘！

「板前燒肉 一牛」主打「雌牛」，亦即所謂「處女牛」，肉質是最優良的。

---Info---

6 **地址：**大阪市中央区南船場 3-9-6
電話：06-4256-1677
營業時間：1700-2300（逢周三休息）
網址：www.ichigyu.jp
前往方法：地下鉄長堀鶴見緑地線「心斎橋」駅北 8 出口進入「心斎橋筋」商店街，至第三個街口左轉即達。

超人氣白雞湯
鶏 Soba 座銀
南船場にぼし店

香港也開設了分店的大阪超人氣雞湯拉麵店，奶白色湯頭以原隻鹿兒島櫻島雞，以長時間高溫熬煮，清澈濃厚而不油膩，再將雞湯打成輕盈泡沫，令口感如 Cuppuccino 般細滑。配嫩叉燒、慢煮雞胸肉、煙燻蛋與炸牛蒡絲，價格為 ¥950，賣相華麗精緻，深受日本人歡迎。

南船場店經常大排長龍，旅客請避開飯市時間。

---Info---

7 **地址：**大阪市中央区南船場 3-9-6
電話：06-6244-1255
營業時間：1130-2100
前往方法：地下鉄長堀鶴見緑地線「心斎橋」駅北 8 出口進入「心斎橋筋」商店街，至第三個街口左轉即達。

位於南船場的 DAISO 心斎橋店樓高 3 層，佔地超過 10000 平方呎。

3 層￥100 巨店
DAISO 心齋橋店

　　不知何時開始，Daiso 已成旅日必逛景點，皆因￥100 件價格更便宜，質素比香港更高、選擇也更多！位於南船場的心斎橋店樓高 3 層，佔地超過 10000 平方呎，由家品雜貨、文具玩具，到零食、美妝應有盡有，不乏季節限定，或跟其他品牌聯乘，還有特大食品部，小心買爆行李箱！

心斎橋店樓高 3 層，佔地超過 10,000 平方呎。

---Info---

8 地址：大阪市中央区南船場 3-10-3
電話：06-6253-8540
營業時間：1000-2100
網址：www.daiso-sangyo.co.jp
前往方法：大阪 Metro 御堂筋線「心斎橋」駅出口 1 號，步行 4 分鐘。

「日寶 Silver 大廈」門面極不顯眼。

不起眼的美食中心
日宝 Silver 大廈

　　「日寶 Silver 大廈（シルバービル）」門面極不顯眼，但連關西電視台皇牌節目《流行りん♥モンロー》大力推介的海鮮丼專門店，都開在這裡面，愛吃之人定必進去覓食。

---Info---

9 地址：大阪市中央区南船場 3-11-27
前往方法：地下鉄長堀鶴見緑線「心斎橋」駅北 8 出口進入「心斎橋筋」商店街，至第二個街口左轉即達。

「炸拖羅茄子（揚げとろ茄子）」咖喱飯每份￥1300。

午市咖喱屋
Kusaka Curry

　　該店自 2016 年開業，但已連續 4 年榮獲日本美食雜誌《究極のカレー》評選為準優勝。因只做午市，想試的話請早前往。

---Info---

位置：「日宝シルバービル」1/F
電話：06-6282-7887
營業時間：1130-1600
網址：www.instagram.com/kusaka_curry

「海膽魚子飯」入口即化的鮮甜海膽，和彈牙爆汁的魚子，絕對是完美結合。（￥2650）

隱世海鮮丼
IKR51

　　自稱 Mr.51 的老闆 2012 年創店，主打多款海鮮丼、拉麵和下酒菜，每碗份量不大，更適合女生的胃口。招牌「海膽魚子飯（生うにいくら丼）」入口即化的鮮甜海膽，加上北海道直送的新鮮三文魚子，配自家特製醬油醃漬，粒粒晶瑩口感爽彈。過往超級便宜所以超高人氣，如今價格卻不太吸引。

IKR51 藏身 Silver 大廈內，入口極不明顯。

該店的另一名物「特製醬油拉麵（特製醬油らぁ麵）」。（￥1360）

━━ Info ━━

位置：「日宝シルバービル」1/F
電話：06-6120-0051
營業時間：1130-1430，1800-2200
網址：www.facebook.com/ikr51

「大阪桑拿 DESSE」是現代化的錢湯，位於心齋橋筋的大廈之上，十分便利。每位￥1500 起。

鬧市中的溫泉
大阪桑拿 DESSE

　　2023 年開業的「大阪桑拿（サウナ）DESSE」是現代化的錢湯，在設計上融入了大阪的地域特色和歷史文化，採用了八間不同概念來設計，讓每位顧客按照自己的性別、喜好、身體狀況和心情，追求最高的享受。但要注意該店主要招待男賓，對女賓僅每周四及部分周日提供服務（當日亦將提早為午夜 12 時關門）。另外該店亦有「紋身日」，當天有紋身人士亦可進店。因此如有興趣去浸個都市浴，記得事先上官方網站了解店家的安排了。

店內的環境。（因店內不可拍照，圖片來自官方網站）

━━ Info ━━

⑩ **地址：**大阪市中央区南船場 3 丁目 6-18
　　ケーズビル心斎橋 4/F
電話：06-4256-4137
營業時間：1100- 翌日 0900
網址：desse.osaka
前往方法：大阪 Metro 御堂筋線「心斎橋」駅出口 1 號，步行 4 分鐘。

1930 年建成的舊建築，樓高 5 層，充滿昭和年代的古典商廈味道。

活化潮流舊廈
大阪農林会館

　　南船場活化舊廈的最成功例子，早在 1930 年建成的舊建築，樓高 5 層，前身為三菱商事的大阪支店，本來空置多年，但昭和年代的古典商廈味道，吸引設計師、小店進駐。現在大樓內開滿近 50 家設計工作室、書店、藝廊、Salon、服裝和雜貨小店，都低調而有個性，正是南船場潮流小店的寫照。

大樓內及外牆處處都流露昭和年代的西洋古典美。

大阪農林会館內開滿近 50 家設計工作室、書店、藝廊、Salon、服裝和雜貨小店。

大阪農林会館多家雜貨小店，都低調而有個性，正是南船場潮流小店的寫照。

不同種類的小店聚集在這幢大樓，亦有不少首飾類別，可以逐間小店參觀。

---Info---

11 **地址：**大阪市中央区南船場 3-2-6
電話：06-6252-2021
網址：www.osaka-norin.com
前往方法：地下鉄長堀鶴見綠地線「心斎橋」駅北 8 出口進入「心斎橋筋」商店街，至第二個街口右轉即達。

FLANNAGAN 是專售外國優質文具的雜貨小店。

設計師的文具店
FLANNAGAN

　　FLANNAGAN 是一間專售外國優質文具與設計類書籍的雜貨小店，全是老闆從世界各地搜尋得來，尤以鋼筆和繪圖用的 Sign pen、Sketchbook 最多，儼如設計師的專門店。

店內各式繪圖筆、Sketchbook、繪圖袋與設計書籍一應俱全。

⌐Info⌐

位置： 大阪農林会館ビル 4/F　401A 室
電話： 06 - 6120 - 2416
營業時間： 1200-1900（逢周二休息）
網址： www.flannagan.biz

「山口 STORE」是販售優質男裝日牌的 Selected shop。

優質日牌
山口 STORE

　　「山口 STORE（山口ストアー）」售優質男裝日牌的 Selected shop，網羅品牌包括：mando、Dots wear、FileMelange、Jipijapa、NEPENTHES、ALDEN、HIROSHI TSUBOUCHI、SAINT JAMES 等等。

除了日牌，也有少量外國進口的限定品。

針織夾綿背心。

⌐Info⌐

位置： 大阪農林会館ビル 4/F　410 室
電話： 06-6282-0304
營業時間： 1230-1930
　　　　　　（逢周二及周三不定期休息）
網址： www.yamaguchistore.com

美國村

堀江

南船場

中之島・本町

梅田

中崎町

天神橋筋

鮮紅色的鳥居在心齋橋中十分顯眼，
甚至可以視為地標之一。

水果產品專門店
果物神社

「果物神社」鮮紅色的鳥居，在心齋橋中十分顯眼，甚至可以視為地標之一。店內售賣各種色彩繽紛的果汁、馬卡龍、蛋糕乃至新鮮水果，是一家圍繞水果作為主題的專門店。此外，該店還有售採用各種水果製作而成的點心禮盒，很適合作手信之用。

用水果竹製作的點心禮盒，很適合作手信之用。

── Info ──

⑫ 地址：大阪市中央区心斎橋筋 1-3-24
電話：06-6121-9283
營業時間：1030-2000
網址：daikokudrug.com
前往方法：大阪 Metro 御堂筋線「心斎橋」駅，北 8 出口進入「心斎橋筋」商店街，步行 1 分鐘。

南船場的「心齋橋店」是集團旗下的「SNEAKE」線，標榜價格相宜。

關西波鞋王
SteP 心齋橋店

大阪本土連鎖波鞋店則有「SteP」，全日本分店超過 60 家，擁有包括 ASICS 在內的廣泛品牌和商品，滿足一般人士乃至職業運動員的需求。而位於南船場的「心斎橋店」，則是集團旗下的「SNEAKER（スニーカー）」線的運動鞋專門店，該線全國目前只有 4 間分店，標榜價格相宜。南船場店面積不算大，但歷史悠久。

店內貨品相當密集，而且價格往往比外面便宜。

── Info ──

⑬ 地址：大阪市中央区南船場 3 - 12 - 6
電話：06-6245-9211
營業時間：1100 - 2100
網址：step-japan.jp
前往方法：大阪 Metro 御堂筋線「心斎橋」駅，北 8 出口即達。

「COCOKARA FINE」1400 多家分店中，僅 200
多家是免稅店鋪，心齋橋長堀通店正是其中一間。

規模龐大的連鎖藥妝店 退稅

COCOKARA FINE
心齋橋長堀通店

　　「COCOKARA FINE（ココカラファイン）」在日本有多達 1400 多家的分店，而且往往開在最為熱鬧的地段，足見這間店的規模。但因為是日文店名，讓一般遊客可能沒甚麼印象。該店其中有 200 多家是免稅店鋪，而心齋橋長堀通店正是其中一間。該店相當多熱賣商品，除藥妝品之外，還有售各種生活日用品與雜貨。

店內商品齊全，是一間頗具規模的連鎖藥妝店。

除了藥妝品之外，還有售生活日用品與雜貨。

— Info —
⓮ **地址**：大阪市中央区心斎橋筋 1 丁目 1-10
　電話：06-6252-2033
　營業時間：1000-2200
　網址：www.cocokarafine.co.jp
　前往方法：大阪 Metro 御堂筋線「心斎橋」駅，
　　　　　　地下街南 10 出口直達。

此店為 Garçons 大阪唯一分店，
每天都有不少人進店朝聖。

大阪唯一總壇 退稅

Comme des Garçons

　　「Comme des Garçons（コム・デ・ギャルソン）」是由川久保玲所創立的日本時裝公司，總店位於巴黎，旗下多個副線分店遍布全日本。而此店為 Garçons 於大阪的唯一分店，每天都有不少人進店朝聖，但須注意該店並沒有提供試穿，亦不提供退貨。所以購買這個品牌的衣服時，要自己先評估尺寸是否合適。

購買 Garçons 前須留意不設試身，亦不提供退貨。

— Info —
⓯ **地址**：大阪市中央区南船場 3-12-22
　電話：06-4963-6150
　營業時間：1100-2000
　網址：www.comme-des-garcons.com
　前往方法：大阪 Metro 御堂筋線「心斎橋」駅，
　　　　　　出口 3 左轉直達。

「RED Museum」從外牆到內部均為火紅色。

前衛藝展場
浜崎健立現代美術館

　　大阪前衛藝術家浜崎健立於 1997 年開設的私人美術館，浜崎先生常以全身紅漆的造型示人，故有「火紅人」之稱。樓高 3 層的建築物取名「RED Museum」，從外牆到內部均為火紅色，地下為展廳，不時展出他和其他藝術家的作品，多為風格大膽之作，2 樓還有他的商店。

浜崎的畫作風格極富 Pop Art 味道。

Aranzi Aronzo 原創角色中的熊貓，造型搞笑。

大阪搞笑家族
Aranzi Aronzo 大阪本店

　　Aranzi Aronzo（アランジアロンゾ）是 1991 年由齋藤絹代及余村洋子兩姊妹於大阪成立的公司。她們所計設的原創角色，造型搞笑，家族成員有熊貓、河童、壞東西、兔姐妹、黑熊等，以布偶公仔配合實景拍攝的相集走紅。樓高兩層的南船場總店，展售過千款精品雜貨，還有當店獨家的限定商品。

店內有齊 Aranzi Aronzo 過往出版的相集，還有布偶製作書。

─Info─

⑯ **地址：**大阪市中央区南船場 4-11-13
電話：06-6241-6048
開放時間：1100-1900（逢周六、日休息）
網址：kenhamazaki.jp
前往方法：地下鉄御堂筋線或長堀鶴見緑地線「心斎橋」駅，地下街北 12 出口，徒步約 3 分鐘。

─Info─

⑰ **地址：**大阪市中央區南船場 4-13-4
電話：06-6252-2983
營業時間：1100-1800（逢周三休息）
網址：www.aranziaronzo.com
前往方法：地下鉄御堂筋線或長堀鶴見緑地線「心斎橋」駅，地下街北 12 出口，徒步約 3 分鐘。

Especial records 專售外國進口的黑膠唱片店，尤以 Disco 和 Hip Hop 音樂為主。

黑膠唱片店
Especial records

日本音樂組合 KYOTO JAZZ MASSIVE 成員之一的沖野好洋所經營的唱片店，以爵士樂和跨界別音樂為中心，對這方面音樂的愛好者來說，是一家必去朝聖之處。專售外國進口的黑膠唱片店，尤以 Disco 和 Hip Hop 音樂為主，店主也樂意給客人試聽和介紹，甚受當地 DJ 喜愛。需要注意，店主若有擔任 DJ 的工作，當天將會提早關門。

該店專售外國進口的黑膠唱片。

—Info—
18 **地址：**大阪市中央区南船場 4-9-2
電話：06-6241-0336
營業時間：1200-2000（逢周一休息）
網址：www.especial-records.com
前往方法：地下鉄「心斎橋」駅北 11 出口右轉，至第三個街口即達。

樓高 4 層的「第一丸米ビル」集合多家特色小店。

小店舊廈
第一丸米大樓

南船場區內有多棟「丸米ビル」，其中樓高 4 層的「第一丸米大樓（ビル）」內集合多家特色小店，服飾、雜貨俱備。

—Info—
19 **地址：**大阪市中央区南船場 4-9-14
前往方法：地下鉄「心斎橋」駅北 12 出口右轉，至第三個街口即達。

店內所售的雜貨，全是跑遍歐洲大小市集搜集得來。

舊東德雜貨
Citrus paper

店主飯田良子倆夫婦熱愛舊東德時代的一切一切，店內所售的雜貨、舊物，全是他們跑遍歐洲大小市集搜集得來，很多都只此一件，每件都仿佛訴說一段被遺忘的故事。

—Info—
地址：第一丸米ビル 2/F 202 室
電話：06-6245-1631
營業時間：1100-1800（逢周三休息）
網址：citruspaper.net

「第二飯沼大樓（ビル）」樓高 3 層，
外表毫不起眼，卻內藏 7 家小店。

隱世小店商廈
第二飯沼大樓

在「第一丸米大樓」的對面，有另一幢
名為「第二飯沼大樓（ビル）」、樓高 3 層
的小商廈，外表同樣毫不起眼。從便利店
「MINI STOP」後面的樓梯進去，內部只
有 7 家小店，包括精品雜貨、古着店，但
每家都是精選，值得一看。

休閒型男
ZABOU

專門販售日本國內及海外品牌男裝
的 Selected shop，走簡約休閒路線，有
二手也有新品，品牌包括 UNDER MASS
CONSUMPTION、JIGSAW、weac、
ORTEGA'S、KEEN 等。

2006 年開業的 ZABOU，於大阪潮界有一定地位。

位於「第二飯沼ビル」二
樓，上一層樓梯即到。

服飾選擇不乏簡約風格，
主打包括 SAINT JAMES。

Mirriam 所販售的二手古着,都是從歐洲進貨,當中不乏名牌潮物。

「B-Side」以充滿大阪本土特色惡搞意味的設計而迅速走紅。

名牌古着淘寶
Mirriam

1995 年開業的二手時裝店,貨品擺放看似雜亂,但都是從歐洲進貨的,當中不乏名牌潮物,因此已成大阪潮人的秘密淘寶地。

原木地板配大堆名牌,件件明碼實價。

惡搞貼紙專門店
B-Side Label

「B-Side」為 2009 年於大阪成立的 Sticker 品牌,以充滿大阪本土特色惡搞意味的設計而迅速走紅,題材不乏流行用語與「黃色」,極盡搞笑 KUSO,作品於 Tokyu Hands 和土產精品店皆有售賣。這裏為品牌專門店,提供超過 3000 款 Sticker,而且每個月的第一個星期六,都有大約 60 個新設計出現,當手信一流!

Sticker 圖案由大阪特色、Cutie、流行用語到黃色笑話都有,不少外間已斷市的款式都可以找到。售價主要為 ¥220 和 ¥330。

━━ Info ━━
位置: 第二飯沼ビル 2/F
電話: 06-6241-8128
營業時間: 1230 - 1930
網址: mirriam-online.com

━━ Info ━━
位置: 第二飯沼ビル 3/F
電話: 06-6251-3337
營業時間: 1200-1930(逢周三休息)
網址: bside-label.com

歷史金融街

なかのしま / Nakanoshima　ほんまち / Honmachi

中之島、本町

12

6

10

7

3

1

地下鉄御堂筋線「本町」或「淀屋橋」駅；堺筋線「堺筋本町」或「北浜」駅；京阪本線「淀屋橋」、「北浜」或「京阪天満橋」駅；京阪電車中之島線全線各駅皆可。

交通

東西線

JR 新福島駅
（出口 2）

11

京阪中之島線

中之島駅
（出口 3）

10

10

11

京阪中之島線

渡辺橋駅

（出口 2A） 7

8

9

2 1

南天満公園

天満橋

（出口 18）

京阪天満橋駅 3

1 Gallery 有樂

2 Kunio Gallery

3 大阪 Duck Tour

中之島：

4 中之島公園

5 大阪市中央公会堂

6 大阪府立中之島図書館

7 与太呂 本店

8 国立国際美術館

9 大阪市立科学館

10 Chocolat Boutique L'éclat

11 烈志笑魚油 麺香房 三く

本町：

12 少彦名神社

13 本家柴藤

14 吉野鯗

15 平岡珈琲店

16 嬰兒本舗 大阪本町店

梅田

N

天神橋筋

7
8
9
10
11

6 5

（出口 1）

なにわ橋駅

（出口 1）

（出口 2）

（出口 26）

京阪中之島線

京阪本線

4

1
2
3

淀屋橋駅

北浜駅

（出口 11）

（出口 6）

13

12

大阪城公園

御堂筋線

14

堺筋線

15

（出口 3）

本町駅

（出口 9）

16

堺筋本町駅

南船場

美國村
堀江
南船場
中之島、本町
梅田
中崎町
天神橋筋

店主大久保京子本是開設畫廊，因為太喜愛貓頭鷹而改成雜貨店。

貓頭鷹專門店
Gallery 有樂

　　日本傳統認為貓頭鷹的叫聲會帶來好運，稱之為福鳥、苦勞、不老，有長壽的意思。

　　「Gallery（ギャラリー）有樂」是貓頭鷹精品的雜貨店，店主大久保京子數十年前本開設畫廊，因為太喜愛貓頭鷹而改成雜貨店，貨品來自日本以及歐洲各地，由擺設、陶瓷、飾物，到織品都應有盡有，儼如展覽館。

各式貓頭鷹精品，都是店主大久保京子從世界各地搜集而得來的。

Info

❶ 地址：大阪市北区天満 2-2-3
電話：06-6357-2762
營業時間：1100-1800（逢周日、周一休息）
網址：uraku-fukurou.com
前往方法：京阪「天満橋」駅出，沿天満橋向北過橋後左轉，徒步約 8 分鐘，南天満公園對面。

日本著名插畫家佐藤邦雄的可愛動物插畫集。

動物雜貨店
Kunio Gallery

　　以繪畫可愛動物馳名、日本著名插畫家佐藤邦雄的工作室，樓高三層，地下是精品店。精品雜貨從繪本畫冊、服飾、postcard、家品到原畫都應有盡有，全都印上佐藤的可愛動物插畫。2 樓附設 Gallery，展出佐藤的插畫和雕塑，都免費參觀，吸引貓狗痴慕名而來。

佐藤的動物雕塑，造型都一樣可愛。　　黃色的外牆很易認。

Info

❷ 地址：大阪市北区天満 3-1-16
電話：06-6354-9292
營業時間：1100 - 1900
　　　　　　（逢周六、周日及公眾假期休息）
網址：kunio.biz
前往方法：「ギャラリー有樂」往西行，第一個街口右轉即到。

水陸兩用巴士 賞櫻首選
大阪 Duck Tour

　　大阪首艘水陸兩用的觀光巴士「大阪Duck Tour（ダックツアー）」，車身備有螺旋槳，能同時行駛於陸地和水面。航行路線由京阪本線「京阪天滿橋」駅旁的「川の駅」出發，先在陸上行駛，抵達櫻之宮公園後並下水，暢遊大川之後會折返公園上岸，並途經造幣局、泉布觀、大阪市公館、歷史博物館等景點（冬季則直接折返「川の駅」）。由於大川兩岸種滿櫻花，向來是賞櫻的熱門路線。

水陸兩用巴士採用無窗式設計，視野無阻兼清風送爽。

為怕乘客着涼，車上亦備有寒衣可借用。

─────Info─────

3 **乘船處**：大阪市中央区北浜東１-２
　　　　　 川の駅「はちけんや」
電話：06-6941-0008
票價：3月20日-11月30日（全程75分鐘）：
　　　 成人￥3700、小童￥2200
　　　 12月1日-3月19日（全程60分鐘）：
　　　 成人￥3000、小童￥1800
航程：陸上45或30分鐘，水上30分鐘
網址：japan-ducktour.com
＊必須網上預約，並須於發車前15分鐘集合。

巴士全長約12米、高3.7米，每次可載39位乘客。在陸上就是巴士，下水後即搖身一變成為大船，在大川中航行時船身相當穩定。

　　乘車位置「川の駅」就在京阪本線「京阪天満橋」駅旁，旅客需先到內面的地下一層報到、集合。

中之島一帶橫跨大川、堂島川、土佐堀川有10多條古橋，很多都有過百年歷史，其中「難波橋」、「天滿橋」及「天神橋」，早在明治時代已是大阪南北區的交通樞紐，橋上有懷舊街燈或雕塑，充滿古典味道。

鬧市中的花園
中之島公園

　　大阪本町通以北至中之島一帶，早在明治時期已是大阪的政治、金融中心，區內到處都是明治時代遺下的建築，配襯大川河畔和中之島廣種的櫻花樹，構成最美的大阪風景。1891年落成的「中之島公園」位處土佐堀川與堂島川之間的狹長形小島上，乃大阪市的首座公園。公園內有一座「玫瑰園」，玫瑰花品種多達100種共4000棵玫瑰，每年5月中和10月中的賞花季節，都吸引大批遊客來賞花。

「玫瑰園」內種植了4000棵玫瑰，每年春、秋兩季皆為賞花季節。

──Info──

❹ 地址：大阪府大阪市北区中之島1
電話：06-6312-8121（北部公園事務所）
開放時間：24小時
網址：
osakapark.osgf.or.jp/nakanoshima_outline
前往方法：京阪中之島線「なにわ橋」駅直達。

公園內到處都置滿大型雕塑，配襯旁邊的古樹和古建築，特別有味道。

每年12月更會舉行大型燈飾展「光之文藝復興（光のルネサンス）」。

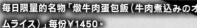

每日限量的名物「燉牛肉蛋包飯（牛肉煮込みのオムライス）」每份￥1450。

古蹟蛋包飯
大阪市中央公会堂

　　1918 年落成，由當時一位大阪股票界名人岩本榮之助、為回饋社會而捐款百萬日元建造。由岡田信一郎設計，以紅瓦磚牆的新文藝復興風格建築，已被列為日本國家重要文化財產。2002 年大規模重修後始對遊客開放，旅客可參觀的部分包括公眾大堂、梯間，以及「岩本記念室」等。地庫更附設懷舊西餐廳，每日限量的名物「燉牛肉蛋包飯（牛肉煮込みのオムライス）」每份￥1450。

紅瓦磚牆的古典建築，充滿新文藝復興時期風格。

―Info―

5 **地址：** 大阪市北區中之島 1-1-27
　　電話： 06-6208-2002
　　開放時間： 0930 - 2130（每月第 4 個周二休息）
　　網址： osaka-chuokokaido.jp
　　前往方法： 京阪中之島線「なにわ橋」駅出口 1 直達。

圖書館於 1904 年落成，是大阪的首家圖書館。

大阪首家圖書館
大阪府立中之島図書館

　　1904 年落成的大阪首家圖書館，由當時富甲一方的住友銀行家族集團捐獻而興建，以新巴洛克式風格建築，正面入口 4 根大圓柱猶如古希臘神殿，內部也盡顯氣派，主要收藏古籍和政商類書籍，已列為日本國家重要文化財產。

圖書館採用新巴洛克式風格建築，內部亦猶如古希臘神殿，盡顯氣派。

―Info―

6 **地址：** 大阪市北區中之島 1-2-10
　　電話： 06-6203-0474
　　開放時間： 0900 - 2000；周六 0900 - 1700（逢周日、公眾假期休息）
　　網址： library.pref.osaka.jp
　　前往方法： 京阪中之島線「なにわ橋」駅出口 1 經過「大阪市中央公会堂」直達。

店內真正的招牌，其實是吃完天婦羅用以作結的「鯛魚釜飯」。

米芝蓮鯛魚釜飯
与太呂 本店

　　1927 年開業的天婦羅老店，曾多次奪得米芝蓮 2 星，評審團大讚的天婦羅，由於油溫控制好，能將食材做到如蒸煮般鮮嫩。不過店內真正的招牌，其實是吃完天婦羅用以作結的「鯛魚釜飯」，選用朝釣的天然明石鯛，原條放在飯面上蒸熟。上菜時，侍應會細心地將鯛魚起肉拆骨，再混和軟綿的白飯，每粒飯都滲着魚香及魚肉的鮮甜，被譽為「黃金釜飯」。

与太呂的天婦羅，吃得出食材本身的鮮甜和質感。午市套餐￥5500。

侍應先將整鍋「鯛魚釜飯（鯛めし）」給客人一看，再拿回廚房起肉。

━━Info━━

7 **地址：** 大阪市北区中之島 3-3-23
　　　中之島ダイビル 3/F
電話： 06-6147-2313
營業時間： 1200-1400、1800-2200
　　　　　（逢周日、公眾假期休息）
網址： yotaro.co.jp
前往方法： 京阪電車中之島線「渡辺橋」駅番出
　　　　　口 2 或 3，徒步約 2 分鐘。

美術館定期更換主題，在日本藝壇地位崇高。

當代藝術館
国立国際美術館

　　1977 年建於萬博公園內，2004 年遷至中之島現址。展覽廳位於地庫二層，主要展出日本及國外的當代作品，並定期更換主題，在日本藝壇地位崇高。（現正裝修中，預定 2024 年春季重開）

━━Info━━

8 **地址：** 大阪市北区中之島 4-2-55
電話： 06-6447-4680
網址： nmao.go.jp
前往方法： 京阪電車中之島線「渡辺橋」駅出口
　　　　　2 或 3，徒步約 5 分鐘。

科學館內多為互動設施，參觀者能親身試玩。

互動科學展
大阪市立科学館

　　1989 年開館，大多為互動設施，參觀者能親身試玩，更擁有直徑 26.5 米的圓頂熒幕天象儀，以及 IMAX 電影等。（現正裝修中，預定 2024 年夏季重開）

━━Info━━

9 **地址：** 大阪市北区中之島 4-2-1
電話： 06-6444-5656
網址： sci-museum.jp
前往方法： 毗鄰「国立国際美術館」。

以太陽系 8 大行星為造型，均以人手上色，且粒粒不同味道，每粒¥561。

「全粒粉沾麵（つけ全粒粉）」沾麵
醬汁香濃夠味，每碗¥1100。

惑星朱古力
Chocolat Boutique L'éclat

　　大阪 Rihga Royal 酒店旗下的手工朱古力品牌，主廚岡井基浩師承法國甜品大師 Jean Claude Cordier，被譽為「朱古力魔法師」，擅長炮製賣相猶如藝術品般的朱古力。招牌星球朱古力「惑星ショコラ」，以太陽系 8 大行星為造型，每粒¥561，均以人手上色，且粒粒不同味道，精緻得像珠寶首飾！

「地球」為可可原味。

「土星」則加入提子乾。

骨膠原拉麵大王
烈志笑魚油 麵香房 三く

　　位於大阪福島的人氣拉麵店，小小的店面每日都大排長龍，曾奪日本著名飲食網站「Tabelog」大阪拉麵第 6 位、雜誌《ラーメン Walker》大阪區第 1 名！麵條選用北海道產小麥粉自家特製，彈牙又滑順。湯頭則選用日本一級走地雞的「比内地鶏」，加上魚介和豚骨長時間熬成，濃稠得可以撐起湯匙更，啖啖膠原甜美。

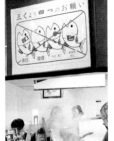

店內有四不：
1. 不准攜帶外來飲食；
2. 不准戴耳機；
3. 不准吸煙；
4. 不准講電話。

Info

⑩ **地址：**大阪市北区中之島 5-3-68
　　　　リーガロイヤルホテル 1 階
　　電話：06-6441-1308
　　營業時間：1100-1900
　　網址：www.rihga.co.jp/osaka/leclat
　　前往方法：京阪電車中之島線「中之島」駅直達，在 Rihga Royal 酒店內。

Info

⑪ **地址：**大阪市福島区福島 2-6-5
　　電話：06-6451-4115
　　營業時間：1139-1439、1839-2300
　　　　　　（逢周二休息）
　　前往方法：JR 東西線「新福島」駅出口 2 或 3，
　　　　　　　往河川方向徒步約 3 分鐘。

神社供奉「日本藥神」少彥名命與中國的神農氏，每年 11 月的「神農祭」便在這裏舉行。

日本醫神
少彥名神社

　　1780 年建成，並供奉「日本藥神」少彥名命與中國的神農氏，每年 11 月的「神農祭」便在這裏舉行。神社所在的道修町自古已是藥商集中地，神社也由藥商出資興建。話説 1822 年大阪霍亂肆虐，當地藥商合力製作新藥「虎頭殺鬼雄黃圓」，並在神社前供奉紙老虎，最終霍亂停止，自此紙老虎也變成神社的護身符。神社旁附設免費參觀的「くすりの道修町資料館」，展出許多古代醫藥文物。

「くすりの道修町資料館」位於社務所大樓 3 樓。

入口處置有巨型的金漆虎銅像。

-----Info-----

12　**地址：**大阪府大阪市中央区道修町 2-1-8
　　電話：06-6231-6958
　　開放時間：0700-1700
　　「くすりの道修町資料館」開放時間：
　　周一至周五 1000-1600（最後入館 1530）
　　網址：www.rihga.co.jp/osaka/leclat
　　前往方法：地下鉄堺筋線「北浜」駅出口 6 右轉，
　　　　　　　　至第二個街口再右轉即到。

該店名物「大阪鰻魚飯（まむし）」每份 ¥ 7710。

300 年鰻魚老店
本家柴藤

　　1713 年創業，超過 300 年歷史的鰻魚老店，只此一家，連日本落語故事都有描述，現已傳至第 15 代。依照季節時令選用愛知縣三河、四國德島或高知的河鰻。有別於東京風的先蒸後燒，沿用關西古法，將鰻魚剖腹，直接以備長炭蒲燒，再加上被譽為「日本一」的灘の酒調配的秘傳醬汁而成。該店名物「大阪鰻魚飯（まむし）」每份 ¥ 7710。

鰻魚丼吃到最後，可注入鰻魚肝湯成茶漬飯。

-----Info-----

13　**地址：**大阪市中央区高麗橋 2-5-2
　　電話：06-6231-4810
　　營業時間：1030-1700
　　　　　　　　（逢周日、一及公眾假期休息）
　　網址：shibato.net
　　前往方法：地下鉄堺筋線「北浜」駅出口 6 左轉，
　　　　　　　　至街口左轉，直行至第三個街口右轉
　　　　　　　　即到。

「2 枚箱壽司禮盒（箱 2 枚折詰）」每份 ¥3802。

二寸六分の懷石
吉野鮨

　　箱壽司乃關西名物，因賣相工整精緻，被譽為「二寸六分之懷石」。1841 年創業的「吉野鮨」正是公認的名店，曾代表大阪出戰日本全國鄉土料理百選。古時箱壽司只用普通食材製作，吉野鮨的創辦人改用鯛魚、甜蝦、星鰻等高級食材，自此成為箱壽司的新標準，並聞名至今。現時，吉野鮨以製作嚴謹、用料講究見稱，每一件都是藝術品！

樓高 4 層，地下設有外賣部，內部還設有電梯。

---Info---
⑭ **地址：**大阪市中央区淡路町 3-4-14
　 電話：06-6231-7181
　 營業時間：0900-1800
　　　　　　　（逢周六、日及公眾假期休息）
　 網址：yoshino-sushi.co.jp
　 前往方法：地下鉄「淀屋橋」駅出口 11 左轉，至街口右轉直行，過兩個街口即到。

「百年 Donut（ドーナツ）」每個 ¥250。

一吃難忘現炸 Donut
平岡珈琲店

　　1921 年開業的老店，只提供 6 款咖啡。選用哥倫比亞咖啡豆自家烘焙，沖出自成一派的平岡流咖啡。此外，店主自家製的 Donut 現點現炸，表層沒有糖霜，入口外酥內軟。

---Info---
⑮ **地址：**大阪市中央区瓦町 3 - 6 - 11
　 電話：090-6244-3708
　 營業時間：1000-1800（逢周二休息）
　 網址：cafe-hiraoka.jp
　 前往方法：地下鉄「本町」駅出口 3 右轉，至第三個街口右轉即到。

日本最大的連鎖嬰兒用品百貨，是日本媽咪的最愛。

大阪最大嬰兒用品
嬰兒本舖 大阪本町店

　　「嬰兒本舖（アカチャンホンポ）」是日本最大的連鎖嬰兒用品百貨。位於「心齋橋商店街」最北端的本町店是大阪旗艦店，從奶粉、日用品、服飾、玩具到嬰兒車都應有盡有，是日本媽咪的最愛。

---Info---
⑯ **地址：**大阪市中央区南本町 3-3-21
　 電話：06-6258-7300
　 營業時間：1000-2000
　 網址：akachan.jp

繁華大都會

梅田

うめだ / Umeda

美國村　堀江　南船場　中之島・本町　梅田　中崎町　天神橋

JR大阪環狀線「大阪」駅；阪急電鉄阪急線「梅田」駅；地下鉄御堂筋線「梅田」駅；阪神電鉄阪神本線「西梅田」駅即達。
鉄谷町線「東梅田」駅；地下鉄四つ橋線「西梅田」駅即達。

交通

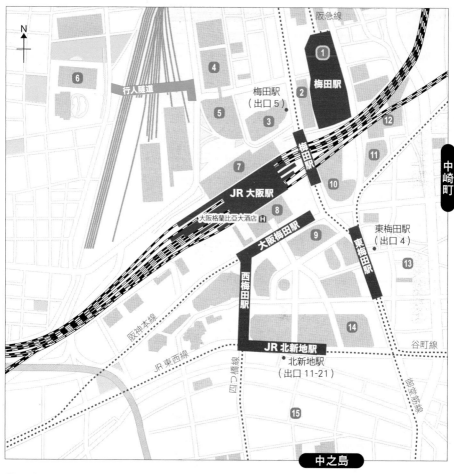

N

阪急線

梅田駅

① 梅田駅

② 梅田駅
（出口５）

③ 梅田駅

④

⑥ 行人隧道

⑫

⑪

JR 大阪駅

⑦

⑩

大阪格蘭比亞大酒店 Ⓗ

⑧

東梅田駅
（出口４）

中崎町

大阪梅田駅

⑨

⑬

西梅田駅

東梅田駅

阪神本線

⑭

JR 東西線

JR 北新地駅

北新地駅
（出口 11-21）

四つ橋線

谷町線

⑮

中之島

美園村

堀江

南船場

中之島・本町

天神橋筋

中崎町

① 阪急三番街
　KIDDY LAND
　Rilakkuma Store
　miffy style
　Snoopy Town Shop
　橡子共和国
② 餡所
③ Yodobashi - Umeda
④ Grand Front Osaka
　SUNTORY WHISKY HOUSE
　好日山荘
　UMEKITA FLOOR
　近畿大学水産研究所
　Qu'il fait bon

⑤ Umekita Cellar
　堀内果実園
⑥ 新梅田 City
　滝見小路
　芭蕉庵
⑦ LUCUA 大阪
　MOOMIN SHOP
　Adam et Ropé
　中川政七商店
　RAGTAG
　梅田 蔦屋書店
⑧ 大丸 梅田店
　BO-LO'GNE 大丸梅田店
　TOMICA SHOP

　Pokémon Center
⑨ 阪神百貨 梅田本店
　阪神 Tigers
　Prego Pizza
　烏賊焼
　CLUB HARIE 梅田阪神店
⑩ 阪急 梅田本店
⑪ HEP NAVIO
　会津屋
⑫ HEP FIVE
　JUMP SHOP
⑬ お初天神 裏参道
⑭ 家座香屋６年４組
⑮ 串炸かつ 凡

「阪急三番街」連接阪急梅田駅，交通十分便利。

卡通角色主題街
阪急三番街

退稅

位於阪急梅田駅地庫 2 層及樓上 2 層的商店街，集合 270 家商戶及餐飲，分為南、北兩館，南館主打年輕男女服裝；北館則有日本著名玩具精品店 KIDDY LAND，以及多家卡通角色專門店。

北館 B2/F 的 UMEDA FOOD HALL，中央的時鐘水牌如同地標似的，吸引不少人在此打卡。

─ Info ─

❶ 地址：大阪市北区芝田 1-1-3
營業時間：商店 1000 - 2100；
餐廳 1000 - 2300
網址：www.h-sanbangai.com
前往方法：阪急電鉄「梅田」駅直達。

玩具精品總匯
KIDDY LAND

1950 年創立時只是家小書店，現已成日本最大規模的連鎖玩具百貨公司，是動漫、玩具的集散地，許多著名卡通角色專門店都進駐其中。

位於阪急三番街的 KIDDY LAND，亦集齊各種卡通角色玩具和精品，如果行程緊湊，沒辦法逛太多動漫玩具專賣店時，直接來這裡便能一次買齊，大人小朋友一起大出血！

KIDDY LAND 佔地兩層，多達 15 家卡通角色專門店進駐其中。

─ Info ─

位置：阪急三番街北館 B1/F
電話：06-6372-7701
營業時間：1000-2100
網址：www.kiddyland.co.jp/umeda

鬆弛熊專門店
Rilakkuma Store

　　全日本首家鬆弛熊專門店，有齊鬆弛熊的所有精品和雜貨。雖然現在東京已有多間鬆弛專門店，但始終不及三番街店多獨家限定商品，Fans 一定要來朝聖。

Info

地址：阪急三番街北館 1/F
電話：06-6372-7708
營業時間：1000 - 2100
網址：www.san-x.co.jp

史奴比專門店
Snoopy Town Shop

　　KIDDY LAND 旗下的 Snoopy 專門店，店內有齊服飾、精品和生活雜貨，更有不少限定商品。

Info

位置：阪急三番街北館 B1/F「KIDDY LAND」B
電話：06-6372-7701
營業時間：1000-2100
網址：www.kiddyland.co.jp/umeda

日本首間專門店
miffy style

　　荷蘭著名畫家 Dick Bruna 筆下的 Miffy，在日本的首家專門店。店內集齊 Miffy 所有產品，包括繪本、玩偶、童裝、嬰兒用品，以及當店獨家的限定商品。

Info

位置：阪急三番街北館 B1/F「KIDDY LAND」F
電話：06-6372-7701
營業時間：1000-2100
網址：www.kiddyland.co.jp/miffy_style

吉卜力專門店
橡子共和国

　　「橡子（どんぐり）共和国」是吉卜力動畫精品專門店，香港亦有多家分店，大家已不陌生。在梅田共有兩家，另一家開在 LUCUA。然而比較之下，這家的商品更齊全，喜歡宮崎駿作品者萬勿錯過。

Info

地址：阪急三番街北館 B1/F「KIDDY LAND」A
電話：06-6372-7701
營業時間：1000 - 2100

西洋風「和菓子」
餡所

　　「あんところ」的漢字為「餡所」。日本四季分明，和菓子亦呈現出濃厚的季節感，隨時序不同，和菓子也跟著變換造型，更以當季食材為餡料。此店以白豆及糯米為主要材料來製作和果子，再揉合不同豆類食材拼湊出多款賞心悅目的糕點。當店的精緻和菓子保存期限只有一天，不建議帶回國享用，需當天即時佐茶享用，新鮮品嚐。

「木苺芭菲（パフェ）」及「抹茶芭菲」每杯￥734。

該店位於「大阪新阪急酒店」的外圍。

―――Info―――

② **地址：**大阪市北区芝田 1-1-35
　　　　大阪新阪急ホテル 1 階
　電話：070-1819-7493
　營業時間：1030-1500
　網址：twitter.com/an_to_koro
　前往方法：「梅田」駅出口 5 過對面馬路即達。

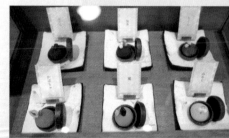

「萩餅禮盒」可附烤餅皮，將紅豆餡填入便成和果子「最中」。

人氣產品「抹茶絞餅」（右）是用機器把抹茶餡擠成麵條狀。（每盒￥1728）而一盒六件的「和菓子萩餅（おはぎ）禮盒」（左）包括紅豆、胡麻豆沙、櫻花、烘焙黃豆、南瓜及抹茶等口味。（每盒￥1555）

連地庫樓高 10 層，是日本日本著名連鎖電器商場。

電器動漫天堂 [退税]
Yodobashi Umeda

「Yodobashi Camera（ヨドバシカメラ）」本為相機和攝影用品店，時至今日已發展成日本著名連鎖電器店。此店所在的商場「LINKS UMEDA」，連地庫樓高 10 層，而 Yodobashi 則佔據 B2/F 至 5/F，是集團在日本的最大分店。除了 Yodobashi 之外，商場內尚有大量服飾品牌專門店及玩具精品店；而 8 樓則為餐飲區，基本生活所需一應俱全。焦點有手作飾物材料專門店「貴和製作所」。

「貴和製作所」是手作飾物工具材料行，能滿足大多數飾品手作者的需要。

― Info ―
3 地址：大阪府大阪市北区大深町 1-1
電話：06-4802-1010
營業時間：0930-2200
網址：links-umeda.jp
前往方法：JR「大阪」駅中央北口；或阪急電鉄「梅田」駅出口 5 即達。

Grand Front Osaka 連結 JR 大阪駅，乃全日本最大的車站商場！

日本最大駅前 Mall
Grand Front Osaka

Grand Front Osaka 連結 JR 大阪駅，破天荒由 12 個發展商共同興建，佔地廣達 48 萬平方呎，足足有 1.5 個東京 Dome 大，乃全日本最大的車站商場！由南館、北館、大阪洲際酒店，以及安藤忠雄設計的「梅北廣場（うめきた広場）」4 部分組成。其中「梅北廣場」佔地 1 萬平方公呎，設有無數水池造景，倒映藍天與白雲，儼如城市綠洲。

而商場內分南館、北館，各樓高 9 層，內設 270 間商舖，當中不少美味的餐廳，尤其餐廳營業至晚上 11 時，是食宵夜的不錯選擇。

― Info ―
4 地址：大阪市北區大深町 4-1（うめきた広場）
　　　　大深町 4-20（南館）、大深町 3-1（北館）
電話：06-6372-6300
營業時間：商店 1000-2100；
　　　　　　餐廳 1100-2300；
　　　　　　UMEKITA FLOOR 1100-2330
網址：www.grandfront-osaka.jp
前往方法：JR「大阪」駅中央北口 2 樓「創造之路」直達；阪急、阪神及市營地下鐵「梅田」駅徒步約 5 分鐘。

美國村

堀江

南船場

中之島、本町

梅田

中崎町

天神橋筋

「山崎」威士忌故事館前半舖為展館，後半是山崎餐廳「WWW.W」

大阪限定 山崎威士忌餐廳
SUNTORY WHISKY HOUSE

隱藏 2 樓一隅的「山崎」威士忌故事館，全日本只 GRAND FRONT 獨有。前半舖的展館，介紹日本首間威士忌釀造廠的 90 年歷史，展品包括威士忌原酒、橡木酒桶，以及售賣利用山崎舊酒桶製造的家具和紀念品。

後半部分是全日本唯一的山崎餐廳「WWW.W」，店名代表以 Water（水）、Wood（木）、Wind（風）三種元素，來成就出的 Whisky。餐廳主打西餐賣相的日本料理，水準極高，焦點是以山崎威士忌入饌的多款甜點，難得收費不算貴，餐點每位約￥2000。

餐廳「WWW.W」內部以原木配紅磚牆，微黃的燈光柔和，映出一室溫暖。

Info
位置：GRAND FRONT OSAKA 北館 2/F
電話：050-3199-1465
營業時間：1130 - 1430、1730 - 2300
網址：www.suntory.co.jp

開業 100 年的登山用品店，登山用品一應俱全。

山系專門店
好日山莊

1924 年創業的登山用品店，從專業攀山用品、露營帳蓬，到背包、防曬帽俱備。6 樓還有室內攀石場「GRAVITY RESEARCH」，適合初學者一試身手。

Info
地址：GRAND FRONT OSAKA 北館 5/F
電話：06-6485-7230
營業時間：1100-2000
網址：www.kojitusanso.jp

晚上場內亮起炫目燈光，搖身一變成酒吧街。

深夜食堂
UMEKITA FLOOR

超過 3 萬平方呎的餐飲層，集合 16 家特色食店，從大阪燒、魚生刺身到環球美食俱備。採半 Food court 格局，買完酒菜可帶到座位享用。到晚上場內亮起炫目燈光，搖身一變成酒吧街。

Info
位置：GRAND FRONT OSAKA 北館 6/F
營業時間：1100 - 2330
網址：www.gfo-sc.jp

精選吞拿鮮魚刺身（マグロと選抜お造り盛り），包括吞拿魚、真鯛等5款，款款肥美。兩人份¥3400。

「Red Fruits Tart（赤いフルーツのタルト）」（¥800）。

和歌山直送黑鮪
近畿大学水産研究所

「近畿大學」是本部位於日本大阪府東大阪市的一所私立大學，創建於1934年。自上世紀50年代，於和歌山自設「水產研究所」，並以成功培養出全球首條養殖黑鮪（藍鰭吞拿魚），引起世界注目！

此店為「近畿大學」的旗下事業，也是日本第一家由大學直接經營的養殖魚專門料理店。店內主打人工養殖的吞拿魚，以及稀有的自家培殖的雜交品種，每天由和歌山新鮮直送，定價也便宜。但因經常大排長龍，所以最好預約。尤其每天限量20份的午市套餐「花果御膳（花籠ご膳）」（¥3800），必須在前一晚的8點前預約，有意一嚐者敬請注意了。

Info ---

位置： GRAND FRONT OSAKA
北館 6/F
電話： 06-6485-7103
營業時間： 1100 - 1500；
1700 - 2300
網址： kindaifish.com

日本第一水果撻
Qu'il fait bon

1991年創業於東京南青山的人氣水果撻專賣店，曾獲日本朝日電視皇牌綜藝節目《黃金傳說》選為日本「Best100」的No.1甜品店，賣點是選用法國Bretagne半島生產的高級Cream cheese，加上日本產地直送的新鮮水果而成，每間店都有地方和季節限定Menu。其中「Red Fruits Tart（赤いフルーツのタルト）」（¥800）使用士多啤梨等當季紅色水果，酸甜味夾雜。如要堂食，因很多人排隊，可能要1小時才能入坐，建議最好買外賣帶回旅館吃比較省事。

因很多人排隊，可能要1小時才能入坐。

Info ---

位置： GRAND FRONT OSAKA 南館 2/F
電話： 06-6485-7090
營業時間： 1100-2100
網址： www.quil-fait-bon.com

「Umekita Cellar」是位於商場地庫的美食區。

梅田駅美食廣場
UMEKITA CELLAR

位於 Grand Front Osaka 南館及「梅北廣場（うめきた広場）」的地庫，有一個名為「Umekita Cellar」的美食區，以「方便外帶的美味健康食品」為概念，進駐了多家餐飲食店，包括水果三文治店「堀内果実園」、神戶老字號咖啡及蛋糕店「神戶元町シフォン」、日本品牌咖啡店「ALL DAY COFFEE」及大阪鶴橋精品吐司名店「LeBRESSO」等等。

「LeBRESSO」是發源於大阪鶴橋地區的精品吐司名店，提供各種花式吐司和義式及手沖咖啡

─── Info ───
5 位置：GRAND FRONT OSAKA 南館 B1/F
營業時間：1000-2200
網址：www.gfo-sc.jp

「古都華士多啤梨三文治」選用著名的古都華士多啤梨製作，每件￥1320。

水果三文治
堀内果実園

本為關西著名水果農園，於 1903 年於奈良創立；2017 年於奈良開設首家餐廳，引來日本飲食界熱話。主打各式以無添加「水果」為主體的餐點、特飲和甜點，包括招牌水果三文治、水果忌廉雪糕等，大受女生歡迎。而店内的刨冰，更加入許多水果和大量的牛奶，令人一試難忘！雖然此店可以堂食，但通常大排長龍，建議也是外賣較好。

「芝士蛋糕三文治（チーズケーキサンド）」，香蕉才是主角。（￥990）

─── Info ───
位置：GRAND FRONT OSAKA 南館 B1/F
電話：06-6467-8553
營業時間：1000-2100
網址：horiuchi-fruit.jp

浪漫空中展望台
新梅田 City

位於「梅田 Sky Bldg（スカイビル）」的「新梅田 City（シティ）」於 1993 年落成，由東、西兩座大樓組成，頂層部分有環形設計互相連接。位於 40 樓頂層的「空中庭園」展望台，能 360 度俯瞰大阪都心景色，尤以日落景色最聞名。入夜後，展望台地板的蓄光石還會發出閃爍彩光，美如外太空銀河，場內還有大量專為情侶度身訂造的設施，素有「恋人の聖地」美譽。如持有「大阪周遊卡」或「大阪樂遊券」的話，16:00 前可免費入場，16:00 後則享購買門票七折優惠。

前往展望台，先從 3 樓乘搭電梯往 35 樓，再轉扶手電梯直達 39 樓的觀景層入口。

Info

6 **地址**：大阪市北区大淀中 1-1-88
電話：06-6440-3900
展望台開放時間：
0930-2230（2200 停止入場）
展望台收費：￥1500
網址：www.skybldg.co.jp
前往方法：
阪急「梅田」駅出口 5，左轉至街口，再左轉直行，沿指示穿過行人隧道，徒步約 12 分鐘。

醉人晚霞加上地板閃閃發光的蓄光石，如同走在銀河之上，難怪入選日本 10 大夜景。

「滝見小路」是以昭和時代作為主題的飲食街。

昭和風懷舊食街
滝見小路

━Info━
位置：新梅田 Sky Bldg B1/F
營業時間：1100 - 2100
網址：www.takimikoji.jp

距離鐵路站約 10 分鐘路程，位於「新梅田 City」地下 1 層的「滝見小路」，是以昭和時代作為主題的飲食街。這裡將昭和時代初期的「浪速（大阪舊稱）」街景重現，氣氛懷舊。內裏集合近 20 家大阪庶民小吃名店，一次過便可吃盡大阪名物。

D.I.Y. 笑来美餅
芭蕉庵

早在 1689 年於江戶開業的老牌茶室，沿用傳統製法來製作「蕨餅（わらびもち）」，並用諧音寫成漢字「笑来美餅」而聞名。這是以蕨根粉製成的日本傳統甜點，半透明近似大菜糕，吃時可蘸黑豆粉或黑蜜等同吃。店內提供「石臼体験」（¥1300），食客可以用石磨自製黑豆粉來拌「笑来美餅」來吃，集玩樂與美食於一身，非常適合聚會享用，一同娛樂及享受美點。

━Info━
位置：新梅田 Sky Bldg B1/F「滝見小路」
電話：06-6440-5928
營業時間：1100 - 2000
網址：www.bashoudo.com

將黑豆投入石磨頂的小孔，順時針轉動石磨，豆粉便會從石磨底出來，磨出的豆粉給笑来美餅蘸來吃。

拌吃的有黑蜜、抹茶粉及自磨黑豆粉 3 款配料。

將笑来美餅切成小塊，按喜好伴上配料來吃。

「LUCUA 大阪」位於「JR 大阪駅」上蓋，是針對年輕人的潮流商場。

出血重災區
LUCUA 大阪

　　「LUCUA（ルクア）大阪」位於「JR 大阪駅」上蓋，連地庫樓高 12 層，是針對年輕人的潮流商場。共分為四大部分：東館「LUCUA」以時尚服裝及流行文化為主題，服務對象為職業女性；而西館「LUCUA 1100」則以生活用品、專門店及百貨店為主，為追求高品質的成年人而服務。此外，最底部的地庫 2 層及最頂層的 10 樓是打通的：地庫 2 層的「BAR&FOODS」為美食廣場，內有開放式的「LUCUA FOOD HALL」及小食肆林立的「LUCUA バルチカ」；而 10 樓的「LUCUA DINING」則為餐廳樓層，共有 30 多家餐廳進駐。來到這個商場，真的可以逛上一整天！

Info

7 **地址：**大阪市北区梅田 3-1-3
電話：06-6151-1111
營業時間：商店 1030 - 2030；
　　餐廳 1100 - 2300
網址：www.lucua.jp
前往方法：JR「大阪」駅直達。

關西首家 MOOMIN SHOP 就在 LUCAU。

關西首家 姆明專門店
MOOMIN SHOP

　　姆明（Moomin）是芬蘭女作家 Tove Marika Jansson 的童話小說中，主角的家族名字。這個家族住在芬蘭森林中的姆明谷，雖然外型人以是河馬，但其實是北歐民間故事中的妖怪。以「姆明的生活」為概念、關西首家 MOOMIN SHOP 就在 LUCAU，從繪本、毛公仔，到家品、零食都應有盡有，除了大量罕見的歐洲版產品外，更有 LUCUA 限定產品發售。

歐洲版「姆明家」陶瓷音樂盒，打開可一窺屋內的生活，手工精緻。

Info

位置：「LUCUA」8/F
電話：06-6151-1297
營業時間：1030 - 2030
網址：www.moomin.co.jp

Adam et Rop 販售自世界各地進口的精品雜貨。

環球雜貨攤
Adam et Rop
LUCUA 大阪 FEMME

源自東京的人氣雜貨店。開設於 LUCUA 的分店，以巴黎的小賣亭為概念設計，搜羅自世界各地進口的精品雜貨。

—Info—
位置：「LUCUA」2/F
電話： 06-6347-0913
營業時間： 1030-2030
網址： junonline.jp

店內服飾售價比正價便宜近半，分分鐘還是全新！

人氣二手潮牌
RAGTAG LUCUA 1100 店

東京著名二手潮牌專門店，專售 NUMBER(N)INE、Dior Homme 等人氣品牌，當季或過季男女服飾俱備，售價比正價便宜近半，分分鐘還是全新！

—Info—
位置：「LUCUA 1100」7/F
電話： 06-6454-8788
營業時間： 1030-2030
網址： ragtag.jp

中川政七商店

「中川政七」主打棉麻材質或天然防敏的生活雜貨。

清新奈良雜貨
中川政七商店
LUCUA 1100 店

奈良的麻布織物老牌「中川政七」，將日本傳統工藝重新包裝，主打棉麻材質，或天然防敏的生活雜貨，設計風格清新。

—Info—
位置：「LUCUA 1100」8/F
電話： 06-6151-1365
營業時間： 1030-2030
網址： nakagawa-masashichi.jp

蔦屋書店被譽為「全球最美的 20 家書店」之一。

最美書店在關西
梅田 蔦屋書店

大阪創立的老牌書店，被譽為「全球最美的 20 家書店」之一。位於 LUCUA 1100 的分店，主打人文生活類書籍。弓除附設大型 Cafe 外，更設有各式專櫃。

—Info—
位置：「LUCUA 1100」9/F
電話： 06-4799-1800
營業時間： 1030 - 2100
網址： store.tsite.jp/umeda

「大丸」是日本最老牌百貨公司之一。

老牌百貨公司
退稅
大丸 梅田店

　　連地庫合共 17 層，焦點包括 10 至 12 樓的西日本最大 Tokyu Hands，還有全國最大的 Pokémon Center 等等。

─── Info ───

8 **地址**：大阪市北区梅田 3-1-1
電話：06-6343-1203
營業時間：1000-2030
網址：daimaru.co.jp/umedamise
前往方法：JR「大阪」駅直達。

西瓜麵包每個售 ¥1836。

西瓜麵包
BO-LO′GNE 大丸梅田店

　　日本最昂貴的水果莫過於方型西瓜。此店每天烘焙的麵包當中以西瓜麵包最特別，每個售 ¥1836，買不到方型西瓜可以入手方型西瓜麵包。

─── Info ───

地址：大丸梅田店 B1/F
電話：090-6062-3231
營業時間：1000-2000
網址：bo-logne.com

トミカ 組み立て工場

「組み立て工場」可自選玩具車組件，再交由機械臂組合。

關西唯一
TOMICA SHOP

　　關西唯一 TOMICA 玩具車專門店，焦點是附設組合工場「組み立て工場」，可自選玩具車組件，再交由機械臂組合，作為親子活動，大人也同樣玩得開心。

─── Info ───

位置：大丸梅田店 13/F
電話：06-4796-6255
營業時間：1000-2000
網址：takaratomy.co.jp

此店屬全關西最大規模，更有不少獨家限定商品。

西日本最大
Pokémon Center

　　位於 13 樓，面積偌大，提供超過 2500 件《寵物小精靈》精品和玩具，乃全關西最大規模，還有不少當店獨家的限定商品，相信是 90 後大出血的重災區。

─── Info ───

位置：大丸梅田店 13/F
電話：06-6346-6002
營業時間：1000-2000
網址：pokemon.co.jp

阪神百貨是以關西為基地的百貨巨頭。

集合全國食品館
阪神百貨 梅田本店

退稅

以關西為基地的百貨巨頭，連地庫樓高 14 層，集合超過 200 家品牌商戶，尤以地庫集合全國土產的食品館，以及 8 樓的「阪神 Tigers」球隊精品店最馳名。

Info

9 地址：大阪市北区梅田 1 丁目 13-13
電話：06-6345-1201
營業時間：1000 - 2000
網址：www.hanshin-dept.jp
前往方法：阪神電鐵阪神本線「梅田」駅直達。

由阪神贊助的「阪神 Tigers」是著名日本職棒聯盟球隊。

大阪地元棒球王
阪神 Tigers

由阪神贊助的「阪神 Tigers」是著名日本職棒聯盟球隊，地位崇高。位於阪神百貨 8 樓的是其官方精品店，除了球衣及各式精品外，不乏跟其他品牌聯乘限定。

Info

地址：阪神梅田本店 8/F
電話：06-6345-1201
網址：hanshintigers.jp

「炸 Pizza（揚げピッツァ）」每個售￥432 起。

炸 Pizza 專門店
Prego Pizza

「炸 Pizza（揚げピッツァ）」在意大利被稱為「Pizza Fritta」，是將食材包在餅皮中油炸，像是炸餃子似的。「Prego Pizza」正是炸 Pizza 專門店，是由曾在意大利拿坡里習藝，並在 2017 年國際 Pizza 大賽中奪冠的新添智久，與淡路島的 Pizza 專門店「Tomaton（トマトん）」合作所開設的小店，質素絕對有保證，每個售￥432 起。

該店的炸 Pizza 有多款不同口味，任君選擇。

Info

地址：阪神梅田本店 B1/F
電話：06-6345-2908
營業時間：1000 - 2100

「烏賊燒（いか燒き）」被譽為「阪神名物」，每件只售¥187。

梅田阪神限定的「阪神 Tigers」包裝盒的 mini 年輪蛋糕，4 個裝售¥1944。

阪神名物
烏賊燒

　　地庫食品館集合道地小吃，全都價格便宜。其中「烏賊燒（いか燒き）」更被譽為「阪神名物」，以章魚粒等海鮮混合粉漿煎成香脆薄餅，香口又惹味，每件只售¥187，下班時間例必大排長龍！

大阪名物除了「章魚燒」外還有「烏賊燒」，雖然其貌不揚，但吃起來每口都咬得章魚。

---Info---

地址：阪神梅田本店 B1/F 食品館
電話：06-6993-0555
營業時間：1000 - 2100
網址：sakae-shokuhin.co.jp

阪神 Tigers 年輪蛋糕
CLUB HARIE 梅田阪神店

　　極高人氣的年輪蛋糕專賣店，位於阪神百貨梅田本店 B1F，排隊人潮絡繹不絕，未到傍晚已經沽清。

　　該店於 1999 年以「B-studio」之名開業，直至 2022 年改名為「CLUB HARIE」，並新設一個「旋轉甜點舞台」。大阪人鍾情於老虎圖案，所以該店限定的「阪神 Tigers」包裝盒，分為大（4 個裝）、小（2 個裝）兩款更大受歡迎，作為手信一流！

「CLUB HARIE」是超有名的年輪蛋糕專賣店。

---Info---

地址：阪神梅田本店 B1/F
電話：06-6345-1201
營業時間：1000 - 2100
網址：clubharie.jp

美國村
堀江
南船場
中之島・本町
梅田
中崎町
天神橋筋

「阪急」梅田本店始建於 1929 年，是著名的老牌百貨。

關西人最愛百貨 Wi-Fi 退稅
阪急 梅田本店

始建於 1929 年的老牌百貨，2012 年擴建後，面積增加 1.3 倍，現在是日本第 2 大百貨店。樓高 15 層，走高貴路線，集合超過 200 個潮流品牌，不少都是「阪急限定」。

重點是地庫全長 100 米的「Sweet Boutique Street」，集合 50 間日本人氣菓子手信店，包括 GRAND Calbee、Baton 等。此外，8 樓的戶外用品專屬樓層，還有大量日本限定的山系服飾，不愧為日本雜誌票選的「關西人最愛百貨」！

---Info---
⑩ **地址**：大阪市北区角田町 8-7
電話：06-6361-1381
營業時間：1000-2000
網址：hankyu-dept.co.jp
前往方法：阪急電鉄阪急線「梅田」駅直達。

「NAVIO」在葡萄牙文中「大船」之意。

潮男專屬百貨 退稅
HEP NAVIO

構成「HEP」的商場之一，外型一如其名，就像「NAVIO」在葡萄牙文中「大船」之意。

商場連地庫樓高 11 層，其中連地庫 1 層至 5 樓為「阪急百貨 Men」，網羅多個知名男裝品牌，包括 Vetements、Yohji Yamamoto、Undercover 等，乃至有男仕專用的美容院，堪稱是男仕的購物天堂。而其餘各層則為餐廳及戲院，真的可以在逛足一整天。

---Info---
⑪ **地址**：大阪市北区角田町 7-10
電話：06-6361-1381
營業時間：1100-2000；
周六、日及公眾假期 1000-2000
網址：web.hh-online.jp/hankyu-mens
前往方法：JR 大阪環狀線「大阪」駅、阪急電鉄「梅田」駅御堂筋口，徒步約 4 分鐘。

招牌「元祖章魚燒 (たこ焼き)」特色在於不加任何醬汁或鰹魚碎,以原汁原味示人,12 個¥700。

章魚丸燒始祖
会津屋

　　1933 年開業,乃章魚丸燒的始創店。創辦人遠藤留吉最初將牛肉、蒟蒻等材料加入小麥粉漿中煎成丸狀,後來改放章魚粒,變成家傳戶曉的大阪名吃。招牌「元祖たこ焼き」特色在於不加任何醬汁或鰹魚碎,以原汁原味示人,足見老闆的自信。日本漫畫家花咲アキラ的經典美食漫畫《美味しんぼ》中,也以一整卷作介紹。

作為章魚丸燒的始創店,特色在於不加任何醬汁或鰹魚碎,以原汁原味示人,足見老闆的自信。

─── Info ───

地址:「HEP NAVIO」1/F
電話: 06-6867-7013
營業時間: 1100 - 2200
網址: aiduya.com

直徑達 75 米的紅色摩天輪 (觀覽車) 可在 7 樓購票乘搭,每位¥600。

摩天輪購物殿堂
HEP FIVE

　　構成「HEP」的另一個商場,連地庫樓高 11 層,可謂是梅田的地標。直徑達 75 米的紅色摩天輪 (觀覽車) 可在 7 樓購票乘搭 (每位¥600),如有「大阪周遊券」更可免費入場。每輪 15 分鐘,遠至大阪灣、生駒山也清楚可見。主攻年輕人市場,更設有大型室內遊樂場「Bandai namco (バンダイナムコ) Cross Store」,食買玩兼備。

─── Info ───

⑫ 地址: 大阪市北區角田町 5-15
電話: 06-6313-0501
營業時間: 商店 1100-2100;
　　　　　　娛樂設施 1100 - 2300;
　　　　　　摩天輪 1100 - 2245
摩天輪收費: ¥600
網址: www.hepfive.jp
前往方法: 阪急電鐵阪急線「梅田」駅,往新御堂筋方向徒步約 3 分鐘。

美國村
堀江
南船場
中之島・本町
梅田
中崎町
天神橋筋

日本知名漫畫週刊《週刊少年 JUMP》的精品專門店，集齊周刊旗下所有人氣漫畫。

集英社漫畫專門店
JUMP SHOP

　　由日本知名的漫畫週刊《週刊少年 JUMP（ジャンプ）》所開設的漫畫精品專門店，集齊周刊旗下所有人氣漫畫，包括近年大熱的《SLAMDUNK》、《鬼滅之刃》、《呪術迴戰》，以及長青樹《龍珠》、《火影忍者》、《One Piece》等數之不盡，更有不少當店獨家的限定商品，動漫迷必到！

JUMP SHOP 在大阪有數家分店，這間面積僅次於環球影城店。

─ Info ─

地址：「HEP FIVE」6/F
電話：06-6366-3722
營業時間：1100 - 2100
網址：www.shonenjump.com/j/jumpshop/

「お初天神 裏参道」集結大阪 12 家不同種類的知名食店。

隱蔽地元食街
お初天神 裏参道

　　曾根崎 60 多年歷史的「お初天神商店街」，本身已是大阪著名的食街，道地又便宜，食客都是附近的上班族。而「お初天神 裏参道」藏身於「お初天神商店街」一隅，集結大阪 12 家不同種類的知名食店，從握壽司、燒肉、串燒、居酒屋，到法國菜俱備，氣氛熱鬧又夠道地。而且大部分食店都營業至凌晨，已成梅田區內白領和年輕人聚會暢飲的熱浦點！

每家食店門外都有露天座位，人聲鼎沸，從和牛烤肉、法國菜，到串炸店俱備。

─ Info ─

⓭ **地址：**大阪市北区曾根崎 2 丁目 10-10
營業時間：1700- 翌日 0500
網址：ohatsu-urasan.com
前往方法：大阪市營地下鉄「梅田」駅徒歩 5 分鐘；大阪市營地下鉄「東梅田」駅出口 4，徒歩 1 分鐘。

「6 年 4 組」是以學校為主題的居酒屋。

Omakase 收費 ¥16000 起，共有 20 串。

學校主題居酒屋
6 年 4 組 梅田分校

以學校課室為主題的居酒屋，「校舍」設於商廈的 33 樓，全個室設計，每間都以「班房」來命名，更擁有落地玻璃窗無敵夜景。侍應全都穿上整齊體育服，點名簿則是 Menu，就連菜名也搞鬼過人，叫「理科のお勉強」、「英語の先生」等等。以為講噱頭，食物必定一般，但試過幾款感覺甚有水準，且價格便宜。

《米芝蓮》高級串炸
串炸 凡

連續多年奪得米芝蓮 1 星的「串かつ凡」，遠至法國巴黎都有分店，主廚伊藤聖一師承自名店「芦屋 あーぼん」，號稱「一串入魂」，選用有「王樣の油」美譽的綿實油，將串炸做到零油分。師傅發辦（Omakase）收費 ¥16000 起，共有 20 串，材料包括 A5 黑毛和牛、紅楚蟹腳、天然鯛等等，連味噌湯、漬物、飯和甜品，道道即炸即吃，令人回味無窮！

「理科のお勉強」以試管裝着橙汁、檸檬汁等供自由調配。（¥1064）

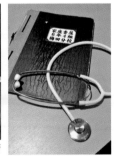
看似點名簿，打開一看原來是 Menu。

主廚伊藤聖一很健談友善，因為在巴黎生活過，故英語了得。

「凡」位於此大樓的地庫。

╭─ Info ─╮

⑭ 地址：大阪市北区梅田 1-1-3
　　　　大阪駅前第 3 ビル 33/F
電話：050-3647-2624
營業時間：1700-2300
網址：www.6nen4kumi.com
前往方法：JR 東西線「北新地」駅直達。

⑮ 地址：大阪市北区堂島 1-3-16
　　　　堂島メリーセンタービル B1/F
電話：06-6344-0400
營業時間：1800- 翌日 0030
網址：www.kitchen-dan.jp
前往方法：JR 東西線「北新地」駅出口 11-21，
　　　　　　步行約 5 分鐘。

美國村

堀江

南船場

中之島・北浜

梅田

中崎町

天神橋節

6

3

昭和風舊區

なかざきちょう /Nakazakicho

中崎町

15

10

1

交通 地下鉄谷町線「中崎町」駅直達；
從梅田徒步約15分鐘。

5

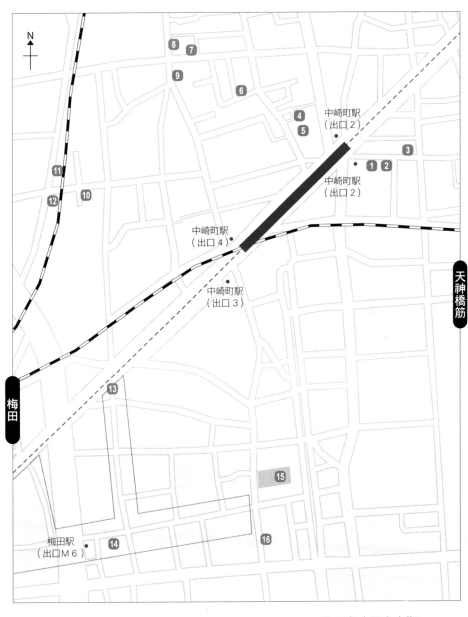

1 Dramatic Curry Golden 中崎
2 蜜香屋 中崎町本店
3 力餅食堂 中崎店
4 green pepe
5 POMME L'IMINAL 大阪店
6 Tea Room URIEL
7 Picco Latte
8 Neel 中崎町
9 らぁ麺 きくはん
10 紅茶美人
11 Pigsty 梅田店
12 LOWECO by JAM 中崎町店
13 阪急東通商店街
14 味道楽 弁天本店
15 綱敷天神社
16 闘鶏 本店

「戲劇性遭遇的咖喱」是非常另類的咖喱醬汁，因為呈透明狀，卻有鮮明的咖喱香味。

戲劇性的咖喱
Dramatic Curry
Golden 中崎

Dramatic Curry - Golden 中崎（ドラマティックカリー　ゴールデン中崎）開業僅一年即成話題名店。其招牌菜「戲劇性遭遇的咖喱（ドラマチックあいがけカリー）」￥1390，是兩種咖喱的相逢。一邊是印度咖喱，另一邊是全透明咖喱，視覺上相當有創意，味道清新不太辣，加上肉碎及蔬菜，香辣惹味，打卡一流！

店面位於「天五中崎通商店街」入口附近，十分方便。

Info

1 **地址**：大阪市北区中崎 1-6-18
　　電話：06-6359-8006
　　營業時間：1130-1430，1800-2100
　　網址：dramatic-curry.com
　　前往方法：地下鐵「中崎町」駅出口 1，右轉入「天五中崎通商店街」即至。

店內提供有多種不同的蕃薯可供選擇。

蕃薯專門店
蜜香屋 中崎町本店

位於中崎町的蕃薯專門店，有多種蕃薯甜品及餐點，也是近年的人氣名店，經常滿座。除了堂食之外，該店也有不少外賣的選擇，其中頗受歡迎的是「POTATO 大學」，將厚切的蕃薯慢火油炸兩次，然後加上蜂蜜，風味一流，細盒￥580。

燒蕃薯新地（やきいもサンデー）。（￥720）　　蜜香屋也在「天五中崎通商店街」入口附近。

Info

2 **地址**：大阪市北区中崎 1-6-20
　　電話：06-6147-9320
　　營業時間：1200-1900（逢周二休息）
　　網址：mikkouya.com
　　前往方法：地下鐵「中崎町」駅出口 1，右轉入「天五中崎通商店街」即至。

以大阪著名棒球隊「阪神 Tiger」為靈感，創作出的咖哩 X 咖啡拌蕎麥麵「虎撈麵（虎ざる）」，每份只賣¥650。

咖哩併咖啡的虎撈麵
力餅食堂 中崎店

創立於 1903 年的百年老店，以賣饅頭起家，之後兼賣丼飯及麵類，發展成現今所見的大眾食堂。位於中崎町的分店自1977 年開業，依然保留著昭和時代的氣息。而該店的「虎撈麵（虎ざる）」是廣受日本媒體報導的知名菜式，靈感來自大阪著名棒球隊「阪神 Tiger」。賣相如同虎尾的斑紋一樣，黃色及啡色的蕎麥麵相間排列，其中黃色的為咖哩撈麵，而啡色的則為咖啡撈麵，極具特色，只賣¥650。

店面依然保留昭和時代的外觀。

─Info─

3　**地址：**大阪市北区中崎 1-9-2
　　電話：06-6372-1458
　　營業時間：1100-1900（逢周三休息）
　　前往方法：地下鉄「中崎町」駅出口 1，右轉入
　　　　　　　　「天五中崎通商店街」即至。

該店專門售賣上世紀 70 年代的心懷舊商品。

昭和懷舊雜貨店
green pepe

位於中崎町的這家小商店，座落於昭和時代的舊區、位於迷宮般的小巷之中。這是一家非常獨特的復古小店，以「昭和の何でも屋（甚麼昭和時代的東西都有的商店）」作為定位，專門售賣上世紀 70年代的心懷舊商品，因為店主覺得，那是受西方影響之下，日本發展出自己的流行風格的時代，如果不好好珍惜的話，以後大家就再看不到了。

穿過彩繪小巷後，這家充滿昭和感的便映入眼簾了。

─Info─

4　**地址：**大阪市北区中崎 3-1-12
　　電話：06-6359-5133
　　營業時間：1200-1800（逢周二休息）
　　網址：www.kitchen-dan.jp
　　前往方法：地下鉄「中崎町」駅出口 2，右轉過
　　　　　　　　馬路，沿路前行至路口再右轉，沿路
　　　　　　　　前行至彩繪小巷，直入即至。

隱世糖蘋果名店
POMME L'IMINAL
大阪店

近年在日本很流行的「糖蘋果」，這家算是非連鎖的神隱級小店。日本電視台也採訪過的特色糖蘋果，有 5 個不同口味，包括梅子、巧克力、酸糖霜等等，實在不容錯過！堂食每個￥660，而期間限定口味則為￥770。

堂食每個￥660，而期間限定口味則為￥770。

Info

5 **地址：**大阪市北区中崎 3-1-7
電話：06-7504-6590
營業時間：1300-1900
網址：pommedamourtokyo.com
前往方法：地下鉄「中崎町」駅出口 2，右轉過馬路，沿路前行至路口再右轉，沿路前行至「中華料理八番」，從對面窄巷直入即至。

店隱身在窄巷之中，沒有 GOOGLE 地圖絕對找不到，極隱世。

巧克力口味，可要求切開方便食用。

樓上更隱藏了超美佈置的休憩區域以供堂食，是女生們的天堂。

酸糖霜口味，像極了白雪公主的紅蘋果，酸酸甜甜非常開胃。

「天使小籠包燒賣點心及時令蔬菜套餐
（旬の野菜と豚のセイロ蒸しセット）」(¥1320)，
另配一壺自選的水果花茶。(¥1260)

天使蒸籠點心
Tea Room URIEL

　　這是一間以貓咪為主題的餐廳，到處擺放了貓的擺設及裝飾品，極盡夢幻。當中最特別的是 2 樓設有天使翼座位，少女心爆發，但全店只有一個，想要打卡就要選對時間了。 招牌餐點是「蒸籠點心（セイロ蒸し）」，一籠四款，天使翅膀賣相可愛別緻，分別為小籠包、燒賣、蝦餃、糯米餃，類似日本傳統的雜錦中華料理點心盛。水果花茶是自行在櫃檯挑選三種材料DIY 製成，並以可兩小時無限添飲，很適合約會的時候到訪！

「蒸籠蒸點心（セイロ蒸し）」賣相十分別緻。

┌─── **Info** ───┐
6 **地址：**大阪市北区中崎西 1-11-4
　　電話：06-6131-6009
　　營業時間：1200-2000
　　網址：cafeuriel.com
　　前往方法：地下鉄「中崎町」駅出口 2，右轉過馬路，沿路前行至路口再右轉，沿路前行至十字路口，左轉到街口即至。

店內店外都設有貓的裝飾。

天使翼座位是首選打卡位。

用花裝飾、插著雪條棒的芝士蛋糕，每件￥580。

用花裝飾的芝士蛋糕
Picco Latte

這間十分夢幻的乾花咖啡店，主打用花裝飾、插著雪條棒的芝士蛋糕，每件￥580，賣相十分可愛，極適合打卡之用！芝士蛋糕會依季節不同，採用士多啤梨、香橙等等水果製作。而飲品則有玫瑰、檸檬、薰衣草、水果等口味、色彩繽紛的汽水，以及奶茶、咖啡。在這間咖啡店，最適合一面悠閒地飲杯下午餐，一面拿著色彩繽紛的花花蛋糕影相打卡了！

Picco Latte 的店面用色相當搶眼，遠遠就能看見。

—**Info**—

7 **地址**：大阪市北区中崎西 4-1-8
電話：06-6467-8695
營業時間：1100-1800（逢周一休息）
網址：instagram.com/picco.latte
前往方法：地下鉄「中崎町」駅出口 2，右轉過馬路，沿路至路口右轉，再前行至第二個十字路口，左轉直行即至。

砂糖牛油薄餅「シュガーバタークレープ」，每件￥610。

文青咖啡店
Neel 中崎町

以一個梨作為 Logo 的 Neel，是東京起家的人氣咖啡店，店面充滿文藝氣息。而大阪中崎町店開業僅僅幾個月，便已經排起長龍，吸引力可想而知。

該店除咖啡外，最具人氣的是砂糖牛油薄餅「Sugar-Butter Crepe（シュガーバタークレープ）」，每件￥610。而「炸肉排三文治（カツサンド）」每件￥1140，亦頗受歡迎。

「炸肉排三文治（カツサンド）」每件￥1140

Neel 以一個梨作為招牌。

—**Info**—

8 **地址**：大阪市北区中崎西 4-1-13
電話：06-6867-9996
營業時間：1000-2030
網址：neel.coffee
前往方法：自 Picco Latte 往西走，至十字路口右轉即至。

特製雞豚撈麵（特製とりとんまざそば），
每份￥1250。

獲獎人氣拉麵店
らぁ麵 きくはん

　　「拉麵 菊半（らぁ麵 きくはん）」是
中崎町的獲獎人氣拉麵店，其「特製雞豚
撈麵（特製とりとんまざそば）」將雞、
豬及海鮮的味道高度濃縮，而且配有小白
飯，最後可以連汁都撈埋，每份￥1250。

━ Info ━
⑨ **地址：**大阪市北区中崎西 1-9-11
　 電話：06-6374-0136
　 營業時間：1130-1500，1730-2130
　　　　　　　（逢周一休息，周二只開午市）
　 前往方法：自 Picco Latte 往西走，至十字路口
　　　　　　　左轉即至。

紅茶刨冰
紅茶美人

　　主打一系列特色紅
茶刨冰，以紅茶為美容
作招徠，誘惑女生們蜂
擁而至一試。紅茶刨冰
口感清新消暑，夏天
時值得一試！

━ Info ━
⑩ **地址：**大阪市北区中崎西 2-4-36
　 電話：06-4400-1731
　 網址：koutyabijin.com
　 前往方法：地下鉄「中崎町」駅出口 4 右轉，至
　　　　　　　第一個街口左轉直行，橋底前即至。

老牌二手服裝店
Pigsty 梅田店

　　自美國村起家的老牌二手服裝店，作
為分店的衣服卻比總店還要多，所以若經
過這一帶，不妨順路一逛！

━ Info ━
⑪ **地址：**大阪市北区中崎西 3-3-10
　 電話：06-6372-6680
　 營業時間：1200 - 2000
　 網址：www.pigsty1999.com
　 前往方法：地下鉄「中崎町」駅出口 4，右轉入
　　　　　　　馬路，沿路至第一個街口左轉，直行
　　　　　　　穿過火車橋底，右轉即至。

低價環保版 JAM
LOWECO by JAM 中崎町店

　　「古着屋 JAM」的副線，其店名取自
「LOWPRICE」和「ECOLOGY」，低價又
環保正是其理念，價廉物美，不容錯過。

━ Info ━
⑫ **地址：**大阪市北区中崎西 2-4-31
　 電話：06-6110-5592
　 網址：instagram.com/loweco_official
　 前往方法：pigsty 梅田店的旁邊，穿過火車橋底
　　　　　　　後左轉即至。

「阪急東通商店街」是龐大的飲食主題商店街，開滿各式道地食店、居酒屋！

超大庶民食街
阪急東通商店街

　　由阪急東通第 1 商店街、第 2 商店街、第 3 商店街、阪急東中央商店街、阪急東中通商店街及パークアベニュー堂山商店街一共 6 條街道，組成龐大的飲食主題商店街。各式道地食店、居酒屋、彈珠店鱗次櫛比，尤以價廉物美的平民小店馳名！

綱敷天神社旁邊，即為阪急東通第 3 商店街入口。

商店街內道地食店、居酒屋、彈珠店鱗次櫛比。

─── Info ───
⑬ **地址：**大阪市北区小松原町と堂山町
　　電話：06-6147-9320
　　營業時間：各食店各異
　　網址：higashirengo.sakura.ne.jp/db
　　前往方法：地下鉄「梅田」駅出口 M6 直達。「綱敷天神社」為「第 3 商店街」入口。

「壽司拼盤（にぎり寿司盛合せ）」7 件￥1250。

漁港直送刺身
味道楽 弁天本店

　　阪急東通的人氣食堂，每日提供超過 120 款海鮮，全部由漁港直送，格外新鮮優質之餘，最重要是價格便宜。招牌包括各式時令刺身和壽司，壽司拼盤（にぎり寿司盛合せ）7 件￥1250，相當抵吃。更營業至凌晨 5 時，最適合夜遊人。

午市定食每天不同，份量豐富，價位大約￥1000。

位置就在新御堂筋路口附近，相當好找。

─── Info ───
⑭ **地址：**大阪市北区堂山町 4-15
　　電話：06-6361-6047
　　營業時間：1130-0500（周日 1130 - 2300）
　　網址：instagram.com/benten_honten
　　前往方法：地下鉄「梅田」駅出口 M6，進入商店街即至。「阪急東通第 3 商店街」入口直走到底即至。

「神野太神宮」是全日本唯一供奉嵯峨天皇的神社。

刺身五種盛，包括雞胸肉、肝、腎、心臟和橫隔膜，每份￥1280。

具 1200 年歷史的天皇神社
綱敷天神社

位於「阪急東通商店街」入口旁邊，至今超過 1200 年歷史。據記載，日本弘仁 13 年（822 年）時嵯峨天皇曾臨幸此地，並在此建造行宮。之後嵯峨天皇駕崩，後人在此設立「神野太神宮」，成為全日本唯一供奉嵯峨天皇的神社。

後來被奉為「學問之神」的菅原道真，因被貶官而路經此地，並有坐在船纜（綱）卷成的坐墊（敷）上欣賞紅梅的故事，這是「梅田」地名的由來，亦因此後來改「神野太神宮」之名為「綱敷天神社」。不過本來的建築，已於 1945 年因戰爭而遭空襲燒毀，現存的神社是 1956 年所重建的。

— Info —
15 **地址：** 大阪市北区神山町 9-11
電話： 06-6361-2887
網址： tunashiki.com
前往方法： 地下鉄「中崎町」駅出口 3，回頭至街口右轉，沿路靠右一直前行，過第四個路口即至，徒步約 5 分鐘。

走地雞刺身
鬪鶏 本店

1985 年開業的燒雞串名店，採用宮崎的走地雞，肉質香濃而特別有彈性，再以備長炭慢烤，更是香氣撲鼻、肉汁四溢，佐酒一流。店內另一馳名是雞刺身，因為宮崎雞全屬穀飼，格外健康衛生，故能生吃。刺身五種盛，包括雞胸肉、肝、腎、心臟和橫隔膜，每份￥1280。

燒雞拼盤（燒鳥盛合せ）一份共 6 串。（￥940）

這家為本店，附近還有分店「次郎」和「三郎」。

— Info —
16 **地址：** 大阪市北区堂山町 10-16
電話： 06-6312-4959
營業時間： 1700-0100
網址： instagram.com/shamo_honten
前往方法： 「阪急東通第 3 商店街」入口斜對面。

美國村

堀江

南船場

中之島、本町

梅田

中崎町

日本最長的商店街

てんじんばしすじ / Tenjinbasisuji

天神橋筋

地下鉄「天神橋筋六丁目」、「扇町」、「南森町」駅；JR大阪環状線「天満」駅；JR東西線「大阪天満宮」駅均達。

交通

4

12

8

15

5

10

1 天神橋筋商店街
2 地魚屋台 老爹
3 大阪生活今昔館
4 麦×鶏 天満店
5 炭焼鰻 魚伊 天五店
6 春駒
7 壽司政 東店
8 BEER BELLY 天満
9 天満市場
10 大阪炒麺 天満市場店
11 寿司処 多もん
12 天満酒場 壽司金
13 七福神 本店
14 梨花食堂 天満本店
15 Kids Plaza 大阪

16 西洋茶館
17 Orange Fields
   Tea Garden
18 名代宇奈とと
19 大阪天満宮
   天神祭
20 伊吹珈琲

美國村
堀江
南船場
中之島・本町
梅田
中崎町

「天神橋筋商店街」全長 2.6 公里，
尤以平民食堂聞名。

庶民食堂集中地
天神橋筋商店街

　　天神橋筋商店街共分為一至七丁目共
7 段，其中一至六丁目沿路都建有上蓋，
集合 600 家商店，尤以平民食堂聞名。

　　以天神橋為起點、谷町筋為終點，
跨越大阪北區大半範圍的「天神橋筋商店
街」，全長 2.6 公里，
橫跨 3 個車站，乃
全日本最長的商店
街。街道兩旁開滿
600 間商店，售賣
日用品、舊書、家
具、雜貨、藥妝等，
但更多的是道地庶
民食堂，尤以價廉
物美見稱。

每段的入口和上蓋，都掛
有特色裝飾。

燒帆立貝每隻￥390，有牛油（ホタバ）及醬油（ホ
タ正）兩款可選。

道地便宜大牌檔
地魚屋台 老爹

　　「地魚屋台 老爹（とっつぁん）」是在
天神橋筋商店街六丁目的有蓋入口前方、
位於 7 丁目的道地「屋台」，亦即香港人所
謂的「大牌檔」。沒有華麗的裝潢，坐的是
木杙、圓櫈，但卻每晚都座無虛席。餐點
由各地漁港直送的海鮮刺身新鮮足料，價
廉物美。其中燒帆立貝有牛油（ホタバ）
及醬油（ホタ正）兩款，一大隻才￥390
日元。此外，目前該店提供中文餐牌，亦
可採用 QR code 掃碼點餐，非常方便！

沒有華麗的裝潢，坐的是木杙、圓櫈，食客高聲喧嘩，
反而更能體驗大阪人豪邁的真性情。

館內重現古江戶時代的大阪街道，展品眾多、富趣味性，入場費¥600。

該店招牌「雞白湯拉麵（麦×鶏）」每碗¥950。

大阪古街體驗
大阪生活今昔館

　　「大阪生活今昔館（大阪くらしの今昔館）」是專門介紹大阪古今生活的博物館，內部設有一條江戶時代的大阪街道縮影，街上的傳統民居、商店、神社等，全部以實物原大呈現，天幕還能模擬白天和黑夜變化，逼真非常。建築內有各式日本傳統玩意，以及免費的浴衣體驗，更提供專人解說介紹，全部任玩任拍照。另一展廳則有精緻的微縮模型，以及昔日大阪人使用過的舊家具、電器。展品眾多、富趣味性，加上入場費只要¥600，值得一遊。

街上商店內展出日本傳統工藝，還有日本古時小朋友玩的小玩意，如木叉球、羽子板等，全部任玩任試。

─Info─

3 地址： 大阪市北区天神橋6丁目4-20
　　　　住まい情報センター 8/F
電話： 06-6242-1170
開放時間： 1000-1700（逢周二休息）
入場費： ¥600
網址： www.osaka-angenet.jp
前往方法： 地下鉄「天神橋筋六丁目」駅出口3直達大樓，升電梯直上8樓即到。

草帽型超大碗拉麵
麦×鶏 天満店

　　店名「麥×雞」日文讀成「麦と鶏」，其中「麦」代表「麦わら帽子」，亦即所謂的「草帽」。因此，店內的最大特色就在於草帽型的超大碗。而店內的招牌菜，亦即店名「雞白湯拉麵（麦×鶏）」：以新鮮國產雞長時間燉製的雞白湯，用攪拌器輕輕打發出泡沫，釋放了雞肉的美味和膠原蛋白，再用超巨碗承載這個濃郁白色雞湯浸泡的拉麵，配上兩片雞胸肉、炸蓮藕、紅心大蘿蔔、甘藷、三角竹筍、水芹菜、蔥、切絲辣椒，令人一試難忘！

「麦×鶏」的最大特色，就在於這隻草帽型的超巨大碗。

─Info─

4 地址： 大阪市北区天神橋5-8-12
電話： 06-4792-8694
營業時間： 1100-1430，1800-2130
前往方法： 地下鉄「天神橋筋六丁目」駅出口12左轉，過一個街口即到。

大阪「地燒鰻」百年老店
炭燒鰻 魚伊 天五店

「炭燒鰻 魚伊（炭燒きうなぎの魚伊）」自1867年創業以來，一直採用關西「地燒鰻（地焼き鰻）」的方式來燒鰻魚。關東的做法是先蒸後燒，且因江戶時代武士忌諱切腹，所以鰻魚都是從背部剖開的；而關西「地燒鰻」則將鰻魚從腹部剖開，不蒸而燒。由於採用備長炭猛火直接燒製，所以外皮酥脆，肉質潔白，鬆軟可口。方盒裝、2片鰻魚的「鰻魚重（うな重）」為￥2500，而大圓碗裝、整條鰻魚的「鰻魚丼（うな丼）」則為￥5200。

關西「地燒鰻」以猛火直接燒製，十分香脆可口。

Info

5 **地址**：大阪市北区天神橋 5-5-5
　電話：06-6882-3547
　營業時間：1100-1500，1700-2200
　網址：sumiyaki-unagi.com
　前往方法：地下鉄「天神橋筋六丁目」駅出口12左轉入小巷，到「天神橋筋商店街」即右轉，前行至近下一個街口即到。

一樓為吧枱座位，另設有樓上雅座。

招牌大大的「鰻」字，十分搶眼。

「鰻魚丼（うな丼）」為該店的特上餐點，用大圓碗裝的飯，配上整條關西地燒鰻魚，另附鰻魚肝湯（肝吸）及伴碟小菜。（￥5200）

★I Can Tips
只有全條的鰻魚飯才供應魚腩部位，最肥美的鰻魚腹才是油脂最豐富最可口甘香，便宜的鰻魚丼只會有魚頭魚尾部份，非常瘦，不好吃。

海膽（うに）壽司味道鮮甜而富海水味，每份¥550。

招牌午市定食只¥660，包括9件壽司和味噌湯。

天神橋長龍壽司王
春駒

　　天神橋筋商店街的人氣壽司店，每天都大排長龍。店主每日從大阪中央卸売市場入貨，海鮮保證新鮮。提供超過70款食材，全是現點手握，壽司每份¥110起。全場最抵吃首推海膽（うに），味道鮮甜而富海水味，亦只要¥550。而吞拿魚（まぐろ）更低至每份¥275。

鮑魚（あわび）¥550；
吞拿魚（まぐろ）¥275。

無論任何時間，門外都有人等位。

割價壽司鼻祖
壽司政 東店

　　開業50多年的老店「壽司政（すし政）」，在商店街擁有多家分店，一手帶起商店街壽司店的減價熱潮！招牌午市定食只¥660，包括9件壽司和味噌湯，全是即叫即做的手握壽司。其餘手握壽司也不過兩件¥110起。店主每日親自到多個漁市場入貨，絕對新鮮足料！

這家「東店」為總店，另有兩層高的「中店」位於春駒壽司對面。

─┤Info├─

6　**地址：**大阪市北区天神橋5-5-2
　　電話：06-6351-4319
　　營業時間：1100-2130（逢周二休息）
　　前往方法：地下鉄「天神橋筋六丁目」駅出口12左轉，前行至第二個小巷入口轉入，過一個街口即到。

─┤Info├─

7　**地址：**大阪市北区天神橋5-6-19
　　電話：06-6358-2559
　　營業時間：1120-2300（逢周一休息）
　　前往方法：地下鉄「天神橋筋六丁目」駅出口12左轉，前行至第二個小巷入口轉入，向前直走到底即到。

BEER BELLY 提供多款由箕面直送的新鮮生啤，每杯￥520 起。

必嚐得獎「箕面啤」
BEER BELLY 天滿

1996 年成立的「箕面啤（箕面ビール）」，是大阪的精釀啤酒品牌，啤酒以非熱處理（Draft beer）與無過濾的方法製作，曾 8 度榮獲世界性的啤酒大賞。

「BEER BELLY（ビアベリー）」位於天滿市場後面，是箕面啤的直營酒吧，提供多款由箕面直送的新鮮生啤，每杯￥520 起。除啤酒之外還有多款下酒菜，可以一面小酌，一面品嚐美食。

店內提供多款下酒菜，價格不貴，佐酒一流。

—Info—

8 **地址：**大阪市北区池田町 7-4
電話：06-6353-5005
營業時間：1500-2400
網址：beerbelly.jp/tenma
前往方法：JR 大阪環状線「天滿」駅北面出口，沿正前方小巷直行，至第二個街口右轉入小巷，至第一個兼口左轉即至。徒步約 3 分鐘，天滿市場正後面。

雖然是一棟大樓，「天滿市場」的街市區域，實際只有一樓跟地庫一層。

當地居民的街市
天滿市場

「天滿市場」是當地店家及居民們採買食材的冷氣街市，雖然是一棟大樓，但「市場」的部分，實際上只有一樓跟地庫一層。不同於「黑門市場」，「天滿市場」是以家庭使用的生鮮食材為主，市場內的水果、蔬菜及海鮮等，款式眾多，而且十分新鮮，價格合理，性價比高。

市場內的水果、蔬菜及海鮮款式眾多，而且十分新鮮，性價比高。

—Info—

9 **地址：**大阪市北区池田町 3 番 1
營業時間：0800-1930
前往方法：JR 大阪環状線「天滿」駅北面出口，沿正前方小巷直行，至第一個街口右轉即至。

而該店的創作點心「麻辣燒賣（麻辣燒売）」3件 ¥480，出乎意料地好食。

人氣中華料理店
大阪炒麵 天滿市場店

對香港遊客而言，去中華料理店的中伏機率頗高，通常都不建議去。但「大阪炒麵（オオサカチャオメン）」的天滿市場店，是 2023 年 2 月開業的新式中華料理店，號稱「主打香港點心」，而該店的創作點心「麻辣燒賣（麻辣燒売）」，筆者在香港也從未見過，以「試伏」心態一試，卻出乎意料地好食。由於該店燒賣是單點價，每件 ¥160，不妨一試！

「大阪炒麵（オオサカチャオメン）」店員個個精神抖擻，店裡氣氛很好。

┌─Info─┐

🔟 **地址**：大阪市北区天神橋 5-1-15
　電話：06-6356-1155
　營業時間：1200-2200
　前往方法：JR 大阪環状線「天満」駅北面出口，沿正前方小巷直行，過第一個街口即至，徒步約 3 分鐘。

該店只做廚師發辦（Omakase），六貫壽司為 ¥2000。

隱世 Omakase 名店
壽司処 多もん

這間店隱藏於人來人往的窄巷之中，主打精緻的創作握壽司。壽司飯用的是紅酢，而且多以非傳統的方式呈現。雖然是 Omakase（おまかせ），六貫壽司為 ¥2000，而十貫壽司則為 ¥3500，價格相當實惠，而質量亦相當好，難怪成為當地的隱世名店。由於座位不多，想去的話便請早預訂了。

精緻的創作握壽司，用的是紅醋壽司飯，而且上桌的方式非很別緻。　店面藏身於人來人往的窄巷之中，門前的大燈籠了是最顯眼的招牌。

┌─Info─┐

⓫ **地址**：大阪市北区天神橋 5-6-2
　電話：06-4800-2480
　營業時間：1700-2300
　網址：nishiya.jp/sushi-tamon
　前往方法：JR 大阪環状線「天満」駅北面出口，沿正前方小巷直行，至第一個街口左轉入巷，前行不遠處即至。

充滿創意的創作壽司

天滿酒場 壽司金

　　位於「天神橋筋商店街」五丁目的「壽司金（すし金）」，壽司飯採用赤酢及白酢混合，與食材取得最佳平衡。而該店獨創的三款鎮店之寶俱各有特色，極盡華麗亦不失美味，分別為「海膽魚卵奢華壽司（雲丹とイクラの贅沢寿司）」、「生拌海鮮海膽魚卵餡餅（海鮮ユッケ雲丹イクラのせもなか）」及「雪崩壽司（なだれ寿司）」，俱極有特色，不可不試！但要注意該店必須預約，沒預約者恕不招待哦！

―― Info ――

12 地址：
大阪市北區天神橋 5-7-28
電話： 06-6360-4731
營業時間： 1200-1430，
　　　　　　1700-2200
網址：
sushimiyafuji.owst.jp
前往方法： 地下鉄「天神橋筋六丁目」駅出口 12 左轉入小巷，到「天神橋筋商店街」即右轉，前行至近第二個街口即到。

「拖羅鐵火卷（トロ鉄火巻き）」以芽蔥捲上大拖羅，非常鮮味。（￥1210）

海膽魚卵奢華壽司（雲丹とイクラの贅沢寿司）（￥770）

雪崩壽司（なだれ寿司）的材料豐厚，真的如同雪崩一樣。（￥726）

店內的壽司，全部都創意滿分，十分適合打卡。

以「最中餅皮」製作的「生拌海鮮海膽魚卵餡餅（海鮮ユッケ 雲丹イクラのせもなか）」最特別，拌以三文魚、白肉魚、海膽、三文魚卵及壽司飯，當作三文治來享用，非常創新。（￥726）

該店名物「土手燒（どて焼き）」每份三串￥473。

鄉土料理「土手燒」
七福神 本店

天神橋筋商店街的「七福神」本店，不論串炸或關東煮都很好吃。其中大阪的鄉土料理「土手燒（どて焼き）」是該店名物，每份三串賣￥473。土手燒其實就是味噌燉牛筋，在日文中「土手」是提壩之意，因燉的時候將味噌厚厚地圍在牛筋周邊，就像堤壩一樣，因此而得名。

由於價錢相宜，不少串炸或關東煮一串都只要￥110，最貴亦不過￥550，因為經常擠滿了人。如果想試，便最好選平日淡市時間到來了。

「七福神」本店最能感受到日本居酒屋氛圍。

串炸只要最便宜只要￥110／串，最貴亦不過￥550／串。

— Info —

⑬ 地址：大阪市北区天神橋 5-7-29
**　電話：**06-6881-0889
**　營業時間：**1130-2200
**　前往方法：**地下鉄「天神橋筋六丁目」駅出口 12 左轉入小巷，到「天神橋筋商店街」即右轉，前行至第二個街口即到。

「燉黑毛和牛咖喱（黑毛和牛煮込みカレー）」￥1500。

燉黑毛和牛咖喱
梨花食堂 天滿本店

老闆兼主廚後藤英治，開業前曾到印度研修，更環遊世界嚐遍不同國家的咖喱，最後創出自家獨門味道。以 30 種秘方香料調配而成的咖喱，特別加入中國辣椒，有別日本傳統甜咖喱，味道濃郁香辣而層次複雜，被多位日本網上食評家大讚。2011 年推出的「燉黑毛和牛咖喱（黑毛和牛煮込みカレー）」，選用高級的黑毛和牛，熬煮 3 小時以上，肉質軟腍入味。但須注意，該店只做午市，且每季會連休 14 天，有意品嚐的話，出發之前先要注意休息日期了。

店內以吧枱式設計，座位甚少，往往一位難求。

— Info —

⑭ 地址：大阪市北区天神橋 4-8-15
**　電話：**06-6358-0787
**　營業時間：**1030-1500
　　　　　（逢 1、4、7、10月之 10 至 25 日休息）
**　網址：**www.rikasyokudo.com
**　前往方法：**JR 大阪環状線「天滿」駅南面出口，往直行至街口，直出大街即至。

「兒童之街」（こどもの街）牆面色彩班爛，猶如童話世界。

童話城堡，親子遊首選！
Kids Plaza 大阪

　　「Kids Plaza（キッズプラザ）大阪」落成於 1997 年，是耗資 1409 億日圓興建的日本首個兒童博物館。樓高 5 層，以「讓孩子從遊戲與體驗中學習」為理念，內有科學館、手作工房等等，強調互動體驗。每逢假期更會有不同活動舉行。

　　館內焦點是由奧地利藝術家百水（Friedensreich Hundertwasser）設計、貫穿兩層的奇幻城堡「兒童之街」（こどもの街），牆面色彩班爛，猶如童話世界。裏面還有繩網、攀石牆和超級滑梯等玩意，好玩指數媲美主題樂園，絕對是親子遊首選！

最受歡迎的肥皂泡工場，小朋友可以置身巨型泡泡之中。

━ Info ━
⑮ 地址：大阪市北区扇町 2-1-7
**　電話：**06-6311-6601
**　營業時間：**0930-1630（最後入館 1545）
　　　　　　（不定期休息，請留意官方公布）
**　票價：**成人￥1400、
　　　　中小學生￥800、
　　　　3 歲以上幼兒￥500
**　網址：**kidsplaza.or.jp
**　前往方法：**地下鉄「扇町」駅出口 2 直達。

該店有多款自家手製蛋糕可供選擇，每件￥610 起。

人氣英式 Afternoon Tea
西洋茶館

　　主打英式紅茶和甜品的優雅茶館，無論店內、店外裝潢同樣充滿英式優雅，跟商店街的庶民感覺形成強烈對比。以各式自家蛋糕而聞名，嚴選時令鮮果製作，正宗英式風味，而下午開始供應、一共三層的 Afternoon Tea 乃該店招牌，每份￥2150，在網上人氣極盛。

店內放滿英式古董擺設，頗有鄉村小店感覺。

茶館外牆古典，但也不及櫥櫃內的蛋糕吸引。

━ Info ━
⑯ 地址：大阪市北区天神橋 4-6-14
**　電話：**06-6357-9780
**　營業時間：**1000-2000
**　網址：**seiyosakan.com
**　前往方法：**地下鉄堺筋線「扇町」駅出口 4，前行至「天神橋筋商店街」入口，往左轉入即至。

「真正的雞蛋三明治（本気のタマゴサンド）」把原條方形麵包挖空並填入滑蛋，每份¥1080。

最便宜的「鰻魚丼（うな丼）」每碗只售¥560。

滑蛋吐司磚
Orange Fields
Tea Garden

主打法式吐司的隱世茶館，藏身窄長小巷內，入口十分不起眼；但經常有人排隊，看見人龍便能找到。招牌菜是「真正的雞蛋三明治（本気のタマゴサンド）」，每份¥1080，原條方形麵包挖空，填入滿滿半熟滑蛋，選用大分縣產的「國王紅雞蛋（王様赤たまご）」，蛋味濃郁滑嫩非常。此外，還可加¥500選配跟餐紅茶！

入口藏身大樓地下一條窄長小巷內，要留意門外的籠笆以作識認。

炭火現烤鰻魚飯
名代宇奈とと 南森町店

在東京和大阪擁有近 20 家分店，甚至連香港都已經有分店。然而所有鰻魚全是即點即燒，日本師傅的手藝，自然與香港吃到的有差距。在日本，最便宜的「鰻魚丼（うな丼）」每碗只售¥560，烤至微焦的魚身肉厚軟綿，那甜甜的鰻魚汁更是香濃味美，水準媲美高級料亭，絕對物超所值！

店內鰻魚味實在太濃，吃後全身皆有鰻魚香。

半開放式廚房，可看到師傅以炭火烤鰻魚。

---Info---

17 **地址**：大阪市北区天神橋 3-7-26
電話：06-6948-6290
營業時間：1100-1800
網址：orangefields-teagarden.com
前往方法：地下鉄堺筋線「扇町」駅出口 4，前行至街口，右轉過馬路並進入「天神橋筋商店街」3 丁目，過第一個路口後即至。徒步 3 分鐘。

---Info---

18 **地址**：大阪市北区天神橋 2-3-24
電話：06-6882-6969
營業時間：1100 - 2200
網址：unatoto.com
前往方法：JR 東西線「大阪天満宮」駅、地下鉄「南森町」出口 7，往左進入「天神橋筋商店街」即至。

學問之神社
大阪天滿宮

「大阪天滿宮」是在 949 年由村上天皇下令建造的，以祭祀有「學問之神」之稱的菅原道真。因此，每逢考試季節和開學日子，全國的莘莘學子都會湧來祈願，並購買「合格御守」。

另一方面，這裡亦是大阪的賞梅熱點，每年 2 月尾、櫻花開前便是梅花花期，而日本三大祭典之一的「天神祭」，便於每年 7 月 24 至 25 日在這裏舉行。

每逢考試或開學日子，大家都爭先買「合格御守」。

除了祈求學業外，天滿宮還有紫色的「厄除御守」。

──── Info ────

 地址：大阪市北区天神橋 2 丁目 1-8
電話：06-6353-0025
開放時間：0900-1700
網址：osakatemmangu.or.jp
前往方法：JR 東西線「大阪天滿宮」駅、地下鉄「南森町」出口 7，往右前行至街口再轉右，往前直走即至。

正門頂掛有天干地支與十二生肖圖案的裝飾，還有一條極粗壯的注連繩。

天滿宮過往曾遭受多次火災，現在的主殿和入口大門，都是 1845 年重建的。

大阪「天神祭」每年7月24至25日在天滿宮舉行。

唯一有煙花的「三大祭」
天神祭

所謂「日本三大祭」，分別為：京都「祇園祭」、大阪「天神祭」及東京「神田祭」。其中大阪「天神祭」每年7月24至25日在天滿宮舉行。

這是日本的學問與學習之神菅原道真的祭典，已有超過千年的歷史。天神祭從7月24日開始，首先會跳獅子舞，然後開始擊鼓，象徵祭典正式展開。大家便抬著神輿在街上巡行。到了第二天，會將神輿放上用燈火照亮的船隻，在河上展開夜間遊行。這一晚在舊淀川上空會有煙花表演，並以此代表遊行結束，神輿也會被接回天滿宮。

「天神祭」的前一天（7月23日）按慣例會在「天神橋筋商店街」舉辦「女子抬神轎」活動。
（圖片來源：天神祭綜合情報）

熱咖啡（ホットコーヒー）每杯¥420。

便宜的隱世名店
伊吹珈琲

伊吹貞雄於1934年創辦的「丸福珈琲店」本來是家族生意，並於1988年由長子伊吹司朗接掌公司。

其後因經營理念不同，主管「丸福珈琲店」黑門市場店的另一位兒子伊吹慶一，於1991年宣布獨立，並將該店改名「伊吹珈琲店」。而天神橋商店街店開業於2004年，堅守「丸福」本來的路線，採用自家烘焙以保持咖啡的鮮度，味道濃郁而芳香。

老舊的掛牆鐘和吊燈，氣氛懷舊。

「伊吹珈琲店」其實是「丸福珈琲店」的分家。

Info

20 地址：大阪市北区天神橋1-20-13
電話：06-6354-7000
營業時間：0730-1800
網址：ibuki-coffee.com
前往方法：JR東西線「大阪天滿宮」駅、地下鉄「南森町」出口7，往左進入「天神橋筋商店街」直走1丁目即至。

大阪玩具雜貨街

8

6

なにまち/Tanimachi

谷町

16

11

2

17

地下鉄長堀鶴見緑地線「松屋町」駅、地下鉄谷
町線或長堀鶴見緑地線「谷町六丁目」駅即達。

交通

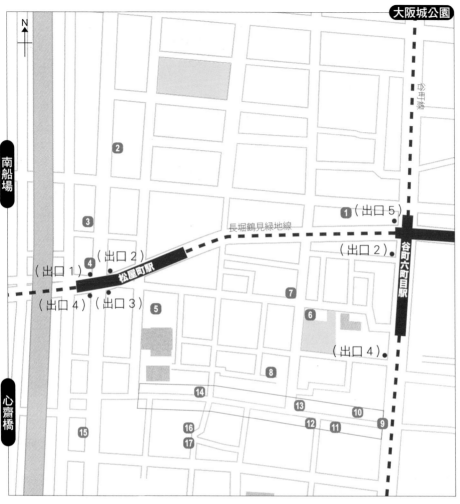

1 文目堂

2 味覚糖 UHA 館
　Cagi de reves

3 食玩王國

4 增村人形店 3 号館

5 御屋敷再生複合 Shop 練
　鞄 工房 FOLLOW
　Academy cafe
　DENIM
　Ek Chua 空堀「蔵」
　凸凹事之霸舍

6 空堀複合文化施設 萌

7 更科食品

8 結音茶鋪

9 空堀商店街

10 RAN-RAN-RU

11 御菓子司 梅乃餅

12 昆布土居

13 紙匠雑貨 絵文字

14 鰹節屋 丸与

15 小柳商店

16 TAKORIKI

17 長屋再生複合 Shop 惣
　鮨 福萬
　CRYDDERI CAFÉ

招牌「鴨汁そば」每份¥1600，乃蕎麥版的沾麵。

Champagne Set（¥2400）包括一支法國名牌 Moët & Chandon 香檳，以及日本名牌 Cagi de reves 的朱古力。

《米芝蓮》蕎麥麵
文目堂

2009 年開業，藏身寧靜住宅區的蕎麥麵店，卻連續多年奪得《米芝蓮》1 星殊榮！店面由 80 多年歷史的老房子改裝，內裝帶點昭和時代的西洋懷舊風。老闆師承自大阪著名蕎麥麵店「凡愚」，現點現打的蕎麥麵還混有粒粒蕎麥碎，麥香非常。招牌「鴨汁そば」每份¥1600，乃蕎麥版的沾麵，一吃難忘！

烤過的鴨肉，爽嫩而油脂豐盈，高級之作。

樓高 3 層的店面，始建於上世紀 30 年代。

─Info─

1 **地址：** 大阪市中央区安堂寺町 2-2-26
電話： 06-7504-5260
營業時間： 1130-1430、1730-2030
（逢周日休息）
前往方法： 地下鉄谷町線或長堀鶴見緑地線「谷町六丁目」駅出口 5，步行約 4 分鐘。

¥2000 嚐香檳朱古力
味覚糖 UHA 館

「UHA 味覚糖」乃 1949 年於大阪創立的糖果生產商，招牌超酸軟糖「シゲキックス」和「ぷっちょ」你很可能也曾吃過。位於松屋町筋商店街的總部樓高 9 層，重點是 2 樓的 Café「Satellite」提供的 Champagne Set（¥2400），包括一整支法國名牌 Moët & Chandon 香檳，以及日本名牌 Cagi de reves 的朱古力，絕對超值。

Café「Satellite」位於大樓 2 樓，內裏擺滿 UHA 酸糖的吉祥物公仔。

─Info─

2 **地址：** 大阪市中央区神崎町 4-12
電話： 06-6767-6040
營業時間： 0900-1800（逢周日休息）
網址： uha-mikakuto.co.jp
uha-satellite.com
前往方法： 地下鉄「松屋町」駅出口 2，往北步行約 3 分鐘。

Cagi de reves 的外牆猶如雕通的朱古力。

夢幻朱古力
Cagi de reves

UHA 館地下還有素有「夢幻朱古力」之稱的日本手工朱古力名牌專門店，由名設計師森田恭通操刀，以「寶石箱」為主題，外牆猶如雕通的朱古力，就連品牌朱古力的造型也同樣美如藝術品。

--- Info ---
地址：UHA 館 1/F
電話：06-6767-6133
營業時間：1000-1900（周六、日至 1700）
網址：cagidereves.jp

「食玩王國」找到大量已絕版的食玩款式。

微縮食玩專門店
食玩王國

食玩（しょくがん）乃「食品玩具」的簡稱，指內藏糖果的玩具。「食玩王國」是食玩批發商的附屬商店，可找到大量香港已絕版的食玩款式。

--- Info ---
③ 地址：大阪市中央区松屋町 9-7
電話：06-4304-2221
營業時間：0930-1730（逢周日休息）
網址：syokugan-ohkoku.com
前往方法：地下鉄「松屋町」駅出口 1，往北步行約 1 分鐘。

小型人偶套裝亦索價￥56000，卻已屬價格相宜的選擇，難怪在日本會被視為傳家之寶。

松屋町人偶專家
增村人形店 3 号館

受到近年大受歡迎的日本動漫《戀上換裝娃娃（その着せ替え人形は恋をする）》影響，日本傳統人偶亦再度受人注目。而「增村人形店」早在 1941 年經已創立。專售人形公仔、傳統裝飾和花火（煙花），都是日本傳統節慶如女兒節（3 月，人偶）、兒童節（5 月，鯉魚旗）、新年的必備裝飾。

其中「雛人形」是日本女兒節時所擺放的傳統裝飾，由於工藝極為細緻講究，所以價值不菲：普通的￥15 萬至￥50 萬；出自名工匠之手的，甚至高達￥100 萬以上，即使不買也值得欣賞一下。當然，也有一套放在玻璃箱裡的小型人形，價格相宜，也方便擺設，想買的話可以考慮。

手工精緻的傳統羽子板，乃日本新年的傳統玩意。

--- Info ---
④ 地址：大阪市中央区松屋町 8-5
電話：06-6763-1788
營業時間：1000-1900
網址：masumuradoll.co.jp
前往方法：地下鉄「松屋町」駅出口 1 即達。

「練」建築前身為大正時代從神戶遷至現址的「長屋」。

活化老房子
御屋敷再生複合 Shop 練

　　「空堀」區內保存了大量建於明治時代的傳統「長屋」，當地保育人士將之活化成特色小店，令老房子的生命得以延續。「練」建築前身為大正時代從神戶遷至現址的「長屋」，2003 年由保育組織「空堀俱樂部」改建成複合式商店群，3 棟兩層高平房，內設多家售賣個性精品、服飾或手作的小店，還有特色 Café 和餐廳。

── Info ──

❺ **地址：**大阪市中央区谷町 6-17-43
電話：06-6767-1906
網址：len21.com
前往方法：地下鉄「松屋町」駅出口 3，往東步行約 1 分鐘。

該店專售店主自製的手工皮革用品。

手工皮革
鞄 工房 FOLLOW

　　店內附設工場，專售店主自製的手工皮革飾品和袋，款式實用又型格，絕對媲美許多名牌子，店主還可替客人免費刻名和度身訂製。

── Info ──

地址：「練」東側入口左邊
電話：06-6761-1308
營業時間：1100-1900（逢周三休息）
網址：r.goope.jp/follow/

該咖啡店亦為畫廊，定期舉辦作品展覽。

咖啡店畫廊
Academy cafe

　　咖啡店「Academy cafe（アカデミーカフェ）」，供應蛋糕及甜品。與此同時，該店亦為畫廊，定期舉辦作品展覽，讓來賓能享受生活中的輕鬆時刻。

── Info ──

地址：「練」東側入口左邊
電話：090-9255-8216
營業時間：1100-1900（逢周三休息）
網址：
instagram.com/academycafe_matsuya

4 款咖喱配 8 種配菜，每份￥2200。

時尚咖喱店
DENIM

該店主打款式極多的咖喱和色彩繽紛的配菜，咖喱每天不同，4 款咖喱配 8 種配菜，每份￥2200，咖喱迷不可錯過！

─Info─

地址：「練」西側入口外右邊
電話：070-9006-3193
營業時間：1100-1500，1730-2300
　　　　　　（逢周三休息）
網址：instagram.com/tanimachi_denim_curry

Ek Chua Original Chocolate Drink 每杯￥858。

手工朱古力名店
Ek Chua 空堀「蔵」

Ek Chua 空堀（エクチュアからほり）「蔵」是大阪有名的手工朱古力店，使用比利時高級朱古力製做，味道濃郁。該店附設朱古力工場和 Café，內部裝潢優雅，朱古力熱飲啖啖香濃幼滑。

─Info─

地址：「練」西側入口外左邊
電話：06-4304-8077
營業時間：1100-2000（逢周三休息）
網址：ek-chuah.co.jp

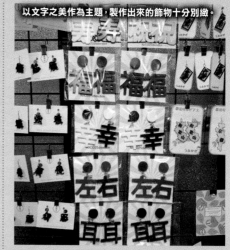
以文字之美作為主題，製作出來的飾物十分別緻。

文字雜貨專門店
凸凹事之霸舍

強調「語文的魅力」的雜貨店「凸凹事之霸舍（凸凹ことのは舍）」，全店貨品都與文字有關，從其店名中「は舍（しゃ）」即玩「霸者」的日文諧音梗可見一斑。

在店內，可以從漢字和古文字等 2000 多種文字，以及不同的和顏色之間進行不同的組合，而且提供定制的服務。透過手工藝師所製作的獨特作品，從中體驗文字之美，亦相當適合作為手信！

該店可提供定制的服務。

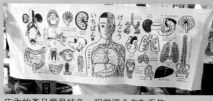
店內的產品頗具特色，相當適合作為手信。

─Info─

地址：「練」館內 1/F
營業時間：1100-1900（逢周三休息）
網址：kotonoha8.myshopify.com

館內陳列了歷屆「直木賞」的得獎作品。

文化大樓

空堀複合文化施設 萌

「萌（ほう）」本是一棟昭和 35 年（1960 年）興建、商住合一的舊廈。現已改建，名字取其「萌芽」的意思。樓高 3 層，內有數家特色小店、餐廳和工作室。不過最有名是附設日本著名小説家「直木三十五」的紀念館（「直木賞」正是紀念他！），皆因直木少年時就讀的桃園小學遺址「桃園公園」就位於旁邊。

3 層高大廈原為機械工場兼住宅，建於 1960 年，現已改建成複合文化大樓。

―――Info―――

⑥ **地址**：大阪市中央区谷町 6-5-26
　營業時間：1100-1900（部分至 2200）
　　　　　　　（逢周三休息）
　網址：ho-karahori.com
　前往方法：地下鉄「谷町六丁目」駅出口 4，右轉入巷直行，至桃園公園右轉即至。

堂食午餐每天不同，當天的炸蝦烏冬每碗￥330。

自助新鮮手打烏冬販賣機

更科食品

該店是家庭式經營的自製麵店，主要售賣各種麵條，以供在家中煮食用。經營近 20 年，尤以烏冬及蕎麥麵最為具口碑。此外，該店亦提供熟食午餐，餐點每天不同，不過並沒有店內座位，只能露天享用，套餐價位最低￥220 就有交易。此外，該店更設有自動販賣機售賣自家麵食，隨時可以買回去，加熱即可食用。

該店門外設有自動販賣機售賣自家麵食，讓顧客在關店時間仍可以購買。

該店其實是製麵工場，不設店內座位，堂食只能露天享用。

―――Info―――

⑦ **地址**：大阪市中央区谷町 6-11-5
　電話：06-6761-3607
　營業時間：1000-1700，周六 1000-1430
　　　　　　　（逢周日休息）
　前往方法：「萌」斜對面即至。

隱世民居料理店 特色「茶雞尾酒」

結音茶舖

　　藏身於住宅區內、橫街窄巷之中的一家茶室，本身就是一間老屋，店內只有十多個座位，看起來似有百年歷史，充滿懷舊氣息。該店午餐是固定的「焙茶稻荷御膳（ほうじいなり御膳）」，每份￥1100，並無其他選擇。該店所用茶葉都是宇治茶。到了晚市更提供極具特色的「茶雞尾酒」、清酒及啤酒。

午餐套餐中的「稻荷寿司」乃腐皮壽司，但米飯不是酸醋味，而是上湯製作，濕潤鹹香！

套餐的小缽當中最精彩是煮蘿蔔，香甜軟腍。

─Info─

⑧ 地址： 大阪市中央区谷町 6 丁目 14-2
電話： 06-4305-4926
網址： yui-on.jp
營業時間： 1200-2400
　　　　　　（逢周一及每月第三個周二休息）
前往方法： 地下鉄「谷町六丁目」駅出口 4，右轉入巷，直行至第二個路口左轉，走到底再左轉即至。

雞腿燉煮得不算嫩滑，卻很入味。

結音茶舖最知名是晚上供應的「茶雞尾酒」，不妨一試。

該店午餐是固定的「ほうじいなり御膳」，菜色豐富。(￥1100)

Tips

午市時間非常多人，上餐較慢，建議12點到來，以避開午飯高峰時間。

「空堀」原是大阪城南的壕溝，現已變成商店街。

豐臣時代的大阪壕溝
空堀商店街

　　「空堀商店街」位於松屋町與谷町筋、上町筋之間，全長約 800 米。

　　「空堀」早在豐臣秀吉建築大阪城的時代便已經出現，原是城南的壕溝。時至今日空堀已變成商店街，雖然沒有心齋橋般繁華，但這裡充斥特色食材小店，魚鋪、蔬果、鰹魚、昆布的老店，充滿濃濃的古樸氣氛，認真發挖更有隱世小店出現。

「空堀」是大阪城南的壕溝，有難攻不下之稱。時至今日，商店街一隅仍可看見壕溝的遺跡。

Info

⑨ **地址：**大阪市中央区谷町 6-14-14
　電話：06-6762-2229
　網址：karahori-osaka.com
　前往方法：地下鉄「谷町六丁目」駅出口 4，右轉直行至第二個街口即至。

該店名物「芝士咖喱蛋包飯(チーズ in オムカレー)」￥1300。

媒體注目的咖喱店
RAN-RAN-RU

　　曾獲「究極のカレー 2022 関西版」西式咖喱部的準優勝獎的「RAN-RAN-RU（らんらんルー）」，屢獲媒體報導的咖喱名店，亦經常成為日本電視節目中的場景。無論是打卡或品嚐美食都不容錯過！

Info

⑩ **地址：**大阪市中央区谷町 6-4-8
　電話：06-6447-4680
　營業時間：1130-2030（平日 1500-1730 休息）
　網址：ranranru-curry.com
　前往方法：進入商店街後直達。

「小動物糖果（おつまみ菓子）」每包￥140。

明治時代老店
御菓子司 梅乃餅

　　創業於明治時代的老店，販賣和菓子、麻糬、仙貝及時令點心。其中銅鑼燒「三笠」皮厚有嚼勁，表面經過強烈烘烤，口感酥脆。

Info

⑪ **地址：**大阪市中央区谷町 7-2-27
　電話：06-6761-2549
　營業時間：0900-1700，周三至 1400（逢周日、假期休息）
　網址：umenomochi.com
　前往方法：進入商店街後直達。

該店的一般湯底¥850，十倍濃縮湯底亦不過¥1600。

百年歷史昆布老店
昆布土居

「昆布（こんぶ）土居」使用北海道最高級的昆布，製品有著明顯的鮮味，是大阪人的首選。其中小小的一瓶「昆布粉」，只要撒入熱水即能成為昆布湯底，買來自用或是當作手信都相當不錯！

─Info─
⑫ **地址：**大阪市中央区谷町 7-6-38
電話：06-6761-3914
營業時間：0930-1800（逢周日、假期休息）
網址：konbudoi.jp
前往方法：進入商店街後，至第一個路口即達。

「柴魚花（花かつお）」大包¥940，細包¥480。

創業 250 年的柴魚片專家
鰹節屋 丸与

1765 年創業的柴魚片老店，有多種不同的柴魚片可供選擇。當中，切成比較大片的稱為「削」，而切得較碎的是「花」。老店的柴魚片，煮出來的味道與別不同，是大阪手信之選。

─Info─
⑭ **地址：**大阪市中央区谷町 6-17-17
電話：06-6761-1828
營業時間：1000-1800（逢周三、日休息）
網址：maru-yo.co.jp
前往方法：進入商店街後直行至十字路口即達。

客人可自選簿皮、內頁、線圈等配件，即場製作獨一無二的記事簿。

紙品雜貨店
紙匠雜貨 絵文字

「絵文字（エモジ）」從美濃和紙製的 Postcard、朱印集章手帳，到自訂記事簿都有，客人可自選簿皮、內頁、線圈等配件，即場製作獨一無二的記事簿。

─Info─
⑬ **地址：**大阪市中央区谷町 6-4-24
電話：06-4392-7972
營業時間：1100-1800（逢周一、二休息）
網址：kami-emoji.com
前往方法：進入商店街後，至第二個路口即達。

糖果以大包裝發售，買得愈多愈便宜。

超便宜零食糖果
小柳商店

比市面便宜的零食批發店，店內零食糖果多達 8000 種以上，兼營零售，大部分糖果以大包裝發售，買得愈多愈便宜，掃手信一流。

─Info─
⑮ **地址：**大阪市中央区瓦屋町 1-12-3
電話：06-6761-4063
營業時間：0900-1800（逢周日、假期休息）
網址：okashi-ohkoku.com
前往方法：地下鉄「松屋」駅出口 4，往南過三個街口即至。

「原味章魚燒＋鹽芝士味章魚燒（「たこやき＋塩チーズたこやき」）」套餐。（¥1300）

創意法式章魚小丸子
TAKORIKI

「TAKORIKI（たこりき）」主打創意的法式菜餚，並製作極具獨色的章魚小丸子，其中最特別的是「鹽芝士章魚燒（塩チーズたこ焼き）」。因該店屬於居酒屋，須每人單點飲品；而且只有 7 個位，原則上一定要先預約，而預約情況可以事先留意其官方 FB。

該店位於僻靜的角落，雖要自行開門進店。而店外亦設外賣窗口，可以直接購買。

━━━Info━━━
⑯ 地址： 大阪市中央区瓦屋町 1-6-1
電話： 06-6191-8501
營業時間： 1200-1600，1800-2400
　　　　　　（逢周一休息）
網址： takoriki.jp
　　　　 facebook.com/karahori.takoriki
前往方法： 進入商店街後，至「鰹節屋 丸与」沿
　　　　　　十字路口南行即達。

「惣」極力保持長屋原貌，充滿傳統特色。

小店長屋
長屋再生複合 Shop 惣

由保育組織「空堀俱樂部」將兩棟百年歷史的舊長屋改造成的複合商店。始建於明治時代，樓高兩層，內有近 10 家特色小店。內部極力保持長屋原貌，充滿傳統特色，處處都是攝影美景。

━━━Info━━━
⑰ 地址： 大阪市中央区瓦屋町 1-6-2
營業時間： 1100-1900（逢周三休息）
網址： so-karahori.com
前往方法： 進入商店街後，至「鰹節屋 丸与」沿
　　　　　　十字路口南行即達。

該店只做 Omakase，連飲品每位約¥14000。

隱世 Omakase
鮨 福萬

自 2010 年開業的 Omakase 壽司小店，連飲品每位約¥14000，主打明石和紀州的鮮魚料理，在當地人的口碑很高。由於全店僅 8 個座位，所以訂位，有意一試須及早安排了。

━━━Info━━━
位置： 空堀「惣」南長屋 1/F
電話： 06-4304-0029
營業時間： 1700-2300（逢周三休息）

秘密咖啡店
CRYDDERI CAFÉ

2002年開店，藏身「惣」1樓後座，乃空堀區內最具人氣的寧靜Cafe，由老闆娘森本女士一人打理，樓底挑高開揚，還附設迷你的露天吧台。

必吃自家製甜點蛋糕，天天不同款式，賣相與味道都不錯，另有咖喱飯、三文治等輕食供應。店內兼售手作小物及生活百貨，全是本地手作人的作品，由配飾、籐織到陶瓷餐具都有，還會不定期舉辦各式手作教室。

店內還有寄賣本地手作人的作品。

店內售賣的作品各都十分精緻，頗具特色。

該店位於長屋的後座，也是舉行手作課的地方。

套餐附咖啡或紅茶，香味十足，可休閒地品嚐。

Info

位置： 空堀「惣」1/F
電話： 06-6762-5664
營業時間： 1100-1900（逢周三休息）
網址： crydderi-cafe.com

日替蛋糕（日替わりケーキ）每天不同，蛋糕香氣撲鼻，最喜歡它本身沒加糖，吃時蘸上忌廉和柚子蜜便剛剛好，並附紅茶或咖啡。(￥920)

谷町

大阪城公園

港湾区

日本環球影城

万博記念公園

大阪周邊

日本三大名城

おおさかじょうこうえん / Osakajokouen

大阪城公園

6

4

5

2

2

地下鉄「谷町四丁目」駅、
「森ノ宮」駅、JR大阪環状線
「大阪城公園」駅即達。

交通

8

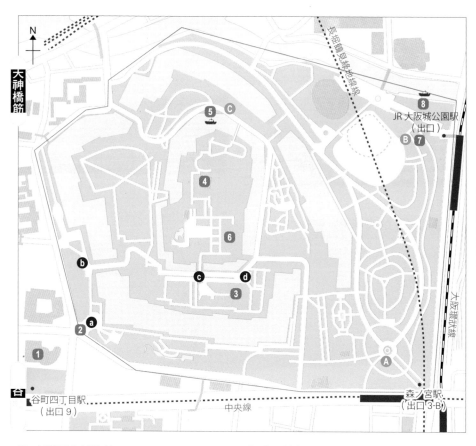

1 大阪歷史博物館

2 大阪城公園

接駁列車

A 森ノ宮駅

B Jo-Terrace Osaka 前駅

C 極樂橋駅

接駁小巴

a 馬場町駅

b 大手前駅

c 桜門駅

d 豊国神社前駅

3 豊国神社

4 大阪城天守閣

5 大阪城御座船

6 Miraiza 大阪城

　　大阪城「本陣」

　　忍屋

7 Jo-Terrace Osaka

8 Aqua-Liner

博物館前廣場建有仿製古墳時代的舊倉庫。

大阪精華遊
大阪歷史博物館

　　「大阪歷史博物館」建於難波宮遺址之上，博物館前廣場建有仿製「古墳時代」（3-6 世紀）的舊倉庫。博物館連地庫樓高 11 層，介紹自飛鳥、奈良時代起，至近代的大阪歷史，展出大量珍貴的歷史文物，焦點展品包括位於地庫的「難波宮」遺溝，還有不同時代的模擬古街，以及大量體驗活動，包括官服試穿等。

旅客參觀先從 10 樓的「奈良時代」開始，建有 1:1 的難波宮太極殿。

小朋友可參加古代商貿、考古發掘等體驗活動。

Info

1 **地址：**大阪市中央区大手前 4 丁目 1-32
　　電話：06-6946-5728
　　開放時間：0930-1700（最終入館 1630）
　　　　　　　　（逢周二休息）
　　　　　　　　（每年 12 月 28 日至翌年 1 月 4 日休息）
　　入場費：成人￥600
　　　　　　　高中生￥400
　　　　　　　初中生以下免費
　　網址：osakamushis.jp
　　前往方法：地下鉄「谷町四丁目」駅出口 9 直達。

在公園內，遠遠就能看到大阪城天守閣。

日本三大名城之一
大阪城公園

　　「大阪城」別名「金城」或「錦城」，自古已是大阪市的象徵，跟名古屋城、熊本城並列「日本三大名城」，始建於 1583 年，原是豐臣秀吉（日本戰國三雄之一）的居城，後來成為德川幕府控制西日本的權力中心。德川幕府倒台後，1931 年開放成為「大阪城公園」。現時，大阪城是日本現存最大的城堡，四周用以 40 多萬塊巨石築成城牆和護城河，已被日本政府列為重要文化遺產。

「大手門」乃大阪城的玄關，因造型像漏斗而被稱為大手門枡形，城門後的通道迂迴曲折，作用是阻擋敵軍驅進。

Info

2 **地址：**大阪市中央区大阪城 1-1
　　電話：06-6755-4146
　　開放時間：24 小時
　　網址：osakacastlepark.jp
　　前往方法：地下鉄「谷町四丁目」駅出口 9 步行
　　　　　　　　約 3 分鐘，「森ノ宮」駅、JR 大阪環
　　　　　　　　状線「大阪城公園」駅出口 3-B 即達。

在烈日當空的日子，乘搭接駁車可節省不少力氣。

大阪城豐国神社是祭祠豐臣秀吉的別社。

輕鬆前往天守閣
接駁車

由於大阪城面積極大，除非你有一整天時間想慢慢逛，否則交通工具都是很重要的。如果從大阪城公園的東側入場的話，稱為「Road Train（ロードトレイン）」的接駁列車，將會是慳水慳力的首選。該列車共三站：森ノ宮駅、Jo-Terrace Osaka（即大阪城公園駅）及極楽橋駅（即天守閣附近），每半小時一班車，全程約半小時。在烈日當空的日子，可以節省不少力氣，也可避免途中迷路。

若從大阪城公園東側進入有稱為「Electric Car（エレクトリックカー）」的接駁小巴，行經：馬場町、大手前、桜門、豊国神社前，然後返回馬場町。營運時間與「Road Train」一致，成人票價每程￥300。

─Info─
車站位置：1) 森ノ宮駅
2) Jo-Terrace Osaka（大阪城公園駅）
3) 極楽橋駅（天守閣附近）
電話：06-6755-4178
營業時間：森ノ宮駅＞極楽橋駅：0930-1630
極楽橋駅＞森ノ宮駅：1003-1703
休息：每月第一個周四、雙數月第四個周五
（公眾假期順延一周）
車費：成人（中學生或以上）每程￥400
兒童（4歲以上）每程￥200
長者（65歲或以上）每程￥200

紀念豐臣秀吉
豐国神社

1599年，逝去的豐臣秀吉被埋葬在京都阿彌陀峰，在墓地上設立「豐國社」，並獲後陽成天皇授與正一位之神階和「豐國大明神」神號。1615年豐臣家滅亡，德川幕府亦把神社毀壞，直到明治天皇時代才在京都得以重建，並於1879年在大阪城內建立別社，即目前的「大阪城豐國神社」。該社有庭園設計師重森三玲設計的假山花園「秀石庭」。

「秀石庭」的設計師重森三玲，是日本昭和時代的庭園巨匠，其庭園作品繼承了古代日本庭園的精華，在藝術上對日本庭園進行了的革新，值得細味。

─Info─
3 **位置**：大阪城天守閣南面，「桜門」前方
電話：06-6941-0229
營業時間：1100-1800
網址：osaka-hokokujinja.org
前往方法：地下鉄「谷町四丁目」駅出口9，穿過大阪歷史博物館，過馬路進入大阪城公園，在「馬場町」乘坐接駁小巴直達。

戰國名城
大阪城天守閣

　　大阪城內的主體建築為「天守閣」，最早為豐臣秀吉在大抵統一日本後，於 1583 年在石山本願寺遺址上所建，外貌巍峨壯觀、金碧輝煌，連內部裝潢也極盡奢華。

　　歷史上先後兩次毀於戰亂與天災，現存的第 3 代城樓為 1931 年由大阪市民集資復建，樓高 55 米。館內闢有「文物館」，展出大量珍貴的歷史文物，包括豐臣秀吉像及其武器。頂層展望台更能俯瞰大阪城公園一帶美景。

位於天守閣 8 樓的展望台，為公園內的最高點，大阪市景盡收眼底。

Info

4 **地址：**大阪市中央区大阪城 1-1
電話：06-6941-3044
開放時間：0900-1700（最終入場 1630）
休息：12 月 28 日 - 翌年 1 月 1 日
入場費：成人￥600、初中生以下持學生證免費
網址：osakacastle.net

樓高 8 層的天守閣巍峨宏偉，內部設有電梯，但遊客多時還以走樓梯為上策。

Tips
持「大阪周遊券」免費入場。

「豐臣秀吉」解碼

原名木下藤吉郎、羽柴秀吉，日本首位統一日本的戰國名將。他的一生傳奇：由一個事奉織田信長的「小者（僕人）」，逐步爬升至「戰國大名」，甚至以平民之身，破例被封為「關白」，被譽為日本史上最成功的出人頭地者。

天守閣 5 樓可看到「大坂之陣」的戰場模型。這場戰爭由德川家康消滅了豐臣家，並建立了江戶幕府。模型中的騎馬武士是真田幸村，他屬豐臣家的一方，頭盔上頂著雄偉的鹿角以及象徵「不惜身命」的六文錢家紋，身著赤色甲冑無畏地衝鋒。

「大坂」解碼

大阪最初為「大坂」，明治維新時，因「坂」看似「士反」有「武士造反」之譏，故更名為「大阪」。

2 樓有戰國武將的盔甲和陣羽織的租借服務，如真田幸村等名將的「鹿角兜」（頭盔），付費即可戴上。

天守閣頂上置有 8 隻鍍金金鯱瓦和鬼瓦，還有虎狀浮雕，極其精緻。

持「大阪周遊券」免費乘坐。

「御座船」重現了豐臣秀吉時代船隻的模樣。

豐臣秀吉時代的金箔船
大阪城御座船

　　「大阪城御座船」採用大量金箔，重現豐臣秀吉時代船隻的模樣，讓遊客能坐在船上遊覽大阪城護城河，航程約 20 分鐘。售票處位於「極楽橋」的正對面，而碼頭則在橋旁。持有「大阪周遊券」的話，只要出示卡片即可換票。

在御座船上，可從不同角度欣賞大阪城天守閣。

船程中會介紹「人面石」是為驅除妖魔而嵌入的。

Info

5 **位置**：大阪城天守閣北面，「極楽橋」前方
　　電話：080-3764-3773
　　營業時間：1000-1630（每 15 分鐘一班）
　　船票收費：成人（高中生或以上）每程 ￥1500
　　　　　　　　兒童（中、小學生）每程 ￥750
　　　　　　　　長者（65 歲或以上）每程 ￥1000
　　網址：banpr.co.jp
　　前往方法：乘過接駁列車至「極楽橋駅」直達。

「Miraiza 大阪城」是集結展覽館、餐廳及紀念品的遊客中心。

大阪精華遊
Miraiza 大阪城

「Miraiza 大阪城」建於 1931 年，樓高層，原為第四師團的司令部。二戰結束後，這處曾改為大阪市警視廳，及後來的大阪府警察總部。其後內部進行改建，自 1960 至 2001 年期間，曾為「大阪市立博物館」。時至今日，這裡是集結展覽館、餐廳及紀念品的遊客中心，對遊覽天守閣的旅客而言十分方便！

1 樓設有「大坂城跡」的免費展覽，介紹大坂城的自戰國時代至今的歷史及變遷。

Info
6 位置：大阪城天守閣旁邊，「天守閣」入口前方
電話：06-6755-4320
開放時間：0900-1800
網址：miraiza.jp

外賣區提供多款飲品、小食。

大阪城周邊紀念品店
大阪城「本陣」

商店區供應許多獨家的大阪城周邊商品，而外賣區則提供多款餐點、飲品、雪糕、拉麵以及炸雞等等。在大阪城逛累之際，正好在此休息！

Info
地址：「Miraiza 大阪城」1/F
電話：06-6755-4314
營業時間：0900-1730

店外就有忍者人偶作招牌，十分搶眼。

忍者、戰國主題商店
忍屋

售賣忍者、戰國主題的周邊產品，以及一些和風雜貨。值得一提的，是這裡設有投擲忍者武器「手裡劍」的「手裡劍道場」，不妨一試身手。此外，亦可以和扮成忍者的工作人員拍攝紀念照。

Info
地址：「Miraiza 大阪城」1/F
電話：06-6755-4514
營業時間：0900-1700

Jo-Terrace Osaka 是大阪城公園內的複合式廣場。

「Aqua-Liner」航程 40 分鐘，每年花期例必爆滿。

大阪城邊新名所
Jo-Terrace Osaka

2017 年於大阪城公園內增設的複合式廣場，開放式空間內有 7 個平台式建築，集結多家人氣商店，尤其主打餐飲，包括超人氣鬆餅店「gram」、神戶爆紅 Pancake 店「Hysteric Jam」等等，部分還有大阪城限定 Menu。園內綠意盎然，附設旅遊諮詢中心和休閒設施，甚至有專為跑友提供寄存和淋浴服務的 support Center。

暢遊大阪水都
Aqua-Liner

河道縱橫交錯的大阪，古時已憑便利的水路交通而成為繁華商埠，素有「日本水都」之美譽，是故最佳玩法必是乘船暢遊其中。中之島一帶乃最熱門的遊船路線，區內也有不同特色的遊覽船可供選擇。

其中每日皆有 7 個班次的水上巴士「Aqua-Liner（アクアライナー）」乃人氣之選，船體只有 1.6 米浮出水面，是為了使船體能輕鬆穿過沿途多座古橋而特別設計。而航程約 40 分鐘，途經大阪城、中之島等著名景點，每年賞櫻季節和玫瑰花期例必爆滿。

「Hysteric Jam」的焦糖燉蛋班戟，焦糖面香脆，包住嫩滑燉蛋和忌廉。

人氣鬆餅店「gram」的「Premium Parfait（プレミアムパフェ）」

Tips
持「大阪周遊券」免費乘坐。

沿途經過眾多歷史建築。

Info

❼ **位置**：「大阪城公園駅」出口前方
電話：06-6314-6444
營業時間：1000 - 1800
網址：jo-terrace.jp
前往方法：JR 環状線「大阪城公園」駅西口直達。

Info

❽ **乘船處**：大阪城碼頭
查詢電話：05-7003-5551
營運時間：1000 - 1900
票價：成人￥1600、小學生￥800
網址：suijo-bus.osaka
前往方法：JR 環状線「大阪城公園」駅西口直達。

谷町

大阪城公園

海灣區

日本環球影城

万博記念公園 大阪周邊

周末消閒勝地

海灣區

ベイエリア / Bay Area

天保山：地下鉄中央線「大阪港」駅即達。
南港：地下鉄中央線「コスモスクエア」駅(總
站)；南港ポートタウン線「コスモスクエア」或
「トレードセンター前」駅均達。

交通

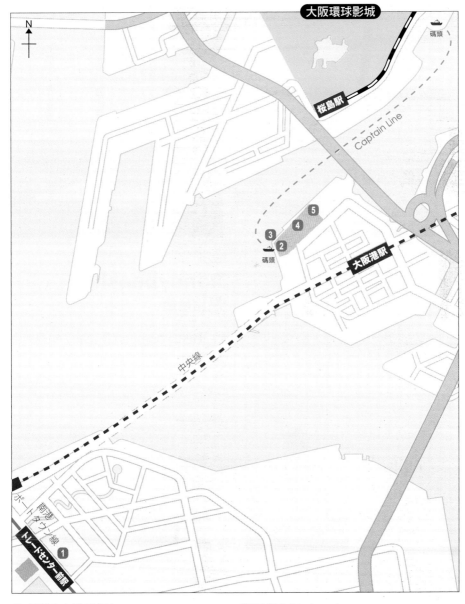

N

大阪環球影城

碼頭

櫻島駅

Captain Line

⑤
④
③
②
碼頭

大阪港駅

中央線

トレードセンター前駅

①

① 咲洲宇宙塔展望台
honeybeeshop 展望台店

② 海遊館
③ 聖瑪麗亞號

④ 天保山 Market place
LEGOLAND Discovery Center
浪速美食橫丁
桃谷魷魚燒屋 海遊館店
⑤ 天保山大観覧車

展望台能 360 度無阻擋盡覽大阪灣景色。

該店風光曾獲選為日本「夜景 100 選」之一。

Tips

持「大阪周遊券」可免費入場。

情侶展覽台
咲洲宇宙塔展望台

「咲洲宇宙塔展望台（さきしまコスモタワー展望台）」位於「大阪府咲洲庁舍」（舊稱 WTC Cosmo Tower）55樓。樓高 256 米，在天王寺的「阿倍野 HARUKAS（あべのハルカス）」落成前，曾號稱為西日本第一高廈。由於該展望台能 360 度無阻擋盡覽大阪灣景色，雖然收費不便宜，但因日落時環境氣氛十分浪漫，故受情侶熱捧。大樓內除了辦公室，也有餐廳和婚宴場地。

該大樓曾為西日本第一高廈，展望台能 360 度無阻擋盡覽大阪灣景色。

Info

1 **地址：** 大阪市住之江区南港北 1 丁目 14-16
電話： 06-6615-6055
展望台開放時間： 1100-2200（逢周一休息）
展望台收費： 成人￥1000、中小學生￥600
網址： sakishima-observatory.com
前往方法： 地下鉄中央線「コスモスクエア」駅，
　　　　　　轉乘南港ポートタウン線，「トレー
　　　　　　ドセンター前」駅徒步約 2 - 3 分鐘。

展望台頂樓的休閒咖啡店
honeybeeshop
展望台店

honeybeeshop 是位於「咲洲宇宙塔展望台」頂層（55 樓）的咖啡店，除甜品及飲品之外，亦有供應意粉及章魚燒之類的小食。該店離地面高達 252 米，而展望台的風光，更獲選為日本「夜景 100選」之一，在此可以一邊享用飲品和餐點，一邊欣賞壯麗的景色。

該店主打的甜品是名為「さきしまぷりゃん」的布甸，此外亦有不少蛋糕可供選擇。

Info

位置：「さきしまコスモタワー展望台」55/F
電話： 06-6615-6055
營業時間： 1100-2200
網址： sakishima-sweets.com

冬季限定的「企鵝巡遊」每日 3 場，親子遊必玩！

世界最大室內水族館
海遊館

1990 年開幕，乃世界最大級別的室內水族館，樓高 8 層的密斂式設計，模擬地殼和太平洋 10 個地域的自然生態環境。總蓄水量高達 11000 噸，擁有 14 個大型水槽，展出 580 種、共 30000 餘隻海洋生物，焦點包括企鵝、鯨鯊、虎鯊、海獺等，還有少量兩棲類、爬蟲類、鳥類、哺乳類等生物。特點是旅客可從頂樓逐層遊覽，不受任何天氣影響。

冬季限定的「企鵝巡遊」，每日 3 場於海遊館前廣場舉行，旅客可近距離一睹企鵝可愛的步姿。屆時，小企鵝由飼養員帶領，走過旅客夾道的「藍地毡」，乃親子遊必玩！

---Info---

② **地址：** 大阪市港区海岸通 1-1-10
電話： 06-6576-5501
開放時間： 1030 - 2000（最終入館 1900）
（每月有不定休息日，出發前請上網頁查詢。）
入場費： 成人￥2700、
中小學生￥1400、4 歲以上￥700
網址： kaiyukan.com
前往方法： 地下鉄中央線「大阪港」駅出口 1，
往海旁方向徒步約 5 分鐘；或於
「環球影城」港口乘搭「Captain
Line」直達，航程約 10 分鐘。

觀光船是以哥倫布發現新大陸時所乘的 Santa Maria 號為藍本設計。

哥倫布觀光船
聖瑪麗亞號

帆船型觀光船「聖瑪麗亞號（サンタマリアのりば）」是以哥倫布發現新大陸時所乘的 Santa Maria 號為藍本設計的觀光船，而且體積更是原來的兩倍大。從海遊館西側碼頭出發，航行於大阪港灣一帶，途經環球影城、舞洲大橋、ATC 等。日間巡航每小時一班，航程約 45 分鐘，周末和夏季更有 90 分鐘的夜間巡航。此外，配合持「大阪周遊券」可免費進入的摩天輪、大阪樂高樂園，都是走路就到的距離，可以一次過去。

坐在船上遠眺岸上風光，感覺相當寫意。　船上設有餐廳，可以一面吃茶點一面遊覽。

---Info---

③ **乘船碼頭：** 「海遊館」西側
運航時間： 1100-1600（每小時一班）＊
（詳細班次請上網頁查詢。）
票價： 成人￥1600、小童￥800
網址： suijo-bus.osaka

合町 大阪城公園 海灣區 日本環球影城 萬博記念公園 大阪周邊

此處為天保山最大的購物飲食娛樂綜合中心。

合家歡購物娛樂場
天保山 Market place

「天保山」是一座人工山，海拔只有4.53 米高。始建於 18 世紀初，是為方便船隻進入大阪市中心，於是挖掘河底堆積而成的。在當時，是觀賞神戶群山美景的勝地。

「天保山 Market place（マーケットプレース）」位於「海遊館」旁邊，乃天保山最大的購物飲食娛樂綜合中心，主攻合家歡消費娛樂。樓高 3 層，過百間商店全為一家大小而設，焦點包括懷舊主題食街「なにわ食いしん横丁」，還有各式便宜日用品店、折扣服飾店。

場內的大型飲食廣場，集合十多家特色餐飲，設有300 多個座位。

Info

④ **位置：**「海遊館」東側
營業時間： 1100-2000
網址： kaiyukan.com/thv/marketplace

多款地標式作品皆出自「LEGO Master 建築師」大澤利己之手。

Tips

1. 需事先線上預約進場時間。
2. 持「大阪周遊券」週二至週五為免費景點，到櫃檯換票。
3. 必須成人與小孩一同進場，缺一不可。

西日本室內 LEGO 樂園
LEGOLAND Discovery Center

大阪的「樂高樂園（LEGOLAND Discovery Center）」設有積木製造工場體驗、積木大師工作室、LEGO 賽車、4D 影院、Cafe 等等，強調「Fun Learning」。焦點是展現大阪市街景的「LEGO 迷你樂園」，請來有「LEGO Master 建築師」之稱的大澤利己，砌出多款地標式作品，包括天保山大觀覽車、海遊館、阿倍野 HARUKAS 等。

大阪 LEGOLAND 在商場的入口處，置有 5 米高的 LEGO 長頸鹿作為招牌。

Info

位置：「天保山マーケットプレース」3/F
電郵： osaka@legolanddiscoverycenter.com
營業時間： 1000-1800
入場費： 約￥3000（票價每天不同，須先網上預購指定時間入場門票）
網址： legolanddiscoverycenter.com

場內氣氛懷舊，到處都是攝影位，乃天保山必遊。

懷舊庶民小吃街
浪速美食橫丁

　　「浪速美食橫丁（なにわ食いしん横丁）」是以 1960 年代的大阪庶民街道為主題布置的食街，集合 10 多家大阪道地小吃，包括會津屋章魚丸燒、北極星和自由軒咖喱飯等，間間都是名店。氣氛懷舊，到處都是攝影位，乃天保山必遊。

──Info──
位置：「天保山マーケットプレース」2/F
營業時間：1100-2000（各餐廳營業時間不同）

元祖「魷魚燒（いかやき）」每件￥440。

逾 70 年魷魚燒
桃谷魷魚燒屋

　　「桃谷魷魚燒屋（いかやき屋）」早在 1950 年已經開業，主打大阪桃谷區的著名小吃「魷魚燒（いか焼き）」：將麵糰混合魷魚、蔥、雞蛋和其他海鮮配料，放在電爐加壓烤熟。薄身的餅皮口感比大阪燒軟糯煙韌，海鮮味濃郁兼惹味非常！

──Info──
位置：「なにわ食いしん横丁」內
營業時間：1000-2000

「天保山大観覧車」一度是世上最大的摩天輪，大阪港灣景致盡收眼底。

Tips
持「大阪周遊券」可免費乘搭。

地標摩天輪
天保山大観覧車

　　直徑 100 米、高達 112.5 米的巨型摩天輪，現在仍是天保山一帶的地標，1997 年開幕時一度是世上最大。共設有 60 個車廂，其中部份更為全透明。環繞一周需時約 15 分鐘，大阪港灣景致盡收眼底，天朗氣清時，遠至神戶的六田甲山，甚至明石海峽大橋也清楚可見。

　　112.5 米的巨型摩天輪，每輛車廂可乘載 8 人。此外，晚上更有 LED 燈光效果。

全透明車廂，連座椅都是透明，真正無遮擋。

──Info──
⑤ 位置：「天保山マーケットプレース」東側
電話：06-6576-6222
運行時間：1000 - 2100（2030 停止售票）
票價：￥900（3 歲以上）
網址：tempozan-kanransya.com

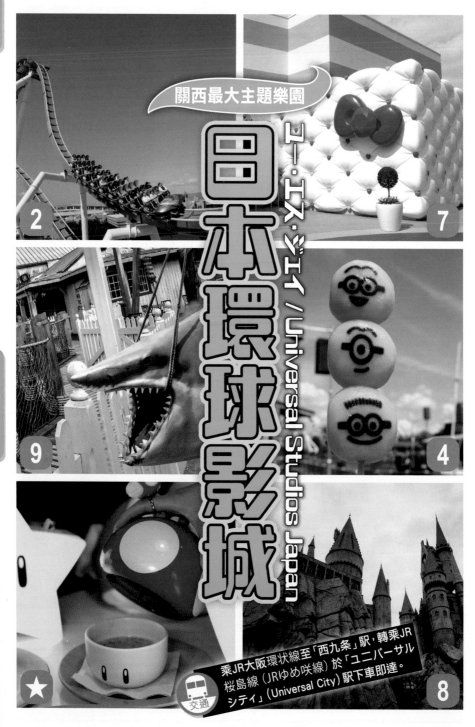

合町

大阪城公園

港灣區

日本環球影城

万博記念公園

大阪周邊

關西最大主題樂園

ユー・エス・ジェイ / Universal Studios Japan

日本環球影城

2

7

9

4

★

乘JR大阪環狀線至「西九条」駅，轉乘JR桜島線（JRゆめ咲線）於「ユニバーサルシティ」（Universal City）駅下車即達。

交通

8

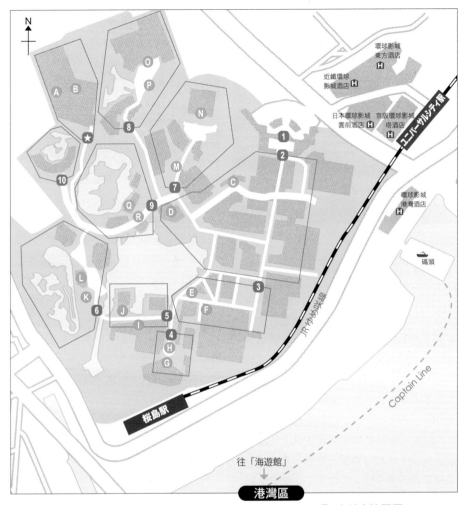

合町
大阪城公園
港灣區
日本環球影城
万博記念公園
大阪周邊

① 環球影城入口

★ 超級任天堂園區
　Ⓐ 瑪莉歐賽車－庫帕的挑戰書™
　Ⓑ 耀西的冒險™

② 好萊塢（荷里活）區
　Ⓒ 好萊塢美夢－逆轉世界
　Ⓓ 整理券發放機

③ 紐約區
　Ⓔ 泡泡節奏街區
　Ⓕ 42 號街工作室－迎賓藝廊

④ 小小兵樂園
　Ⓖ 小小兵瘋狂乘車遊
　Ⓗ 小小兵迎賓秀

⑤ 舊金山區
　Ⓘ Lombard's Landing™
　Ⓙ 龍之珍珠

⑥ 侏儸紀公園
　Ⓚ 飛天翼龍
　Ⓛ 侏儸紀公園－乘船遊

⑦ 環球奇境
　Ⓜ 飛天史諾比
　Ⓝ 艾蒙泡泡遨遊

⑧ 哈利波特園區
　Ⓞ 哈利波特禁忌之旅™ in 4K
　Ⓟ 鷹馬的飛行

⑨ 親善村
　Ⓠ 大白鯊
　Ⓡ 大白鯊拍照點

⑩ 水世界

關西最大主題樂園
日本環球影城

大阪的「日本環球影城」（USJ），是環球的首個海外影城。目前分為好萊塢（荷里活）、紐約、舊金山等 10 大區域，面積雖然比東京迪士尼細，但遊樂設施和表演眾多，不少遊戲都是日本獨有。並加入日本人氣卡通角色，每逢暑假的「Cool Japan」都有期間限定的動漫玩樂。

近年，更有多個新園區登場，包括亞洲區首個「哈利波特魔法世界」等，以及全世界第一座「任天堂世界」，整個園區幾乎 100% 還原蘑菇世界，話題性爆燈！

2001 年時環球影城開幕，來往西九條駅與桜島駅的 JR 桜島線，由民眾票選出正式暱稱「JR ゆめ咲線」（意為「夢想開花」）並用於廣播與標示牌中。

門票

現時日本環球影城的門票採浮動票價，每天會因為入園人數多寡等原因調整門票價格，由淡至旺，基本分成四種價位：¥8400、¥8900、¥9400、¥9800。門票會在兩個月前開放網上購票，實際金額請以購票網站顯示為準。

當然，也可以當天到環球影城再排隊購票，但這樣會浪費很多時間，建議還是事先就把門票跟「快速通關」準備好。

快速通關

大阪環球影城快速通關（Express）是購買**門票**之後，再購買來配合使用的票券。持有**快速通關**可以走專屬的快速通道 1 次，節省該設施 2、3 小時的排隊時間。如果是在旺季（五月黃金週、十月萬聖節、十二月聖誕節）前往，熱門設施排隊至少 2 小時，持有快速通關會比較好。若是淡季，則大可不必快速通關。

┣━━━━━━━Info━━━━━━━┫

① **地址：** 大阪市此花區櫻島 2-1-33
電話： 06-6465-3000
開放時間： 0900-2100 / 0800-2200
（每天不同，請查詢官網）
入場費： 採浮動票價，以購票網站顯示為準
售票方法： 官方網站、影城售票處、Lawson 便利店、JR Ticket Office（綠色窗口）、部分合作酒店及海外旅行代理商
網址： www.usj.co.jp
3 歲以下兒童免費入場。

一起成為瑪利歐！

超級任天堂世界™

　　日本大阪環球影城最新的「SUPER NINTENDO WORLD™ 超級任天堂世界」絕對是現在必玩重點，園區裡把瑪利歐賽車、超級瑪利歐等經典遊戲實體化，隨處可見水管、壞蘑菇、星星金幣、烏龜、庫巴等等。還能透過互動手環，直接化身瑪利歐兄弟，到處闖關敲問號磚塊吃金幣。

　　需要注意一點：要進入超級任天堂園區，必須持有「エリア入場整理券」。取得的方法有兩個：一是透過日本環球影城官方 APP，二是入園後把票根拿到園區中的「整理券發放機」掃 QR-code，但因每天有限額，若是假日到來，建議最好事先買包含「超級任天堂世界」的快速通關門票。

耀西的冒險™：可以騎在「耀西」背上進行尋寶冒險，目標找到隱藏在各處的蛋。

園區內的主題餐廳，可以吃到「無敵星星」、「變大磨菇」等造型的餐點。

瑪莉歐賽車 — 庫帕的挑戰書™：運用影城獨家的最新技術，打造世界首創的瑪利歐賽車體驗。

━━ Info ━━

⭐ **位置：**穿過「親善村」後，往右邊前進即達。

光鮮亮麗的荷里活大街
好萊塢園區

　　Hollywood 在香港被譯為「荷里活」的，好萊塢從園區入口進去後即在眼前。這裡擁有最集中的遊樂設施和商店，重現了 1930 年代明星眾多、光鮮亮麗的好萊塢大街街景，是令人興致高昂、充滿憧憬的地方。

好萊塢美夢：就是過山車，在日本環球影城刺激程度僅次於飛天翼龍。

好萊塢美夢－逆轉世界：全程背向飛馳，當過山車爬升至 43 米高空，瞬間從後急墜直下，刺激萬分。

┌─ **Info** ─
② **位置：** 進入「日本環球影城」入口後即達。

重現了 1930 年代的紐約
紐約園區

　　這裡重現了 1930 年代的紐約街頭，從光鮮亮麗的第五大道，到鄉土氣息的德蘭西街，讓您彷彿重返當時的街頭風光。如果您是電影迷的話，可以漫步沉浸在這些過往知名電影場景的巷弄之中。

泡泡節奏街區：使用泡泡並配合 HIPHOP 的表演。

42 號街工作室－迎賓藝廊：位於紐約區內的「42 號街工作室」是個有名的藝術工坊，當代的人氣藝術家們齊聚於此，其中當紅的藝術家小小兵與史努比，會招待大家進入工作室幫手，然後一起拍照留念！

┌─ **Info** ─
③ **位置：** 進入「日本環球影城」入口後，往前直走到底，穿過「好萊塢園區」即達。

全球最大迷你兵樂園
小小兵樂園

　　Minions 在香港被譯為「迷你兵團」，官方中譯則為「小小兵」。整個園區分為 East Side 及 West Side，影相位十分多，焦點是機動遊戲「小小兵瘋狂乘車遊」（Despicable Me Minion Mayhem）。更有街頭巡遊，以及大量 Minions 造型的食品與精品，可愛度爆燈！

小小兵瘋狂乘車遊：透過半球屏幕及 Hybrid 5K 高清影像，經歷超逼真的大冒險。

小小兵迎賓秀：每日限定場次，帶領觀眾大跳開心舞。

━Info━
④ 位置：進入「日本環球影城」入口後，往前直走到底，穿過「好萊塢園區」及「紐約園區」後，往左邊前進即達。

餐廳齊集的港口都市
舊金山園區

　　所謂「潟湖」是海灣被沙洲所封閉後而形成的湖泊。這園區面朝潟湖，空氣中弓彌漫潮汐的氣息，加上漁人碼頭及中國城的風景，便營造出港口都市「舊金山」的感覺。目前，這區內沒有機動遊戲或活動，但要找餐廳則有頗多選擇！

Lombard's Landing™：與人氣動漫作品「海賊王」、「名偵探柯南」等連動的餐廳，推出期間限定的餐點及活動。想與動漫角色互動，就要留意活動訊息了。

龍之珍珠：舊金山中國城的餐廳，滿載唐人街的氣氛。

━Info━
⑤ 位置：進入「日本環球影城」入口後，往前直走到底，穿過「好萊塢園區」及「紐約園區」後，往右邊前進即達。

恐龍出沒的亞熱帶叢林
侏儸紀公園

在現代復活的恐龍所棲息的叢林，令人完全沉浸在電影《侏儸紀公園》的世界中。滿是亞熱帶樹林的區域，營造出枝葉繁茂的侏儸紀叢林氣氛，令人提心吊膽，同時享受這刺激十足的冒險！

飛天翼龍：懸吊式雲霄飛車，穿梭大半個園區，最大高低差達 37.8 米，刺激度爆燈！不過超級熱門，沒買「快速通關」就要有大排長龍的心理準備。

侏儸紀公園－乘船遊：乘坐探險船穿梭熱帶雨林，沿途見盡各式恐龍，最後滑道急速落下，水花四濺！

Info

6 **位置**：進入「舊金山園區」後直走到底，過橋後即達。

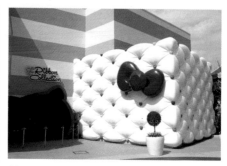

夢幻兒童樂園
環球奇境

集合 3 大卡通人物的獨有園區，佔地 3 萬平方公呎，分為「Hello Kitty 時尚大道」、「史努比電影工作室」，以及「芝麻街歡樂世界」3 大主題區。擁有 28 款遊樂設施，還有影城獨有的 Kitty×Snoopy×芝麻街限定精品，童真滿寫。

飛天史諾比：乃園內最受歡迎，旅客可控制史諾比上升下降。

艾蒙泡泡遨遊：堪稱兒童版的滑浪飛船，小船最後會由高處滑下，水花四濺。

Info

7 **位置**：進入「日本環球影城」入口後，往右沿路前行穿過「好萊塢園區」，再往右邊前進即達。

電影「大白鯊」中的漁村
親善村

「親善村」是將電影《大白鯊》裡的漁村場景重現而成的。不過食人鯊魚曾帶來的恐懼，現已成為過眼雲煙，這裡的「大白鯊」就是搭船在水面上航行，然後大鯊魚可能隨時出現在左右，雖然整體氣氛營造得讓人緊張，但整體其實歡樂又有趣。

── Info ──
⑨ **位置**：進入「日本環球影城」入口後，往右沿路前行穿過「好萊塢園區」，沿右邊大路一直前進即達。

霍格華茲與活米村
哈利波特魔法世界™

2014 年開幕，是世界第 2 個、亞洲首個哈利波特主題園區，分為活米村和霍格華茲城堡兩部分，重現 J.K. 羅琳《哈利波特》的原著場景。雖然比美國奧蘭多的哈利波特魔法世界細，但商店和紀念品更多，故每日都逼滿「麻瓜」！

哈利波特禁忌之旅™ in 4K：使用 4K 高清影像技術的遊戲，做得相當精緻。

浮在海上的近未來都市
水世界

「水世界」的表演一天只演 2 場，在擁有近 3000 座位的巨型舞台上，演出驚心動魄的水上特技表演，聲光效果十足，精采又刺激。這是漂浮在海上的未來世界浮遊都市，和電影《未來水世界》一樣令人震撼，尤其前排座位會被潑濕，想涼快一下不妨試試！

── Info ──
⑩ **位置**：穿過「親善村」後直走到底達。

鷹馬的飛行：玩家穿梭海格的小木屋和南瓜田，可飽覽魔法世界全景，屬合家歡遊戲。

── Info ──
⑧ **位置**：進入「日本環球影城」入口後，往右沿路前行穿過「好萊塢園區」，往右邊第二個路口進入即達。

朝聖 20 世紀少年

ばんぱくきねんこうえん / Banpokukinenkouen

万博記念公園

大阪風漫 万博紀念公園 日本環球影城 港灣區 大阪城公園 合町

1

2

6

2

13

11

地下鉄御堂筋線（北大阪急行）「千里中央」駅，轉乘單軌電車「大阪モノレール（Monorail）」至「万博記念公園」駅，沿天橋橫過馬路即達中央入口。

交通

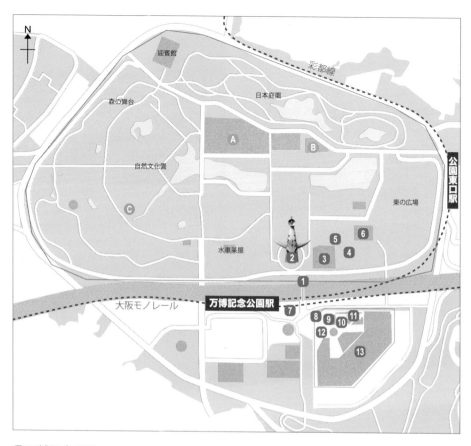

1 万博記念公園
   Ⓐ 国立民族学博物館
   Ⓑ 大阪日本民芸館
   Ⓒ 万博 BEAST
2 太陽の塔
3 趣味單車廣場
4 やったねの木
5 迷宮の砦
6 EXPO'70 Pavilion

7 Expo Goods Store

8 EXPOCITY
9 NIFREL
10 VS PARK
11 OSAKA WHEEL
12 ANIPO
13 Lalaport Expocity
   Izumiya
   EXPO KITCHEN
   FOOD PaViLION
   仙臺たんや 利久
   金子半之助

1970 年「萬國博覽會」所在地
万博記念公園

1970 年於大阪吹田市舉行的「日本萬國博覽會」，被視為日本戰後首度向世界展示富強。光輝過後，會場被改建成紀念公園，多得浦澤直樹漫畫《20 世紀少年》，令這一度被遺忘的記憶再受注目。加上 2025 年大阪將再度舉辦「萬國博覽會」，令「万博公園」再成熱點。

公園佔地廣達 260 公頃，設有太陽廣場、日本庭園、自然文化園及多個主題館，包括萬博主題館「EXPO'70」。園內古樹參天、每逢初春更是大阪的賞櫻熱點。

博公園佔地 260 公頃，內有日本庭園、自然文化園等多個庭園，四季花卉盛放！

Info

1 **地址：**大阪府吹田市千里万博公園
電話：06-6877-7387
開放時間：0930-1700（最終入場 1630）
休息：逢周三，12 月 28 日 - 翌年 1 月 1 日
入場費：成人￥260、中小學生￥80
網址：osakacastle.net

漫畫《20 世紀少年》故事以 1970 年舉行的萬國博覽會為開端，潛台詞是懷念那逝去的好時代，而「太陽の塔」正是整個故事的象徵。

Tips

園內場館收費：
国立民族学博物館	￥580
大阪日本民芸館	￥710
万博 BEAST	￥3000

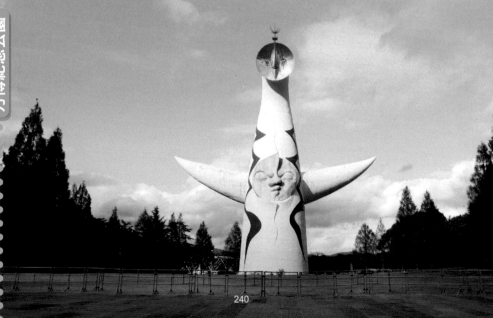

合町

大阪城公園

港灣區

日本環球影城

万博紀念公園

大阪周邊

1970 年舉行的「日本萬國博覽會」為期 183 日，以「人類的進步和協調」為主題。會場佔地約 350 公頃，有 77 個國家、4 個國際組織參加，包括香港和台灣，入場人次高達 6421 萬，曾被譽為史上最成功的萬博。今日許多生活必需品，其實都在大阪萬博首次登場，包括杯麵、連鎖快餐店（肯德基）、罐裝咖啡、電動步道、無人駕駛列車等。

提提你

「國立民族學博物館」收集了全世界各族的資料，並向來賓介紹，從而加深對各民族的認識。

「大阪日本民芸館」展示了來自世界各地的優秀工藝品，包括日本及外國的陶瓷和染色紡織品。

「万博 BEAST（バンパクビースト）」是超巨大歷奇架，2020 年落成，安全性高，小學生或長者都可參與。

為慶祝 2025 年大阪再度舉辦「萬博」，「生命の樹」得以重新開放。

Tips

1. 內部參觀採預約制，旅客可到官網預約。
2. 攝影只限塔底（1樓）進行，其餘範圍禁止拍攝，也禁用閃光燈、腳架及自拍棍。

40 米高的生命之樹
太陽の塔

　　1970 年於大阪舉行的「日本萬國博覽會」，一直是大阪人引以為傲的成就。由日本著名前衛藝術家岡本太郎設計，65 米高，外觀可看到 3 個太陽面部，分別為代表「未來」的金太陽、代表「現在」的正面太陽與代表「過去」的背面黑太陽。

　　萬博期間內部更有一顆 40 餘米高的生命之樹，並展出近 300 個生物模型，並在「萬博」結束後關閉。由於 2025 年大阪將再度舉辦「萬博」，「生命の樹」自 2018 年起重新開放，置身其中極其震撼！

背面的黑色太陽代表「過去」，有種說不出的孤寂。

—**Info**—

② 位置：「万博記念公園」太陽廣場的正中央
開放時間： 1000-1700
電話： 06-7777-0232
網址： taiyounotou-expo70.jp
入場費： 成人￥720、中小學生￥310

場內 40 種古怪設計單車，造型要多古怪有多古怪。

古怪單車場
趣味單車廣場

　　「趣味單車廣場（おもしろ自転車広場）」是由關西單車推廣組織「KANSAI CYCLE」開設的實驗單車場，提供 40 種共 100 台古怪設計單車，有向後踏、雙腳踩的、用手攪的，甚至打橫行駛的，造型要多古怪有多古怪，大人小朋友同樣玩得開心！

單車場面積約有兩個籃球場大，場內踏單車更需遵守交通規則。

Info

3 **位置：**「万博記念公園」自然文化園内
　　開放時間：0930-1700
　　電話：06-6875-7755
　　收費：￥500 / 30 分鐘

滑梯以外太空星球為造型，高達 12 米、長達 30 米。

30 米長滑梯
やったねの木

　　位於實驗單車場旁邊的小型遊樂設施，但絕不小兒科，以外太空星球為造型，設有一條 12 米高、30 米長的滑梯，現場所見小朋友玩得興奮！

Info

4 **位置：**「万博記念公園」自然文化園内
　　開放時間：0930 - 1700
　　收費：免費

西日本首個 3D 冒險迷宮，是針對小學生而設計的。

巨型立體運動迷宮
迷宮の砦

　　針對小學生而設計、西日本首個 3D 冒險迷宮。迷宮由五層構成，在高達 13 米的巨大空間內，參加者將扮演「迷失在迷宮中的冒險家」，目標是要抵達頂樓。立體的迷宮，要完成亦有相當難度。

Info

5 **位置：**「万博記念公園」自然文化園内
　　開放時間：0930 - 1630
　　收費：3 歲或以上￥500

館內展出 3000 多件萬博文物、模型、相片和資料。

大阪萬博主題館
EXPO'70 Pavilion

「EXPO'70 Pavilion（パビリオン）」是為紀念大阪萬博 40 周年，於 2010 年開設的，是全日本唯一的「大阪萬博」主題博物館。由昔日樓高兩層的展館「鉄鋼館」改建，展出 3000 多件萬博文物、模型、相片和資料，大部分在當年未曾曝光。通過大堆舊照片和錄影片段，足以感受當時的盛況有多空前。

入場後先走過一條火紅色、並不停有強風吹送的通道，兩旁和天花都展出大量珍貴的歷史照片。

─ Info ─

6 **位置：**「万博記念公園」自然文化園內
電話： 06-6877-7387
開放時間： 0930-1700（最終入場 1630）
休息： 逢周三，12 月 28 日 - 翌年 1 月 1 日
入場費： 成人￥500；初中生以下免費

「Expo Goods Store」有齊「太陽の塔」的精品。

太陽の塔專賣店
Expo Goods Store

園內各個場館，甚至觀光中心都有紀念品售賣，不過款式最多最齊的其實是位於園外、中央橋旁的小店「Expo Goods Store」，有齊「太陽の塔」的一切精品。

「太陽の塔」膠模型，是誕生 100 周年紀念限定。

店內有大量限定商品、糕點、手信、相集、精品、雕塑、Tee、Postcard 俱備。

─ Info ─

7 **位置：**「万博記念公園」園外、中央橋旁
營業時間： 1000-1730（逢周三休息）
電話： 06-6877-7387
前往方法： 乘單軌電車「大阪モノレール」，至「万博記念公園」駅，沿左走至天橋前即到。

EXPOCITY 號稱日本最大規模複合式設施。

博物館讓參觀者親密「接觸」海、陸、空的生物。

日本最大娛樂購物旗艦
EXPOCITY

　　2015 年底開幕，佔地 180 萬平方呎，集購物與娛樂於一身，號稱日本最大規模複合式設施，包括網羅 305 個知名品牌的購物中心 LaLaport，還有 8 個好玩的主題娛樂設施，計有日本最高摩天輪 REDHORSE、新型綜合性體育設施 VS Park、互動水族館 NIFREL、室外兒童遊樂場 ANIPO 等等數之不盡，一天也玩不完。

活生生博物館
NIFREL

　　由大阪海遊館策劃的「NIFREL（ニフレル）」，號稱「有生命的博物館」，結合水族館、動物園、美術館於一身。名字「NIFREL」源自日文的接觸（にふれる）。事實上，博物館的確可讓參觀者親密「接觸」海、陸、空的生物。樓高 3 層，全館分為 7 個主題區域，共飼有 150 種、2000 隻生物，透過融合燈光、音響和影像的裝置，帶來前所未有的體驗。

佔地 180 萬方呎，擁有 8 個好玩的主題館或娛樂設施，還有集合 305 個品牌的商場。

全館最靚，由「光之藝術家」松尾高弘打造的 5 米懸浮巨球，投影出 16 個主題的夢幻影像。

―Info―

8 **地址**：大阪府吹田市千里万博公園 2-1
電話：06-6170-5590
營業時間：1000-2200（食店各異）
網址：expocity-mf.com
前往方法：乘單軌電車「大阪モノレール」，至「万博記念公園」駅，沿左走至天橋前，繼續前行即到。徒步約 2 分鐘。

―Info―

9 **位置**：「EXPOCITY」左側第一座
電話：06-6170-5590
開放時間：1000 - 1800（最後入館 1700）
入場費：成人￥2200、
　　　　　中小學生￥1100、
　　　　　3 歲以上￥650
網址：nifrel.jp

「逃脫猛獸」是結合數碼影像的賽跑遊戲。

新型綜合性體育設施
VS Park

　　「VS Park」是所謂的「新型的綜合性體育設施」，結合了運動、娛樂與科技元素，製作出多達 37 款遊戲，例如「逃脫猛獸」是結合數碼影像的賽跑遊戲，玩家可以選擇不同的猛獸，於投影牆前跟牠賽跑。由於遊戲種類繁多，無論大人、小朋友都能樂在其中，一家大細都可以一起玩，兩小時其實不太夠！

單車場面積約有兩個籃球場大，場內踏單車更需遵守交通規則。

─ Info ─

⑩ 位置：「EXPOCITY」左側第二座
電話：06-6369-7186
營業時間：1000-2000
入場費：成人 ￥3000 / 120 分鐘
　　　　　中學生 ￥2500 / 120 分鐘
　　　　　小學生 ￥2000 / 120 分鐘

OSAKA WHEEL 是目前日本最大摩天輪。

日本最大摩天輪
OSAKA WHEEL

　　123 米高的 EXPOCITY 地標，乃目前日本最大摩天輪，全透明車廂，繞一圈 18 分鐘，可 360 度飽覽大阪市景，夜景更美。此外還設有特定主題車廂，有恐怖密室、有偵探解謎，刷新大家對摩天輪的認識。

OSAKA WHEEL 是目前日本最大摩天輪，並採用全透明車廂。

─ Info ─

⑪ 位置：「EXPOCITY」左側
營業時間：1100 - 2000（最後入場 1940）
收費：￥1000
　　　　（VIP 包廂 ￥8000，活動車箱另外收費）
網址：osaka-wheel.com

迷你火車 Poppo 適合小朋友遊玩。

室外兒童遊樂場
ANIPO

「ANIPO（アニポ）」屬幼兒遊樂場，以「動物玩偶的移動遊園地」為主題，4 種遊樂設施包括空中腳踏車 SuiSui（踩得愈快飛得愈高）、魔法水槍 PashaPushu、迷你火車 Poppo 及充氣動物彈床，最適合小朋友放電。

最受歡迎的「空中腳踏車 SuiSui」，只要踩得愈快，便會飛得愈高。

―Info―

⑫ 位置：「EXPOCITY」右側戶外
電話： 06-6170-5590
營業時間： 1000-2000（最終售票 1950）
入場費： 每項遊樂設施約￥400
網址：
hoei-sangyo.co.jp/company/anipo.html

樓高 3 層的購物中心，餐飲選擇眾多。

3 層購物巨城
Lalaport Expocity

「Lalaport Expocity（ららぽーと EXPOCITY）」是樓高 3 層的購物中心，餐飲選擇眾多，計有餐廳區 EXPO KITCHEN 及美食街 FOOD PaViLION。

―Info―

⑬ 位置：「EXPOCITY」主建築
電話： 06-6170-5590
營業時間： 1000-2000
網址：
mitsui-shopping-park.com/lalaport/expocity

Izumiya 的刺身、壽司、水果選擇多又便宜。

必掃壽司超市
Izumiya

位於 1 樓的大型連鎖超市「Izumiya（イズミヤ）」，刺身、壽司、水果選擇多又便宜，最適合關門前來掃特價品。

―Info―

位置：「ららぽーと EXPOCITY」1/F
電話： 06-4864-8171
營業時間： 1000-2130
網址： izumiya.co.jp

佔地兩層的主題餐飲街，集合近 20 家特色食店。

主題餐飲街
EXPO KITCHEN

OSAKA WHEEL 旁 的 Orange side 有佔地兩層的主題餐飲街，集合近 20 家特色食店，當中包括排隊鬆餅店 Eggs'n Things 。

位於 Orange side 入口，開放式環境綠意。

---Info---
位置：「ららぽーと EXPOCITY」Orange side
營業時間： 1100-2100（各餐廳營業時間不同）

招牌「燒牛舌（牛たん）定食」6 片￥2409。

烤牛舌名店
仙臺たんや 利久

1987 年創立、仙台 3 大烤牛舌名店，以厚切聞名的牛舌，以炭火燒烤，配山藥泥、麥飯和牛肉清湯，就是正宗的仙台竹風味。

---Info---
位置：「ららぽーと EXPOCITY」3/F
　　　　FOOD PaViLION 內
電話： 06-4860-6366
營業時間： 1000-2000

FOOD PaViLION 是有 1200 個座位的美食街。

全國話題食店集合
FOOD PaViLION

設有 1200 個座位、集合多家人氣食店的大型美食街，包括仙台炭燒牛舌「利久」、大阪的「北極星」蛋包飯、大阪章魚燒名店「會津屋」、東京的「金子半之助」等，間間都是名店。

---Info---
位置：「ららぽーと EXPOCITY」3/F
營業時間： 1000-2000

招牌「天丼」份量十足，每碗￥1080。

日本第一天丼
金子半之助

東京著名天婦羅丼排隊店，招牌天丼用胡麻油酥炸，份量豐富豪邁，麵衣酥脆富油香。日本橋本店起碼排隊 2 小時，這裡外飯市以外，基本上都不用排！

---Info---
位置：「ららぽーと EXPOCITY」3/F
　　　　FOOD PaViLION 內
電話： 06-4860-6257
營業時間： 1000-2000
網址： kaneko-hannosuke.com

零散地區景點

おおさか / Osaka

大阪周邊

11

6

12

4

7

16

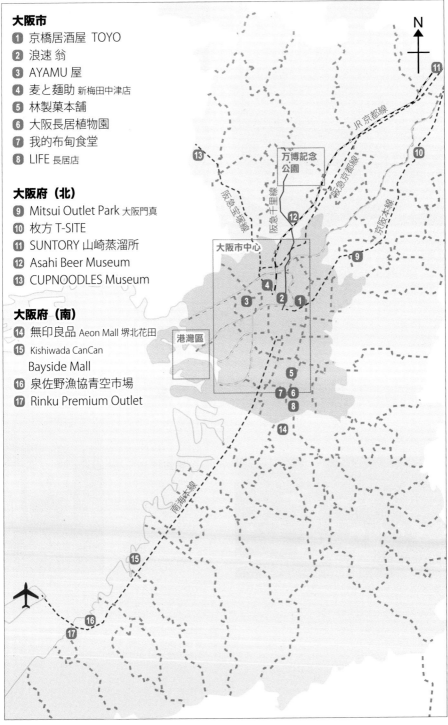

大阪市

1 京橋居酒屋 TOYO
2 浪速 翁
3 AYAMU 屋
4 麦と麺助 新梅田中津店
5 林製菓本舗
6 大阪長居植物園
7 我的布甸食堂
8 LIFE 長居店

大阪府（北）

9 Mitsui Outlet Park 大阪門真
10 枚方 T-SITE
11 SUNTORY 山崎蒸溜所
12 Asahi Beer Museum
13 CUPNOODLES Museum

大阪府（南）

14 無印良品 Aeon Mall 堺北花田
15 Kishiwada CanCan
Bayside Mall
16 泉佐野漁協青空市場
17 Rinku Premium Outlet

招牌「赤身コース」，二人前只售￥2400。

道地立食屋台
京橋居酒屋 TOYO

「TOYO（とよ）」是京橋著名的立食屋台，所謂「屋台」即日式大牌檔，食客都要露天站着吃，一星期只營業4天，但天天高朋滿座，氣氛熱鬧非常。全因這裏的海鮮水準媲美高級料亭，但收費卻比超市更便宜。招牌「赤身コース」，包括大碟厚切吞拿魚、魚子、海膽刺身和鐵火卷，另加蟹肉帶子酢物，二人前都只售￥2400。

「とよ」只有簡陋的木建廚房，及十數張用酒箱搭建的枱。

Info

1 **地址：** 大阪市都島区東野田町 3-2-26
電話： 06-6882-5768
營業時間： 1300-1900
（逢周日、一、四及假日休息）
前往方法： JR 環狀線「京橋」駅北口出，沿右邊走並上樓梯，再往左直行即至。徒步約 4 分鐘。

招牌「笊籬蕎麥麵（ざるそば）」每盤￥1300。

《米芝蓮》蕎麥麵
浪速 翁

1930 年創業，曾連續 3 年獲得米芝蓮 1 星的蕎麥麵店「浪速（なにわ）翁」，日本著名旅行作家高木美千子都有推介。第三代傳人勘田拓志，每天仍親自打麵，選用自家秘製的蕎麥麵粉，麵條都經過多重冷、熱水浸泡，特別彈牙爽滑。還有許多季節限定的特色蕎麥麵，如春季限定的鯛蕎麥、夏季限定的番茄冷菜蕎麥等。

米芝蓮星級蕎麥麵店，位置就在高速公路口附近。

Info

2 **地址：** 大阪市北区西天満 4-1-18（老松通り）
電話： 06-6361-5457
營業時間： 1130-2000（售罄即止）
（逢周日、一休息）
網址： naniwa-okina.co.jp
前往方法： 京阪中之島線「なにわ橋」駅出口 1 往右直走過橋，至第四個街口即達。

該店的「10 串套餐（十串のコース）」¥3500。

《米芝蓮》烤雞串
AYAMU 屋

《米芝蓮》一星

「AYAMU（あやむ）屋」是十多年歷史的道地燒雞串居酒屋，現米芝蓮 1 星，要去的話必須事先預約。老闆兼師傅永沼巧選用京都丹波產的地雞，肉質特別柔軟鮮甜，最重要是離產地近，故全是當天早上現宰。用紀州備長炭燒過的雞串，肉汁多到滴出來，更有獨特的香氣，其餘雞刺身和佐酒小菜也出色。但要注意該店只接受 13 歲或以上兒童入座，而且有最低消費要求，預約的時候敬請留意。

雞肉刺身肉質嫩滑，心臟口感最彈牙。

米芝蓮星級烤雞串店，門面卻十分低調。

Info

3 **地址：**大阪市福島區福島 5-17-39
電話：06-6455-7270
營業時間：1730-2200（逢周日休息）
網址：ayamuya.myconciergejapan.net
前往方法：JR 環狀線「福島」駅出口出，沿右邊走至橋底，再往直行，至第二個街口即至。徒步約 4 分鐘。

「特製小魚湯頭拉麵（イリコそば）」每碗 ¥1490。

大阪拉麵榜 No.1
麦と麵助 新梅田中津店

2018 年一開業即登上日本食評網 Tabelog 的大阪拉麵榜 No.1，只賣醬油拉麵（醬油そば）和小魚湯頭拉麵（イリコそば）。濃郁湯頭配厚薄兩款叉燒和雞肉丸，多重美味口感。

Info

4 **地址：**大阪市北区豊崎 3-4-12
營業時間：1100-1530（周六、日 1100-1600）
　　　　　　逢週二休息及不定休）
網址：twitter.com/mugitomensuke
前往方法：地下鉄「中津」駅 1 號出口左轉，直走至天橋底即至，步行約 4 分鐘。

店內有大量不同的煎餅，每包約 ¥600。

煎餅老店
林製菓本舖

1963 年創業的「林（はやし）」自電視台報道後便大人氣，成為日本人的大阪手信之選。充滿歲月痕跡的店面，擺着一個個裝滿煎餅的木箱，見證大阪歷史。

Info

5 **地址：**大阪市阿倍野区王子町 1-7-11
電話：06-6622-5372
營業時間：1100-1400（逢週四休息）
前往方法：乘「阪堺電車」於「松虫」駅出，右轉過馬路，入巷內第一個路口右轉，至十字路口即至。徒步約 5 分鐘。

沉浸式光影藝術
大阪長居植物園

在大阪長居植物園內，種植了超過1200種植物，花草樹木隨四季變化。而入夜則有「teamLab Botanical Garden Osaka」，透過燈光和音樂，將晚間的植物園變成光影藝術世界。在大自然的風雨、園內動物的棲息，以及參觀者之間的活動，從而交織出不同的變化，使進場參觀成為這件藝術作品的一部分！

當發光的蛋推倒時，它會逐漸恢復原位，同時顏色會漸漸改變，並發出特別的聲音。與此同時，周圍的蛋也會相互呼應，變成相同的顏色。

─Info─

6 **地址：** 大阪市東住吉区長居公園 1-23
電話： 06-6699-5120
日間開放時間： 0930 至 1630（逢周一休息）
日間入場費： 成人￥200、初中或以下免費
teamLab 時間： 日落 -2130（最後入場 2030）
　　　　　　　　（每月第 2、4 周一休息）
teamLab 入場費： 成人￥1800、
　　　　　　　　　小學及初中生￥500
前往方法： 地下鉄御堂筋線「長居」駅出口３進入公園，沿指示前往「長居植物園」。

照耀著山茶花樹的發光蛋，被風吹倒或淋到雨時光會變強，而周圍的蛋也會呼應；當風靜止，也沒有人觸碰時，蛋則會變得忽明忽暗。

這作品是利用公園內的的巨大雕塑，描繪出雀鳥飛行時產生的空氣流動，從而給環境帶來的能量，但感覺上就是凡高的繁星夜一樣。

Tips

預約網址 QR Code：
活動可透過 KKDAY 網上預約，現場出示 QR Code 即可輕鬆入場。

「季節水果芭菲（フルーツプリンパフェ）」每份￥1400。

彩虹布甸堂食店
我的布甸食堂

開發出「彩虹布甸」（みっくすジュース）的「我的布甸（私のプリン）」在長居公園對面開設的堂食店。有別於浪速的外賣店，堂食店有更多甜品可供選擇。其中「季節水果芭菲（フルーツプリンパフェ）」採用當造的新鮮水果製作，每份￥1400。

店內環境舒適，可在此吃著甜品等 teamLab 開場。

Info

7 **地址：**大阪市住吉区長居東 4 丁目 5-6
電話：06-7777-2623
營業時間：1100-1900
網址：watashinopurin.com
前往方法：地下鉄御堂筋線「長居」駅出口 5，
沿長居公園對面步行約 1 分鐘。

去完 teamLab 回程時，正好順路去 LIFE 買宵夜。

附設藥房百貨
LIFE 長居店

連鎖超市「LIFE（ライフ）」長居店位於長居公園南出口對面，樓高三層，且營業到凌晨，去完 teamLab 回程時，正好順路補貨、買宵夜。

Info

8 **地址：**大阪市住吉区長居東 3-1-1
電話：06-6645-0522
營業時間：1-2/F 0930-2400；
3/F 0930-2100（藥房～ 2100）
網址：www.lifecorp.jp
前往方法：地下鉄御堂筋線「長居」駅出口 4，
沿長居公園對面步行約 1 分鐘。

場內 100 間店鋪，盡是知名品牌店。

就近市區交通方便
Mitsui Outlet Park 大阪門真

日本最大 Outlet 集團「三井」的大阪店，2023 年自鶴見遷至現址，勝在位置最近市中心。地方更大，店鋪也自 60 間增至近 100 間，都是知名品牌店！

Info

9 **地址：**大阪府門真市松生町 1-11
電話：0570-064312
營業時間：1100-2000；
網址：mitsui-shopping-park.com/mop
前往方法：京阪電車「門真市」駅出口 5，往南
直行，徒步約 6 分鐘。

連地庫樓高 9 層，以蔦屋書店為中心，藏書超過 15 萬冊。

日本最大蔦屋書店
枚方 T-SITE

「蔦屋書店」是日本老牌連鎖書店，2016 年蔦屋書店終於回到書店最初的創業地——大阪枚方，也是目前全日本最大的蔦屋書店。連地庫樓高 9 層，標榜「優質上流的日常生活」，以蔦屋書店為中心，藏書超過 15 萬冊，再集合 40 間生活品牌店，包括 @ cosme、gram 等等，打造品味生活。

4、5 樓之間設有 9 米高的巨型書櫃，極其壯觀，收藏過萬冊書籍。

Info

⑩ **地址：**大阪府枚方市岡東町 12-2
電話：072-861-5700
營業時間：0700-2300
網址：store.tsite.jp/hirakata
前往方法：京阪電車「枚方市」駅南口直達。

「SUNTORY 山崎蒸溜所」乃日本首間威士忌釀造廠。

朝聖山崎威士忌
SUNTORY 山崎蒸溜所

1924 年建成、位於大阪與京都交界的「SUNTORY 山崎蒸溜所」，乃日本首間威士忌釀造廠。廠房設有多款「見學」Tour，最人氣首推完全免費的「Guide Tour」，歷時超過 30 分鐘，導賞員帶領參觀生產步驟。出口處的付費試酒吧，更可一嚐外間沒有的珍品。如有意前往，敬請提前至少兩個半月前進行預約。

「Guide Tour」提供試喝的「白州」威士忌。

Tips

1. 建議至少兩個半月前預約，可選日語或英語。
2. 如未能報名，可選擇「自由見學」，無需預約。自由參觀「山崎威士忌館」，包括展示室、商店和付費試酒吧。
3. 未滿 20 歲，或自行駕車前往者，請勿喝酒。

Info

⑪ **地址：**大阪府三島郡島本町山崎 5-2-1
電話：075-962-1423
開放時間：0930-1700
　　　　　（12 月 31 日至翌年 1 月 3 日休息）
網址：suntory.co.jp/factory/yamazaki
前往方法：JR 京都線「山崎」駅，或阪急京都線「大山崎」駅，徒步約 10 分鐘。

「吹田村釀造所」是 Asahi 的首間釀酒廠。

「安藤百福發明紀念館」是日本首間即食麵博物館。

新鮮朝日啤酒免費飲
Asahi Beer Museum

日本著名啤酒品牌「Asahi（アサヒ）」，已超過 110 年歷史，1899 年於大阪府吹田市開設首間釀酒廠「吹田村釀造所」，即現在的「吹田工場」，附設這個博物館，並提供見學 Tour，如有意參加，須事先網上預約及付款。而見學的行程，將提供專業導賞員講解，旅客能一睹啤酒的整個生產過程，參觀完更有新鮮啤酒試飲。

參觀後可試飲由專業酒保斟出標準的啤酒。

日清即食麵博物館
CUPNOODLES Museum

即食麵由日清食品創辦人安藤百福於 1958 年所發明。1999 年在大阪開設的「安藤百福發明紀念館」，乃日本首間即食麵博物館，前往博物館的路更命名為「麵 Road（ロード）」。館內展出 50 多年的即食麵歷史，其中的體驗工房「My CUPNOODLES Factory（マイカップヌードルファクトリー）」更能親手製作獨一無二的杯麵，還有大量紀念館限定的產品發售。雖然香港亦有「合味道紀念館」，但規模不可相提並論！不過 2023 年 12 月底因翻新而暫停開放，至 2 月才會重開。

「麵ロード」上的「一風堂」池田店，該店限定獨家發售的「百福元味」拉麵，使用了安藤先生研發的醬油，並獲日清食品公司認可。

1. 以日語講解。另有中文導賞員，需致電預約。
2. 見學期間，一律禁止攝影。
3. 啤酒試飲每人限 3 杯。試飲後請勿醉酒駕駛。
4. 廠房佔地極廣，建議提高至少 15 分鐘抵達。

── Info ──

⑫ **地址：**大阪府吹田市西の庄町 1-45
電話：06-6388-1943
開放時間：0930-1500（每月不定休）
入場費：成人￥1000、小學或以上￥300
網址：asahibeer.co.jp/brewery/suita
前往方法：JR 京都線「吹田」駅北出口；或阪急千里線「吹田」駅，徒步約 10 分鐘。

── Info ──

⑬ **地址：**大阪府池田市満寿美町 8-25
電話：072-752-3484
開放時間：0930-1630（最終入館 1530）
　　　　　　（逢周二休息）
入場費：免費
網址：cupnoodles-museum.jp
前往方法：阪急電車宝塚線「池田」駅出口 2，沿「麵ロード」直走約 5 分鐘。

此乃目前全球最大無印良品，並以「食」為主題。

全球最大「無印超市」
無印良品 Aeon Mall 堺北花田

　　位於 AEON MALL 堺北花田的「無印良品」佔地 46000 平方呎，乃目前全球最大無印良品，並首次以「食」為主題。全店劃分服飾、食品、麵包店、家品雜貨、書店等區，焦點是「無印超市」，主打產地直送的新鮮農產和健康食品，有齊魚港直送的海鮮檔、熟食小菜區、地區限定土產食品等等，很多都是香港店從未見過。更設有 Café & Meal MUJI，基於「素の食」的概念，使用當地生產商的新鮮食材，而提供季節性菜式。

Café & Meal MUJI 使用當地生產商的新鮮食材，而製作出不同的季節性菜式。

━Info━
🔢 **地址：** 大阪府堺市北区東浅香山町 4-1-12
　　　　 AEON MALL 堺北花田 1/F
電話： 072-252-2444
營業時間： 1000-2100
網址： shop.muji.com/jp/sakai-kitahanada
前往方法： 地下鉄御堂筋線「北花田」駅出口 2
　　　　　　 直達。

商場距離關西空港約 15 分鐘車程。

主打小規模 Selected shop
Kishiwada CanCan
Bayside Mall

　　「岸和田 Cancan Bayside Mall（カンカンベイサイドモール）」位於大阪南部的岸和田市，距離關西空港約 15 分鐘車程。集合 70 家品牌店及餐廳，分為東、西兩館，東館為正常商場，有大型 Foodcourt 及超市。而西館為 Outlet，共有近 30 家小規模的品牌店，尤以 selected shop 居多。

「岸和田」駅中央出口，沿岸和田商店街接本通商店街，一直走 8 至 10 分鐘即達。

━Info━
🔢 **地址：** 大阪府岸和田市港緑町 3-1
電話： 07-2436-9955
營業時間： 1000 - 2000
網址： k-cancan.jp
前往方法： 南海本線「岸和田」駅中央出口，沿
　　　　　　 岸和田商店街、本通商店街直行，徒
　　　　　　 步約 8 分鐘。

泉佐野乃大阪漁獲量數一數二的漁港。

最後衝刺漁市場
泉佐野漁協青空市場

　　離關西空港不過 5 分鐘車程的泉佐野，乃大阪漁獲量數一數二的漁港。漁市場樓高兩層，集合近 30 家海鮮攤販，生猛海產、刺身、魚乾、新鮮蔬果全部有齊，價格比大阪市內魚市場或超市，至少便宜 3 成，最適合上機前最後衝刺！

　　食肆方面，兩層都設有海鮮食堂。此外，若在周六、日到來而且不趕時間，買完海鮮後還可直接拿到旁邊「海鮮燒市場」BBQ，入場費每位成人及高中生 ¥1700、兒童 ¥1400，會提供一包燒烤肉，並可從自攜從漁市場買來的海鮮。

「海鮮燒市場」的營業時間為周六、日 1100-1700，最後入場時間為 1530，是配合漁市場而開設的。

Info

16　**地址：**大阪府泉佐野市新町 2 丁目 5187-101
　　電話：072-469-2340
　　營業時間：1000-1700（逢周三休息）
　　網址：aozora-ichiba.com
　　前往方法：南海本線「泉佐野」駅徒步約 18 分鐘；或「りんくうタウン」駅，轉乘的士前往，車程約 5 分鐘。

此地目前為全日本面積最大的 Outlet。

機場旁邊 人氣潮牌最多
Rinku Premium Outlet

　　位處關西機場附近，佔地近 10 萬平方米，2012 年增建「Sea side area」，店舖由原來的 160 間，增加至 210 間，即成全日本面積最大的 Outlet！網羅最人氣的潮流品牌店，高中低檔次俱備，折扣低至半價，款式極新，很多品牌甚至會有當季的新貨。而且設有「スカイシャトル」路線的 Shuttle Bus 來往機場，相當方便。

從「りんくうタウン」駅前往，將經過購物城Rinku Pleasure Town Seacle。因主打家庭市場，國際品牌欠奉，但價格更大眾化。

Info

17　**地址：**大阪府泉佐野市りんくう往来南 3-28
　　電話：072-458-4600
　　營業時間：1000-2000（2 月 1000-1900）
　　　　　　　　（每年 2 月第 3 個周四休息）
　　網址：premiumoutlets.co.jp/rinku
　　前往方法：
　　1.電車「りんくうタウン」駅下車徒步約 6 分鐘。
　　2.關西空港第一航廈入境層門外的 12 號閘，設有「スカイシャトル」路線 Shuttle Bus 直達，車費成人 ¥300，兒童 ¥150，車程 15 分鐘，班次可於網頁查閱。

京都駅

烏丸通

三条通

河原町

鴨川

花見小路

祇園

京都 Kyoto

日本的故鄉

京都（きょうと）在遷都東京以前，一直是天皇的居住地，素有「千年古都」之稱，也是日本藝術、文化、思想的發祥地，茶道、藝妓等文化盡皆源自京都。與此同時，京都亦遺下大量千年古剎，其中 17 處更被聯合國教科文組列為世界遺產。

前往京都交通

前往京都，宜經大阪「關西國際空港」往返，航程約 3 小時 45 分鐘。抵達後可轉乘火車或巴士：

JR 特急はるか（Haruka）：
前往方法：関西空港 → JR 京都駅
車程：約 75 分鐘　　　　**車費：**¥3840
リムジンバス関西空港線（Limousine Bus）
前往方法：関西空港 → 京都駅八条口
車程：約 85 分鐘　　　　**車費：**¥2600

京都市內交通

鐵路

西日本鐵路（JR-WEST）：
主要連接京都對外的交通，只有京都線、琵琶湖線、嵯峨野線和奈良線 4 條，當中以往嵐山和嵯峨野的嵯峨野線最為常用。

私營鐵路（私鐵）：
京都市內共有 6 家私鐵營運，包括來往大阪至京都的**阪急電車**；前往東山、伏見、宇治等地的**京阪電車**；前往鞍馬的**叡山電鉄**；前往奈良、大阪方向的**近鉄電車**；以及停經嵐山的**京福電鉄**。

市營地下鐵：
設有烏丸線和東西線，乃貫通京都市南北、東西的主要交通命脈，兩線在烏丸御池駅換乘，而烏丸線的京都駅則連接 JR。

的士

京都市域的士：
首 1 公里起錶價：¥500
其後每 279 米或每 1 分 45 秒：¥100
（晚上 2300 至清晨 0500 加收 20% 的夜間附加費。）

巴士

基於環保理由，大部分世遺古蹟都只有巴士可達，故京都市內巴士網絡四通八達。

市巴士（市バス）
由京都市政府經營，覆蓋範位最廣、班次最多。單程劃一收費：成人 ¥230、小童 ¥120，部分長途路線採分段收費。

巴士乘搭方法

❶ 上車時，先抽取一張「整理券」。若沒有抽取整理券，將會從起點站來計算車資。

❷ 到站時，按券上號碼對照車廂前方的收費表付款，最後把整理券和錢一起投入錢箱。

ICOCA 通用市巴士
關西地區的交通卡「ICOCA」亦適用於京都地下鉄及市巴士。若使用 ICOCA，只需上落車拍卡即可，超方便！

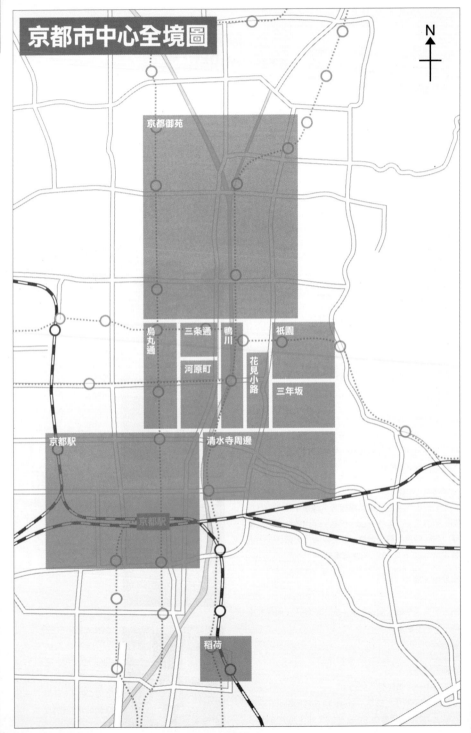

京都市中心全境圖

N

京都御苑

烏丸通　三条通　鴨川　　　　祇園

　　　　河原町　　花見小路

　　　　　　　　　　　　三年坂

京都駅　　　　　清水寺周邊

京都駅

稻荷

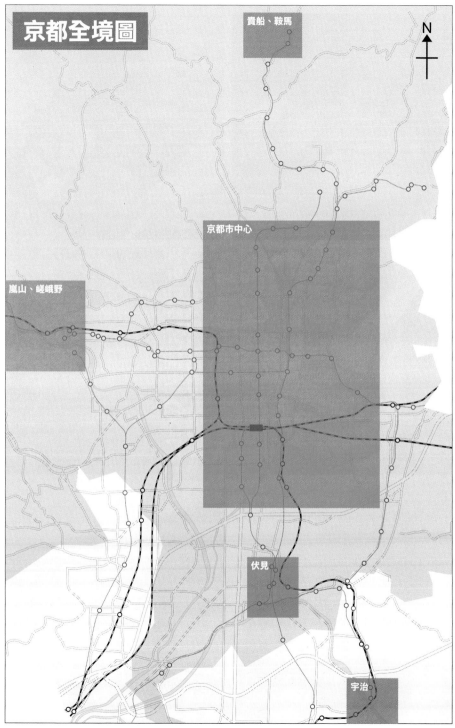

京都全境圖

貴船、鞍馬

京都市中心

嵐山、嵯峨野

伏見

宇治

N

京都駅
烏丸通
三条通
河原町
鴨川
花見小路
祇園

千年古都門戸

2

2

きょうとえき / Kyoto Eki

京都駅

9

10

12

JR新幹線、京都線「京都」駅；地下鉄烏丸線
「京都」駅；近鉄京都線「京都」駅即達。

交通

12

京都

京都駅

烏丸通

三条通

河原町

鴨川

花見小路

祇園

清水寺周邊

1 京都 TOWER
京都 TOWER SANDO
京都北山 MALEBRANCHE
京都 TOWER SANDO 店

KYOTO TOWER SANDO Bar
2 JR 京都伊勢丹
京都拉麺小路
拉麺虎金家
Porta sky dining
天婦羅和手鞠壽司
3 本家第一旭 本店
4 新福菜館 本店
5 Kaikado Café

6 割烹料理 いいむら
7 西本願寺
8 京都水族館
9 市電 Café
10 京都鉄道博物館
11 AEON MALL KYOTO 店
串家物語
AEON MALL KYOTO 店

Bread Gerden
AEON MALL KYOTO 店

12 東寺

京都駅的地標「京都 TOWER（タワー）」。

京都 TOWER（タワー）內，1 樓為手信市場。

京都駅地標
京都 TOWER

1964 年落成的「京都 TOWER（タワー）」由建築師山田守設計，外形像臨海的燈塔。塔身高 131 米，特徵是並非鋼骨桁架結構。展望台位於樓高 100 米處，能 360 度遠眺京都景致。以現今的標準而言，這展望台並不算高，但因京都市內建築物不高，故景觀依然壯麗。

展望台位於 14 及 15 樓，很多旅客都投訴塔身外的紅色鋼架阻礙拍照，幸好望遠鏡皆免費使用。

Info

1 **地址**：京都市下京区烏丸通七条下る
　　　　東塩小路町 721-1
電話：075-361-3215
開放時間：1000 - 2100（最終入場 2030）
展望台入場費：成人￥900，高中生￥700，
　　　　　　　　中小學生￥600，幼兒￥200
網址：kyoto-tower.jp
前往方法：JR「京都」駅中央口徒步約 2 分鐘；
　　　　　　地下鉄「京都」駅出口 2 直達。

手信 × 美食 × 體驗
京都 TOWER SANDO

「KYOTO TOWER SANDO（京都タワーサンド）」位於京都 TOWER 的地庫至 2 樓是商場，每層各有主題：地庫為美食廣場，1 樓為手信市場。而最特別的 2 樓為體驗工作坊，設有和菓子或壽司的廚藝教室、傳統工藝體驗工房以及和服租賃店。上述廚藝教室均需預約，如有興趣記得及早報名了。

七條甘春堂的和菓子體驗教室，每天 4 節（每節約一小時），每位￥2530。

位於地庫的美食廣場，座位區以多個主題佈置，食店都來自京都各地的人氣店。

Info

位置：「京都タワー」地庫至 2 樓
電話：075-746-5830
營業時間：B1/F 1100-2300；
　　　　　　1/F 1000-2100；
　　　　　　2/F 1000-1900
網址：kyoto-tower-sando.jp

「生茶菓雪條（生茶の菓アイスバー）」¥250

迷你抹茶冰條
京都北山 MALEBRANCHE
京都 TOWER SANDO 店

「京都北山 MALEBRANCHE（マールブランシュ）」是以抹茶曲奇「茶の菓」而揚名的京都洋菓子店，而位於「京都 TOWER」的分店，提供該店獨家限定的「生茶菓雪條（生茶の菓アイスバー），迷你京都塔造型的抹茶冰超濃郁，一開幕即成 IG 大熱打卡照！

迷你京都塔造型的抹茶冰超濃郁。

京都北山 MALEBRANCHE 乃「京都 TOWER」內面積最大商戶，店面設計華麗。

―― Info ――
地址：「京都タワー」1 樓
電話：075-353-4567
營業時間：1000-2100
網址：malebranche.co.jp

每晚不同酒單的 Tasting Set，相當抵飲。

京都地酒全集合
KYOTO TOWER SANDO Bar

美食街內的人氣酒吧，網羅全京都的 craft beer、威士忌以及日本酒，還有本地食品廠的和風 Tapas 佐酒。推介每晚不同酒單的 Tasting Set，有啤酒和清酒選擇，相當抵飲。當晚提供的京都 craft beer Tasting Set，包括黑潮的如く、なごり雪和一期一會，全是京都限定。

工程期間，港塔周成圓筒狀，晚上打上了燈光，依然是神戶港夜景的一部份。

―― Info ――
地址：「京都タワー」地庫
電話：075-744-1828
營業時間：1100-2300

13 層潮流購物城
JR 京都伊勢丹

退稅

京都駅西區，有佔據 13 層的伊勢丹（ISETAN）百貨，集齊最人氣的男女潮流品牌店。重點包括地庫 1 層、集合全京都特產手信專櫃的「食品部」；11 樓還有網羅 15 間特色餐飲的大型食街「Eat Paradise（イートパラダイス）」。難得購物之餘，也附設大量休憩空間，例如空中庭園「大空広場」等。其中露天表演場地「大階段」，高低落差達 30 米，每當有戶外表演時，便變成廣闊的觀眾席。

─── Info ───

② **地址：** 京都市下京区烏丸通塩小路下る
東塩小路町 901 京都駅ビル West Zone
電話： 075-352-1111
營業時間： 1000 - 2000
網址： mistore.jp/store/kyoto.html
前往方法： JR「京都」駅直達。

吃盡全日本拉麵
京都拉麵小路

毗鄰 JR 京都伊勢丹 10 樓的室內拉麵街，一次過便可嚐盡全日本拉麵，每年都會邀請新店加盟，不夠好的絕不能留低。

「祇園拉麵（らぁ～めん）京」的元祖祇園雞白湯拉麵，每碗￥880。

「麵家伊呂波（いろは）」的黑醬油拉麵，每碗￥1480。

─── Info ───

位置：
「京都駅ビル」10/F
營業時間：
1100-2200
網址：
kyoto-ramen-koji.com

空中徑路

大階梯

ラーメンこがね家

博多一幸舍

洗手間

◀ JR京都伊勢丹10樓

茶筅

麵や虎鉄

中村商店

祇園らぁ～めん京

麵家いろは

ラーメン東大

電動扶梯

麵匠 たか松

ますたに

車站大廈
南電梯

「拉麵（ラーメン）東大」的德島豬骨湯拉麵，每碗￥1050。

主打札幌味噌拉麵的「麵屋（麵や）虎鉄」，拉麵每碗￥1350。

京都雞魚介沾麵名店「麵匠 高松（たか松）」沾麵每份￥950。

「博多一幸舍」的博多風味拉麵，每碗￥1530。

背脂醬油系拉麵代表「升谷（ますたに）」拉麵每碗￥1000。

「中村商店」的黃金雞白湯拉麵，每碗￥1480。

店內人氣第一的「熟成豚骨拉麵，配燒豬肉2款，加溏心蛋（熟成とんこつラーメン焼豚2種盛味玉入）」每碗￥950。

明石熟成濃厚豬骨
拉麵虎金家

　　「拉麵虎金家（ラーメンこがね家）」以熟成過的豬肉製作叉燒拉麵，熟成豚肉像藍芝士一樣發酵過，氣味極濃，不是人人喜歡，但卻得了「京都府知事賞」，是日本具有特色的拉麵店，全國共4家分店，而位於京都拉麵小路店為最方便的一家。

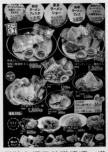

餐牌上標示曾獲獎項，堪稱是屢獲殊榮的拉麵店。

該店曾獲頒「京都府知事賞」，其地位可見一斑。

―― Info ――

地址：京都市下京区東塩小路町 901
　　　京都駅ビル 10 階
電話：075-600-9366
營業時間：1100-2200
前往方法：位於「京都拉麵小路」內。

高高在上的隱藏食街

Porta sky dining

　　京都駅的地下商店街「京都 Porta（ポルタ）」，卻有一層高高在上位於 11 樓，名為「Porta sky dining（ポルタスカイダイニング）」，毗鄰 JR 京都伊勢丹的「Eat Paradise」，從「京都拉麵小路」沿大階段上一層即到。多家食店隱身於此，包括和牛燒肉、吉烈豬排、鰻魚飯、燒魚定食、意大利粉等等，一應俱全，可以有更多更好選擇給你。

── Info ──
位置：「京都駅ビル」10/F
營業時間：1100-2200
網址：kyoto-ramen-koji.com

Porta sky dining 中的「京都 KOTOKOTO（ことこと）」是日本鄉土料理店，該店的「油炸豆腐定食（揚げ出し豆富定食）」每份￥2210。

迷你精緻、色彩繽紛的點心

天婦羅和手鞠壽司 都

　　在 Porta sky dining 內，尤其值得注意的是這間打卡名店「天婦羅和手鞠壽司：都（天ぷらと手まり寿司 都）」，其中所謂「手鞠（まり）」是拿來拋擲把玩的傳統小手球，象徵帶來好運和幸福，是日本人喜歡在元旦當天玩的遊戲，在店內亦隨處可見。而該店的全部餐點亦一如其名，全都十分迷你精緻、色彩繽紛。

　　其中，該店晚市的「都（miyako）晚餐（都 -miyako- 夜セット）」含名物天婦羅 5 款、手鞠壽司 7 款，另外自選蔬菜天婦羅 4 款，每份￥2420。該店視野開闊，更可一面欣賞京都景色一面用餐。

── Info ──
位置：「京都駅ビル」11/F
電話：075-708-3336
營業時間：1100-2200
網址：instagram.com/miyako.kyoto0201

「都（miyako）晚餐（都 -miyako- 夜セット）」每份￥2420。

該店視野開闊，可一面欣賞京都景色一面用餐。

該店的天婦羅亦十分迷你。

「特製拉麵（ラーメン）」每份￥1050。

「中華蕎麥（そば）」小碗每份￥700。

清淡醬油拉麵
本家第一旭 本店

距離京都駅兩個街口，稍為偏僻的這條街上，卻開了兩家知名的拉麵店，天天大排長龍。較多人排隊的「本家第一旭」由「屋台」（路邊攤）起家，開業超過半世紀。以豬骨熬成的醬油湯頭較新福清淡，叉燒使用國產母豬肉製成，入口即化，加上自家製的細直麵條，深受食客歡迎。招牌的「特製拉麵（ラーメン）」，精粹在於醬油乃伏見老店特別釀造，絕無添加，加上豬骨後更能特顯清甜，每份￥1050。

每天大排長龍，等候一、兩小時實屬等閒。

黑湯拉麵王
新福菜館 本店

1938 年開業，也是由「屋台」起家的京都拉麵名店。本店雖然位置略為偏僻，但門外亦永遠排着長長人龍。黑如墨汁般的醬油湯頭，以豬肉及雞肉熬成，味道濃郁卻毫不油膩，配以京都特產的「九條蔥」及肥瘦肉相間的叉燒，便是最傳統的京都風格拉麵。其「中華蕎麥（そば）」深黑色的湯頭味道清爽鮮甜，配上關西風的軟滑直細麵，掛湯效果更佳；而叉燒帶淡淡烤肉香，份量極足，小碗每份￥700。

無論甚麼時候，門外往往擠滿食客。

─Info─

3 地址：京都市下京区東塩小路向畑町 845
電話：075-313-6321
營業時間：0600- 翌日 0100（逢周四休息）
網址：honke-daiichiasahi.com
前往方法：從「京都」駅進入地下商店街「京都Porta」，經出口 A3 東行，至第二個十字路口即達，徒步約 5 分鐘。

─Info─

4 地址：京都市下京区東塩小路向畑町 569
電話：075-371-7648
營業時間：0900-2000（逢周三休息）
網址：shinpukusaikan.net
前往方法：毗鄰「本家第一旭」。

那須高原的芝士蛋糕（Kaikado チーズケーキ），每件¥1580。

限量 50 份的「午市定食（お昼の定食）」主菜連特色釜飯、配菜、味噌湯，只售¥900。

京都百年茶罐咖啡
Kaikado Café

　　由京都百年茶罐品牌「開化堂」開設的咖啡店。1875 年創業的開化堂，每個都由職人以英國「馬口鐵」，經 130 個步驟打造，防潮性佳，可用上百年。咖啡店建築原為京都市電內濱架線的事務所，供應東京的中川ワニ珈琲、丸久小山園的抹茶等，還有那須高原的芝士蛋糕（Kaikado チーズケーキ），每件¥1580，視覺與味覺完美結合。

每個咖啡罐，都由職人以英國「馬口鐵」，經 130 個步驟打造，其中容量 200g 的售¥33000！

午市平吃懷石料亭
割烹料理 いいむら

　　七条通乃道地和食店的集中地，其中藏身小巷內的「いいむら」，乃 70 年的老店。夜上是供應懷石料理的高級料亭，最低消費¥5000 起。但平日午市有限量 50 份的「午市定食（お昼の定食）」供應，每天不同。當天主菜為炸魚扒，配混有野菌的香飯。主菜連特色釜飯、配菜、味噌湯，每份只售¥900。

門口藏身小巷內，招牌又沒有漢字，很易便錯過。

---Info---

5 **地址：**京都市下京区河原町通七条上る
　　　住吉町 352
電話：075-353-5668
營業時間：1000-1800（逢周四休息）
網址：kaikado-cafe.jp
前往方法：京阪電鉄「七条」駅出口 3 西行，過橋後至第一個十字路口右轉即至，徒步約 5 分鐘，位於「涉成園」附近。

---Info---

6 **地址：**京都市下京区七条通東洞院西入る
　　　真苧屋 216
電話：075-313-8023
營業時間：1130-1300、1700-2130
　　　（逢周日休息）
前往方法：市內巴士站（バス停）「烏丸七条」下車即達。

「御影堂」內供奉開山始祖「親鸞聖人」的坐像。

「京都水族館」乃日本內陸地區最大的水族館。

絢爛豪華的世遺
西本願寺

世遺

　　正式名稱為龍谷山本願寺，1272 年創建於東山，1591 年遷至現址，是「淨土真宗本願寺派」的大本山。內部建築充分反映「桃山時代」絢爛豪華的藝術風格，因而被列為世界文化遺產。焦點景點包括唐門、白書院、黑書院，以及日本最古老的能舞台等，全是日本國寶級建築。其中 2010 年修建完畢的「御影堂」，內裏更供奉着開山始祖「親鸞聖人」的坐像。

御影堂前面的御影堂門，建築一樣巧奪天工。

寺內有兩棵大銀杏，最大的一棵樹齡超過400年。

───── Info ─────

7 **地址**：京都市下京区堀川通り花屋町下ル
　　電話：075-371-5181
　　開放時間：0530-1700
　　網址：hongwanji.kyoto
　　前往方法：JR「京都」駅徒步約 15 分鐘；.

日本內陸最大水族館
京都水族館

　　2012 年落成的「京都水族館」樓高 3 層，飼養了 250 個品種、共 15000 隻海洋生物，乃日本內陸地區最大的水族館。全館分為 9 大區域，包括海洋區、海豚館、企鵝區、大水族箱、京之川區、交流廣場、山紫水明區、京之後山區及海洋哺乳動物區，附設海洋劇場和大量體驗活動。焦點包括重塑京都鴨川與由良川環境的「京之川區」，展出京都特有的淡水生物，包括被譽為日本國寶的大山椒魚。

日本大山椒魚，因體味如山椒而得名，跟中國的娃娃魚同科，身長可達 1.5 米，被稱為「活化石」。

───── Info ─────

8 **地址**：京都市下京区観喜寺町 35-1
　　　　　（梅小路公園內）
　　電話：075 - 354 - 3130
　　開放時間：1000-1800
　　入場費：成人 ¥2400、高中生 ¥1800、
　　　　　中小學生 ¥1200、幼兒童 ¥800
　　網址：kyoto-aquarium.com
　　前往方法：JR「梅小路京都西」駅徒步 8 分鐘。
　　　　　市內巴士站（バス停）「七条大宮・
　　　　　京都水族館前」徒步約 5 分鐘。

「扶手麵包（カタカタつり革パン）」堂食¥310。

電車扶手環包
市電 Café

　　梅小路公園除了鐵道博物館，其實「市電廣場（市電ひろば）」還有這家「市電 Café」，由一輛明治至昭和時代營運的京都市電改裝，內部仍保持昔日裝潢。主打「扶手麵包（カタカタつり革パン）」，有朱古力、海苔醬油、砂糖、蜜糖及黑芝麻等味道，堂食每個只售¥310。

Café 由一輛明治時代開始營運的京都市電改裝，另一輛為電車精品店。

內部保持19世紀的電車裝潢，設吧台和梳化雅座。

┌Info┐

⑨ **地址：**京都市下京区観喜寺町 1-15（車梅小路公園內）
　電話：90-3998-8817
　營業時間：1000-1800
　網址：shidencafe.official.ec
　前往方法：毗鄰「京都水族館」。

該館為日本最大的鐵路博物館。

日本最大電車展
京都鉄道博物館

　　「梅小路蒸汽火車博物館」與大阪的「交通科學博物館」合拼並擴建後，於2016年啟用，成為日本最大的鐵路博物館，包含樓高3層的本館、戶外的扇形車庫和散步道，展出53輛不同型號的電車，由百年古董蒸汽火車，到最新型號的新幹線列車都有。

10分鐘真正的蒸汽火車「SL Steam（スチーム）號」體驗，每位¥300。

出口「旧二条駅舍」為建於1904年的車站大堂，為日本最古老的木造車站。

┌Info┐

⑩ **地址：**京都市下京区観喜寺町
　電話：0570-080-462
　開放時間：1000-1700（最後入館 1630）
　　　　　　　（逢周三休息）
　入場費：成人¥1500、大學及高中生¥1300、
　　　　　　中小學生¥500、幼兒¥200
　網址：kyotorailwaymuseum.jp
　前往方法：JR「梅小路京都西」駅徒步約2分鐘。
　　　　　　　市內巴士站（バス停）「梅小路公園
　　　　　　　・京都鉄道博物館前」直達。

作為京都駅附近最新大型購物場，深受本地人喜愛。

自行將食材沾上粉漿及麵包屑，下鍋油炸。

京都最大購物城
AEON MALL KYOTO 店

　　AEON MALL 的 KYOTO 店位於「京都八條都酒店」旁邊，佔地極廣，是京都駅附近最新大型購物場，深受本地人喜愛。分為西翼的「Sakura 館」及東翼的「Kaede 館」兩棟，因主打家庭客，故場內不乏平價服裝店、童裝、日用品店，有 Toys"R"Us、大型超市 KOHYO、DAISO 以大垣書店等，男女老幼一樣照顧周到。

大型超市「KOHYO」內有很多便宜刺身和海產，還有大量道地的醬料和食材。

—— Info ——
⑪ **地址**：京都市南区西九条鳥居口町 1 番地
　 電話：075-691-1116
　 營業時間：1100-2200
　 網址：kyoto-aeonmall.com
　 前往方法：JR、近鉄「京都」駅八条西口，徒步約 5 分鐘。

自助串炸放題
串家物語
AEON MALL KYOTO 店

　　日本串炸放題連鎖店「串家物語」，在京都 AEON MALL 也有分店。晚市成人每位￥2740、小學生￥1200、幼兒￥550，限時 90 分鐘。食材一串串地放在架上，只要自行將食材沾上粉漿及麵包屑，下鍋油炸兩、三分鐘就炸好了。由於操作比打邊爐還要簡單，連小朋友都能輕易做到，適合全家大小。

食材的擺設，與一般自助餐無異，任君選擇。

「串家物語」是頗受兒童歡迎的自助餐廳。

—— Info ——
位置：「AEON MALL KYOTO 店」4/F
電話：075-691-7655
營業時間：1100-2200
網址：ku2.ffsm.jp/6031

麵包放題及芝士火鍋

Bread Gerden

AEON MALL KYOTO 店

　　位於京都 AEON MALL 的「Bread Gerden（ブレットガーデン）」，是主打麵包的餐廳。只要惠顧店內指定的套餐，即可額外加購麵包放題，在開放式麵包吧中隨意拿取，麵包款式約 10 種，口感煙韌，不斷新鮮出爐，用來搭配煎雞扒芝士火鍋（￥1529）一絕！真的不怕吃不飽。

　　其他主菜種類也不少，意大利粉、燴飯、鐵板漢堡牛排等等，價位約￥1290 至￥2000 左右，選擇多，性價比高，值得一試。

─Info─

位置：「AEON MALL KYOTO 店」4/F
電話：075-693-3309
營業時間：1100-2200
網址：saint-marc-hd.com/baqet/shop/286

「Bread Gerden（ブレットガーデン）」除麵包之外，亦有提供多款日式焗飯。

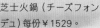

芝士火鍋（チーズフォンデュ）每份￥1529。

晚市的「芝士火鍋 - 煎雞拼盤」的主菜。

麵包約有 10 款左右，都是不斷新鮮出爐的。

煎雞拼盤配上芝士火鍋，可以一面沾醬、一面享用。

274

被公認為京都象徵的「五重塔」

金堂是東寺的本堂，堂內以正尊「藥師如來坐像」為中心，被譽為日本桃山時代的代表性建築。

御影堂南面置有一靈龜石像，故寺內的繪馬也印有龜形圖案，祈求健康長壽。

京都象徵五重塔
東寺

世遺

始建於公元 796 年，為弘法大師「空海」所創建的首座真言密教寺，為鎮護國家而建，正式名稱為「教王護國寺」，乃京都最古老的寺院。寺內的寶物殿，收藏了大量國寶級文物。尤以 55 米高的五重塔最為聞名，為日本最大規模的古塔建築物，乘搭新幹線從外地來京都，第一個景物便是五重塔，被公認為京都「象徵」，並成為聯合國世界文化遺產。

需要注意寺內部分地方，是要收取入場費的。其中御影堂及食堂全年免費開放，而五重塔、講堂及其他地方，則屬定期開放，入場時收取 ￥500 至 ￥800 不等，須留意寺方公布詳情。

五重塔前的瓢簞池四季景致各異，秋有紅葉、春有櫻花飛舞。

Info

⓬ **地址：** 京都市南区九条町
電話： 075-691-3325
開放時間： 0500 - 1700
網址： toji.or.jp
前往方法： 市內巴士站（バス停）「東寺南門前、東寺東門前、九条大宮、東寺西門前」俱可直達。

文化藝術區

からすまどおり / Karasuma Dōri

烏丸通

1

4

9

2

6

地下鉄烏丸線、東西線「烏丸御池」駅、
「四条」駅，阪急京都線「烏丸」駅即達。

交通

8

276

1 鰻割烹 前原

2 然花抄院 京都室町本店

3 茶寮翠泉 烏丸御池店

4 京都國際漫畫博物館

5 細辻伊兵衛美術館

6 (THISIS)SHIZEN

7 中京郵便局

8 京都文化博物館

9 光和商店

10 京都八百一本館

11 三三屋

12 真手打烏冬 英多朗

13 京都芸術中心

14 COCON KARASUMA
Actus 京都店

鰻魚會席料理
鰻割烹 前原

　　「鰻魚餐廳前原（鰻割烹まえはら）」主打以鰻魚為材料製作的會席料理，招牌套餐「前原（まえはら）」每份￥11000，不算便宜，但當中包括新鮮即燒鰻魚肝、鰻魚皮八幡卷、鰻魚糕、白燒鰻魚、鰻魚柳川鍋及鰻魚飯，並附湯及甜品，能一次過品嚐各種鰻魚菜式，滋味無窮。此外店內亦提供鰻魚盒飯「鰻重」，每份￥3410起，性價比極高，不可不試。

鰻魚柳川鍋是自江戶時代便出現的料理，搭配滑蛋來煮，無論單吃或是配飯都十分合適。

━Info━

1 **地址**：京都市中京区両替町通二条上ル
　　　　北小路町 108-1
電話：050-5266-0488
營業時間：1130-1400；1700-2130
網址：maehara-kyoto.com
前往方法：地下鉄「丸太町」駅出口 6 或巴士站
　　　　　（バス停）「烏丸二条」徒步約 4 分鐘。

Tips

　　「會席料理」以菜色多樣化為特色，在日文中雖然與「懷石料理」發音相同，但懷石料理是為了配合喝茶，而會席料理則配合喝酒，算是高級宴客用的餐飲。

白燒能呈現出鰻魚的清香鮮甜，講究鰻魚的品質及師傅的火候控制。

除會席套餐外，店內亦供應「鰻重」，全條的為￥6380。

作為「鰻會席」套餐的前菜，有燒鰻肝、鰻皮八幡卷、鰻魚糕等多種小食，十分開胃。

每份蛋糕都用上 4 隻蛋黃！

庭園景 × 半熟雞蛋糕

然花抄院 京都室町本店

大阪長崎蛋糕老店「長崎堂」2009 年於京都打造的年輕新牌，充滿禪意的包裝屢獲設計獎。招牌「然」半熟雞蛋糕，用丹波黑豆餵養的純種雞生蛋製，每份蛋糕都用上 4 隻蛋黃，蛋糕濕潤綿軟，蛋味濃郁芬芳，因為不含防腐劑，故食用期限只得一天，成為壽命最短的手信！京都本店由一棟 300 多年的京町家改建，附設庭園景觀的茶寮「Zen Café」，可一嚐新鮮出爐的招牌蛋糕和菓子。

京都本店由一棟 300 多年的京町家改建，前身為和服店，故氣派非凡。

Info

2 **地址**：京都市中京区室町通二条下ル
　　　　蛸薬師町 271-1
電話：075-241-3300
營業時間：1100-1800
網址：zen-kashoin.com
前往方法：地下鉄「烏丸御池」駅出口 2，徒步約 6 分鐘。或（バス停）「烏丸二条」徒步約 4 分鐘。

3D 拉花抹茶（お濃い抹茶ラテ3Dアート）¥820。

3D 拉花抹茶

茶寮翠泉 烏丸御池店

「茶寮翠泉」是一間和風抹茶甜品專門店，主要提供抹茶蛋糕、冰淇淋。其中極具特色的，是十分可愛的「3D 拉花抹茶（お濃い抹茶ラテ3Dアート）」，每杯 ¥820。味道濃郁的抹茶，在細緻綿密的奶泡襯托下，口感相當順滑，令人一試難忘！

不同口味的 sablé（サブレ）餅乾，每包 ¥340。

該店附設零售店，多款點心可供外賣。

Info

3 **地址**：京都市中京区両替町通押小路上ル
金吹町 461 番地
電話：075-221-7010
營業時間：1030-1800
網址：saryo-suisen.com
前往方法：地下鉄「烏丸御池」駅出口 2，徒步約 5 分鐘。

日本唯一漫畫博物館
京都國際漫畫博物館

　　「京都國際漫畫博物館（京都國際マンガミュージアム）」是京都市與京都精華大學的共同事業，由百年歷史的「龍池小學」舊校舍改建而成。自 2006 年開館，收藏了超過 30 萬冊日本漫畫和資料，包括其外文翻譯版和世界各國經典漫畫，當中 5 萬餘部可供參觀者自由閱覽。天花更掛有手塚治蟲名作《火の鳥》的巨型雕塑，高 4.4 米、闊達 11 米，出自京都著名的佛像雕刻師之手。

　　此外，亦附設 Café 和紀念品店，還有漫畫製作示範、漫畫講座和 Cosplay 活動，已成漫畫迷的朝聖地。

博物館定期舉辦不同主題的展覽，展出知名漫畫家的珍貴作品手稿。

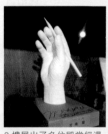

2 樓展出了多位殿堂級漫畫家執筆手的複製品。

從展出的手稿，可看出漫畫家的筆觸。

━Info━

4　地址： 京都市中京区烏丸通禦池上ル
　　　　（元龍池小學校）
　　電話： 075-254-7414
　　開放時間： 1030-1730（最終入館 1700）
　　　　　　　（逢周三休息）
　　入場費： 成人￥900、中學生￥400、
　　　　　　　小學生￥200
　　網址： kyotomm.jp
　　前往方法： 地下鉄「烏丸御池」駅出口 2 即達。

超過 5 萬冊漫畫單行本供參觀者自由閱覽，都以漫畫家的日文姓氏拼音排列。

「細辻伊兵衛美術館」原為姉小路本店。

400 年傳統手拭
細辻伊兵衛美術館

　　創業於 1615 年，專賣日本傳統「手ぬぐい（手巾）」和「風呂敷（包袱布）」。當時為織田信長的供應商而活躍，並獲賜「永樂屋」店名及姓氏「細辻」，自此永樂屋的「当主（老闆）」都會襲名「細辻伊兵衛」。位於姉小路的本店，在 2022 年被改裝為「細辻伊兵衛美術館」，1 樓展示自江戶時代至今的作品及各時代的服飾，展品依季節而更換；而 2 樓則展示歷代「細辻伊兵衛」的貢獻。

館內展示自江戶時代至今「永樂屋」曾生產過的商品。

┣Info┫

5　**地址**：京都市中京区室町通姉小路下ル
　　　役行者町 368
　　電話：075-256-0077
　　營業時間：1000 - 1900（最終入館 1830）
　　入場費：成人￥1000、大學及中學生￥900、
　　　小學生或以下￥300
　　網址：hosotsuji-ihee-museum.com
　　前往方法：地下鉄「烏丸御池」駅出口 4-1 或 6，
　　　徒步約 3 分鐘。

「花束雪糕（アイスブーケ）」每杯￥1450。

IG 超人氣手工唧花雪糕
(THISIS)SHIZEN

　　「新風館」原為舊京都中央電話局，由知名建築家隈研吾改建後，變成一個小森林。開在這裡的甜點店「(THISIS) SHIZEN」，其「花束雪糕（アイスブーケ）」在甜筒內塞滿雪糕，再用綠豆蓉製作出葉片、芋頭蓉擠出花瓣。由於製作每一支都很花工夫，所以數量有限，幾乎每天一開店就完售了，有意一試，定必盡早前往。

5 種口味糰子及飲品套餐（￥800）

「花束雪糕」隨季節而變更，每次去都有驚喜，極受歡迎。

┣Info┫

6　**地址**：京都市中京区両替町通押小路上ル
　　　金吹町 461 番地
　　電話：075-585-5226
　　營業時間：1000-1900
　　網址：thisis.website
　　前往方法：地下鉄「烏丸御池」駅出口 5 直達。

前身為「西京郵便役所」，充滿明治年代風格。

必買限定明信片
中京郵便局

　　始建於 1902 年，前身為「西京郵便役所」，由吉井茂則設計，以新文藝復興風格建築，跟附近的「京都文化博物館」一同登錄為京都「有形文化財」。而紅磚牆的中京郵便局，因充滿明治年間的新文藝復興風格，更曾入選「公共建築百選」。

即場寄出，還會蓋上中京郵便局的特別郵戳。

　　因日本郵政從國營到私有化。為增加收入，日本的47 個縣府郵局都會推出限定郵政精品。來到中京，必買京都限定明信片，即場寄出還有中京郵便局特別郵戳。

多款京都限定的明信片。

---Info---

7 **地址**：京都市中京区三条通東洞院東入
　　　　菱屋町 30
　電話：0570-943-903
　營業時間：平日 0800 - 1900；
　　　　　　　周六、日及假期 0800 - 1800
　網址：post.japanpost.jp
　前往方法：地下鉄「烏丸御池」駅出口 5，沿三條通東約 2 分鐘。

別館的前身為日本銀行的京都分行。

活化的文化遺產
京都文化博物館

　　1988 年開館，分為本館及別館兩部分：西式紅磚建築的別館，前身為日本銀行的京都分行，內部裝潢古典，已被列為國家重要文化財產，現在免費供旅客參觀；現代建築的本館樓高 7 層，內設多個展示室，展出京都的美術和工藝收藏。博物館不一定沉悶，一樓設有仿江戶末年建築的「博物館商店（ミュージアムショップ）」，集合多家道地餐飲店，以及特色精品工藝店，每逢假日更有免費音樂表演、傳統工藝示範等。

別館一樓大堂保留了日本銀行的木造櫃台，窗戶的雕花手工精緻。

---Info---

8 **地址**：京都市中京区三条高倉
　電話：075-222-0888
　開放時間：1000-1930（最終入場 1900）
　休息：逢周一
　入場費：別館免費；綜合展示成人￥900、
　　　　　　大學生￥400、中小學生或以下免費
　網址：bunpaku.or.jp
　前往方法：地下鉄「烏丸御池」駅出口 5，東行約 3 分鐘，鄰近「中京郵便局」。

「花巾着」外型像是一朵花，每個¥950。

職人手作「友禪染巾着」
光和商店

　　「友禪染」是日本最具代表性的布料染色技法，京都是其發源地，傾向柔和的色調，呈現出高雅華麗的氣質而著稱，是日本政府指定的「傳統工藝品」。而「巾着」是一種帶繩袋，是日本傳統的袋子形式。其中「花巾着」外型像是一朵花似的，大袋每個¥950。穿和服時當作手袋或腰包，或作為具日本色彩的手信都很合適。

每一個布袋，都由老師傅親手縫製。

門面極低調，毫不起眼，但店內的布袋卻色彩繽紛。

─ Info ─

9 **地址：**京都市中京区堺町通三条下る道祐町150
　　電話：075-221-5312
　　營業時間：0900-1800
　　前往方法：「京都文化博物館」十字路口往東行，第一個街口右轉即至。

1樓超市主打本地新鮮農產。

升級版市場大樓
京都八百一本館

　　樓高3層，集合食材超市、家居雜貨與特色餐廳於一身的升級版市場大樓，重現日本昔日「八百屋」（蔬菜水果店）文化。

　　1樓超市主打本地新鮮農產，部分來自位於北海道和京都各地的自設農田，京野菜、國產和牛、壽司刺身、現烤麵包、道地熟食小菜俱備，最重要是價格超便宜又新鮮！還附設多家特色餐廳和酒吧，而3樓更有天台農場「六角農場」。位置就腳，地方整潔好逛，已成京都少婦的消閒熱點。

「六角農場」綠意盎然，且富教育義意。

樓高3層的市場大樓，交通方便。

─ Info ─

10 **地址：**京都市中京区東洞院三条下る
　　　三文字町220
　　營業時間：1000-2100（逢周三休息）
　　網址：kyotoyaoichihonkan.com
　　前往方法：地下鉄「烏丸御池」駅出口5，東行至「中京郵便局」，再南行至十字路口即達。

GRV 挑選的京都老店雜貨在此有售。

Groovisions 雜貨
三三屋

　　源自京都的日本著名設計單位「Groovisions」（簡稱 GRV）2016 年開設的新店，選址錦市場附近的老長屋，專售自家精品，挑選《groovisions 100 tools》書中介紹過的京都老店的生活雜貨，及 GRV 挑選的京都老店雜貨。同時亦有由 GRV 重新設計、包裝的傳統職人工藝品。

Groovisions 重新打造的傳統京都職人工藝品，融合古今。

新店藏身小巷內，由一棟老長屋改造而成。

--- Info ---

⑪ **地址：**京都市中京区東洞院蛸薬師下ル
　　元竹田町 639 - 11
電話：075-211-7370
營業時間：周六、日及假期 1200-1900
網址：groovisions.com/mimiya
前往方法：阪急京都線「烏丸」駅出口 18 右轉，轉入「東洞院通」並沿路北行，過十字路口即至。

「柚子拉麵（ゆずラーメン）」每碗 ¥930。

人氣柚子拉麵
真手打烏冬　英多朗

　　錦小路通的道地拉麵店，當地雜誌、電視節目也經常報道。最初以真正的手打烏冬（真手打うどん）起家，另有咖喱飯、炸雞等和食供應。不過讓店子揚名的卻是「柚子拉麵（ゆずラーメン）」，每碗 ¥930，湯頭以雞骨加上鰹魚熬煮，再加入酸酸甜甜的柚子汁，味道清爽又開胃，夏天吃一流。

街坊食堂格局，卻是日本飲食雜誌與電視節目經常介紹的秘店。

--- Info ---

⑫ **地址：**京都市中京区錦小路通東洞院西入
　　元法然寺町 683
電話：075-211-2239
營業時間：1130-1400；1730 - 2100
　　（逢周日休息）
網址：kyoto-eitaro.com
前往方法：阪急京都線「烏丸」駅出口 18 右轉，轉入「東洞院通」並沿路北行，至十字路口左轉即至。

該中心的原址為 1869 年創校的「明倫小學」。

明治時代小學校舍
京都芸術中心

　　「京都藝術中心（芸術センター）」原為 1869 年創校的「明倫小學（Meirin Elementary School）」，該校乃日本明治維新後首批落成的小學，並於 1993 年結束營運。2000 年，原址改建成藝術中心，保留了校舍原來的間隔和設施，一間間課室，全變成藝術家的工作室或展場，而禮堂則變大型演廳，還附設藝術圖書館，以及京都著名的「前田咖啡」。每個角落都散發歲月痕跡，吸引大批攝影迷來取景。

位於 1 樓的咖啡店由班房改建而成，並由京都著名老店「前田咖啡」經營，懷舊風的內裝充滿電影感。

―― Info ――
⑬ 地址：京都市中京区室町通蛸薬師下る
　　　　山伏山町 546-2
電話：075-213-1000
開放時間：1000-2000
網址：kac.or.jp
前往方法：阪急京都線「烏丸」駅出口 24 右轉，
　　　　　　轉入「室町通」並沿路北行，過十字
　　　　　　路口即至。

「天平大雲」的外牆十分矚目。

融合古今美學
COCON KARASUMA

　　「古今烏丸（COCON KARASUMA）」前身為丸紅大樓，後來由建築大師隈研吾改造成商場，設計融合古今美學，尤以日本傳統「天平大雲」圖案的外牆最為矚目。

―― Info ――
⑭ 地址：京都市下京区烏丸通四条下る
　　　　水銀屋町 620 番地
電話：075-352-3800
營業時間：0800 - 2300（商店營業時間各異）
網址：coconkarasuma.com
前往方法：地下鉄烏丸線「四条駅」出口 2，阪
　　　　　　急京都線「烏丸駅」出口 23 直達。

簡潔的設計風格，是一種生活品味。

北歐生活品味
Actus 京都店

　　主打簡潔的北歐設計風格，由家品、雜貨、設計精品，到家具，以至有機食材都一應俱全，賣的都是生活品味。

―― Info ――
位置：「COCON KARASUMA」1-2/F
電話：0120-922-221
營業時間：1100-1900
網址：actus-interior.com

本能寺周邊

三条通

さんじょうどおり / Sanjō Dōri

1

11

9

8

7

1 本能寺

2 亀屋良永

3 竹苞書樓

4 京都鳩居堂 本店

5 古着屋 KINJI 京都店

6 衣 三条店

7 BEL AMER 京都別邸 三条店

8 INODA COFFEE 本店

9 京極かねよ

10 京都炸雞柳 梅しん

11 肉奉行 京都牛光 河原町店

現存的本能寺乃豐臣秀吉為紀念信長所重建。

織田信長殞落
本能寺

織田信長乃日本戰國雄主，1582 年即將統一日本，前往近畿領地途中投宿於本能寺，家臣明智光秀竟舉兵謀反。信長葬身火海，史稱之為「本能寺之變」。

本能寺建於 1415 年，原址位於寺町御池，現存的本能寺乃豐臣秀吉為紀念信長，而於 1587 年所重建，附設本能寺文化會館和旅館。每年 6 月 2 日，寺內更會舉辦「信長祭」及圍棋大會。

本能寺的大殿建築宏偉，屋頂有精緻的鬼瓦，旁邊還有祭祀信長公的信長公廟。

▬Info▬

1 **地址：**京都市中京区寺町通御池下ル
下本能寺前町 522
電話：075-231-5335
開放時間：0600-1700
入場費：免費（大寶殿寶物館￥700）
網址：kyoto-honnouji.jp
前往方法：地下鉄東西線「京都市役所前」駅出口 5 左轉即至。

「御池煎餅」是將材料放在龜甲形器皿上烤成的。

200 年御池煎餅
龜屋良永

「麩燒煎餅」（仙貝）乃京菓子的名物，所謂「麩」，其實即是糯米。而京都堪稱最有名的麩燒煎餅，正是 1832 年創業的「龜屋良永」的招牌「御池煎餅」。將糯米粉、砂糖等材料，放在龜甲形的器皿烤成餅形，口感鬆化而味道淡雅，會令人一口接一口猛吃。

本店為傳統京式木平房。

御池煎餅的包裝罐充滿特色，請來當地著名的版畫家──棟方志功來題字。每罐 22 片，售￥1620。

▬Info▬

2 **地址：**京都市中京区寺町通御池下ル
下本能寺前町 504
電話：075-231-7850
營業時間：0800-1800
（逢週日、每月第 1 及第 3 個周三休息）
前往方法：地下鉄東西線「京都市役所前」駅出口 5 左轉即至。

傳統瓦頂木建築的店面，本身已是古蹟。

商品全都充滿日本傳統特色，價格豐儉由人，是不錯的手信。

280 年古書漫畫
竹苞書樓

寺町通是京都著名的古街「散策（以遊覽為主的散步）」熱點，商店街道兩旁開滿古董書店和畫廊，附近還遍佈古寺神社，一片附庸風雅。其中位於龜屋良永旁邊的「竹苞書樓」早在江戶時代已創業，超過 280 年歷史，專售日本古書，尤其多江戶時代的浮世繪畫冊，或是 19 世紀初的日本漫畫，不懂日文也有大量選擇。

《月耕漫畫》乃明治 27 年由尾形月耕創刊，收錄當時日本畫師的作品，一共有 21 卷，被譽為日本漫畫周刊的初形。￥4,000

《艷本・魅惑の浮世繪》，專門介紹有色情味道的浮世繪。￥3,000

Info
3 **地址**：京都市中京区寺町通御池下ル
下本能寺前町 511
電話：075-231-2977
營業時間：1000-1800（逢周四休息）
前往方法：毗鄰「龜屋良永」。

350 年文具紙品
京都鳩居堂

1663 年於京都創立，作為藥種商與和紙製品專賣店起家的，專賣線香、書畫用品、紙藝飾品和傳統賀卡的老舖。位於寺町通的是總店，也是京都唯一。傳統的木建築，畫材、線香、文具、賀卡選擇眾多，全都充滿日本傳統特色，最重要是價格豐儉由人，是不錯的手信。

及後經過重建，並於 2021 年重開。伴隨著重裝開業，新製作了各種各樣的商品。鳩居堂是日本為數不多，通過紙製品傳達自古以來日本人的生活智慧、風俗習慣、傳統儀式和規矩的店鋪。到店中一探究竟，可感受京都市民的生活方式，同時觀賞一下各種商品。

一言豆日記，只有郵票般大小的迷你日記簿。
￥462

Info
4 **地址**：京都市中京区寺町姉小路上ル
下本能寺前町 520
電話：075-231-0510
營業時間：1000-1800
網址：kyukyodo.co.jp
前往方法：地下鉄東西線「京都市役所前」駅出口 5 左轉，前行至路口即至。

店內衣服分類清晰，款式眾多。

中低價位古着店

古着屋 KINJI
京都店

　　筆者最愛去「KINJI」挖寶，每次都不會失望，店內衣服分類清晰，款式眾多，狀態整體都不錯，很少會有瑕疵，最多有使用感。而且中低價位，值得去尋寶！

由於古着屋的貨品全都獨一無二，如要找到合心水衣服，凡經過每間分店都定必要逛一逛。

Info

5 **地址**：京都市中京区三条通御幸町弁慶石町 48
電話：075-585-5988
開放時間：1100-2000
網址：kinji.jp
前往方法：地下鉄東西線「京都市役所前」駅出口 8 左轉，至第二個十字路口再左轉即至。

「衣」以男裝最著名，備受國內、外潮人推崇。

時尚藍染

衣 三条店

　　由近藤香預子於京都創立的服飾品牌「衣（KOROMO）」，在京都共有 3 間分店，總店位於堀川通，專售日本傳統藍染服飾。藍染服飾優點在於耐穿兼舒適，由於以天然染料製作，不怕過敏。而「衣」的設計富有京都的簡潔與優雅，尤以男裝最著名。運用大量和風圖案，但富潮流味的設計，備受國內、外潮人推崇。

「衣」擁有男、女裝和飾品，大部分工序為人手製作，乃日本傳統工藝。

Info

6 **地址**：京都市中京区三条通柳馬場東入ル中之町 12-1
電話：075-221-3553
營業時間：1200-1900（逢周三休息）
網址：koromo-kyoto.com
前往方法：地下鉄東西線「京都市役所前」駅出口 8 左轉，至第二個十字路口右轉，轉，過十字路口即至。

該店由一棟百年歷史的京町家改裝而成。

位於三条的本店由傳統町家所改建。

京都限定巧克力
BEL AMER 京都別邸
三条店

「BEL AMER（ベルアメール）」是日本的高級巧克力品牌。2015 年開設這店，由一棟百年歷史的京町家改裝並取名「京都別邸」，樓高兩層：1 樓是 Chocolate Shop，主打以京都茶、水果等為原料製作的京都限定巧克力；2 樓是 Chocolate Bar，提供巧克力入饌的甜品和茶飲。

「京都抹茶配朱古力雪糕（京抹茶とショコラのパフェ）」每份￥1320。

Stick Chocolat 賣相精緻，冰條狀方便不沾手。每枝￥648。

―Info―

7 **地址：**京都市中京区三条通堺町東入ル
　　　北側桝屋町 66
電話：075-221-7025
營業時間：1000 - 2000
網址：belamer-kyoto.jp
前往方法：地下鉄東西線「京都市役所前」駅出口 8 左轉，至第二個十字路口右轉，過第二個十字路口即至。

文豪最愛京都咖啡
INODA COFFEE 本店

創業於 1940 年的「INODA COFFEE（イノダコーヒ）」最初為咖啡豆供應商，戰後轉營咖啡店。位於三条的本店由傳統町家改建，昔日是谷崎潤一郎、池波正太郎等日本文人墨客的聚腳地。此外，INODA 的初代社長猪田七朗又創出招牌咖啡「阿拉伯真珠（アラビアの真珠）」，味道香濃厚醇，且回甘無窮。日本文豪池波正太郎曾在《むかしの味》書中寫道：「不到 INODA 喝一杯咖啡，我的一天便無法開始。」

阿拉伯真珠（アラビアの真珠）味道優雅含蓄，回甘無窮。￥690

炸牛扒三文治（ビーフカツサンド）和牛肉皮脆肉軟多汁。￥2030

―Info―

8 **地址：**京都市中京区堺町通三条下ル道祐町 140
電話：075-221-0507
營業時間：0700-1800
網址：inoda-coffee.co.jp
前往方法：地下鉄東西線「京都市役所前」駅出口 8 左轉，至第二個十字路口右轉，至第二個十字路口左轉即至。

京都駅　烏丸通　三条通　河原町　鴨川　花見小路　祇園

玉子燒鰻魚飯（きんし丼）「上」每份¥3800。

只售「炸雞柳（からあげ）」卻每天大排長龍。

玉子燒鰻魚飯
京極かねよ

　　明治末年創業的百年鰻魚飯店，選用靜岡縣浜名湖產的鰻魚，由職人以備長炭火直烤，精粹是創店沿用至今的秘製醬汁。招牌「きんし丼」，將玉子燒和鰻魚飯二合為一，味道出奇地配合，難怪被譽為「日本一」鰻魚飯。

內部懷裝復舊，中央的圓木枱也是百年古董，每逢月尾更會上演傳統落語表演。

長龍炸雞柳
京都炸雞柳 梅しん

　　河原町的長龍小吃王，獨沽一味只售京都傳統小吃「炸雞柳（からあげ）」。曾在日本電視台「MBS 每日放送」舉辦的「京都 B 級グルメ覇王決定戰」（平價美食大賽）自千家食店中成為最後 4 強！選用上等雞腿肉，新鮮即炸格外充滿肉汁，再灑上梅鹽、抹茶鹽、酢等 5 款秘製調味粉，滋味無窮。

炸雞柳（からあげ）「S」每份¥300。

——Info——

⑨ **地址：**京都市中京区六角通新京極東入ル　松ヶ枝町 456
電話：075-221-0669
營業時間：1130-2030
網址：kyogokukaneyo.co.jp
前往方法：地下鉄「京都市役所前」駅出口 5 徒步約 8 分鐘。或巴士站（バス停）「河原町三条」徒步約 1 分鐘。

——Info——

⑩ **地址：**京都市中京区新京極蛸藥師下ル　東側町 501-5
電話：070-1535-6408
營業時間：1200-2000（逢周三休息）
網址：kyoto-karaage.com
前往方法：阪急京都線「河原町」駅出口 9，沿新京極通北走至六角通右轉，徒步約 8 分鐘。

超人氣高級牛肉丼飯

肉奉行 京都牛光

河原町店

這是京都極具人氣的牛肉飯店，經常大排長龍。該店的牛肉飯，肉質鬆軟，味道濃郁。其中「肉まぶし」為一飯三吃：首先是直接吃原味，然後配上伴碟的香料如芥末、櫻花鹽、黑芝士或炒大蒜等來吃，最後將牛肉湯倒進碗，作為茶泡飯食用。要來用餐的話，建議先提早訂位，可以節省排隊的時間。

┌───Info───┐

⑪ **地址：**京都市中京区河原町通三条下る三丁目
奈良屋町 297 番地 2
電話：075-221-0669
營業時間：1130-1530；1730-2100
網址：ushimitsu.net
前往方法：阪急京都線「河原町」駅出口 9 北行
過兩個街口即至。或巴士站（バス停）
「河原町三条」徒步約 1 分鐘。

「牛扒（ステーキ）」丼飯分為標準與黑毛和牛兩款，但不論是哪一款，均肉量十足。

「黑毛和牛 肉寿司」
（小）每碗 ￥693。

一牛三吃的「肉まぶし」，
每份 ￥1188。

「牛扒（ステーキ）」丼
飯附味噌湯、沙律及小菜，每
份 ￥1188。

京都駅

烏丸通

三条通

河原町

鴨川

花見小路

祇園

錦市場商店街

かわらまち/Kawaramachi

河原町

3

10

14

5

24

16

阪急電鉄「河原町」駅、「烏丸」駅即達。

交通

1 永楽屋 細辻伊兵衛商店 四条店
2 林万昌堂 本店
3 mipig cafe 京都店
4 Teacup Club
5 京都貓頭鷹森林
6 SOU・SOU 足袋
7 錦天満宮
8 錦市場
9 京丹波 錦市場本店
10 魚肉菜 小松食堂
11 鶏肉専門店 鳥清
12 三木鶏卵
13 元蔵 京都 錦本店
14 茶和々 錦店

15 SNOOPY 茶屋 京都・錦
16 屋台村 錦
17 打田漬物 錦小路店
18 こんなもんじゃ
19 おちゃのこさいさい 錦店
20 pulau deco
21 錦大丸
22 田邊屋
23 牡蠣屋 錦大安
24 寿し さか井

25 本山佛光寺
26 D&DEPARTMENT KYOTO

「永楽屋」專售木綿材質的布袋和手巾。

傳統 × 時尚布袋

永楽屋 細辻伊兵衛商店
四条店

　　1615 年由細辻伊兵衛所創立的「永楽屋」，專售木綿材質的布袋和手拭（手巾）。近年，他們經常找來日本當紅設計師合作，創作新圖案。沿襲傳統風呂敷技術製作的 Totebag 和手袋，設計更年輕時尚，圖案繽紛用色鮮艷，很受年輕女生歡迎。

大幅的傳統風呂敷（￥5940），即可以綁成不同款式的手袋。各種綁法，在官網中都有詳細説明。

───**Info**───

1 **地址：**京都市下京区四条通河原町西入ル
　　　御旅町 34
電話：075-222-1622
營業時間：1000-2000
網址：eirakuya.jp
前往方法：阪急京都線「河原町」駅出口 6，左轉即達。

以砂糖烘烤而成的甘栗，粒粒飽滿油光，用手指輕輕一捏已能打開，味道清甜甘香。200g 售￥800。

京都甘栗大王

林万昌堂 本店

　　1874 年開業的京都栗子名店，乃當地人的人氣手信。選用中國河北省的優質板栗，並以砂糖烘烤而成，雖然細細粒，但容易剝殼，味道香甜。位於四条通的是本店，除了熱辣辣的甘栗，還有其他甘栗糕點，店內經常擠滿顧客。

傳統包裝相當精緻。

位於四条通的本店，除了熱辣辣的甘栗，還有其他甘栗糕點，經常大排長龍。

───**Info**───

2 **地址：**京都市下京区四条通寺町東入ル
　　　御旅宮本町 3
電話：075-221-0258
營業時間：1000-1900
網址：hayashi-mansyodo.jp
前往方法：阪急電鉄「河原町」駅出口 9，沿大街前行即至。

迷你豬 Café
mipig cafe 京都店

mipig 的小豬全是迷你寵物豬，不會變成食物，因為這是特別培育出的迷你豬品種，跟小狗差不多體型。入場前需先鎖上隨身物品，然後會安排上 2 樓榻榻米跟小豬玩耍，店內亦有提供自助飲品機無限暢飲，咖啡、茶飲、乳酸梳打一應俱全，可以抱著小豬喝飲料，超暢快體驗。

大阪也有分店的 mipig，成人去玩一小時約 ¥2310，確實不便宜，但是非常有趣難忘。

店內的小豬有不同毛色，這隻棕毛的小豬是野豬類，屬店內的招牌。

Info
③ 地址：京都市中京区新京極通四条上る
　　　　中之町 560-2
電話：075-708-7661
營業時間：1000-2000（最後入場 1930）
網址：mipig.cafe/locations/kyoto
前往方法：阪急電鉄「河原町」駅出口 9，右轉入商店街即至。

每一隻小豬都十分可愛，很親近人。

該店隣近「新京極商店街」南側入口，十分方便。

mipig 收費表	中學生或以上	小學生
入場費	¥660	
頭 30 分鐘	¥1100	¥550
每加 30 分鐘	¥550	¥330

可預先線上予約，確保預留位置，並需提早 10 分鐘到場。

I Can Tips

打算到 mipig 跟小豬玩的話，千萬別噴香水，對於嗅覺靈敏的小豬，香水是很強的氣味。筆者噴了香水後，完全沒有小豬接近！

小豬都會主動爬到顧客身上，懶洋洋地睡覺，任人撫撫其毛髮，就像個小暖爐似的。

親近小狗之餘亦可品嚐咖啡，真正是「茶杯與狗」。

茶杯狗 Café
Teacup Club

　　「茶杯犬」其實是一種非正式的泛稱，泛指體型極小的狗狗，主要有貴女婦狗（Poodles）及松鼠狗（Pomeranian）等。這種迷你狗因為一個像是大茶杯就能裝起來，故名「茶杯犬」。

　　這間店是主打茶杯犬的狗 Café，收費頭 30 分鐘￥900，之後每 15 分鐘收￥400，期間提供無限飲品。另外還有 COSTA COFFEE 套餐，可親近小狗之餘，亦可品嚐咖啡，真正是「茶杯與狗」。

Teacup Club 位於「新京極商店街」內，隣近錦天滿宮，小狗也會出來迎賓。

──────── Info ────────
4 **地址**：京都市中京区新京極通四条上る
　　　　中之町 546-5
電話：075-746-4676
開放時間：1100-1900（最後入場 1830）
網址：t-cup.club
前往方法：阪急電鉄「河原町」駅出口 9，右轉
　　　　　入商店街即至。

店內多隻不同品種的貓頭鷹，任君撫摸。

貓頭鷹館與豹貓 Café
京都貓頭鷹森林

　　「豹貓」與「貓頭鷹」本是兩種不同的動物，在這間「京都貓頭鷹森林（京都のフクロウの森）」裡，卻能有所交集。該店完全仿森林布置，一共有兩層：一樓為豹貓 Café，而二樓為貓頭鷹館。豹貓 Café 成人收費每 30 分鐘￥800，小學生￥600。而二樓則比較特別，有十多隻不同品種的貓頭鷹，而且可以撫摸。該館只收入場費，成人￥700，小學生￥500。

該店一樓為豹貓 Café。　店門以貓頭鷹作為招牌。

──────── Info ────────
5 **地址**：京都市中京区新京極通四条上る
　　　　中之町 554
電話：075-746-4676
開放時間：1200-1800（最後入場 1730）
網址：owls-cats-forest.com
前往方法：阪急電鉄「河原町」駅出口 9，右轉
　　　　　入商店街即至。

「足袋」即日本傳統的分趾襪。

錦天滿宮藏身鬧市，長年香火鼎盛。

京都忍者鞋王
SOU・SOU 足袋

　　2002 年由織物設計師脇阪克二、建築師辻村久信，以及導演若林剛共同創立的足袋品牌。所謂「足袋」，即是日本傳統的分趾襪。成功將日本傳統工藝改造成時尚服飾，連比利時潮牌 Maison Martin Margiela 的成名作忍者鞋「TABI BOOT」，靈感都源自它。總部位於河原町，於四條通後一條小巷中擁有 9 家分店之多，每家各有主打，從服裝、鞋襪到家品俱備，自命時裝精必定要朝聖。

穿着足袋必備分趾襪，圖案繽紛，穿着感覺比傳統襪子更舒服。￥690起

此店主打足袋，而同條街尚有多間分店主打其他。

Info

6　**地址：**京都市中京区新京極通四条上ル中之町
　　　　（足袋）583-3；（着衣）583-3；
　　　　（童裝わらべぎ）569-6；
　　　　（傾衣）569-8；（袋物）569-10
　　電話：075-212-8005（足袋）
　　營業時間：1200 - 2000（逢周三休息）
　　網址：www.sousou.co.jp
　　前往方法：阪急電鉄「河原町」駅出口 6，沿四條通右轉花遊小路即達。

京都名水
錦天滿宮

　　位於錦市場的起點，相傳始建於1587 年，主祀被奉為學問之神，以及掌管商業的菅原道真。本為天滿宮的分支神社，但因藏身繁華熱鬧的商店街中，故長年香火鼎盛。寺內有一名井「錦の水」，井水從地下一百多尺抽取，水溫長年保持在攝氏 17.8 度，被譽為「京都名水」。

據說觸摸入口處銅牛的頭會帶來好運，日積月累，牛頭都摸至發亮。

因錦天滿宮主祀學問，故京都人都喜歡帶同初生孩子來參拜。

名井「錦の水」即錦天滿宮的水手舍，可以安全飲用。

Info

7　**地址：**京都市中京区新京極通四条上中之町 537
　　電話：075-231-5732
　　開放時間：0800-2000
　　前往方法：錦小路通、新京極通交界。

京都的廚房
錦市場

　　貫通高倉通與京極通、全長 390 米的錦市場，已有 400 多年歷史，街道兩旁集合超過 130 家商戶，以往是售賣蔬果、生鮮肉食生活所需的地方，被譽為「京都の台所」，但現在已經成為了京都最熱鬧的遊客食街。對比大阪的「黑門市場」，錦市場一點不遜色，狹窄的商店街兩旁充滿小食店及食堂，走完這條錦市場通，相信你已經飽到撐破肚皮了。

京都為內陸城市，海鮮刺身並非其特產，反而以各式蒲燒魚類最為馳名，關鍵是店家的秘製蒲燒醬汁。

━━━ Info ━━━

8 **地址：**京都府京都市中京区錦小路通
　　 電話：075-211-3882
　　 網頁：kyoto-nishiki.or.jp
　　 前往方法：阪急京都線「烏丸」駅出口 16，徒步約 3 分鐘；或「河原町」駅出口 9，徒步約 4 分鐘。

烤至爆開的丹波栗，帶炭烤的香氣，入口味道清甜而粉嫩，難怪被譽為「栗子之王」。¥1080 / 230g

栗子之王
京丹波 錦市場本店

　　專售京都著名的「丹波栗」，店家以特殊壓力鍋烤栗子，不添加任何調味料，將栗子最原本的甘甜味道發揮極致。兼售其他丹波特產，包括黑豆、黑豆茶等。

黑豆茶亦為「京丹波」名物之一，每袋 ¥1300。

「京丹波」為錦市場內的人氣商店，烤栗子大受歡迎，門前經常站滿了人。

━━━ Info ━━━

9 **地址：**京都市中京区錦小路麩屋町東入
　　　　 鍛冶屋町 206
　　 電話：0120-098-003
　　 營業時間：0930-1830
　　 網頁：kyotanba.co.jp
　　 前往方法：近麩屋町通交界。

超稀有！限量吞拿魚面頬肉定食
魚肉菜 小松食堂

　　香港人稱為吞拿魚的「マグロ」，漢字其實寫為「鮪」。而「本鮪」即藍鰭吞拿魚，屬超高級魚種，號稱壽司料之王。而這間「小松食堂」是京都鮪魚批發商「小松商店」的直營餐廳，主家天然本鮪的菜色。店內售賣極稀有的鮪魚丼飯，用上了極加稀少的鮪魚面頬肉！每日數量限定，售完即止，而午市定食居然有供應！¥1580 至 ¥1980 就可以品嚐到，絕對物超超值！

Info

🔟 **地址**：京都市中京区富小路通錦小路上ル高宮町 594
　　電話：075-354-5338
　　營業時間：1130-1500；1700-2130
　　　　　　　　（逢周日休息）
　　前往方法：阪急電鉄「河原町」駅出口 9，西行至第 4 個路口右轉，過十字路口即至。

數量限定的「炙燒面頬肉定食（ほほ肉の炙り丼定食）」則是本鮪希少的面頬肉，屬希少部位，每份 ¥1580 元。

數量限定的魚面頬肉定食非常稀少，絕不能錯過。

該店隣近「錦市場」，門面相當低調。

Tips

　　筆者中午 12 點到達，成功吃到兩款吞拿魚面頬肉定食，中午一點全場爆滿，甚至已經完售。想鎖定目標吃面頬肉定食的請提早到達。

每天數量限定的「本鮪特選丼（本マグロスペシャル丼）」包括了拖羅、赤身及三種希少部位，每碗 ¥1980。

名物「雞叉燒棒（鶏チャーシュー棒）」每，卻是錦
市場內相當著名的小食，每支￥700。

「高湯（だし）卷」是採用日本傳統高湯拌蛋漿煎
成的玉子燒。每條（小）￥690。

百年雞肉老店
鶏肉專門店 鳥清

開業過百年的「鳥清」是一間雞肉店，兼售多種雞肉料理。其中最有名的是「雞叉燒棒（鶏チャーシュー棒）」，十分入味，是錦市場內的名物之一。此外尚有炸雞塊（鶏の唐揚げ）、燒雞脾（鶏もも肉照り燒き）乃至台灣大雞排（ダージーパイ）。除熟食之外，亦有售火鍋套餐，有肉有湯底，如住宿住有電鍋的話，買回去打邊爐也可以。愛吃雞之人不容錯過！

玉子燒大王
三木鶏卵

1928 年開業，傳承 3 代經營，專售玉子燒的專門店，嚴選新鮮雞蛋，加上北海道利尻島昆布、上等鰹魚碎，以及特別訂製的醬油熬成的高湯煎成，蛋味濃郁香甜，口感綿滑細嫩，備受關西食評家推崇。

「鰻魚卷（う卷）」中間含鰻魚肉，價格雖貴，但一試難忘，每條￥2050。

除了燒、炸之外，連「蒸雞（むし鳥）」也有，每盒￥500 並附醬汁。

「鳥清」位於十字路口，十分當眼。

1928 年開業的「三木鶏卵」是售賣玉子燒的專門店

— Info —

⑪ **地址：** 京都市中京区錦小路通富小路西入ル
　　東魚屋町 186
　電話： 075-221-1819
　開放時間： 0730-1800（逢周三休息）
　網址： kyoto-torisei.jp
　前往方法： 錦小路通、富小路通交界之十字路口。

— Info —

⑫ **地址：** 京都市中京区錦小路通富小路西入ル
　　東魚屋町 182
　電話： 075-221-1585
　營業時間： 0900-1800
　前往方法： 錦小路通、近富小路通交界。

店主本為京都的酒商，故酒水選擇豐富又便宜，京都產燒酒「京山水」一合只￥630。

真正地元居酒屋
元蔵 京都 錦本店

　　店主本身為京都的酒商，故店內酒水售價特別便宜。內部以傳統「屋台（大牌檔）」居酒屋布置，以京都道地食材烹調傳統酒菜，再以新派風格奉上。日本人喝酒最常吃的是「關東煮（おでん）」推介「大根（蘿蔔）」和「牛すじ（牛筋）」每件￥210-230，便宜又好吃，最能體驗京都地元（本地）居酒屋風味。

「椒鹽炸雞翼（揚げ手羽）」外皮香脆內裏嫩滑，味道惹味。￥660

店外掛滿紅燈籠，很有祭典氣氛。

---Info---

⑬ **地址**：京都市中京区錦小路通柳馬場東入ル
　　　　東魚屋町 167
　　電話：075-256-1511
　　營業時間：1100-2100
　　網址：nisiki-genzou.com
　　前往方法：錦小路通、柳馬場通交界處。

錦店限定的「濃茶生蕨餅（お濃茶生わらび餅）」，更是使用了特選宇治抹茶製作，每盒￥825。

抹茶專門店
茶和々 錦店

　　「茶和々」是日本知名的連鎖抹茶專門店。當店有不同濃度的抹茶飲品及抹茶LATTE，而當店更有限定的「濃茶生蕨餅」，使用了特選宇治抹茶製作，滋味特濃，每盒￥825。

　　最受歡迎的抹茶雪糕按抹茶成份濃淡定價，最淡￥440 至最濃￥660 不等，另有焙茶及玉露雪糕口味，相信要分很多次才能嚐遍所有口味，且一天限量 50 支，如欲一試，敬請及早前往了。

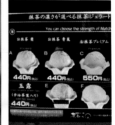

「特濃抹茶雪糕（お抹茶スーパープレミアム）」售￥660，每天限量 50 支。

抹茶雪糕按抹茶成份濃淡定價，相信要分很多次才能嚐遍所有口味。

---Info---

⑭ **地址**：京都市中京区柳馬場通蛸薬師下る
　　　　十文字町 456
　　電話：075-708-6377
　　開放時間：1000-1800
　　前往方法：錦小路通、柳馬場通交界之十字路口。

師傅現場製作的「史努比銅鑼燒（スヌーピー焼き）」，外賣每個 ¥350。

店內可看到師傅正在現炸天婦羅。

史努比與日本文化的融合
SNOOPY 茶屋 京都·錦

史努比與日本文化融合的 Café，適合一家大小同來購物。作為手信的話，史努比造型的人形燒、抹茶饅頭、煎餅等都很別緻。而精品方便，更多大量該店限定的史努比毛公仔、手袋、手機殼等商品。

而該店二樓是茶屋 Café，可以坐在店內享用各種史努比主題的飲品及甜品，在被史努比包圍的環境下，正是最適合史努比粉絲的打卡點！

除飲食之外，該店尚有偌大的史努比精品店，更有不少該店限定的產品。

師傅現場製作史努比造型的銅鑼燒。

Info

15 地址：京都市中京区錦小路通柳馬場西入
中魚屋町 480
電話：075-708-7175
開放時間：1000-1800（逢周三休息）
網址：snoopychaya.jp
前往方法：錦小路通、柳馬場通交界之十字路口。

海鮮料理的美食廣場
屋台村 錦

「屋台村」就是集合多個「屋台（大牌檔）」的美食廣場，在錦小路通的兩側都有店面，主要販售烤類與炸類的海鮮，並有第一杯清酒 ¥100 的活動。店內有木桶桌可供客人立食，每天都人山人海。

炸蝦每隻 ¥500，三隻則售 ¥1200，需要自行沾醬、加鹽調味。

「屋台村」就是集合多個「屋台」的美食廣場。

Info

16 地址：京都市中京区中魚屋町 486-1
電話：075-221-1585
營業時間：1000-1900
前往方法：錦小路通中，在柳馬場通至堺町通之間的位置。

每日供應超過 80 款漬物，都以傳統木製漬物筒盛載，乃最正宗的京都漬風味。

錦市場漬物王
打田漬物 錦小路店

　　錦市場內最有名兼最大規模的漬物店，始創於 1940 年，於三重縣自設大型漬物加工場，醃料天然無添加，尤以款式隨季節與時令變更而馳名。店內所售漬物超過 80 款，包括糖漬、淺漬、千枚漬、奈良漬、泡菜等，琳瑯滿目。

Tips

1. 購買後，漬物可在室溫下待 5 小時，店內另有保溫袋發售。
2. 由於漬物沒添加防腐劑，約可食用 1 星期。
3. 如欲帶返港，可向店員表示要上飛機，店家會給你多一層包裝袋，回酒店存放雪櫃，第 2 日上機前放入行李中寄艙即可。

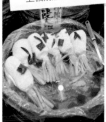
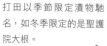

打田以季節限定漬物馳名，如冬季限定的是聖護院大根。

冬季限定的「花大根」乃醋漬的小蘿蔔，佐飯或當小吃佐酒皆宜。（￥594）

Info

⑰ 地址：京都市中京区錦小路通柳馬場西入
電話：075-221-5609
營業時間：0930-1800
網址：kyoto-uchida.ne.jp
前往方法：錦小路通、近柳馬場通交界。

「豆乳 Donut（ドーナツ）」都由機器現點現炸，以確保品質。外皮微脆、內裏軟綿，入口有淡淡的豆乳香。￥300 / 8 個

現炸豆乳 Donut
錦市場 こんなもんじゃ

　　京都豆腐名店「京とうふ藤野」的直營店，專售以純豆乳製作的點心，招牌包括豆乳雪糕和豆乳 Donut，黃豆味香濃不在話，店主特別以低糖製作，連男生也會喜歡，故備受日本電視、雜誌推介。

豆乳ソフトクリーム（豆乳雪糕），口感綿密，豆味濃郁非常。￥300

偌大的「京豆富」三字，比牌店的招牌還要顯眼，遠遠就能看得到。

Info

⑱ 地址：京都市中京区錦小路通堺町通角　中魚屋町 494
電話：075-255-3231
營業時間：1000 - 1800
網址：kyotofu.co.jp
前往方法：錦小路通、堺町通交界之十字路口。

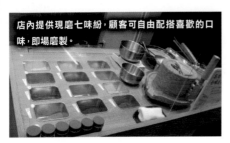

店內提供現磨七味粉，顧客可自由配搭喜歡的口味，即場磨製。

舞妓瘦身七味粉
おちゃのこさいさい 錦店

招牌辣椒粉「舞妓一味」每包￥540，味道辛辣甘香，而且後勁凌厲。日本傳統醫學認為進食辣椒有效燃燒脂肪，乃京都舞妓的傳統瘦身秘訣，因而命名。

―――Info―――

⑲ 地址：京都市中京区中魚屋町 497
電話：075-708-7175
營業時間：1000-1800
網址：ochanokosaisai.com
前往方法：高倉通與堺町通之間一段錦市場。

店內有大量日本的陶瓷器，商品根據季節進行更改，每次到來都有新意。

日本、亞洲雜貨店
pulau deco

位於京都錦小路市場的日本和亞洲雜貨店，銷售從日本和海外精心挑選的餐具及所種雜貨。店裡更設有茶室，逛得疲倦時亦可在此休息。

―――Info―――

⑳ 地址：京都市中京区錦小路通堺町西入ル
電話：075-253-1865
營業時間：1000-1800（逢周三休息）
網址：ewalk.co.jp
前往方法：高倉通與堺町通之間一段錦市場。

魚販的「靚」刺身
錦大丸

原名「大洋漁業」，早在戰後已在錦市場開業的傳統漁攤。除鮮魚之外，店內亦賣壽司、刺身，食材都是漁店當天的新鮮海產，價格便宜又富地道風味，連關西「每日放送」電視台的皇牌飲食節目《魔法のレストラン》都曾經推介。

「章魚雞蛋（たこ玉子）」每隻￥350。

漁攤的刺身相當實惠，一盤中拖羅只售￥1200。

―――Info―――

㉑ 地址：京都市中京区錦小路通高倉東入ル
中魚屋町 503
電話：075-211-6577
營業時間：1000-1800
前往方法：高倉通與堺町通之間一段錦市場。

調味料專門店
田邊屋

創業於江戶時代天保初年（約 1830 年）的「田邊屋」，是一間鰹節（柴魚片）及調味料的專門店。該店的人氣商品「五色芝麻」，採用海苔、胡蘿蔔、南瓜、菠菜等天然食材替芝麻染色，十分特別。此外亦有多種味道調味料，包括醬油、梅粉、抹茶等，愛煮食人士不容錯過！

「柚子山椒（ゆず山椒）」是極具日本風氣的調味料，無論加在火鍋、煮烏冬或醮生魚片都十分合適。（￥680）

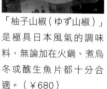

「粉椎茸」是將愛媛縣產的原木椎茸（香菇）曬乾並成粉末，營養豐富，有助骨骼生長、預防高血壓、抗衰老。（￥780）

┌─── Info ───┐
㉒ 地址：京都市中京区錦小路通高倉東入中魚屋町 506
電話：075-221-5609
營業時間：0900-1800
網址：kyototanabeya.com
前往方法：錦小路通、近高倉通交界。

「生蠔四式拼盤（生牡蠣の四種盛り合せ）」分別產自岩手、廣島、福岡及北海道厚岸。（￥1970）

新鮮日本生蠔
牡蠣屋 錦大安

「牡蠣（かき）屋 錦大安（だいやす）」開業於大正十年（1921 年），提供全國各地的嚴選時令生蠔，並提供使用新鮮海鮮製作的菜餚及日本酒。其生蠔肥美，且店內設有庭園，環境一流。

「鐵板蒸蠔（鉄板蒸し牡蠣）」兩隻。（￥820）

「錦大安」位於「錦市場」西側末端，十分易認。而其菜單提供多語言可供選擇，點餐沒有難度。

┌─── Info ───┐
㉓ 地址：京都市中京区錦小路堺町通角中魚屋町 509
電話：075-221-0246
營業時間：1100 - 1800
網址：facebook.com/kyoto.oyster
前往方法：錦小路通、近高倉通交界。

不起眼的米芝蓮小店
寿し さか井

　　十分不起眼的小店，卻曾被刊登在 2019 年及 2020 年的米芝蓮指南中，足見其實力非凡。這是一間傳統壽司店，只做午市，而且店面非常狹小，基本上只能容納 5 人。因該店由一對老夫婦經營，外語基本上無法溝通，若要來吃的話，不妨使用本書來看圖點餐。另外菜單沒有標示價格，食物相當高質素，尤以讓店招牌菜「雜錦丼（ミックス丼）」及京都名物「鯖寿司」最受歡迎，不少街坊來買外賣。雖然與坊間的迴轉壽司相比價格偏高，但喜歡日本小店氣氛的話，不妨前來體驗！

「雜錦丼（ミックス丼）」是該店招牌菜，海鮮種類豐富而且相當新鮮，最後撒上大量海苔碎，滋味滿滿。約 ¥2000/ 碗。

Info

24 地址：京都市中京区西魚屋町 592
電話：075-231-9240
營業時間：1100-1630
前往方法：高倉通、近錦小路通交界。

由師傅即時醃製，跟坊間的醋鯖魚不同，因為即醃即製，時間短不會太酸，吃得出鯖魚的鮮味。

店內十分狹小，只能容納 5 人。

　　「鯖寿司」採用京都傳統技術，即劏新鮮鯖魚以醋醃製，再由店主即點即製成壽司，鯖魚帶有濃郁的醋香，每份約 ¥3000。

平安時代佛像
本山佛光寺

　　「本山佛光寺」於 1212 年在京都山科創立，後遷移到洛中東山，並獲後醍醐天皇賜寺名「佛光寺」。1586 年寺廟再被遷移到五条坊門，亦即現今所在地。佛光寺的「大師堂」供奉著「親鸞上人」的坐像，而「阿彌陀佛堂」則為 1904 年所重建，供奉著阿彌陀佛、聖德太子、法然聖人及後醍醐天皇。寺內的阿彌陀佛像，推估是平安時代文物；而聖德太子像，亦於 1939 年被列為日本的重要文化財。

佛光寺的「大師堂」供奉著「親鸞上人」的坐像。

店內所售的由二手雜貨、京都食材土產，到設計精品都有。

佛寺中的設計小店
D&DEPARTMENT KYOTO

　　「D&DEPARTMENT」（D&D）由設計師長岡賢明所創立，專把二手商品或在地工藝重新包裝出售。京都店藏身 800 年歷史的佛光寺中，以僧人舊宿舍和倉庫改裝而成，主打京都職人的傳統工藝與食材，旁邊還有由講堂所改建的「d 食堂」。

「d 食堂」供應京都本地的茶品、咖啡、甜點。

—Info—

㉕ **地址**：京都市下京区新開町 397
電話：075-341-3321
開放時間：0900-1530
網址：bukkoji.or.jp
前往方法：阪急電鉄「烏丸」駅出口 15，南行至第 2 個路口即至。

—Info—

㉖ **位置**：本山佛光寺內
電話：075-343-3217
營業時間：1100-1800（逢周三休息）
網址：d-department.com/ext/shop/kyoto.html

京都駅

烏丸通

京都駅

烏丸通

三条通

河原町

鴨川

花見小路

祇園

四条通り
Shijo-dori St.

1

1

河畔納涼

なにまち / Kyoto Eki

鴨川

5

7

6

15

地下鉄東西線「京都市役所前」駅；阪急電鉄「河原町」駅、京阪本線「三条」駅、「祇園四条」駅即達。

交通

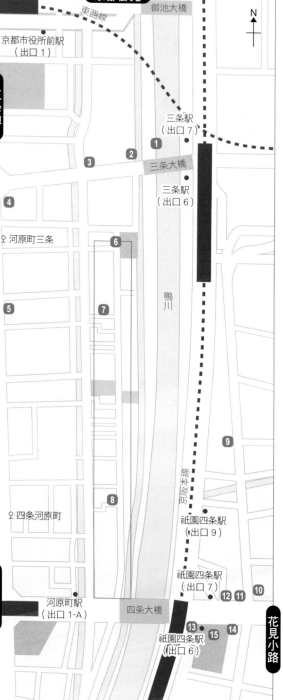

1 鴨川

2 STARBUCKS 京都三条大橋店

3 御料理 めなみ

4 鯛飯屋 福乃

5 合法ユッケ かたまり。

6 先斗町

7 The 洋食屋 KICHI KICHI

8 柚子元 京都先斗町店

9 SFERA

10 壹錢洋食 本店

11 十六五 祇園南座前本店

12 鳴門鯛焼本舗 祇園四条店

13 總本家鰊魚蕎麥 松葉 本店

14 祇園 松乃

15 南座

京都駅

烏丸通

三条通

河原町

鴨川

花見小路

祇園

京都駅

烏丸通

三条通

河原町

鴨川

花見小路

祇園

「抹茶 Tea Latte（ティー ラテ）」Tall 每杯 ¥500。

河畔納涼
鴨川

　　南北縱貫流穿京都市中央、全長 31 公里的河川，河水清澈，春櫻秋楓，四季景致各異，尤以每年夏季的「納涼川床」最聞名。位處盆地的京都，夏季天氣特別悶熱，每年 5 月至 9 月，鴨川河畔兩岸店家，便會在淺灘上架起高台，上面鋪設榻榻米和矮桌，稱為「納涼床」。食客席地而坐飲酒作樂，享受河風並遠眺青山、近覽水色，構成京都最美麗的夏日風景。

每年 5 月至 9 月，二条至五条一帶鴨川河畔的餐廳，都有夏季短期搭建的「川床納涼席」。

Info

1 **前往方法：**
京阪電鉄京阪本線「出町柳」、「神宮丸太町」、「三条」、「祇園四条」、「清水五条」、「七条」、「河源町」駅皆達。

廉價體驗「納涼床」
STARBUCKS 京都三条大橋店

　　對香港人而言，STARBUCKS 應該不必多作介紹了。然而每年 5 月至 9 月期間，位於鴨川河畔的這間分店，竟然也架起「納涼床」變成露天茶座。只需大約 ¥500 買一杯飲品，便可享用納涼床一小時，全鴨川恐怕找不到第二間。正因大受歡迎，經常要輪候進場呢！

只花 ¥500 買杯飲品，便可以享用納涼床一小時，全鴨川恐怕只此一家。

STARBUCKS 的納涼床，與其他餐廳相比毫不遜色。

Info

2 **地址：** 京都市中京区三条通河原町東入ル
中島町 113
電話： 075-213-2326
營業時間： 0800-2300
前往方法： 京阪本線「三条」駅出口 7，過三条大橋即至。

「雜錦家常菜（おばんざい盛合）」，菜式隨時令變更，道道精緻味美。¥1430／位（圖為2人份）

京都家常菜
御料理 めなみ

　　京都本地人最常吃的，其實是家常料理「おばんざい」。貫徹京都飲食宗旨，選用當季時令食材，簡單烹調，以呈現食材的原始鮮味。昭和14年（1939年）創立的「めなみ」，正是京都家常菜的名店，長長的吧台擺滿一鉢鉢家常小菜，隨客人自由挑選。菜式味道清爽淡雅而富深度，如不懂點菜，推介「雜錦家常菜（おばんざい盛合）」，可一次過嚐盡招牌菜！

家常菜館都會在吧台擺滿一盤盤的小菜，據說這做法正源自「めなみ」。

昭和14年（1939年）創立的「めなみ」，正是京都家常菜的名店。

Info

③ **地址：**京都市中京区木屋町通三条上る中島町96
電話：075-231-1095
營業時間：1500-2200（逢周三休息）
網址：menami.jp
前往方法：地下鉄東西線「京都市役所前」駅出口1，徒步約7分鐘；或京阪本線「三条」駅出口7，徒步約5分鐘。

招牌菜「福乃鯛魚茶泡飯（福乃の鯛茶漬け）」套餐，每份¥1300。

茶泡飯專門店
鯛飯屋 福乃

　　主打鯛魚的茶泡飯專門店「鯛めし屋福乃」，招牌菜「福乃鯛魚茶泡飯（福乃の鯛茶漬け）」，茶可選綠茶或烏龍茶，但即使不加茶也相當美味，每份¥1300。另外，生雞蛋拌飯是日本的特色料理，而該店的「名古屋生雞蛋拌飯（名古屋コーチン卵かけご飯）」選用了名古屋九斤黃雞的雞蛋，味道就是不一樣，每份¥700。

「鯛めし屋福乃」的門面相當時尚，風格有別於同區大多都的傳統老店。

Info

④ **地址：**京都市中京区大黒町36
電話：075-600-9184
營業時間：0800-2100
網址：instagram.com/fukuno_kyoto
前往方法：京阪本線「三条」駅出口7，過三条大橋後繼續西行，第二個路口即至。

持牌牛肉刺身專門店

合法ユッケ かたまり。

　　所謂「ユッケ」其實是自韓國傳入的「肉膾」，亦即生拌牛肉。自傳入日本之後，一直深受日本人的歡迎，是燒肉店的必備餐點之一。但是自 2011 年某連鎖食店因生牛肉食材處理不當，爆發集體食物中毒，更造成 5 人死亡之後，日本政府立法管制，必須持有牌照才能售賣生牛肉料理。而這間「かたまり」便是持牌的合法食肆之一，主打「生牛肉球（手毬ユッケ）」及「生牛肉拖羅薄片（絹とろユッケ）」兩款牛肉刺身。機會難得，值得一試！

所謂「ユッケ」亦即生拌牛肉，該店的生牛肉拖羅薄片的肉片更是纖薄如絹。

┤Info├

5 **地址**：京都市中京区山崎町 238
　　　京都あびる河原町 9 階
電話：075-231-9240
營業時間：1130-1500；1730-2145
前往方法：市內巴士站（バス停）「河原町三条」
　　　　　　徒步約 1 分鐘。

「生牛肉球迷你丼飯（手毬ユッケ丼ライスミニ）」每份￥1518。

店肉設有大肉塊模型，拿來打卡一流！

「生牛肉拖羅薄片（絹とろユッケ）」的拖羅入口即化，十分甘甜，Full（フル）每份￥3498。

晚上的先斗町通燈火通明，熱鬧非常。

昔日京都名花街
先斗町

　　夾在高瀨川與鴨川之間的「先斗町通」，乃江戶時代京都著名的煙花之地，更是日本昔日五大花街之一。窄窄的小巷子兩旁開滿茶屋，不乏有藝妓、舞妓招待的高級料亭。古色古香，每到晚上總是人聲鼎沸，幸運的話，更會碰見前往料亭工作途中的藝妓。

早上的先斗町通格外寧靜，跟晚上的夜夜笙歌截然不同。

先斗町內迂迴曲折的小巷，藏有大量道地小酒館，當中不乏有藝妓、舞妓招待的高級料亭。

每年5月至9月，部份店家會掛上「納涼床」的燈籠，強調店內已在淺灘上架設高台。

┌─ Info ─┐
6　**地址：**京都市中京区先斗町
　前往方法：阪急京都線「河原町」駅出口1-A，徒步約1分鐘；地下鉄東西線「京都市役所前」駅出口1，徒步約6分鐘。

「蓬鬆顛倒蛋包飯（ふわふわ卵の逆さオムライス）」蛋漿滑嫩鮮甜，醬汁滋味回甘，每份￥2700。

神級爆漿蛋包飯
The 洋食屋 KICHI KICHI

　　1978年創業的老洋食屋「The 洋食屋 KICHI KICHI（ザ・洋食屋 キチキチ）」，只得8個座位，必須透過網上預約。老闆幸村元吉製作的「蓬鬆顛倒蛋包飯（ふわふわ卵の逆さオムライス）」，剛上菜時平平無奇，直至幸村先生輕輕切開蛋包，半熟的蛋漿瞬間溢出，一瀉如注，最後淋上秘製醬汁「Demi-glace sauce」。蛋漿滑嫩鮮甜，醬汁滋味回甘，堪稱「神級蛋包飯」！

吧枱座席能近距離欣賞老闆製作蛋包飯的每個步驟。

┌─ Info ─┐
7　**地址：**京都市中京区材木町185-4
　電話：075-211-1484
　營業時間：1700-2100
　　　　　　（周六、日及假期 1200 - 1400）
　網址：kichikichi.com
　前往方法：京阪本線「三条」駅出口6，徒步約5分鐘。

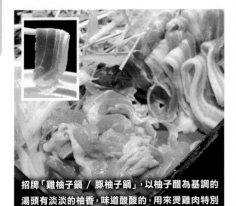

招牌「雞柚子鍋／豚柚子鍋」，以柚子醋為基調的湯頭有淡淡的柚香，味道酸酸的，用來燙雞肉特別滑嫩鮮甜。¥2800／位

柚子料理專門店
柚子元 京都先斗町店

　不説不知，原來日本柚子的發祥地正是京都，是故很多京都菜式都會加入柚子作調味。「柚子元」藏身先斗町內，以柚子為主題的料理店，整間店都散發陣陣柚子香。從火鍋、餃子、豚饅、清酒，到拉麵、豆腐，都無一不以柚子入饌，成為柚子控必定到訪的熱點。

「黃柚子餃子」餃皮焦脆，肉餡帶柚香，蘸柚子味噌更惹味。¥750/6 隻

店內提供多款柚子酒，貨真價實浸泡而成。¥700

Info

8 **地址：**京都市中京区先斗町四条上る
　　　　鍋屋町 212
電話：075-254-0806
營業時間：1130-1400、1700-2200
　　　　　（逢周二休息）
網址：kiwa-group.co.jp/yuzugen_pontocho
前往方法：阪急京都線「河原町」駅出口 1-A，
　　　　　徒步約 5 分鐘。

位於 2 樓的書店兼展場，精選日本國內外書籍。

新京都設計典範
Sfera Building

　「Sfera Building（スフェラ・ビル）」大樓由瑞典新銳建築團隊 CKR 所設計，金屬外牆跟祇園的傳統京町家對比強烈，被評為融合東西設計的最佳示範。樓高 5 層，每層各有主題，包括專售設計精品的 Sfera Shop、書店兼展場的 Sfera Archive / Exhibition 和酒吧。

金屬外牆近看才發現是葉形的鏤空雕刻，白天和夜晚有不同的氛圍

酒吧 SferaBar SATONAKA 以「漆黑之湖」為主題。

Info

9 **地址：**京都市東山区縄手通り新橋上ル
　　　　西側弁財天町 17
電話：075 - 532 - 1105
營業時間：1100-1900（逢周三休息）
　　　　　（酒吧：1900- 翌日 0400，逢周日休息）
網址：www.ricordi-sfera.com
前往方法：京阪電車京阪本線「祇園四条」駅出
　　　　　口 8，徒步約 3 分鐘，縄手通與新橋
　　　　　通交界。

「壹錢洋食」薄薄的外皮煎至香脆非常，豐富到滿瀉的配料，口感複雜而互相配合。¥800

祇園經典庶民小吃
壹錢洋食 本店

　　祇園家傳戶曉的庶民小吃，只售名為「壹錢洋食」的京都風大阪燒。以小麥粉漿煎成薄脆的餅底，加上鰹魚碎、九条蔥、半熟蛋、和牛肉、櫻花蝦等，吃時蘸點秘製甜、辣醬，口感複雜，絕對是佐酒佳品。另一賣點是店內懷舊而充滿惡搞意味的裝潢，大播 80 年代偶像歌曲，枱邊還有真人 size 的人偶，旅客無不瘋狂拍照。

門口的狗咬小孩模型「壹錢嗆太郎」，乃壹錢洋食的標記。

店內放滿懷舊的小玩意作為裝潢。

――Info――

⑩ **地址**：京都市東山区祇園町北側 238
電話：075-533-0001
營業時間：1100- 翌日 0100；
　　　　　（周日及假期 1030-2200）
網址：issen-yosyoku.co.jp
前往方法：京阪電鉄「祇園四条」駅出口 7，徒步約 2 分鐘，繩手通、四条通交界。

名物為「五色豆」是用砂糖包裹大粒青豌豆的糖果，每包¥480。

特色糖果「五色豆」
十六五 祇園南座前本店

　　「十六五」是位於祇園南座對面的老字號點心店，名物為「五色豆」是用砂糖包裹大粒青豌豆的糖果，共有五種口味：白色原味、紅色梅肉、黃色柚子、茶色肉桂及綠色海苔。在日本，「五色豆」作為慶祝出生、入學的糖果而聞名，作為京都手信或是賀禮，都是十分合適的禮物。除此之外，還有用去皮栗子製成「栗納糖」，以及帶皮的「渋皮付き栗納糖」。

「十六五」是位於祇園「南座」的正對面。

「栗納糖」¥950，帶栗子皮的「渋皮付き栗納糖」則為¥1050。

――Info――

⑪ **地址**：京都市東山区四条通大和大路西入中之町 212
電話：075-561-0165
營業時間：1100-1700
前往方法：京阪電鉄「祇園四条」駅出口 7，徒步約 1 分鐘。

「天然鯛魚燒（天然たい燒）」選用北海道的「十勝紅豆（十勝產あずき）」來製作餡料，每隻￥280。

鴨川大街上的鯛魚燒
鳴門鯛燒本舖 祇園四条店

「鯛魚燒」始自日本明治時代，是鯛魚形狀內含餡料的和菓子。而這家強調「天然」，是因為鯛魚燒的製法分為兩種：用小模具一隻隻地烤的稱為「天然」，而用大模具同時烤多隻的稱為「養殖」。正因烤法不同，看起來雖然和坊間一般的鯛魚燒無異，但一咬下去，便發現外皮超酥脆，而紅豆餡仍可見到一粒粒的紅豆，相當美味。除傳統的紅豆餡外，還有其他的餡料可以選擇，有興趣的話可以一試！

因十分強調「天然鯛燒」，甚至令人誤會這是店名。

Info

⑫ **地址**：京都市東山区四条通大和大路西入
中之町 200
電話：075-606-5007
營業時間：1100-2300
網址：taiyaki.co.jp
前往方法：京阪電鉄「祇園四条」駅出口 7，徒步約 1 分鐘。

「湯葉天」即炸腐皮，充滿豆香，香脆非常。￥500

京都名物鰊魚蕎麥
總本家鰊魚蕎麥 松葉 本店

「鰊魚蕎麥麵（にしんそば）」乃京都名物。鰊魚又名鯡魚，去頭、尾及內臟後，以醬油、砂糖等醃漬 1 天才吃。1860 年開業的松葉，並於1882 年創製「にしんそば」：選用北海道產的一級鰊魚配以手打蕎麥麵。這款麵更曾代表京都出戰 1970 年的大阪萬博，自此成為京都家傳戶曉的道地美食。

「鰊魚蕎麥麵（にしんそば）」鰊魚味道甜甜鹹鹹，跟昆布湯頭和蕎麥麵配合得天衣無縫。￥1500

酒吧 SferaBar SATONAKA 以「漆黑之湖」為主題。

Info

⑬ **地址**：京都市東山区四条大橋東入ル川端町 192
電話：075-561-1451
營業時間：1030-2100（逢周三休息）
網址：sobamatsuba.co.jp
前往方法：京阪電鉄「祇園四条」駅出口 6 左轉即至，「南座」旁邊。

鰻魚飯「うな重 竹」，表皮烤至微焦，魚肉細嫩豐腴，鮮甜味美溢滿口腔，多幸福！￥4180

祇園鰻魚飯大王
祇園 松乃

祇園著名的鰻魚飯老店「祇園（祇をん）松乃」，選用靜岡縣松濱市的特選鰻魚，價格雖貴，但魚肉細緻非常，入口即化。先以京都東山六峰的井水養殖，以清除泥腥味，再以備長炭燻烤而成，令魚皮香脆，鮮味卻完全鎖住。

「鰻魚肝煮（きも煮）」被日本人視為極品。將鰻魚肝作傳統醉漬，魚肝入口即化，每份約￥1000。

うまき（鰻魚蛋捲），蛋捲中包着綿滑的鰻魚肉和醬汁，半生熟的蛋捲滑嫩非常，每份約￥1500。

Info

14 **地址：**京都市東山区祇園南座東 4 軒目
電話：075 - 561 - 2786
營業時間：1130-1930（Last Order 1830）
（逢周三、四休息）
網址：unagi-matsuno.com
前往方法：京阪電鉄「祇園四条」駅出口 6 右轉徒步約 1 分鐘。

每年 12 月舉辦「吉例顏見世興行」時，會將表演者的名字掛在劇場的入口上，在京都相當有名。

歌舞伎發祥地
南座

建於 17 世紀初，專門上演日本傳統歌舞伎，為京都最古老的戲院，也是歌舞伎的發祥地之一。1906 年，白井松次郎、大谷竹次郎兄弟以合名公司「松竹」接手了南座的經營，並於昭和 4 年將南座重建成目前所見的建築。時至今日，南座已被列為國家級文化財產。除了歌舞伎表演之外，南座還會上演由著名演員和明星主演的舞台劇、電影等。焦點是每年年底公演的「吉例顏見世興行」，集合全日本知名歌舞伎藝人同台演出，乃年度盛事。

「南座」是一座大劇院，可以購票進場欣賞節目。

Info

15 **地址：**京都市東山区四条大橋東詰
電話：075-561-1155
網址：
shochiku.co.jp/play/theater/minamiza
前往方法：京阪電鉄「祇園四条」駅出口 6 即達。

花見小路

（はなみこうじ／Hanamikouji）

市內巴士站（バス停）「祇園」下車；
京阪本線「祇園四条」駅即達。

交通

京都駅　烏丸通　三条通　河原町　鴨川　花見小路　祇園

4　17　22　24　5　2

N

祇園四条駅
（出口9）

鴨川

祇園

♀祇園

← 祇園四条駅
（出口6、7）

祇園

♀東山安井

1 花見小路

2 白川南通

3 泉門天 京都祇園本店

4 挽肉と米 京都

5 壽司 いづう

6 京都祇園 おかる

7 よーじや 祇園本店

8 原了郭 本店

9 切通し 進々堂

10 天婦羅 天周

11 おはぎの丹波屋 四条南座前店

12 茶寮都路里 祇園本店

13 久露葉亭

14 ZEN CAFE

15 十二段家 花見小路店

16 MALEBRANCHE
　　加加阿 327 祇園店

17 Café 冨月

18 祇園 徳屋

19 津田樓

20 Leica 京都店

21 祇園 豆寅

22 祇園角

23 建仁寺

24 安井金比羅宮

京都

京都駅

烏丸通

三条通

河原町

鴨川

花見小路

祇園

三年坂

京都駅

烏丸通

三条通

河原町

鴨川

祇園

花見小路

古香古色的花見小路，不時看見穿着傳統和服的京都女生走過，更添古雅。

尋找藝妓身影
花見小路

從三条通到安井北門通，南北貫穿祇園、全長 1.5 公里的小路，自古已是祇園最著名的花街。特別是四条通至団栗通一段，細碎的石板路兩旁，竹籬紅牆的茶屋和料亭鱗次櫛比，門前掛着一盞盞紅燈籠，散發花街風情。入夜後有時可會看見藝妓急步趕場待客，乃祇園最易碰上藝妓的地方。若有幸在路上遇見真藝妓，請勿追着她們拍照，避免做個失格的旅客哦。

竹籬紅牆的茶屋或高級料亭，門前掛有「提灯」，如該店有藝妓或舞妓表演，燈籠上會有「舞妓」二字，門外也會掛有藝妓小名的木名牌。

可傳招藝妓、舞妓招待的茶屋和高級料亭，皆為竹籬紅牆的傳統建築。

━━ Info ━━

1 前往方法：京阪電鉄「祇園四条」駅出口 6，徒步約 5 分鐘。

藝妓小知識

1. 由來

日本最初的藝妓其實皆為男性，以在娛樂場所表演舞蹈和樂器為生，直至江戶時代才被女性取代。藝妓並非妓女，主要工作是在宴席上表演傳統舞蹈、樂曲、樂器等助興，乃表演藝術工作者，在日本地位較高。

2. 藝妓、舞妓之分

「舞妓」是藝妓在見習階段時的稱呼，古時一般從 10 歲開始學藝，一直訓練到 16 歲才可升為藝妓。學習的內容包括文化、禮儀、語言、裝飾、詩書、琴瑟等，對一言一行都有嚴格的要求。藝妓和舞妓妝扮亦有所分別：舞妓衣飾較為鮮艷，並有紅色衣領為記；而藝妓服色樸素，衣領是白色。

3. 關東、關西名稱大不同

在東京等關東地區稱為「芸者（げいしゃ）」，見習階段稱「半玉」或「雛妓」；在京都、大阪等關西地區則稱為「芸妓（げいこ）」，見習階段稱「舞妓」或「舞子（まいこ）」。

4.「一見さんお斷り」

在日本有藝妓、舞妓招待的茶屋或料亭，有所謂「謝絕首次來訪的客人（一見さんお斷り）」的傳統，須有熟客帶領才能進入。原因是不了解首次來訪客人的嗜好，怕無法好好招待而謝絕。隨着時代變遷，現在部分茶屋已接受生客，但還是要有日本人同席，消費最少 1 千美元起。

5. 妝扮

藝妓的着裝十分講究，髮型稱為「島田髷」，化妝會用一種液狀的白色顏料均勻塗滿臉部和頸項，但會在邊緣和頸部刻意留下自然的膚色。一般和服的後領都很高，但藝妓所穿的卻開得很大，並且向後傾斜，展露出日本男人視為最性感的脖頸。

6.「藝伎」還是「藝妓」？

兩種寫法皆有，日文漢字為「芸妓」，故一直譯作藝妓，並無貶義；近代逐漸改稱藝伎，有賣藝不賣身的含意，著名小説《藝伎回憶錄》便因此而來。而本書跟隨日文，故稱「藝妓」。

提提你

垂柳、紅葉夾道，組成一條紅綠隧道，成為情侶婚照的熱門取景地。

最富京都幽情
白川南通

　　沿着白川建有 200 多公尺的寬闊石坂路，兩旁櫻花和柳樹夾道，川畔的傳統京町家茶屋和料亭櫛次鱗比，很多都從江戶時代留存下來，透過格子窗可一窺內裏的藝妓身影。淙淙的流水，加上隨風飄蕩的垂柳，偶然還會傳來舞妓彈奏三線琴的樂音，構成最富京都古意的畫面，成為攝影勝地。

白川南通石疊路是人力車遊覽的熱門路線。

「巽橋」是橫跨白川的小石橋，已有相當歷史，橋畔垂柳更添古意。

Info
2 **前往方法：**
京阪電鉄「祇園四条」駅出口 9，過馬路後，右轉行人步道即至，徒步約 1 分鐘。

餃子 10 隻 ¥750，醃青瓜（きゅうりの浅漬け）¥300。餃子皮薄透光，煎時灑上麵粉水，令餃子間有麵衣相連，更加香脆，內餡鮮美非常，推介！

京都最美味的餃子
泉門天 京都祇園本店

　　1987 年開業，店子藏身花街、門面細小毫不起眼，獨沽一味只賣煎餃子，卻是日本電視台飲食節目強力推介的隱世餃子名店，名人明星食客多不勝數，包括提真一、池內博之、華原朋美等。招牌煎餃體積比一般的細小，更容易吃，選用 100% 國產豬肉和優質白菜為餡料，外皮薄至幾近透明，入口鮮美溢滿口腔，香脆惹味，佐酒絕佳！

店內裝潢像是小酒吧。

門面不起眼，很易錯過。

Info
3 **地址：**京都市東山区花見小路新橋下ル東側「竹会館」1 階
電話：075-532-0820
營業時間：1700-2300（逢周日休息）
網址：ys-holdings.co.jp/senmonten
前往方法：花見小路、近末吉町通交界。

「挽肉と米定食」每份¥1600，包含三件漢堡扒，白飯與味噌汁可以無限添，而雞蛋則只有一個。

「鯖姿壽司」5件¥2420，先吃外層的昆布，然後將整件壽司放入口。鯖魚酸甜鮮味，愈吃愈開胃。

日本最強漢堡扒
挽肉と米 京都

　　店址原為祇園負責管理藝妓、舞妓的事務所「檢番」，其外觀裝潢刻意保留了本來面貌。而店內座位圍繞著吧枱，每人面前有一個烤網，師傅會將漢堡扒就會放在網上加熱。而每份定食的三件漢堡扒，第一件會建議吃原味或沾醬，第二件會附蘿蔔蓉及桔醋醬，第三件則配生雞蛋。想吃的話，可提早拿號碼牌，或是線上付費預約，但預約費¥1000是不能扣餐費的，敬請事先留意。

餐具及調味料等，都放在桌底下的抽屜。

—**Info**—

④ **地址：** 京都市東山区清本町 363
　電話： 075-708-2529
　營業時間： 1100-1500、1700-2100
　　　　　　（逢周三休息）
　網址： hikinikutocome.com/kyoto
　前往方法： 末吉町通與切り通し交界。

日本第一鯖姿壽司
いづう

　　1781 年開業，專售關西風的高級箱壽司店。招牌鯖姿壽司乃京都名物，いづう更被譽為「全日本第一」，鯖魚來自日本近海的「真鯖」，經自家秘製的米酢和海鹽醃漬，加上以滋賀縣產的江州米做成的壽司飯，外層再以北海道產的優質昆布包裹成長棒狀，冷藏一晚後才切件奉客。吃時魚、酢、昆布與飯香融為一體，香氣在口腔久不散。

「京壽司拼盤（京寿司盛合せ）」除了鯖姿壽司外，也有箱壽司及太卷，每份¥3850。

店子本身為傳統京町家建築。

—**Info**—

⑤ **地址：** 京都市東山区八坂新地清本町 367
　電話： 075-561-0751
　營業時間： 1100-2100（逢周二休息）
　前往方法： 末吉町通與富永町通中間的一段切り通し。

祇園店樓高兩層，白色的外牆掛有巨型的舞妓頭像Logo，門口的顧客魚貫進出。

「芝士肉咖喱（チーズ肉カレー）」咖喱湯頭濃稠非常，但不會過鹹，反令烏冬和牛肉更嫩滑。¥1220

藝妓最愛芝士咖喱烏冬
京都祇園 おかる

開業過百年的烏冬老店，據說由一位退役藝妓開設，因老闆為女性，日文稱為「女將」，故深受祇園的舞妓、藝妓或茶屋工作者歡迎。店內掛滿藝妓和名人的簽名版。招牌「芝士肉咖喱湯烏冬（チーズ肉カレー）」，咖喱湯頭以最上等的北海道深海天然昆布熬成，混合半溶的芝士，令烏冬和牛肉片變得更嫩滑，寒冬季節吃時份外溫暖。

「天婦羅咖喱（天カレー）」的天婦羅大蝦，即使蘸滿咖喱湯汁依然香脆。¥1480

建築前身為一家茶屋，充滿藝妓氛圍。

---Info---

6 地址：京都市東山区祇園八坂新地富永町 132
電話：075-541-1001
營業時間：1100-1500、1700-0200
　　　　　（周日只做午市）
前往方法：富永町通與切り通し交界附近。

京都吸油面紙大王
よーじや 祇園本店

1904 年開業，以舞妓頭像為商標，聞名海外的京都老字號化妝品牌，其源自舞妓化妝品的吸油面紙，一度瘋魔港日台女生，成為京都必買手信 No.1！原名「国枝商店」，創辦人最初只以手推車沿街叫賣，憑一款名為「楊枝」的牙刷揚名，於是改名為同音的「よーじや」。分店遍布全國，樓高兩層的祇園本店面積最大。

「吸油面紙（あぶらとり紙）」吸油力強而不會吸走面上的水份，不傷皮膚。5 冊 ¥1960（每冊 20 枚）。

---Info---

7 地址：京都市東山区祇園四条花見小路東北角
電話：075-541-0177
營業時間：1100-1900
網址：yojiya.co.jp
前往方法：花見小路、四条通交界。

「黑七味粉」有濃郁的芝麻香，入口辣中帶點麻；「一味粉」則辣得夠香。只能在京都直營店才能買到的傳統八角形木瓶裝，造型經典。
¥1430 / 5g

300年黑七味粉
原了郭 本店

外國旅客只知日本有七味粉，其實京都還有「黑七味粉」，由1703年創業的「原了郭」第10代社長研發，成份包括紅椒、山椒、黑芝麻、白芝麻、芥子、麻實和青海苔等，顏色黑黝黝的，香味與辣味並重。售價雖貴，但香味比普通的七味粉濃烈幾倍，日本的高級料亭或麵店都用它。

食用方法
最常用是混合醬汁用來蘸炸物，或拌以炒飯、蕎麥麵等來吃。小編則強烈推介灑在原味薯片上食用，香辣惹味！

店子入口藏身大廈之內，很易錯過。

─Info─
8 **地址：**京都市東山区祇園町北側 267
電話：075-561-2732
營業時間：1000-1800
網址：hararyoukaku.co.jpl
前往方法：花見小路、四條通交界。

綠色的是「舞妓啫喱（舞妓さんゼリー）」，顏色美極而味道清淡；黃色的是「檸檬啫喱」，味道顏酸。每杯¥350。

舞妓最愛瘦身啫喱
切通し 進々堂

門面不甚起眼，卻是祇園舞妓練習後最常到的咖啡店。招牌「舞妓さんゼリー」，亦即是雜果啫喱，乃舞妓們的最愛，原因是她們怕肥，而啫喱卻是甜點中卡路里最低的一款。此外，進々堂也是製作「福玉」的名店，其直徑約20cm，外層為煎餅，內部裝有貢品，是每逢新年茶屋為答謝藝妓們一年間辛勞而贈送的吉祥物，已成祇園極具特色的手信之一。

Café 裝潢懷舊，店內更掛滿舞妓的照片和簽名版。

─Info─
9 **地址：**京都市東山区祇園町北側 254
電話：075-561-3029
營業時間：1000-1530（逢周一休息）
前往方法：京阪電鉄京阪本線「祇園四条」駅出口7，切り通し、四條通交界附近。

「穴子天丼」現點現炸，麵衣厚薄適中，酥脆而富粉香，將星鰻的鮮甜味完全鎖住。¥1450

「味噌燒糰子（みそだんご）」是京都道地口味，抹上味噌，味道略鹹而帶火烤焦香。每串¥160。

人氣星鰻天婦羅丼
天婦羅 天周

　　祇園著名的天婦羅丼老店，晚市的天婦羅套餐盛惠¥6900，但午市有便宜又實惠的天婦羅丼。大大碗「大海老天丼」¥1950，招牌「穴子天丼」更只¥1450！「穴子」即是星鰻（海鰻），每碗均用上整整3條星鰻，肉質細嫩淡雅，用芝麻油炸至外層酥脆而內裏軟嫩，淋上秘製的醬汁，吃時加點山椒粉調味更清爽鮮美。

平民小吃燒糰子
おはぎの丹波屋
四条南座前店

　　關西最著名的連鎖生菓子店，於日本全國各地擁有近70家分店，專售大福餅、柏餅、萩餅、赤飯等，尤以現烤的醬油或味噌味的「燒糰子（だんご）」最馳名，選用日本國產一級糯米，口感軟糯煙韌。京都人走過都買一串，站在路邊便吃，就像香港人「篤魚蛋」一樣，乃平民小吃。

店內座位不多，坐在吧台前可一睹師傅炸天婦羅時的從容不逼。

每逢午市例必大排長龍，連京都的士司機都識路。

丹波屋會因應季節和節日，推出不同款式的菓子。

Info
⑩ 地址：京都市東山区祇園町北側 244
電話：075-541-5277
營業時間：1100-1400、1730-2130
網址：tensyu.jp
前往方法：京阪電鉄京阪本線「祇園四条」駅出口7，徒步約2分鐘。

Info
⑪ 地址：京都市東山区祇園町北側 240
電話：075-533-3332
營業時間：1000-1800
網址：ohaginotanbaya.co.jp
前往方法：京阪電鉄京阪本線「祇園四条」駅出口7，徒步約1分鐘。

店內季節限定的「白川拉麵套餐（白川そばセット）」的主食為「抹茶拉麵（抹茶そば）」並配甜品「白玉芭菲（白玉パフェ）」，每份￥1980。

京都抹茶甜點王
茶寮都路里 祇園本店

　　1948 年創業的抹茶甜品名店，最初只售賣宇治茶，名為「祇園辻利」，其後推出以高級宇治茶製成的甜點和京風輕食，終成京都人氣第一，更帶起京都抹茶甜點的熱潮。現在都路里於京都和東京都有多家分店，位於祇園的本店樓高兩層，門前永遠大排長龍。招牌包括各式抹茶芭菲、聖代、抹茶蛋糕、抹茶蕎麥麵等。

要上一層樓梯才到，門前永遠大排長龍。

白玉芭菲（白玉パフェ）

━ Info ━

⑫ **地址**：京都市東山区四条通祇園町南側 573-3
　　　　　　祇園辻利本店 2、3 階
　　電話：075-561-2257
　　營業時間：1000 - 2200
　　網址：giontsujiri.co.jp
　　前往方法：京阪電鉄「祇園四条」駅出口 6，徒
　　　　　　　　步約 5 分鐘。

竹籬紅牆的外觀，是傳統料亭的格局。

體驗傳統料亭
久露葉亭

　　以日式套餐為主的餐廳，從竹籬紅牆的日式木造屋外觀可知，這是傳統料亭的布局。店內樓高兩層，餐點方面主要提供各種定食，餐牌圖文並茂，點餐沒有難度。價位在￥2500 至￥3800 左右，但要注意只收現金。

煎朧豆腐套餐（おぼろ豆腐ステーキセット）￥2580。

━ Info ━

⑬ **地址**：京都市東山区祇園町南側 570-237-2
　　電話：075-525-3413
　　營業時間：1100-2100（逢周二休息）
　　前往方法：京阪電鉄「祇園四条」出口 6，東行
　　　　　　　　至花見小路右轉，至路口即至，徒步
　　　　　　　　約 7 分鐘。

店內提供多款和菓子，並有多種飲品可供選擇。

和式文青咖啡店
ZEN CAFE

和菓子名店「鍵善良房」的旗下店鋪，提供傳統的和菓子，風格則比較現代化之餘仍保有一股和風，很適合文青打卡。

Info

⑭ **地址：** 京都市東山区祇園町南側 570-210
電話： 075-533-8686
營業時間： 1100-1800（逢一休息）
網址： kagizen.co.jp
前往方法： 京阪電鉄「祇園四条」出口 6，東行右轉入巷至路口，左轉至路口即至。

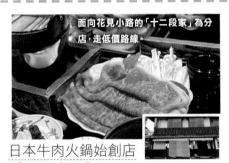

面向花見小路的「十二段家」為分店，走低價路線。

日本牛肉火鍋始創店
十二段家 花見小路店

開發出日本牛肉火鍋的始創店，在內街的為本店，價位約￥20000 左右；而向外的花見小路店￥7600 已有交易。選用高質黑毛肉牛，口味濃郁，值得一試！

Info

⑮ **地址：** 京都市東山区祇園町南側 570-128
電話： 075-561-1655
營業時間： 1000-1800（逢三休息）
網址： junidanya-kyoto.com
前往方法： 花見小路上，久露菜亭斜對面。

內裝以和洋混搭風設計，焦點是天花菜有以金箔繪成的廿四節氣圖，金光閃閃，低調中見奢華品味。

「茶の菓」的朱古力店
MALEBRANCHE
加加阿 327 祇園店

1982 年創立的京都西洋甜點店，從選料到包裝設計都極講究。祇園店為朱古力專門店，招牌抹茶曲奇「茶の菓」，選用宇治頂級抹茶和白朱古力製成，每一小塊都有極濃郁的茶味，只限京都地區發售，被譽為京都的必買手信之一。

祇園店限定「京ippon」蛋糕，內餡為抹茶朱古力，￥1200。

祇園店限定朱古力「加加阿 365」，每天都有一款圖案，2 粒裝￥1188。

招牌「茶の菓」酥脆的曲奇夾住白朱古力，濃郁茶香溢滿口腔，餘韻久久不散，5 片裝￥751。

Info

⑯ **地址：** 京都市東山区祇園町南側 570-150
電話： 075-551-6060
營業時間： 1000-1700
網址： malebranche.co.jp/store/95
前往方法： 花見小路「十二段家」左側小路直入，至第二個路口右轉即至。

「豆腐白玉御膳」每份¥1200，色彩繽紛的白玉糰子，沾上不同的醬汁品嘗，滋味無窮！

「原味蕨餅及抹茶蕨餅人雙拼（本わらびもちと、本くずもちの合盛り）」每份¥1420。

在藝妓町家歎茶
Café 冨月

　　80後老闆娘在祇園花街出生兼成長，曾祖母、祖母和母親3代皆為藝妓，婚後利用繼承自母親的百年傳統京町家開設Café，「冨月」正是曾祖母的小名。店內裝潢極力保持民宅原貌，附設和式小庭園，一片雅致憩靜。招牌「豆腐白玉御膳」色彩繽紛，沾上各種口味的醬汁後，滋味無窮！

從前的大廳、客房，變成了一間間 VIP 房。

兩層高的傳統木平房，乃傳承祖孫4代的京町家。

京都蕨餅名店
祇園 德屋

　　「祇園（ぎおん）德屋」是京都的蕨餅名店，經常大排長龍。該店的蕨餅冰涼順滑，蘸上黃豆粉與黑糖蜜，甜度適中，吃起來相當清爽。此外，該店的刨冰「特上抹茶宇治金時」亦值得推薦，配餐的綠茶可淋在刨冰上，也可直接飲用。去花見小路的話值得一試！

「特上抹茶宇治金時」刨冰每份￥1380。

該店也是花見小路常見的傳統京町家建築。

Info

⑰ **地址**：京都市東山区祇園町南側八坂町 570 - 8
電話：075-561-5937
營業時間：1100-1700（逢周一休息）
博客：instagram.com/gion.cafefu_getsu
前往方法：花見小路轉入青柳小路中段。

Info

⑱ **地址**：京都市東山区祇園町南側 570-127
電話：075-561-5554
營業時間：1200-1800（逢周二休息）
網址：gion-tokuya.jp
前往方法：沿花見小路至「十二段家」再繼續前行過第二個路口左轉即至。

午市套餐菜色天天不同，基本套餐每位￥7260。

京都「懷石料理」
津田楼

「懷石料理」由茶道創始者千利休所創設，目的為了保護腸胃，避免空腹飲茶而設計。因此，享用懷石料理是需要儀式感的，而這裡以絕佳服務和優質食材，便能讓人感受到其中的精緻，充分體會茶道的氛圍。而價位方面亦有不同選擇，午市每位平均￥10000，而晚市則平均￥20000，且必須提早付款預約（4位以上更須提前2星期預約），若取消預約的話，餐廳仍將收取半額乃至全額的餐費，訂位之前敬請留意。

晚上7時開始店內一樓會有三味線和尺八的合奏。

Info

⑲ 地址：京都市東山区祇園町南側 570-121
電話：075-708-2518
營業時間：1130-1330、1730-1930
　　　　　　（逢周二、三休息）
網址：tsudaro.com
前往方法：沿花見小路至「十二段家」再繼續前行過第二個路口即至。

京都旗艦店由一棟傳統町屋改建，古意盎然，與Leica 百年的相機品牌相輔相成。

限定相機配件
Leica 京都店

超過百年的光學工藝的 Leica，魅力在於其歷史及品質。而其京都店座落花見小路、一棟過百年歷史的傳統町屋建築，樓高兩層，門面與裝潢貫徹低調，連招牌也沒有。內部裝潢古今完美交融，保留原來的「茶室」和榻榻米，天花更刻意露出屋樑結構。2樓附設沙龍，展出世界著名攝影師作品。焦點是京都店限定的相機用品，特別與京都著名傳統工藝 Crossover，包括西陣織、京友禪等，件件美如藝術品。

京都店座落百年歷史的傳統町屋中，門面與裝潢貫徹低調。

Info

⑳ 地址：京都市東山区祇園町南側 570-120
電話：075-532-0320
營業時間：1100-1900（逢周一休息）
網址：leica-camera.com/ja-JP
前往方法：沿花見小路至「十二段家」再繼續前行過第三個路口即至。

「豆壽司（豆すし）」設計成這樣一口的大小，是為了讓需保持良好唇妝的藝妓能一口吃下。

為藝妓設計的「豆壽司」
祇園 豆寅

　　以「豆皿料理」聞名的餐廳，晚市主打師傅發辦的懷石料理，價位約￥10000至￥20000。相較之下，午市的「豆壽司套餐（豆すし膳）十分相宜，每份只要￥5500，內含前菜、湯、燒物，以及供藝伎吃的招牌「豆壽司」。豆壽司玲瓏精緻，是為了讓需要保持良好唇妝的藝妓也能一口吃下，極具特色。

首先上的是三品小菜，會依照季節變換菜式。

豆寅位於花見小路的盡頭，建仁寺的正前方。

Info

㉑ **地址**：京都市東山区祇園町南側 570-235
電話：075-532-3955
營業時間：1130-1400、1700-2030
博客：kiwa-group.co.jp/mametora_gion
前往方法：沿花見小路往南直行到底即至。

旅客可一次過欣賞日本 7 大傳統藝術。

舞妓表演
祇園角

　　除非有當地人介紹，否則一般外國人很難見到舞妓真身，要一睹舞妓風彩，惟有到祇園甲部歌舞練場、始於 1962 年的舞妓表演場地「祇園角（ギオンコーナー）」。旅客可一次過欣賞日本 7 大傳統藝術，包括茶道、琴、華道、雅樂、狂言、京舞及文樂，節目約 1 小時，即使不懂日文也可以感受一下氣氛。場內附設「舞妓長廊」，展示花簪等舞妓物品。如有興趣可到網上購票，一般成人票價每位￥5500，而購票網站還可選擇中文顯示，完全沒有難度。

每天只公演兩場，演出時間分別為 1800 及 1900。

Info

㉒ **地址**：京都市東山区祇園町南側 570 - 2
電話：075 - 561 - 3901
網址：ookinizaidan.com/gion_coner
前往方法：沿花見小路往南直行到底即至，位於「豆寅」正對面。

鎌倉幕府二代將軍源賴家於 1202 年創建該寺。

日本國寶「風神雷神圖」
建仁寺

鎌倉幕府二代將軍源賴家於 1202 年創建該寺，從中國習得臨濟宗禪法的榮西禪師為開山祖師，並以當時年號「建仁」命名。寺廟中最著名景點，當數法堂上方的「雙龍圖」，以及大書院的「風神雷神圖」金箔屏風。「雙龍圖」是 2002 年慶祝建寺 800 週年，由日本畫家小泉淳作歷時兩年完成的作品。而「風神雷神圖」則是江戶時代的繪師俵屋宗達所作，已被認證為日本國寶。兩大作品都值得一看！

「雙龍圖」雖非歷史古畫，但氣勢恢宏、活靈活現。

──Info──
㉓ 地址：京都市東山区大和大路通四条下る小松町
電話：075-708-2518
參觀時間：1000-1630
入場費：成人￥600、中學生￥300、小學生￥200，小學以下不得參觀。
網址：kenninji.jp
前往方法：沿花見小路往南直行到底即至。

「縁切り縁結び碑」高 1.5 米、闊 3 米，洞口僅足夠一成年人穿過，胖些少也有難度。

「捐」石窿求姻緣
安井金比羅宮

藏身東大路通旁巷弄的細小神社，始建於公元 668 至 671 年間，原稱「安井神社」，二戰後改名安井金比羅宮才變成今日的姻緣神社。

社內最有名的是「縁切り縁結び碑」的大石，上面貼滿白色緣結籤，中間還有一洞口。據說只要拿着寫了願望的緣結籤，從石頭背面鑽出石洞，即能「結良緣」；相反，從石頭正面向後鑽出石洞，即能「惡緣切」，最後將「緣結籤」貼於石上即成。「緣結籤」可在碑後自取，取前謹記要「納奉」（添香油）。

社旁附設日本首個繪馬博物館「繪馬館」，展出各地特色繪馬。

安井金比羅宮的本殿，據說求交通安全亦很靈驗。

──Info──
㉔ 地址：京都市東山区東町大路松原上る下弁天町 70
電話：075-561-5127
開放時間：24 小時（賣物部 0900-1730）
網址：yasui-konpiragu.or.jp
前往方法：市內巴士站（バス停）「東山安井」下車，往西行約 3 分鐘即達。

寺廟林立之地

祇園

きおん / Gion

4

1

8

2

5

3

地下鉄東西線「東山」駅；市内巴士站（バス停）
「祇園」、「知恩院前」、「神宮道」即達。
交通

京都駅　烏丸通　三条通　河原町　鴨川　花見小路　祇園

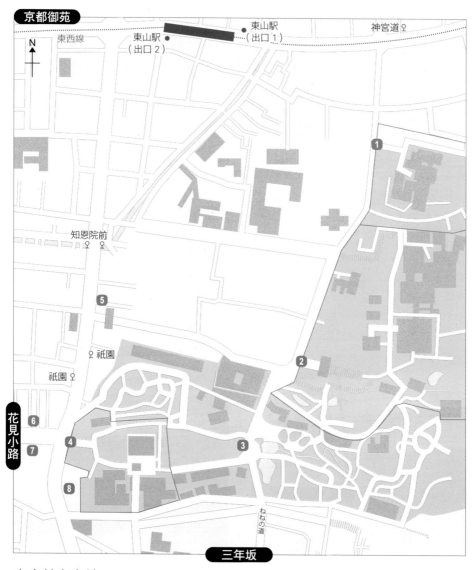

寺廟林立之地
祇園

　　地名「祇園」源自佛經中的「祇樹給孤獨園精舍」（佛經中的「祇」字應讀為「期」），那是佛陀傳法的重要場所。因此京都的這個佛寺林立之地，便被稱為「祇園」了。

1 青蓮院
2 知恩院
3 円山公園
4 八坂神社
5 天下一品 知恩院前店
6 かづら清老舗 祇園本店
7 漢検 漢字博物館・図書館
8 肉の隠れ家 おあがり

青蓮院面積不大，但因庭園景致優美，加上與日本皇室關係密切而著名。

日本遊人都不發一言，坐在迴廊上細心欣賞庭園景致，旅客拍照時請輕聲，以免破壞氣氛。

夜間賞楓名院
青蓮院

　　始建於 1175 年，從比叡山延曆寺移建而來，屬天台宗京都五門跡之一，又名「青蓮院門跡」。青蓮院向來跟日本皇室關系密切，1788 年，光格天皇因皇宮大火而暫居於此，故又名粟田御所，歷代主持皆為出家的皇室人員擔任，因而地位崇高。院內以庭園景緻高雅見稱，乃賞楓名所。並藏有多個日本文化財產，包括本堂安放的國寶「青不動」不動明王二童子，不過只為複製品，真身現存奈良國立博物館。

寺內掛有大量日本皇室成員參觀青蓮院時的照片，包括日本上皇明仁。

本堂內安放的國寶「青不動」（不動明王二童子）的複製品，真身現存奈良國立博物館。

以龍心池為中心的池泉回遊式庭園，據說是室町時代的畫家相阿彌所建，北側還有以杜鵑花聞名的「霧島之庭」。

青蓮院乃京都著名的賞楓名所，錯落有致的楓樹，景色醉人。（每逢秋季舉行的「夜的特別拜觀」因工程進行中，將暫停至 2024 年秋季。）

Info

1 **地址**：京都市東山区粟田口三条坊町 69-1
電話：075-561-2345
開放時間：0900-1700（1630 最終入場）
參拜費：成人￥600、中學生￥400、
　　　　　小學生￥200（日間）
網址：shorenin.com
前往方法：地下鉄東西線「東山」駅出口 1，沿
　　　　　三条通右轉入神宮道，徒步約 5 分
　　　　　鐘；市內巴士站（バス停）「神宮道」
　　　　　下車，往南行約 2 分鐘即達。

知恩院的「三門」是日本最大的木造三門，24 米高，
與東本願寺、南禪寺合稱「日本三大門」。

Tips

三門樓上置有釋迦如來像，但
只在春秋特別展時開放。

除夕夜鐘
知恩院

　　日本淨土宗的總本山，山號「華頂
山」。淨土宗由法然上人於 1175 年創立，
由於教義相對簡單，深得織田信長、豐臣
秀吉、德川家康等名人武將支持，因而成
為日本最大的佛教宗派。

　　始建於 1234 年，本尊法然上人像及
阿彌陀如來，並擁有日本最大的寺院山門
「三門」，以及日本最大的梵鐘。每年除
夕夜，由 17 位僧侶合力敲響 108 響的「除
夜の鐘」，鐘聲響徹京都，成為除夕夜不
可缺少的節目。

「友禅苑」，為紀念友禪染創始人宮崎友禪誕生 300
年而建的庭園，築有枯山水布局，乃寺內的賞楓名所。

位於寺廟廣場上的知恩院鐘，重達 74 噸、3.3 米高，
乃日本最大的梵鐘，需要 17 名僧人合力才能敲響它。

「御影堂」，知恩院的本堂，堂前擁有長達 550 公尺
的走廊，人在其上走過時，會發出黃鶯叫聲，因而得
名「鶯聲走廊」。

Info

2　**地址**：京都市東山区林下町 400
　電話：075-531-2140
　開放時間：0900 - 1600
　參拜費：境內免費；
　　　　　　方丈庭園：￥400、初中及以下￥200
　　　　　　友禅苑各：￥300、初中及以下￥150
　　　　　　共通券　：￥500、初中及以下￥250
　網址：chion-in.or.jp
　前往方法：地下鉄東西線「東山」駅出口 1，沿
　　　　　　　神宮道徒步約 8 分鐘；市內巴士站
　　　　　　　（バス停）「知恩院前」下車，往東
　　　　　　　行約 3 分鐘即達。

位於公園中央的「祇園枝垂櫻」高達 12 米，屬一重白彼岸枝垂櫻品種，第一代超過 200 年歷史，現在的是 1947 年種植的第 2 代。

京都賞櫻名所
円山公園

　　始建於 1886 年，乃京都最古老的公園，佔地 86600 平方米，腹地廣大，擁有池泉回遊式的日本庭園、料亭和茶店等。園內種有過千株櫻花樹，包括染井吉野櫻、山櫻、里櫻等，乃京都的賞櫻名所，其中一棵「枝垂櫻」高達 12 米，被譽為櫻花之王。每年一到賞櫻季節，京都人便會呼朋喚友，坐在櫻花樹下飲酒作樂，氣氛熱鬧。

日本女學生習慣於每年的年末年始，穿上整齊和服到公園拍照。

公園的東側，置有坂本龍馬和中岡慎太郎的銅像。

「祇園夜櫻」乃整個櫻花季的壓軸戲，屆時公園內還會有各式道地「屋台（小吃攤）」。

園內的庭園出自名家小川治兵衛之手，以丘陵地造出的池泉迴遊式庭園。

━━━━Info━━━━

3 **地址**：京都市東山区円山町 473
　　電話：075-541-2421
　　開放時間：24 小時
　　網址：kyoto-maruyama-park.jp
　　前往方法：市內巴士站（バス停）「祇園」下車，
　　　　　　　　往東過馬路即達。

火紅色的「西樓門」極其搶眼，高 9.1 米，被列為日本重要文化遺產。據說樓門從不結蜘蛛網，下雨後也不留下水跡。

京都最旺神社
八坂神社

　　位於車水馬龍的四条通盡頭，始建於平安時代的公元 656 年，是日本全國 3000 多座八坂神社之總本社，原名祇園神社、祇園社或祇園感神院，因慶應 4 年（1868 年）實施神佛分離令，才改名為八阪神社，但京都人習慣瞎稱為「祇園さん」。主祀「素戔嗚尊」、「櫛稻田姬命」及「八柱御子神」等神明，對驅除瘟疫和祈求生意興隆特別靈驗而聞名，故自古以來都是京都市區香火最鼎盛的神社，也是京都人新年第一次參拜的神社。每年 7 月在此舉行的「祇園祭」，更是「京都三大祭典」之一。

站在西樓門下，一邊是車水馬龍的四条通；一邊則是莊嚴的神社。

「南樓門」為八坂神社正門，建有京都最大石造鳥居。

「舞殿」是舉行祭祀的舞台，上面掛滿商家奉納的提燈籠，晚上亮起燈火尤其壯觀。

「本殿」有別於同時期的神社建築，以同一屋頂幅蓋本殿和拜殿，稱之為「祇園造」。

八坂神社內有許多小神社，當中以奉祀美容神「宗像三女神」的「美御前社」最著名，京都的美容師和藝妓也經常來參拜。

Info

④
地址：京都市東山区祇園町北側
電話：075-561-6155
開放時間：24 小時
網址：www.yasaka-jinja.or.jp
前往方法：市內巴士站（バス停）「祇園」下車，往東過馬路即達。

「濃厚拉麵（こってりラーメン）」湯頭濃稠非常，但入口清爽鮮甜，麵條彈牙。並盛 ¥920。

京都三大拉麵
天下一品 知恩院前店

京都著名拉麵連鎖店，昭和 46 年（1971 年）創立，現在分店已多達 273 間，位列「京都三大拉麵」之一，總店就在京都藝術大學附近。屬濃厚系拉麵，湯頭分為濃厚「こってり」、清淡「あっさり」和「屋台味」。招牌「こってり」以雞和 11 種野菜熬製，濃稠而帶點膠質，卻又不油不膩。

知恩院前店就在八阪神社、知恩院附近。

Info
5 **地址：**京都市東山区新門前通大和大路東入 4 丁目松原町 272 番地 5
電話：075-531-8777
營業時間：1100-2100（逢周二、三休息）
網址：tenkaippinchionin.wixsite.com/website
前往方法：市內巴士站（バス停）「祇園」、「知恩院前」下車，徒步約 2 分鐘。

かづら清祇園本店，每天都逼滿人。

萬能美髮油
かづら清老舖 祇園本店

1865 年創業的京都護膚老牌，招牌「椿油（つばき油）」，萃取自長崎五島列島的 100% 天然山茶花油，不僅可以護髮，還能用於面部皮膚保養，甚至當作卸妝油，過百年來深受祇園藝妓寵愛，更是藝妓保持黑髮的秘密。就連日本美容教祖 IKKO（豊田一幸）也曾在電視節目中大力推介。かづら清不在京都以外地方開店，是故祇園本店每日都逼滿人，除了各式以山茶花油製作的天然護膚和化妝品，還有售傳統日式木梳、髮飾等。

招牌「椿油（つばき油）」，洗髮後塗抹髮根，即有效修護及防止掉髮；塗抹臉上，保濕之餘更能控油、抗紫外線等等，被譽為「萬能椿油」。每支 ¥2145。

Info
6 **地址：**京都市東山区祇園町北側 285
電話：075-561-0672
營業時間：1000 - 1800（逢周三休息）
網址：kazurasei.co.jp
前往方法：四条通尾段、近東大路通交界。

1 樓學習專區：透過體驗型的裝置，介紹漢字的歷史，包括甲骨文。

「字」的博物館
漢検 漢字博物館・図書館

　由「日本漢字能力檢定協會」營運、日本首間漢字博物館。位於京都「祇園弥栄中学」的舊址上，樓高兩層，透過體驗型的裝置和小遊戲，介紹漢字的歷史、組成和特徵，展品包括每年在清水寺公布的「今年の漢字」，還有攝影區和紀念品店。若對日文「五十音」稍微有認識，或喜歡繁體字會更好玩。

貫穿兩層的文字柱，印有「大漢和辭典」中摘錄的五萬個漢字。

焦點展品包括：每年在清水寺公布的「今年的漢字」，還有相關解釋。

━━━ Info ━━━

7 **地址**：京都市東山区祇園町南側 551 番地
　　電話：075-757-8686
　　開放時間：0930-1700（最後入館 1630）
　　　　　　　　（逢周一休息）
　　入場費：成人￥800、大學及高校生￥500、
　　　　　　　中小學生￥300、學前兒童免費
　　網址：kanjimuseum.kyoto
　　前往方法：京阪本線「祇園四条」駅 6 番出口，
　　　　　　　　徒步約 5 分鐘。

「滿溢炙燒 A5 牛肋眼蓋飯」加三文魚籽、海膽及北海道帆立，合計￥5830。

炙燒半熟牛肉飯
肉の隠れ家 おあがり

　店名中的「隠れ家」是隱居之處的意思，以各種炙燒半熟牛肉飯聞名。點餐時要先選飯底，招牌「滿溢炙燒 A5 牛肋眼蓋飯（A5 こぼれ炙りリブロース）」每份￥2090，含牛肉飯及一隻生雞蛋。然後可再自由加選配菜，如「三文魚籽（ジャストいくら）」￥770、「海膽（雲丹）」￥1980、「北海道帆立」￥990 等等，任君選擇。

「生拌炙燒 A5 黑毛和牛飯（A5 炙り黑毛和牛ユッケ）」飯底每份￥2970。

該店十分隱世，要從這樓梯口上兩層才到。

━━━ Info ━━━

8 **地址**：京都市東山区祇園町南側 537-2
　　　　　　祇園ヒロビル 3F
　　電話：070-8902-2225
　　營業時間：1100-1500、1730-2100
　　網址：oagari.com/home/niku-no-kakurega
　　前往方法：「八阪神社」正門的右邊。

古街漫遊

さんねいざか / Sanneizaka

三年阪

あなただけの、
可愛い京都。
お好きなデザインを
お箱に詰めて。

市內巴士站（バス停）「東山安井」、
「清水道」、「五条坂」即達。
交通

9
21
17
24
2
26

1 寧寧之道

2 高台寺

3 祇園下河原 ひさご

4 前田咖啡 高台寺店

5 八坂庚申堂

6 日東堂

7 五重塔 (八坂の塔)

8 一年坂 (一念阪)

9 橡子共和国 二寧坂店

10 二年坂 (二寧坂)

11 代官山 Candy apple
   清水二寧坂店

12 STARBUCKS
   京都二寧坂ヤサカ茶屋店

13 かさぎ屋

14 阿古屋茶屋

15 二年坂まるん

16 三年坂 (產寧坂)

17 喜楽庵 岡本 産寧坂店

18 梅園 清水店

19 香老舗 松栄堂 産寧坂店

20 瓢箪屋

21 産寧坂まるん

22 おちゃのこさいさい
   産寧坂本店

23 七味家本舗

24 伊藤久右衛門 清水坂店

25 天

26 一寸法師

343

蜿蜒的「石塀小路」，入口就在下河原通。

古意的石疊路
寧寧之道

　　高台寺下的石疊道，是通往「高台寺」必經之路，因「寧寧（ねね）」為豐臣秀吉正室「北政所」的本名，故京都人暱稱為「寧寧之道」。路面寬闊平緩，兩旁櫻樹、紅葉夾道，古樸雅致，成為人力車夫帶旅客漫遊的勝地。旁邊還有一條叫「石塀小路」的小巷，鳥道羊腸迂迴曲折，開滿傳統茶屋和料亭，吸引旅客來取景拍照。

平緩的寧寧之道，是人力車漫遊和散步的熱點。

━━Info━━
1 **地址：** 京都府京都市東山区鷲尾町至下河原町
　　前往方法：
　　1. 阪急電鐵京都線「河原町」駅乘市バス（Bus）207 號，於巴士站（バス停）「東山安井」下車，徒步約 5 分鐘。
　　2. JR「京都」駅乘市バス（Bus）206 號，於巴士站（バス停）「東山安井」下車，徒步約 5 分鐘。

觀月台內的偃月池和臥龍池庭園，被譽為桃山時代的代表名園。

豐臣秀吉妻之墓
高台寺

　　為豐臣秀吉正室「北政所」安享晚年兼修佛的地方，於 1606 年在德川家康資助下所建。不以宏偉取勝，以清幽寧靜見稱，置身東山一旁，跟清水寺遙遙相對。寺內著名景點包括開山堂、靈屋和庭園，以及由著名茶道大師千利休所造、兩座對望的茶席「傘亭」和「蒔雨亭」，屬日本國家重要文化遺產，也是觀賞紅葉的勝地。

高台寺乃京都賞楓名所，夜景尤其美極。

━━Info━━
2 **地址：** 京都市東山区高台寺下河原町 526 番地
　　電話： 075-561-9966
　　開放時間： 0900 - 1700（1730 關門）
　　參拜費： 成人￥600、中學生￥250
　　網址： kodaiji.com
　　前往方法： 位於「ねねの道」中段。

「親子丼」半熟的蛋汁味道鮮甜，蓋着嫩滑的雞肉，入口還有濃郁的九条蔥甜味。¥1060

人氣親子丼
祇園下河原 ひさご

　「ひさご」是葫蘆之意。這間高台寺附近的人氣親子丼，昭和 25 年開業，超過 70 年歷史。招牌親子丼，美味秘訣在於選用來自丹波的土雞，以鰹魚與昆布熬成的湯頭來燉煮，再加上九条蔥提味。吃時加點山椒粉來調味，雞肉入口鮮嫩帶彈性，蛋汁豐富且濃稠，還混有青蔥與洋蔥的甜味，好吃至停不了口。

「ひさご」位置就在石塀小路入口附近，除了招牌親子丼，還有蕎麥麵和烏冬供應。

─Info─
❸ **地址**：京都市東山区下河原通八坂鳥居前下ル　下河原町 484
　電話：050-5485-8128
　營業時間：1130-1600（逢周一、五休息）
　網址：kyotohisago.gorp.jp
　前往方法：市內巴士站（バス停）「東山安井」下車，往東行約 3 分鐘即達。

高台寺限定ブレンド珈琲「寧々」由多種咖啡豆混合而成，香味濃烈，甘苦味出眾但酸度低。¥600

高台寺休息站
前田咖啡 高台寺店

　1971 年創業，嚴選來自世界各地的優質咖啡豆，沿用 70 年代的「西獨式プロバット」社製的烘焙機，以 30 多年經營自家烘焙，咖啡味道醇厚香濃。

「宇治抹茶芭菲 (パフェ)」層次相當豐富。¥1250

高台寺店就位於下河原通和維新的路交界，門前設有露天座位。

─Info─
❹ **地址**：京都市東山区下河原通八坂鳥居前下る　南町 415
　電話：075-561-1502
　營業時間：0700-1800
　網址：maedacoffee.com
　前往方法：市內巴士站（バス停）「東山安井」、「清水道」下車，徒步約 3 分鐘即達。下河原通、維新の路交界。

入口處瓦頂置有「非禮勿視、非禮勿聽、非禮勿言」3隻小猴像。

青面金猴廟
八坂庚申堂

正式名稱為「大黑山金剛寺庚申堂」，本尊為青面金剛（庚申，即猴子），堂前掛着成串色彩鮮豔的布猴子「くくり猿」，據説可消災好運。寺廟頂還可看見3隻小猴，代表《論語》中的「非禮勿視、非禮勿聽、非禮勿言」。

本尊青面金剛像四周都掛滿布猴子「くくり猿」，上面寫滿善信的願望。

Info

5 **地址：**京都市東山区金園町390
電話：075-541-2565
開放時間：0900-1700
網址：yasakakousinndou.sakura.ne.jp
前往方法：市內巴士站（バス停）「東山安井」、「清水道」下車，徒步約3分鐘即達。隣近「五重塔」。

店面由一棟兩層高京町家改造，位置就在八坂の塔附近。

大師的生活道具
日東堂

兩層高京町家改造的雜貨兼咖啡店，幕後搞手是品牌設計大師——水野學所屬的團隊「Nitto Group」，過往作品包括熊本熊、中川政七等等。1樓售賣各式生活雜貨，包括 Nitto 的招牌除塵滾輪「COLOCOLO（コロコロ）」。附設 Café「KYOTO COFFEE」，有「咖啡牛奶（コーヒーミルク）」供應；2樓為自助座位區，中央還有水野學打造的玻璃屋茶室。

除塵滾輪「COLOCOLO（コロコロ）」，繽紛色彩可供選擇。￥3290

「咖啡牛奶（コーヒーミルク）」瓶子可帶回家留念。￥650

Info

6 **地址：**京都市東山区八坂上町385-4
電話：075-525-8115
營業時間：1000-1800
網址：nittodo.jp
前往方法：毗鄰「五重塔」。

46 公尺高的「八坂の塔」，為日本現存僅有的白鳳時代五重塔，登上塔頂可俯瞰京都市全景。

京都地標
五重塔（八坂の塔）

正確名稱應為「法観寺五重塔」，傳說為 592 年聖德太子受到如意輪觀音托夢而建造，因為附近居民大部分為八坂氏族而得名。黑色的塔身高 46 公尺，雖不算高，但在一片低矮的民宅中，異常突出，成為東山一帶的地標，最佳取景拍攝位置，正是面前的「八坂通」。

優雅的五重塔，常有新人穿着傳統和服來取景拍照。

┌─ Info ─
⑦ **地址**：京都市東山区八坂通下河原東入
　　　　八坂上町 388
　　電話：075-551-2417
　　開放時間：1000-1500
　　參拜費：￥400（小學生或以下不能進入）
　　前往方法：八坂通盡頭。
└─────

寧靜小路
一年坂（一念坂）

豐臣秀吉正室「寧寧（ねね）」據說為祈求產下孩子，曾沿此路前往清水寺參拜。路段起點稱作「一念坂（一年坂）」，中段稱「二寧坂（二年坂）」，而近清水寺一段結合「安產」與「寧寧」，稱為「產寧坂（三年坂）」。

名聲不大的「一年坂」，沿途非常幽靜，不注意路標的話就很容易錯過。

┌─ Info ─
⑧ **前往方法**：「ねねの道」南端盡頭過馬路即至。
└─────

龍貓巴士站場景
橡子共和国 二寧坂店

喜歡吉卜力作品的人，對「橡子（どんぐり）共和國」不會陌生。儘管香港也有分店，但這間有不少限定產品，而且設有大型的龍貓巴士站打卡位，吉卜力動畫迷實在不容錯過！

┌─ Info ─
⑨ **地址**：京都市東山区桝屋町 363-22-2
　　電話：075-541-1116
　　營業時間：1030-1830
　　網址：maedacoffee.com
　　前往方法：一年坂、二年坂交界。
└─────

古街漫遊
二年坂（二寧坂）

「二寧坂」原名「二年坂」，實際因建造於大同二年（西元 807）而得名。昔日是文人聚集的街道，鋪有工整的石板路，兩旁開滿特色土產與工藝店，但不像三年坂般擠擁，更能細意欣賞沿途風光。

---Info---

⑩ **地址：**北端連接一年坂，南端梯級連接三年坂。

蘋果糖專門店
代官山 Candy apple
清水二寧坂店

該店的蘋果糖選用青森出產的富士蘋果製作，酸甜多汁，並在外面裹上入口即化的薄脆糖衣，口味亦頗多選擇。而且店家還會切開一粒粒成杯裝，讓人可以邊走邊吃，十分方便！

切成一粒粒用杯裝，邊走邊吃十分方便。￥680

---Info---

⑪ **地址：**京都市東山区桝屋町 351-11-5
電話：075-606-4230
營業時間：1030-1830
網址：candy-apple.shop
前往方法：沿二年坂上坡至近石級處即至。

榻榻米座席位於 2 樓，共有 3 個區域，更使用京都丹後地區的織錦坐墊，入座時記得脫鞋。

全球唯一榻榻米星巴克
STARBUCKS
京都二寧坂ヤサカ茶屋店

全球首家榻榻米星巴克，選址京都清水寺附近的二寧坂，由過百年歷史的京町家「桝屋喜兵衛家屋」改建，曾為有藝伎助興的宴會場所，由於屬保護建築，為免破壞古老風貌，門口只掛上藍色布簾，連招牌也特別改成原木色。內裝極力保持原貌，榻榻米座席位於 2 樓，還擁有庭園美景，將京都茶道文化與咖啡完美結合。

原木京町家建築，門口僅掛上低調的藍色布簾。

店內保留 3 個傳統庭園，後庭還鋪有精緻白砂。

傳統建築保護區有嚴格的城市規劃，連星巴克的招牌也要配合。

---Info---

⑫ **地址：**京都市東山区高台寺南門通下河原東入桝屋町 349
電話：075-532-0601
營業時間：0800-2000
網址：starbucks.co.jp
前往方法：二年坂中段。

三色おはぎ（三色萩乃餅），從原粒至豆沙 3 種質感的紅豆，連味道都層次分明，厲害！¥750

竹久夢二最愛萩餅
かさぎ屋

　　二年坂石級旁邊有一間門面不甚起眼的「甘味処」（傳統甜品店），卻是已有 80 年歷史，連大正時代日本著名畫家竹久夢二，也經常帶同情人彥乃來享用甜點。店子現在由一對老夫婦打理，服務親切溫文，招牌「三色萩の餅」（三色萩乃餅），一客有齊紅豆餡、白餡和豆沙 3 款萩餅，使用最高級的丹波大納言紅豆，形成 3 種層次，在日本食評網站評價極高！

「御膳しるこ」即紅豆湯加入炭火烤軟的年糕。¥750

座位不多，也有點擠逼，但泛黃的牆身有種說不出的靜謐。

Info

⑬ **地址**：京都市東山区高台寺桝屋町 349
　電話：075-561-9562
　營業時間：1000-1730（逢周二休息）
　前往方法：二年坂、三年坂交界處，石級旁邊。

「京漬物茶漬飯放題（お茶漬けバイキング）」包括 25 款京漬物、飯和味噌湯任吃，還附送冷豆腐。

京漬物放題
阿古屋茶屋

Tips

1200-1400 午市黃金時間一位難求，建議 12 點前或 2 點後來。

　　二、三年坂上最人氣的料亭，每逢午飯時間例必大排長龍，為的就是店內唯一供應的京漬物茶漬飯放題「お茶漬けバイキング」，每位 ¥1700 便可任吃 25 款京漬物，包括水茄子、山芋、壬生菜、柴漬等，還有 3 款飯食和味噌湯都一律無限添加，更無時間限制，絕對超值。

外表古樸的阿古屋，位於三年坂、二年坂交界處。

枱面有說明，教導外國旅客怎樣吃茶漬飯。

Info

⑭ **地址**：京都市東山区清水 3 丁目 343
　電話：075-525-1519
　營業時間：1100-1600（1000 開始派籌）
　網址：kashogama.com/akoya
　放題收費：成人¥1700 / 位，小三以下¥850 / 位
　前往方法：三年坂、二年坂交界處。

最受歡迎的「舞妓さん」軟糖，每粒¥121。還提供三粒裝的包裝盒，作為手信亦相當體面。

京式可愛菓子
二年坂まるん

由京都傳統和扇老店「舞扇堂」開設的菓子店，將傳統日本零食小吃重新包裝，充滿京都特色，更不乏可愛的設計。強調食材天然健康，尤其受女生歡迎，成為日本手信之選。

該店原創的「とろにゃん」是漿糊狀的水果軟糖。¥627

二年坂店為傳統京町家建築，經常人頭湧湧。

―Info―

⑮ **地址**：京都市東山区八坂通二年坂西入
電話：075-533-2111
營業時間：1000-1730
網址：maisendo.co.jp
前往方法：三年坂、二年坂交界處旁邊小路。

街道兩旁都是傳統商住合一的京町家建築。

小心絆倒三年坂
三年坂（產寧坂）

「三年坂」因建於大同三年（西元808年）而得名，然而該街道因通往祈求平安產下孩子的清水寺「子安塔」，日文中「三年」與「產寧」亦發音相近，故又名「產寧坂」。鋪設精緻的石板路，兩旁傳統的京町家，開滿售賣傳統工藝、小吃和特產店，充滿古樸氣息。相傳若在三年坂跌倒的話，便會倒楣3年。如要化解，便要買葫蘆來消災了。

街道因通往祈求順利產下孩子的清水寺「子安塔」，故名「產寧坂」。

市政府更制作了仿古展板，介紹三年坂的歷史由來。

―Info―

⑯ **地址**：北端連接二年坂，南端梯級連接清水坂。

350

右邊「喜樂庵炸土豆餅（喜樂庵コロッケ）」￥200，與左邊「炸新鮮腐竹奶油餅（湯葉クリームコロッケ）」￥250，都是該店名物。

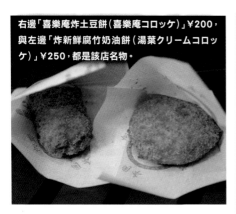

可以吃的「舞妓半燒」
喜樂庵 岡本 產寧坂店

在京都旅遊時，在路上有機會遇見舞妓。而這家店便以舞伎當作外型，設計出樣子可愛的「舞妓半燒（舞妓はん燒き）」，每個只售￥300，有紅豆、奶油、抹茶、火腿芝士等四種口味可供選擇。由於「舞妓半燒」大受遊客歡迎，每天最多可以賣出1000個，售完即止。向隅的話，該店的「喜樂庵炸土豆餅(喜樂庵コロッケ)」（￥200），也是味道相當不錯的小吃。

「舞妓半燒（舞妓はん燒き）」共有四款口味，每個￥300。

店內也有座位，可以坐下慢慢品嚐。

━━ Info ━━

⑰ **地址**：京都市東山区清水 3-340-3
　　電話：075-708-5338
　　營業時間：1000-1800
　　網址：okamoto-kimono.com/storeinfo/
　　　　　　kirakuan.html
　　前往方法：三年坂近二年坂交界處。

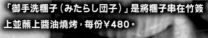
「御手洗糰子（みたらし団子）」是將糰子串在竹籤上並蘸上醬油燒烤，每份￥480。

名物烤糰子
梅園 清水店

1927 年創業的「甘味処」（傳統甜點店），自創店已有的招牌烤糰子「みたらし団子」，即御手洗糰子，相傳吃後可消除厄運，特別做成方形，以炭火慢烤至香軟，味道甜甜鹹鹹的，入口軟糯煙韌。店內只有 6、7 個座位，不妨學當地人外賣，邊走邊吃。

當地人通常選擇外賣，邊走邊吃十分自在。

店內供應各式傳統甜點套餐，除了糰子，蕨餅、紅豆湯也很有名。

━━ Info ━━

⑱ **地址**：京都市東山区清水産寧坂 339-1
　　電話：075-531-8538
　　營業時間：1100-1830
　　網址：umezono-kyoto.com/kiyomizu
　　前往方法：三年坂中段。

「香道」解碼

線香原本只用於佛壇前拜祭，因古代貴族拿來隨身攜帶，進而發展成「香道」：將線香點燃後，欣賞線香香味的一種藝術。線香有不同的形狀：傳統長條形香味平均穩定，多用於室內；円錐形能在短時間散發最強的香氣；而渦卷形則燃燒時間最長。

提提你

該店的採用來自全世界超過 50 種天然香木和香料，製成的線香香味獨特而韻味深厚。

300 年香道
香老舖 松栄堂 產寧坂店

　　1705 年創業的線香老店，全人手製作，以搜尋自全世界、超過 50 種天然香木和香料，製成不同味道的線香，香味獨特而韻味深厚。除了各式形狀、味道的線香，還有特色香爐、香皿、香立等燒香用品，造型優雅，價格豐儉由人，並富有日本傳統禪意。

「松栄堂」所在的「青龍苑」，乃由舊町家改建而成的複式商店，同場還有よーじや、西利漬物等名店。

各式葫蘆有不同大小選擇，售價￥700 起。

消災解難葫蘆瓜
瓢箪屋

　　萬一在產寧坂跌倒的話，可以到石階梯最下面的「瓢箪屋」補救。「瓢箪」即是葫蘆，由於葫蘆即使倒下也會自己爬起來，當地人相信只要帶上葫蘆，即可消災解厄。昔日，葫蘆曾是造訪音羽瀑布時取水之用，現在則變成吉祥物。

該店開設在「產寧坂まるん」旁邊，萬一在石級上不小心摔倒，立即可以補救。

─Info─

19 **地址：**京都市東山区清水 3 丁目 334 (青龍苑內)
　　電話：075-532-5590
　　營業時間：1000-1800
　　網址：shoyeido.co.jp
　　前往方法：三年坂中段。

─Info─

20 **地址：**京都市東山区清水三丁目 317
　　電話：075-561-8188
　　營業時間：0900-1800
　　前往方法：三年坂、清水坂交界處的石級旁邊，毗鄰「產寧坂まるん」。

該店的主打商品「金平糖」相當精緻，顏色豐富，每瓶價位大約￥500。

色彩繽紛金平糖
産寧坂まるん

同樣是由京都傳統和扇老店「舞扇堂」開設的菓子店，將傳統日本零食小吃重新包裝，充滿京都特色，更不乏可愛的設計。強調食材天然健康，尤其受女生歡迎，成為日本手信之選。

該店開設在三年坂前往清水寺的石級旁邊，可謂必經之路，遊人熙來攘往。

—— Info ——
㉑ **地址**：京都市東山区清水三丁目 317-1
電話：075-533-2005
營業時間：1000-1800
網址：maisendo.co.jp
前往方法：三年坂、清水坂交界處的石級旁邊。

舞妓七味及一味，入口時有唐辛子清香，但辣味後勁凌厲，罐裝設計方便作手信。￥702 / 10g

舞妓瘦身七味粉
おちゃのこさいさい
産寧坂本店

本店位於清水寺産寧坂的七味粉店，招牌辣椒粉「舞妓一味」，日本傳統醫學認為進食辣椒有效燃燒脂肪，乃京都舞妓的傳統瘦身秘訣，因而命名。選用京都產「ハバネロ」唐辛子混合國產本鷹唐辛子，味道辛辣甘香，而且後勁凌厲。

店內提供試食，可以食過覺得好味再買！

店員十分熱情地讓人試食，對產品充滿信心。

—— Info ——
㉒ **地址**：京都市東山区清水三丁目 316-4
電話：0120-831-314
營業時間：1000-1800
網址：ochanokosaisai.com
前往方法：「産寧坂まるん」正對面。

「七味粉」解碼
日本料理中以辣椒為主材料的調味料，顧名思義，由 7 種香料混合而成，7 味包括唐辛子、山椒、黑胡麻、白胡麻、紫蘇、青海苔、麻的種子等，每家店的秘方和份量皆不同。

提提你

七味家本舖就位於清水坂、五条坂與三年坂（產寧坂）交界的三岔口。

七味粉始創店
七味家本舖

　　日本拉麵、烏冬不可或缺的「七味粉」，其始創店正是開業超過 350 年的「七味家本舖」。始創於江戶時代明曆年間（1655~1659 年），自古已採用從海外移植至京都伏見栽種的唐辛子品種，加上山椒、黑胡麻、白胡麻、紫蘇、青海苔、麻的実共 7 種中藥配方混合而成，帶有強烈的香氣而辣度適中，佐以食物更能提升食材的味道。

七味家本舖每日一開店已逼滿旅客。

葫蘆瓶配 15g 七味粉每套售￥2720。

--- Info ---

㉓ **地址**：京都市東山区清水 2-221
電話：0120-540-738
營業時間：0900-1800
網址：shichimiya.co.jp
前往方法：三年坂、清水坂與五条坂交界處。

「抹茶芭菲雪條（抹茶パフェバ）」共 5 款口味，每支約￥700。

抹茶芭菲雪條
伊藤久右衛門 清水坂店

　　伊藤久右衛門是在宇治起家的茶商，不僅銷售優質的宇治日本綠茶，還人供應各種綠茶產品。其中，他們的「抹茶芭菲」以保留從室町時代傳承下來的抹茶風味而聞名，但只能在他們的堂食店「茶房」可以吃到。為了讓更多人能品嚐到「抹茶芭菲」的滋味，伊藤久右衛門開發出名為「抹茶パフェバ」的抹茶芭菲雪條，其製作材料及口味都與抹茶芭菲完全相同。變成雪條之後，在各零售店也可以買到，包括 2023 年 4 月開業的清水坂店。若是前往清水寺，途中不妨一試！

「抹茶芭菲雪條（抹茶パフェバ）」在伊藤久右衛門零售店即可買到。

--- Info ---

㉔ **地址**：京都市東山区清水 208-10
電話：075-585-4601
營業時間：0930-1730
網址：itohkyuemon.co.jp
前往方法：三年坂、清水坂交界處，毗鄰「七味家本舖」。

「抹茶半熟芝士蛋糕套餐（抹茶レアチーツケーキセット）」每份￥1500，含蛋糕及飲品。

「豪華一寸誕生」是醬油拉麵，湯頭濃郁，加入柚子醬，甘香無比，每碗￥1200。

大理石紋抹茶蛋糕
天

「天（TEN）」位於三年坂前往清水寺的交叉處，內部採用現代京風咖啡廳裝潢，地方不大，旁邊兼售日式雜貨。該店的名物為「抹茶半熟芝士蛋糕（抹茶レアチーツケーキ）」，其外觀就像是大理石花紋，撒上抹茶粉裝飾，非常的精緻，就像是件藝術品！

店內兼售各種日式雜貨。

「天（TEN）」位於三年坂前往清水寺的交叉處。

─── Info ───
25 **地址：**京都市東山区清水二丁目 208 番地 10
電話：075-533-6252
營業時間：1030-1730
網址：ten-kyoto-japan.com
前往方法：三年坂、清水坂交界處，毗鄰「伊藤久右衛門」。

每天限量 100 碗
一寸法師

該店的醬油拉麵以日本傳統故事「一寸法師」為靈感：身體只有一寸高的一寸法師，為了成為武士而上京，並以碗為船、筷子為槳而離家旅行。而名為「純白緣結び」的螃蟹拉麵亦十分搶眼（￥1500）。由於該店每日限量一百碗，賣完即止，有心想試記得及早前往了！

名為「純白緣結び」的螃蟹拉麵，賣相十分浮誇，每碗￥1500。

「一寸誕生」￥850，比「豪華一寸誕生」較少叉燒及沒有附蛋。

─── Info ───
26 **地址：**京都市東山区清水 4 丁目 148-6
電話：075-741-8070
營業時間：1100- 賣完 100 即止
網址：instagram.com/issunbousi_kyoto
前往方法：市內巴士站（バス停）「清水道」下車，往清水寺方向行，至第三個路口左轉即至，徒步約 3 分鐘。

千年古剎

きよみずでら / Kiyomizu-dera

清水寺周邊

6

9

11

8

15

16

交通　阪急電鉄「清水五条」駅、「七条」駅；市內巴士站（バス停）「清水道」、「五条坂」、「東山七条」即達。

① 清水坂

② here 京都清水

③ 元祖八ツ橋 西尾為忠商店 清水店

④ おかき処寺子屋本舗 清水店

⑤ 本家西尾八ツ橋 清水坂店

⑥ 普門庵 お福の里

⑦ 清水 京あみ（京阿彌）

⑧ 錦古堂 扇子屋 華扇

⑨ 音羽茶寮

⑩ 清水寺

⑪ 本堂

⑫ 地主神社

⑬ 音羽の滝

⑭ 滝の家

⑮ 豊国神社

⑯ 三十三間堂

清水寺參道
清水坂

「清水坂」是連接東大路通至清水寺的參道，自三年坂交匯處至清水寺一段最為熱鬧。而旁邊的「五條坂」因有不少陶器店，故又名「茶碗坂」，與清水坂相比較為幽靜，喜歡陶器不妨到這條街走走。

━Info━

1 地址：西端連接東中路通，東端連接清水寺。

該店位於「栄山堂」堂內，LATTE 每杯 ¥650。

日本咖啡拉花冠軍
here 京都清水

here 是日本咖啡拉花冠軍山口淳一於 2019 年創辦的咖啡店，拉花漂亮之餘，咖啡豆的挑選、烘焙、萃取等工序亦十分講究。位於清水坂「栄山堂」內的為二號店，前往清水寺的時候，可以順便一試。

━Info━

2 地址：京都市東山区清水 2 丁目 226
　　營業時間：0830-1800
　　網址：instagram.com/here_kyoto_kiyomizu
　　前往方法：三年坂、清水坂交界處。

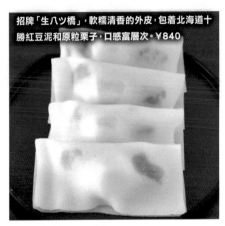

招牌「生八ツ橋」，軟糯清香的外皮，包着北海道十勝紅豆泥和原粒栗子，口感富層次。¥840

京都名物生八橋
元祖八ツ橋 西尾為忠商店 清水店

「生八ツ橋」（生八橋）為京都名物，相傳 320 多年前由西尾為治郎所創，清水坂上有兩家由西尾後人所開的八橋店，一家叫「本家」、一家叫「元祖」，筆者推介的是後者。雖然門面不及「本家」大，招牌生八橋餡料也只得紅豆和抹茶，卻是京都人所推介的老店。店內附設工場，旅客可看着師傅新鮮製作。

原味的「八ツ橋」有淡淡的肉桂香，比想像中略硬，但脆脆的。¥400

門面雖小又舊，卻是本地人的推介。

━Info━

3 地址：京都市東山区清水 2 丁目 232
　　電話：075-541-4926
　　營業時間：0830-1700
　　網址：ganso-yatsuhashi.official-sites.info
　　前往方法：三年坂入清水坂往清水寺前行即至。

「串烤濕仙貝（串ぬれおかき）」，口味十分豐富，價位在￥200 至￥260。

串烤濕仙貝
おかき処寺子屋本舗
清水店

　　日文中的「おかき」漢字為「御欠」，其實是米菓的一種，接近中文所謂的「仙貝」（其實是日文「煎餅（せんべい）」的音譯）。而「寺子屋本舗」正是日本知名的仙貝連鎖店，遠遠就能聞到烤製仙貝的醬香。其中最特別的是「串烤濕仙貝（串ぬれおかき）」，口味十分豐富，價位在￥200 至￥260，值得一試！

「寺子屋本舗」是日本知名的仙貝連鎖店，遠遠就能聞到烤製仙貝的醬香。

┤Info├

4 **地址**：京都市東山区清水 2 丁目 237-1-1
　　電話：075-525-7141
　　營業時間：0900-1800
　　前往方法：三年坂入清水坂往清水寺前行即至。

「鴨肉冷麵（冷やし鴨そば）」每碗￥1020，鴨肉味道像一般煙鴨胸，味道一般但勝在非常就腳。

300 年歷史傳統零食老店
本家西尾八ッ橋 清水坂店

　　1689 年創業的「本家西尾八ッ橋」是京都有名的老店。其清水坂店樓高兩層，一樓是手信店，售賣各種不同口味的零食。而二樓是本家西尾八ッ橋旗下的餐廳「ぎをん為治郎」，主打拉麵，但亦有供應芭菲之類甜品。值得一提的是：在「ぎをん為治郎」用餐時，每份餐點都會配上一件八ッ橋的零食作為點心，食過覺得好味，下樓是可以順便買作手信。

二樓是本家西尾八ッ橋旗下餐廳「ぎをん為治郎」。

一樓是手信店，售賣各種不同口味的零食。

┤Info├

5 **地址**：京都市東山区清水 2 丁目 240-2
　　電話：075-541-8284
　　營業時間：0800-1800（餐廳 1030-1530）
　　網址：8284.co.jp
　　前往方法：三年坂入清水坂往清水寺前行即至。

季節限定的刨冰「音羽」配飲品套餐，每份￥1300。

「八橋泡芙（八ツ橋しゅー）」分抹茶及雲呢拿兩種口味，咬開即有香濃而幼滑的忌廉，每個￥330。

創新朱古力柿種
普門庵 お福の里

該店藏身清水坂旁巷弄，需走過又長又窄的石疊路才能抵達。內分兩座：一邊是菓子店，其「和洋折衷の京菓子 Kyo TANE Chocolat」是將傳統日本小吃「柿の種」包上不同口味的朱古力，極具特色，送禮自用兩相宜！而另一邊則是 Cafe「普門茶屋」，全落地玻璃外牆，四周有水池環繞，更附設偌大的日式石庭園，十分雅緻。

日賣 2000 抹茶泡芙
清水 京あみ（京阿彌）

清水坂的人氣甜點店，招牌「抹茶八ツ橋しゅー」即抹茶八橋泡芙，泡芙內混有清水寺名物「八橋」的肉桂香氣，再配上綿滑香濃的抹茶忌廉，大口咬下滋味無窮，難怪可日賣 2000 個！

每天大排長龍，泡芙可日賣 2000 個。

裡面分為兩邊：左邊是菓子店，而右邊則是 Cafe「普門茶屋」。

和洋折衷の京菓子
每包 ￥864。

「綜合八橋雪糕泡芙（ミックス八ツ橋しゅーソフト）」也就是所謂的「冰狗」，中間為抹茶及雲呢拿軟雪糕，每個￥540。

Info

6 **地址：** 京都市東山区清水 2 丁目 246
電話： 075-533-8282
營業時間： 1200-1730
網址： fumon-an.co.jp
前往方法： 清水坂真福寺大日堂對面小巷直入。

Info

7 **地址：** 京都市東山区清水 1 丁目 262
電話： 075-531-6956
營業時間： 1000-1800
網址： kiyomizukyoami.com
前往方法： 清水坂中段。

錦古堂的京扇子，約¥1000 便有交易。

「抹茶薈萃（抹茶づくし）」¥1300。

「京扇子」專門店
錦古堂 扇子屋 華扇

　　「錦古堂」是販售「京扇子」的專門店。京扇子即「摺扇」，而摺扇其實是日本發明的，起源於京都。其製作耗時，需經過二十多道工序才能完成，然而成品精美，所以古時大量出口到中國。由於摺扇用堅韌的竹子製成，連日本武士刀也很難一刀斬斷，所以古時亦被當成護身武器使用。此外，因摺扇可以展開成半圓形，日文稱作「末広」，表興旺、繁榮之意，故常在喜慶場合作禮物而贈送。

除扇子之後，錦古堂亦有售各種精品。　錦古堂是販售「京扇子」的專門店。

Info

8 **地址**：京都市東山区清水 1 丁目 264
電話：075-561-0111
營業時間：0900-1700
前往方法：清水坂中段，「京阿彌」斜對面。

朝日坂露天茶座
音羽茶寮

　　「音羽茶寮」位於音羽山清水寺的山邊，要經清水坂旁的小路「朝日坂（あさひ坂）」才能到。該店露天茶座頗闊落，可以眺望中京、左京一帶的優美景色。其午餐的選擇甚多，不過只能在店內享用；如欲在露天茶座欣賞風景，便只能享用甜品或飲品了。此外，音羽茶寮使用的餐具，都可在旁邊的「朝日陶庵」或清水坂的「朝日堂總店」購買。

露天茶座可眺望中京、左京一帶的優美景色。　內裡裝潢雅致，地方廣闊，打卡拍照享受一流。

Info

9 **地址**：京都市東山区清水 1 丁目 287-1
電話：075-551-3666
營業時間：1000-1700
網址：asahizaka.kyoto
前往方法：從清水坂「宝徳寺」對面的「あさひ坂」進入即至。

Tips

1. 仁王門至轟門前一帶，屬免費參觀範圍，但從本堂開始、以東範圍均需付參拜費￥300，包括清水舞台、音羽の滝、地主神社等地。
2. 除成就院內部禁止攝影，其餘戶外地方都可自由拍攝。

朱紅色的仁王門又名「赤門」，兩邊內置由帝釋天化身的二天仁王像，樓上掛有日本古代書法家藤原行成所題的「清水寺」扁額。

京都三大名勝
清水寺

始建於 778 年，比京都建都還要早，乃京都最古老的寺院，相傳由唐三藏首名日本弟子慈恩大師建造，山號「音羽山」，主要供奉千手觀音，屬北法相宗的大本山。為日本國寶級建築，跟金閣寺、二条城並列「京都三大名勝」，1994 年更被聯合國列為世界文化遺產。佔地廣達 13 萬平方米，景點包括仁王門、三重塔，以及一喝後能消災解難的「音羽の滝」。其中建於陡峭懸崖之上的本堂，擁有懸空的大舞台，只由 139 根圓木支撐，氣勢宏偉巍峨，稱之為「清水の舞台」。

三重塔始建於 847 年，高達 31 米，為日本數一數二高的三重塔。主要奉祀子安觀音，保佑婦女生產平安。

Info

10
地址：京都市東山区清水 1-294
電話：075-551-1234
開放時間：0600-1800（7、8月至 1830）
網址：www.kiyomizudera.or.jp
前往方法：
1. 市內巴士站（バス停）「五條坂」駅下車，再徒步約 10 分鐘。
2. 京阪電鉄「清水五条」駅下車，沿五条通、五条坂方向東行，徒步約 25 分鐘，全程上斜路。

日本人參拜時，習慣將香的煙撥向全身，認為可沾上福氣。

清水寺入口對面的「善光寺」，內裏供奉了一尊地藏石雕，傳說轉動祂的頭即能願望成真。

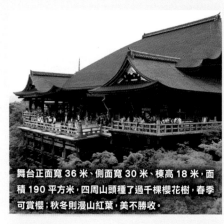

舞台正面寬 36 米、側面寬 30 米、棟高 18 米、面積 190 平方米，四周山頭種了過千棵櫻花樹，春季可賞櫻；秋冬則漫山紅葉，美不勝收。

清水の舞台
本堂

建於 1633 年，被列為日本國寶級文物，內裏供奉着一尊擁有 11 面的千手觀音，比一般千手觀音多了兩臂，被尊稱為「清水型觀音」。33 年才開放一次，下次是 2033 年。堂前聳立於懸崖之上的「清水の舞台」為懸造式設計，由 139 根、12 公尺長的欅木圓柱支撐，未動用一根釘子，只靠榫接技術完成，巧奪天工，氣勢宏偉。

本堂入口置有傳説中神僧弁慶使用的「鉄の錫杖」。

清水寺「普門閣」（轟門）是檢查入場券的進出口。

Info

⑪ **位置**：收票區內，「普門閣」的後面。
參拜費：成人 ¥300、
中小學生 ¥200

沿清水寺本堂北側拾級而上，便是專求姻緣的地主神社，入口還掛有大大個「緣」字標記。

戀の神社
地主神社

Tips 2022 年 8 月起進行大規模修葺，預計 2025 年才再開放。

位於清水寺內北側，為清水寺的鎮守社，始建於西元 701 年，論人氣絕不遜於清水寺，皆因神社主祀掌管姻緣的「大国主命」，是日本最有名、祈求戀愛運的神社。社內有兩塊相距 10 多米的「恋占いの石」（戀愛占卜石），相傳如能閉着眼睛、從一邊石頭走到另一邊的石頭前，戀愛願望即能如願以償。不過神社自 2022 年 8 月起，開展為期三年的工程，要待 2025 年才能再參拜了。

這裏才是地主神社的本殿，內外均有金箔裝飾。

Info

⑫ **位置**：收票區內，清水寺「本堂」的後面。
電話：075-541-2097
開放時間：0900-1700
網址：jishujinja.or.jp

「音羽の滝」的泉水味道清甜，被列為日本十大名水之首。

★I Can
Tips

每人每次只能選一種水，而且只能喝一口，要是喝多過一種，祈求的願望便無法達成。

日本十大名水之首
音羽の滝

「本堂」旁的靈泉，泉水源自地下1000米的東山斷層，終年不斷，味道清甜，被列為日本十大名水之首。泉水分為3道，左為「學問成就之水」；中為「戀愛成就之水」；右為「延命長壽之水」，相傳喝了可消災解難，素有「金色水」或「延命水」之稱。

放置杓子的地方雖有消毒裝置，但飲用時還請學習日本人，將水倒在另一隻手上才飲用。

盛水用的長柄杓子不輕，泉水沖力亦猛，女生需雙手拿着才能盛水。

─Info─

⑬ 位置：收票區內，清水寺「清水の舞台」下方。
前往方法：通過清水寺「本堂」後，經「奧之院」沿山路而下即至。

「月見烏冬(月見うどん)」中的「月見」即是生雞蛋，拌上烏冬，口感更滑。¥800

百年清水茶寮
滝の家

清水寺外圍有多家茶寮，位於「音羽の滝」附近的「滝の家」已有過百年歷史，日本著名落語故事《はてなの茶碗》中也有提及。供應輕食、甜點和抹茶等，招牌包括湯豆腐、烏冬、抹茶等。

「ぜんざい」即紅豆湯糰子，是日本寺院茶寮必備的甜品。¥800

「滝の家」位於「音羽の滝」旁邊，設有傳統日式戶外座席。

─Info─

⑭ 地址：京都市東山区清水一丁目302
電話：075-561-5117
營業時間：1030-1600（逢周四休息）
網址：facebook.com/kyoto.takinoya
前往方法：收票區內，毗鄰「音羽の滝」。

這裏的「唐門」，與東大寺、大德寺的唐門，合稱為「國寶三大門」。

桃山建築典範
豊国神社

除了大阪，京都也有豊国神社，而且是主社。豊臣秀吉死後，由後陽成天皇封為豊国大明神，後人於 1599 年建廟祭祀。自豊臣家族被德川家康滅亡後，一直被幕府禁止祭祀而長期荒廢，直到明治 13 年才修復。神社內焦點是代表桃山建築的豪華絢爛的唐門，以及附設的寶物館，展出秀吉和秀賴的珍貴文書。

走過一整排「常夜燈」夾道的參道，即抵主殿，面前的便是唐門。

1925 年開館的「寶物館」展出豊臣秀吉和豊臣秀賴的珍貴文物。

── Info ──

15 地址：京都市東山区大和大路正面茶屋町 530
　　電話：075-203-0337
　　開放時間：0900-1630（寶物館 0900-1600）
　　參拜費：寶物館 ￥300
　　網址：twitter.com/toyokunishrine
　　前往方法：阪急電鐵「清水五条」駅出口 6 徒步
　　　　　　　約 6 分鐘。或市內巴士站（バス停）
　　　　　　　「東山七条」徒步約 8 分鐘。

日本古箭射場

本堂原是日本傳統射箭場「通し矢射場」（遠射）名所，源自江戶時期，各諸侯藩國間的比賽活動，當時的比賽皆徹夜進行。現在每年 1 月的成人節，正殿西側亦會舉行「大的全國大會」的箭術比賽，參賽者穿上名為「袴」的傳統和服，從距離 60 公尺之處瞄靶射箭。

提提你

本堂供奉着 1001 尊「十一面千手千眼觀世音」

國寶級千手觀音
三十三間堂

I Can Tips

本堂內嚴禁攝影，參觀者需脫鞋，並請保持肅靜。

正確名稱為「蓮華王院」，因大殿正面寬度為三十三開間而得名（間是長度單位，指兩柱之間的距離，約 1.8 米）。始建於 1164 年平清盛假借天皇之令，於「法住寺」原址建造，但現存的大殿乃 1266 年重建。因本堂供奉着 1001 尊金碧輝煌的千手觀音像而聞名，每尊神態各異、栩栩如生，氣勢逼人，而正中央的千手觀世音菩薩坐像，更被譽為「國寶」。全是當代著名佛像雕刻大師運慶及其弟子所雕成，歷時 17 年之久，堪稱藝術的巔峰之作。

「本堂」乃日本最長的木結構建築。

── Info ──

16 地址：京都市東山区三十三間堂廻り町 657
　　電話：075-561-0467
　　開放時間：0900-1600
　　參拜費：成人￥600、中學生￥400、
　　　　　　小學生￥300
　　網址：sanjusangendo.jp
　　前往方法：阪急電鐵「清水五条」駅出口 6 徒步
　　　　　　　約 6 分鐘。或市內巴士站（バス停）
　　　　　　　「東山七条」徒步約 8 分鐘。

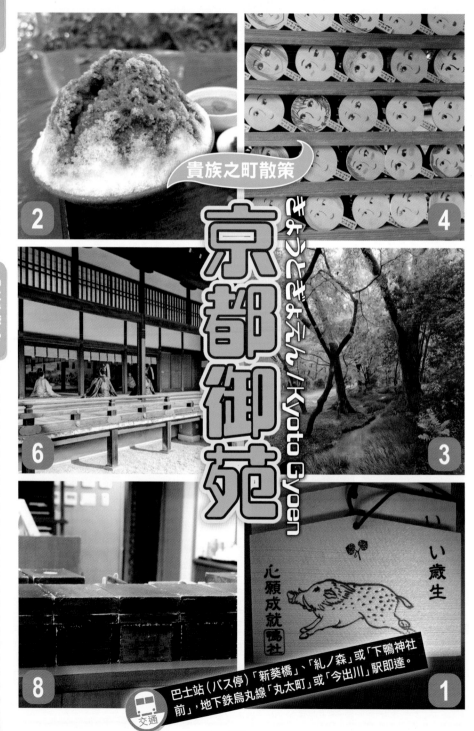

貴族之町散策

きょうとぎょえん / Kyoto Gyoen

京都御苑

2

4

6

3

8

心願成就 鴨社

い歳生

交通 巴士站（バス停）「新葵橋」、「糺ノ森」或「下鴨神社前」，地下鉄烏丸線「丸太町」或「今出川」駅即達。

1

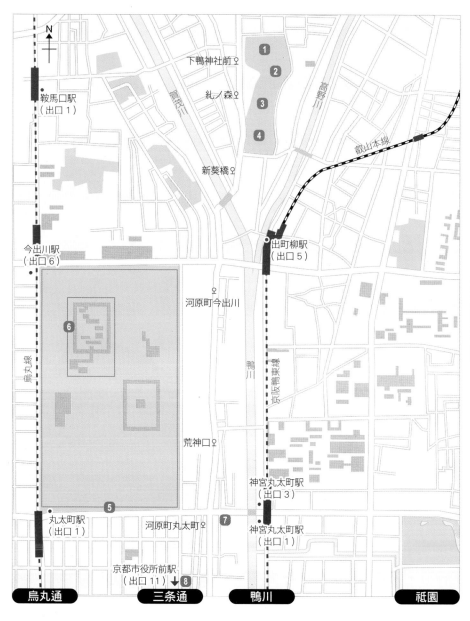

N

下鴨神社前 ♀

糺ノ森 ♀

叡山本線

鞍馬口駅
（出口1）

新葵橋 ♀

賀茂川

高野川

出町柳駅
（出口5）

今出川駅
（出口6）

河原町今出川 ♀

鴨川

京坂鴨東線

烏丸線

荒神口 ♀

神宮丸太町駅
（出口3）

丸太町駅
（出口1）

河原町丸太町 ♀

神宮丸太町駅
（出口1）

京都市役所前駅
（出口11）↓ **8**

烏丸通　　　**三条通**　　　**鴨川**　　　**祇園**

1 下鴨神社

2 さるや

3 糺の森

4 河合神社

5 京都御苑

6 京都御所

7 かつ丼 玄 河原町店

8 一保堂茶舗 京都本店

朱紅色的「樓門」高達 13 米，乃國寶級文物，簷脊猶如
大鵬展翅般向外開展，盡顯王族氣派。

守護天皇御所
下鴨神社

正式名稱應為「賀茂御祖神社」，與不遠處的上賀茂神社為一體，合稱「賀茂神社」，自古與日本皇室關係密切，在遷都江戶前一直是京都御所的守護神。本殿始建於公元 8 世紀，社內 53 棟建築皆充滿平安時代特色，古意盎然，已被登錄為世界文化遺產，外國遊客較少，也是京都少數不需參拜費的賞楓名所。其中本殿屬國寶級，分為東、西兩殿，主祭上賀茂神社的祭神——賀茂別雷神的祖父「賀茂建角身命」及其母親「玉依媛命」，後者專求姻緣和育兒，故特別多女生來參拜。每年 5 月 15 日，更會與上賀茂神社一同舉辦京都三大祭典之一的「葵祭」。

神社入口築有巨大的「一の鳥居」，穿過鳥居便是樓門「櫻門」。

舞殿，「葵祭」舉行時，天皇敕使便在這裏奉上祭文。

「一の鳥居」附近的「相生社」，主祀神皇產靈神，據說祈求姻緣非常靈驗。

Info

1 地址：京都市左京区下鴨泉川町 59
電話：075-781-0010
開放時間：0600-1700
網址：shimogamo-jinja.or.jp
前往方法：京都駅乘巴士 4 或 205，於巴士站（バス停）「下鴨神社前」下車，徒步約 5 分鐘；京阪本線「出町柳」駅下車，徒步約 12 分鐘。

申餅，味道清甜優雅，附熱茶￥400；另有配「まめ豆茶」的申餅套餐￥760，即決明子豆茶，據說多喝能長壽。

必吃消災「申餅」
さるや

　　座落「糺の森」、下鴨神社「一の鳥居」附近的茶寮，根據江戶時代的文獻，與神社主持「宮司」的口耳相傳，將已失傳140年、古代葵祭時必吃的「申餅」復刻。淡紅色的外皮軟糯煙韌，包裹着丹波產的大納言紅豆，據說吃後可祝願息災！但要注意坐席主要位於室外，大自然的環境中蚊子頗多，建議先做好防蚊的準備！

坐席主要位於室外，建議要先做好防蚊的準備。

┌─Info─┐

2 **地址**：京都市左京区下鴨泉川町59 明橋休憩処
電話：075 - 781 - 0010
營業時間：1000 - 1630
網址：shimogamo-jinja.or.jp/saruya
前往方法：下鴨神社「一の鳥居」附近。

糺の森約有40種、共4700棵樹木生長，乃京都市內唯一的原生林。

鬧市中的沉睡森林
糺の森

　　下鴨神社外圍擁有超過128萬平方呎的森林，乃京都市內唯一的原生林，恬靜中散發靈氣，跟下鴨神社一同被列入世界遺產，連《源氏物語》、《枕草子》等多部日本文學經典中皆有描述。林內高樹參天枝葉扶疏，還有小河流淌，即使盛夏仍感覺清涼。自平安時代已是京都的紅葉名所，其中通往下鴨神社的參道全長350公尺，每逢秋季便變成紅葉隧道。

林內有3棵「連理の賢木」（連理樹），被視為祈求姻緣的神木。

┌─Info─┐

3 **地址**：京都市左京区賀茂御祖神社境內
開放時間：24小時
前往方法：京都駅乘巴士4或205，於巴士站（バス停）「新葵橋」、「糺ノ森」或「下鴨神社前」下車徒步約5分鐘。

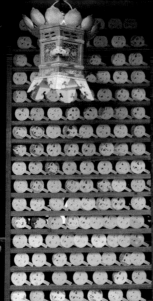

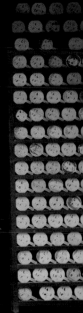

正殿兩旁木架，置滿一排又一排的「鏡繪馬」，相傳畫得愈靚便愈美麗，滿載滿千女生畢生的追求——終身美麗。

拜見「美麗の神」
河合神社

下鴨神社的附屬神社，主祭是賀茂別雷大神的母親的「玉依姬命」，被喻為日本第一的美麗之神，專門守護女性的美貌、緣分、安產等。要祈求終身美麗，只要在鏡子形狀的「鏡繪馬」，畫上夢想中的五觀，即能得到美貌。為求「變靚D」，日本全國各地女性聞風至此，論人氣絕不輸其他世遺古寺！

以附屬神社來說，河合神社佔地極廣。

河合神社座落下鴨神社南面、糺の森內，入口處築有二重鳥居。

「鏡繪馬」背面印有下鴨神社的御神紋「雙葉葵」；正面則是簡單的女性臉龐，可畫上夢想中的五觀祈願。￥800

社內有大量以美為名的御守紀念品，美人飴更附送迷你版「鏡繪馬」。￥360

Info

④ **地址**：京都市左京区下鴨泉川町 59
電話：075-781-0010
開放時間：0600-1700
網址：shimogamo-jinja.or.jp/bireikigan
前往方法：京都駅乘巴士 4 或 205，於巴士站（バス停）「新葵橋」下車，徒步約 5 分鐘；京阪本線「出町柳」駅下車，徒步約 8 分鐘。

古代日本天皇御花園
京都御苑

　　「京都御苑」是古代日本天皇的御花園，範圍有 65 公頃，於 1878 年作為國家公園對市民開放，可以自由進出。而「京都御所」則是京都御苑中的一個區域，是古代天皇的宮殿，目前已可以直接進入參觀，但必須按參觀路線走。此外，京都御苑也是有名的京都賞櫻景點，古都韻味加上櫻花林，不可錯過。

1878 年起「京都御苑」對市民開放，可以自由進出。

與仙洞御所相連的「大宮御所」乃昔日皇太后的居所。

京都御苑種有超過 5 萬棵樹，包括櫻花、桃花和梅花。前天皇明仁退位前都特意來欣賞「平成最後之櫻」。

─┛Info┗─

5　**地址**：京都市上京区京都御苑 3
　電話：075-211-6348
　開放時間：24 小時
　網址：kyotogyoen.go.jp
　前往方法：地下鉄烏丸線「丸太町」駅出口 1，或「今出川」駅出口 6，徒步約 5 分鐘。

「京都御所」外圍的「御苑」是天皇的御花園，總面積 65 公頃，園內高樹參天，環境幽雅恬靜。

京都御所南庭的南邊是「承明門」，可由此窺見「紫宸殿」。

全年開放參觀
京都御所

「京都御所」是日本天皇東遷江戶前的舊皇居，昔日只在春、秋兩季開放，還得事先申請。自 2016 年 7 月 26 日起全年對外開放，目前可直接進入參觀，不需預約登記。參觀時由「清所門」進入，入內後須按照規定參觀路線行走，導覽內容可能根據季節有所變動，目前提供中文、英文及日文的導覽說明。

「京都御所」內也設有風景優美的「御池庭」。

面向御池庭的「小御所」為太子十五成年、行元服之禮及天皇接見將軍、諸侯之處。

參觀時由「清所門」進入，入內後須按照規定參觀路線行走。

━Info━

6 **位置：**「京都御苑」內，近地下鉄「今出川」駅
電話： 075-211-1215
開放時間： 0900-1520（逢周一休息及不定休）
網址：
sankan.kunaicho.go.jp/guide/kyoto.html

「炸豬扒咖喱（ロースかつカレー）」豬扒外脆而內嫩滑，咖喱香濃，並附沙律，每份￥970。

高水準炸豬扒飯
かつ丼 玄 河原町店

位置稍為遠離市中心的「神宮丸太町」，現在是寧靜的住宅區，步調緩慢，藏有不少道地食堂。其中「かつ丼 玄」為車站附近的炸豬扒丼專門店，水準不俗。選用日本土產優質豚肉，以特純初榨植物油炸，帶有天然鰹魚香氣，一點不油膩。除了各式炸豬扒丼，還有親子丼及咖喱等選擇。

位於家庭餐廳「びっくりドンキー」樓下，相當搶眼。

━━━Info━━━

7 **地址**：京都市上京区河原町丸太町下ル
伊勢屋町 396-1
電話：075-212-9096
營業時間：1030-0000 (Last Order 2330)
網址：motohiro.co.jp/gen.html
前往方法：京阪鴨東線「神宮丸太町」駅出口 1，
徒步約 4 分鐘，「びっくりドンキー」
樓下。

店內陳設沿用過百年，店名「一保堂」，源自確保茶葉品質第一的宗旨。

300 年京都名茶
一保堂茶舖 京都本店

原名近江屋，由渡邊伊兵衛於 1717 年開創的京都老茶號，近 300 年來專售京都上等茶葉，連台灣著名旅遊食評家葉怡蘭都大力推介。本店位於京都御苑南部的寧靜小巷，甫一進門已傳來撲鼻茶香，內部裝潢古雅，兩旁放滿一排排古陶甕與木茶箱，都充滿歲月痕跡。提供過百款茶葉選擇，主要分為抹茶、玉露、煎茶和番茶 4 大類，新手可請店員介紹或試飲。

樓高兩層的本店，本身已是古蹟。

━━━Info━━━

8 **地址**：京都市中京区寺町通二条上ル常盤木町 52
電話：075-211-3421
營業時間：1000-1700 (每月第 2 個周三休息)
網址：ippodo-tea.co.jp
前往方法：地下鉄東西線「京都市役所前」駅出口 11，北至第三個街口即至，徒步約 5 分鐘。

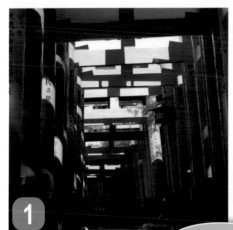

1

1

千本鳥居神社

稲荷

いなり / Inari

2

5

6

JR奈良線「稲荷」駅、或京阪電鉄
京阪本線「伏見稲荷」駅即達。

交通

3

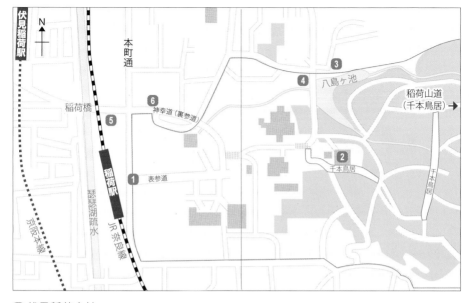

1 伏見稻荷大社
  千本鳥居
2 稻荷茶寮
3 Vermillion
4 五木茶屋
5 近江家
6 參道茶屋

「伏見稻荷大社」位於稻荷山上。

祈求豐收的神山
稻荷山

「稻荷山」是為位於「東山三十六峰」最南端的靈山，海拔 233m，三座連綿的山峰由西向東漸趨高聳，自古便被稱為「三山峰」。從山麓仰望稻荷山，極適有神明降臨之地的山岳風貌。

「稻荷」在古書《山城國風土記》中以萬葉仮名記載為「伊奈利」，是日文「長出稻子」縮略語，寓意掌管五穀以及食物的農耕之神。「伏見稻荷大社」位於稻荷山上，是日本全國約 3 萬座稻荷神社的總本宮，自古以來一直受到民眾的敬仰。

而社內所供奉的「稻荷大神」是五尊神明的總稱，包括：宇伽之御魂大神、佐田彥大神、大宮能売大神、田中大神和四大神，而狐狸則是稻荷大神的使者；然而這並不是山野中的狐狸，而是與大神相同、非凡人肉眼可見的，因此亦被尊稱為「白（透明）狐」。

位於入口、朱紅色的樓門建於 1589 年，乃豐臣秀吉為
祈求母親（大政所）病癒而建。

千本鳥居隧道
伏見稻荷大社

　　始建於公元 711 年，位於伏見稻荷山
麓，乃全日本 4 萬間稻荷神社的總本社，
是京都市內最古老的神社，正殿已被列為
日本重要文化財產。主祀宇迦之御魂大神
為首的多位稻荷神，掌管稻穀與商事，向
來是商人和農民祈求生意興隆、五穀豐收
的熱門神社，故一年到晚善信絡繹不絕，
香火極其鼎盛。

「おもかる石」，奧社奉拜所旁石燈籠上的兩顆小石
頭，傳說許願後，如果拿起石頭感覺是輕的，即能願
望成真。

社內隨處可見被稱為
「稻荷神使者」的狐使
雕像，連用以祈願的繪
馬，也是狐狸狀。

本殿頂鋪設檜皮葺，並有懸魚、垂木鼻等金屬裝飾，
乃典型的桃山時代華麗風格。

---Info---

❶ **地址**：京都市伏見区深草藪之内町 68 番地
電話：075-641-7331
開放時間：24 小時
參拜費：免費
網址：inari.jp
前往方法：JR 奈良線「稻荷」駅下車即達。或京
　　　　　　阪電鉄京阪本線「伏見稻荷」駅下車，
　　　　　　再徒步約 10 分鐘。

「御山巡」參拜
千本鳥居

伏見稻荷大社最為聞名的是，從主殿後面一直通往稻荷山頂，長達 4 公里的「千本鳥居」。延綿不斷的鳥居猶如隧道，完全看不見盡頭。雖名千本，實際數量已過萬座，全是各地善信或商號捐獻，部分更有過百年歷史。因整座稻荷山都被視為「神域」，所以沿千本鳥居上山參拜，日本人稱為「御山巡」。走畢全程約 2 小時，由於山路陡斜，旅客無不汗流浹背。

「稻荷山」高達海拔 233m，山路沿途建滿鳥居。抵達山頂，更可以飽覽京都景色。

山上設有售賣傳統甜點和冷飲的茶寮，好讓御山巡的旅客歇歇腳。

稻荷山的最高點位於一ノ峰的「上社神蹟」。

鳥居有大有小，捐獻鳥居所費不菲，最小的收費
¥300,000 起，最貴的甚至過百萬日元。

可食用紅色鳥居
稻荷茶寮

　　1879年創業的茶鋪「玉椿園」，一直以來都是伏見稻荷大社的供應商，提供只用宇治茶葉製作的高級抹茶。隨著公司發展，2007年改名為「椿堂」，並於2018年在伏見稻荷大社的「啼鳥菴」開設「稻荷茶寮」，為參拜者提供自家製的甜品及宇治茶，並零售「椿堂茶舖」的產品。進到稻荷茶寮要先點餐才能入座，甜點以宇治抹茶為主題，有雪糕、糰子及刨冰等。其中「稻荷芭菲（稻荷パフュ）」最具特色，能吃的紅色鳥居，另加多種不同食材，口味富層次，每份￥1400。

「啼鳥菴」為伏見稻荷大社的休憩所，名稱取自孟浩然詩句「春眠不覺曉，處處聞啼鳥」。

Info

2 **地址：**京都市伏見区深草藪之内町68 啼鳥菴
電話：075-286-3631
營業時間：1100-1600（逢周三休息）
網址：tsubakido.kyoto/inarisaryo
前往方法：位於在伏見稻荷大社的「啼鳥菴」。

除了為參拜者提供自家製的甜品及宇治茶外，更零售「椿堂茶舖」的茶葉產品。

　　「稻荷芭菲（稻荷パフュ）」是該店招牌，IG上打卡率極高，最大特色是能吃的紅色鳥居，每份￥1400。而該店綠茶也是一絕，真的與別不同，雖然小貴，但不容錯過。

招牌的全日早餐「Vermillion Plate」每份 ¥1800。

牛油果沙津多士 (Smashed Avocado on Toast) 每份 ¥1300。

大自然中的全日早餐
Vermillion Cafe

Vermillion Cafe 位於伏見稻荷大社的側門附近，佈置簡約時尚，以木質家具和綠色植物為主，營造出舒適放鬆的氛圍，並設露天茶座，靠著小湖畔。店家的招牌是咖啡，不過除了咖啡之外還提供各式各樣的輕食，包括三明治、蛋糕、甜品等。雖然說不上很特別，但勝在早上 9 時就開始營業，適合一大早就跑來鳥居拍照和參拜的觀光客，因為區內其他食店大部份最早 11 時才營業。

看似尋常的蕃茄豆，原來也是該店的自家製作，口味與坊間常用的罐頭豆不可相提並論！

Info

3 **地址**：京都市伏見区深草開土口町 5-31
電話：075-708-7661
營業時間：0900-1530
網址：vermillioncafe.com
前往方法：位於伏見稻荷大社「八島ヶ池」旁。

歐美常把水波蛋作為早餐，放在麵包上吃。

該店鄰近「伏見稻荷大社」側門，十分方便。

「京丼五種組合餐（京丼五種食べ比べ膳）」包含5 款迷你的京都御膳，每份 ¥4000。

一餐品嚐 5 款京都御膳
五木茶屋 伏見稻荷店

　　京都嵐山名店「五木茶屋」，在伏見稻荷亦有分店。其最大特色，是其「京丼五種組合餐（京丼五種食べ比べ膳）」，每份 ¥4000，卻能一次過品嚐到 5 款京都御膳，而且會隨季節而替換菜式，而每款菜式的賣相都相當精緻，用料亦十分吸引，十分適合打卡之用！不過去之前記得先上網預約，如果沒有預約的話，店家將未必能安排坐位，敬請留意！

五木茶屋伏見稻荷店就在伏見稻荷大社的側門附近，去吃午餐十分方便。

Info

4 **地址：**京都市伏見区深草開土町 20
電話：075-643-5217
營業時間：1030-1800
網址：itsukichaya.com
前往方法：位於伏見稻荷大社「八島ヶ池」旁。

「助六壽司」（¥890）是卷壽司、腐皮壽司雙拼，典故出自歌舞伎劇作《助六由緣江戶櫻》，主角助六的情人名叫「揚卷」（揚即油炸豆腐，卷即卷壽司）。

狐狸烏冬與腐皮壽司
近江家

　　由於「伏見稻荷大社」給人的印象，就像是拜祭狐狸的（事實上狐狸只是神明的使者），所以來到伏見稻荷，自然想起「狐狸烏冬」，也就是腐皮烏冬了。正因如此，在當地不少餐廳都有供應腐皮料理，而其中的「近江家」，正是腐皮料理相當有名的餐廳。其「狐狸烏冬（きつねうどん）」每碗 ¥700，「稻荷壽司（いなり寿し）」一人前 ¥980，共有七粒壽司，都是用腐皮作為材料，來到稻荷（いなり）又怎能不試？

「近江家」是腐皮料理的名店，其「狐狸烏冬（きつねうどん）」及「稻荷壽司（いなり寿し）」相當有名。

Info

5 **地址：**京都市伏見区深草稻荷御前町 82-4
電話：075-641-2009
營業時間：1000-1500
網址：hayashi-mansyodo.jp
前往方法：JR 奈良線「稻荷」駅或京阪電鉄京阪本線「伏見稻荷」駅下車，徒步約 2 分鐘。

黃金麻糬芭菲
伏見稻荷参道茶屋

　　這間位於通往伏見稻荷大社参道上的茶屋，是當地有名的甜品店。招牌菜「田舍麻糬（田舍もち）」是在烤到金黃色的麻糬上鋪上紅豆蓉，再搭配黃豆粉一起吃。再加上一球雪糕，則又別有一番風味。

　　此外，該店尚有多款芭菲，其中「参茶芭菲（参茶パフェ）」有濃厚的抹茶香味，而「和風黑芝麻芭菲（和風黑ごまパフェ）」則味道甘甜，芝麻味濃郁。每份單點￥1300，配咖啡則為￥1600。選項十分豐富，日本人吃過也讚不絕口！

如果看不懂桌上的日文餐牌，店家在門前準備了實物模型，按圖索驥，點餐沒有難度！

┌─── **Info** ───┐

⑥ 地址：京都市伏見区深草開土町 1-10
電話：075-642-6426
營業時間：1000-1730
網址：sando-shoten.com
前往方法：位於伏見稻荷大社「裏参道」中段。

参茶芭菲（参茶パフェ）
每份￥1300。

店內的甜品相當有名，當地人吃過也讚不絕口。

「田舍麻糬（田舍もち）」是在烤到金黃色的麻糬上鋪上紅豆蓉，再搭配黃豆粉一起吃。每份￥680。

清酒飄香

伏見

ふしみ / Fushimi

交通 京阪本線「伏見桃山」駅；京阪本線、京阪宇治線「中書島」駅；或近鉄京都線「桃山御陵前」駅即達。

382

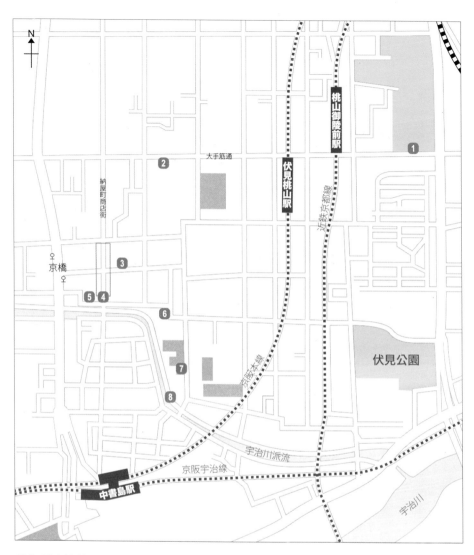

1 御香宮神社

2 吟醸酒房 油長

3 黄桜記念館 / 黄桜酒場

4 寺田屋

5 竜馬通り商店街

6 伏見夢百衆

7 月桂冠大倉記念館

8 十石舟

三年坂

清水寺周邊

京都御苑

稻荷

伏見

宇治

嵐山・嵯峨野

「拜殿」以入母屋造式建築，屋頂築有檜皮葺，板壁和樑柱繪有華麗的裝飾。

伏見七名水
御香宮神社

　　原名御諸神社，主祀被奉為「安産の神」的神功皇后，專門祈求懷孕、安產和身體健康。不過御香宮真正聞名的，是社內的「御香水」。據說在貞觀四年（862年），社內忽然有散發香味的清泉湧出，相傳曾有病人，因為喝了靈泉水而痊癒，清和天皇因此將神社賜名為「御香宮」。現在是伏見七名水之一，每日皆有日本旅客前來取水飲用。

這個池為「水手舍」，因池水未經過濾，只供參拜前洗手及漱口，不宜飲用。

可供飲用的「御香水」為水手舍旁邊的這個出水口，泉水都經過濾。據說飲過「御香水」可治百病，真假不得而知，但泉水的確清甜冰涼。

神社的大鳥居設在大馬路中央，一出車站就能看見，十分顯眼，不怕會迷路。

---Info---

❶ **地址**：京都市伏見区御香宮門前町
電話：075-611-0559
開放時間：24 小時
參拜費：免費
網址：gokounomiya.kyoto.jp
前往方法：
京阪電鉄京阪本線「伏見桃山」駅，徒步約8分鐘；或近鉄京都線「桃山御陵前」駅，徒步約5分鐘。

老闆是清酒達人，顧客都請他發辦選酒。

午餐「竜馬御膳」包括時令刺身、炸海鮮、煮物、蛋捲等，份量豐富。¥1200

一次過淺嚐伏見名酒
吟醸酒房 油長

位於大手筋通商店街的酒舖，有近百款伏見「地酒」（本地酒），包括吟醸、大吟醸、季節限定、京都限定，還有當店獨家的「油長限定」，藏酒堪稱伏見之冠！店內更設有試酒 Counter「きき酒カウンター」，客人可從近 100 款的酒單中自選 3 款試飲，或請老闆發辦（おまかせ），每款 ¥160 至 ¥1290 一杯，包括多款限定版，一次過便可淺嚐伏見名酒。試酒時分先後次序，由左至右，味道由淺到濃。此外亦附佐酒小菜：味噌和冷豆腐。

油長同時兼售葡萄酒，旁邊還有間「油長菓舖」，裏面附設茶室。

Info
2 **地址：**京都市伏見区東大手町 780
電話：075-601-0147
營業時間：1000-2000
（逢周二及每月第 1、3 個周三休息）
網址：aburacho.jp
前往方法：京阪電鐵京阪本線「伏見桃山」駅，徒步約 3 分鐘，大手筋通商店街 3 番街中央。

伏水名酒主題餐廳
黄桜記念館 / 黄桜酒場

跟月桂冠齊名的伏見清酒老字號「黄桜」，以河童為商標的廣告在日本深入民心，位於伏見的總部設有紀念館，附設河童資料館、清酒工房、商品店等，展出昔日酒廠的釀酒工具及過往的廣告。重點是主題餐廳「カッパカントリー」（黄桜酒場），食客可對着一整排蒸餾器用餐，提供各式道地酒品，所有餐點更使用伏見名水「伏水」來烹調。

紀念館佔地極廣，入口掛有巨型布簾，中間被街道分割成兩部分。

黄桜除了清酒，啤酒也很有名。京都麥酒「試飲套餐（飲み比べセット）」，一次過便可試勻 3 款酒場新鮮現釀麥啤。¥700

Info
3 **地址：**京都市伏見区塩屋町 228 番地
電話：075-611-9919
開放時間：記念館 1000-1600；
商店 1000-2000；
黄桜酒場 1130-1430、1700-2130
網址：kizakura.co.jp
前往方法：京阪本線「伏見桃山」駅徒步 5 分鐘。

「寺田屋事件」解碼

1866 年，坂本龍馬促成長州藩與薩摩藩締結，共同推翻幕府，史稱「薩長同盟」。數日後，幕府命令伏見「奉行」（類近警察）到龍馬下塌的寺田屋刺殺他，幸得寺田屋女工、也是龍馬的情人阿龍及時發現。龍馬雖逃過一劫，但亦身負重傷，史稱「寺田屋事件」。

提提你

庭園內置有龍馬立像和紀念碑，像中龍馬右手藏於衣服內，相傳是因為寺田屋遇襲後右手受到重傷。

龍馬遇襲傳奇旅館
寺田屋

　　江戶時代末期，坂本龍馬等幕末志士經常入住的著名「船宿」（旅館一種），日本近代史上多個重要事件都在這裏發生，包括 1862 年的「寺田屋騷動」，以及看過《龍馬傳》都一定認識的「寺田屋事件」，充滿傳奇色彩。當時，龍馬就在寺田屋中遭到伏見「奉行」的襲擊而身受重傷。現在的寺田屋已開放公眾參觀，包括龍馬指定入住的「梅の間」，館內置滿龍馬的相片和物品，2 樓牆上更留下昔日激戰造成的刀痕和彈孔，每日都有遊客慕名來憑弔。

2 樓牆上仍留下龍馬遇襲時的刀痕和子彈孔（當時龍馬擁有一支西洋槍「六連拳統」）。

這間就是龍馬最愛入住的「梅の間」，裏面放滿龍馬相關的物品，牆邊仍可見昔日的打鬥痕跡。

兩層高的小旅館，卻是日本近代史中多場重要事件的舞台。

Info

4 **地址：**京都市伏見区南浜町 263
電話：075-622-0243
開放時間：1000-1540（逢周一不定休）
參觀費：成人￥500；大、中學生￥300；
　　　　　小學生￥200
前往方法：京阪電鐵京阪本線「伏見桃山」駅，
　　　　　　徒步約 10 分鐘。

坂本龍馬的主題街只有短短數十米，但都是傳統京町家建築。

坂本龍馬主題街
竜馬通り商店街

位於寺田屋旁邊，前身為「南納屋町商店街」，昔日是幕末志士流連的「革命」勝地，可惜隨着時代改變，也離不開衰落的命運。2001年改建成龍馬主題街，街道兩旁都是傳統京町家建築，但無論是紀念品店、料理店還是日用品店，都跟龍馬有關，吸引各地遊客慕名而來朝聖！

過了蓬萊橋之後，便是「竜馬通り商店街」的入口。

─ Info ─

5 **地址**：京都市伏見区竜馬通り兩旁
網址：ryomadori.com
前往方法：京阪本線「伏見桃山」駅徒步5分鐘。

Premium 5 種 Set，一次過品嚐純米大吟釀、濁酒（にごり酒）到古酒，並附三款下酒菜，每份 ￥1500。

得獎清酒雪糕
伏見夢百眾

由月桂冠大正時代的舊本社改裝而成的咖啡廳，已有過百年歷史，內部充滿古典氣氛。該店以伏水炮製的咖啡及清酒雪糕，是曾奪日本「全国菓子大博覽会」的得獎作品。附設清酒專門店，提供近100種伏見名酒，還有各式道地特產和手信。

「清酒雪糕（アイスクリーム）」以古酒製成雪糕，吃時再淋上清酒，酒香非常。￥700

建築物前身為月桂冠的舊本社，已有過百年歷史。

─ Info ─

6 **地址**：京都市伏見区南浜町 247
電話：075-623-1360
營業時間：1030-1700（逢周一、夏季不定休）
網址：ameblo.jp/fushimi-yume100shu
前往方法：京阪本線「伏見桃山」駅徒步8分鐘。

紀念館前身為藏酒窖，建於 1909 年，充滿傳統特色。

酒廠見學 清酒任喝

月桂冠大倉記念館

源自伏見、370 年歷史的「月桂冠」，不單是日本銷量第一，更是日本天皇即位時御用的清酒，幾近「國酒」。伏見之所以成為著名的清酒產地，全因當地水質清醇，位於伏見的總部設有紀念館，原為月桂冠的百年藏酒窖，建築物本身已是古蹟，內外仍保留江戶時代的原貌，被列為「京都百景」之一。館內展品超過 6000 件，包括釀酒工具、舊酒瓶、舊廣告等等，並有模型逐一介紹釀酒的每個步驟。但需要注意：自 2023 年 12 月起因進行翻新工程，記念館而暫停部份設施，同時亦不設導賞，直至 2024 年 2 月下旬。不過這段期間將免收入場費。

旅客可試飲「榮水」，冰涼的泉水味道純淨甘甜，難怪能造出佳釀。

預約導賞的話，參觀後可免費試飲 3 款清酒。

月桂冠最初使用的名稱為「玉の泉」。

1913 年用的茶色清酒瓶。

Info

7　地址：京都市伏見区南浜町 247 番地
電話：075-623-2056
開放時間：0930-1630
休息：年末年始、8 月 13 - 16 日
入場費：成人￥600（含試酒）；
　　　　13 至 19 歲￥100；12 歲或以下免費
網址：www.gekkeikan.co.jp/enjoy/museum
前往方法：京阪本線「伏見桃山」駅徒步約 8 分鐘。或京阪本線「中書島」駅徒步約 5 分鐘。

「月桂冠」解碼

創於 1637 年，創辦人大倉六郎右衛門於伏見開始釀造清酒，商號為笠置屋，原名「玉の泉」。直至 1905 年，因在一場競酒比賽中獲勝，得到象徵最高榮譽的「月桂冠」品牌名稱。憑着優質的水源，釀出最高品質的清酒，成為日本天皇即位時御用的清酒。

傳統建築智慧

伏見的釀酒廠很多都是從江戶時代流傳下來的木平房，不但充滿傳統建築特色，也盡見古人智慧。

酒廠外牆都黑漆漆，原來木材表面經過火燒後，會有抗火功效。木板本身都是高級木材，保用數百年。

建築四周都置有拱形的竹籬笆，作用是防止野貓從屋根走入酒廠、弄污清酒。

提提你

館內展出古代的釀酒工具，包括這蒸米用巨甑。

館內還保留着傳統的格子窗，以及昔日的陳設。

館內展出月桂冠不同年代的廣告海報。

貫穿伏見酒藏的為宇治川支流，河水平靜、水色碧清，兩旁種滿垂柳和枝垂櫻。

泛舟遊酒鄉

十石舟

　　原為江戶時代伏見酒藏運送物資和旅客往大阪的小船，坂本龍馬等幕末志士也常乘搭，現在則變成暢遊伏見的觀光船。航程約 50 分鐘，旅客先從月桂冠大倉記念館旁碼頭出發，沿着蜿蜒的河道漫遊，航行至三栖閘門可下船遊覽。穿梭垂柳綠波，從另一角度欣賞伏見這酒造之鄉，更覺詩意。

Tips

1. 十石舟逢冬季暫停，每年賞櫻期間會有「夜間運航」供旅客賞夜櫻。
2. 每年的休航日略有不同，出發前宜先上網查詢。
3. 另有大型船「三十石舟」供團體之用。

—— Info ——

8 **運航日期**：大約 3、4 月至 11、12 月
運航時間：春夏季 1000-1620；
　　　　　　　秋季 1000-1540（約 20 分鐘一班）
乘船場：月桂冠大倉記念館裏乘船場
休息：逢周一（公眾假期除外）；
　　　　　夏季休航詳見官網
船費：成人￥1500、小童￥750
航程：約 50 分鐘（往返）
查詢：075-623-1030
網址：kyoto-fushimi.or.jp/fune

日本茶的故鄉

宇治

交通 JR奈良線「宇治」駅，或京阪宇治線「宇治」駅即達。

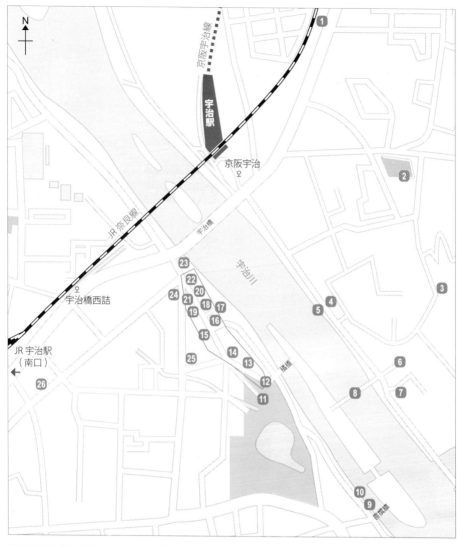

京阪宇治線

京阪宇治線

宇治駅

京阪宇治

JR奈良線

宇治橋西詰

宇治川

宇治橋

喜撰橋

京阪宇治線

JR宇治駅
（南口）

1 伊藤久右衛門 本店
2 宇治市源氏物語博物館
3 宇治上神社
4 宇治茶道場 匠の館
5 茶房 櫟
6 宇治神社
7 福寿園 宇治茶工房
8 朝霧橋
9 宇治川観光通船
10 鮎宗

11 平等院
12 平等院表参道
13 平等院表参道 竹林
14 増田茶舗
15 三星園上林三入 本店
16 京都宇治 蛸Q
17 六条庵
18 中村藤吉 平等院店
19 寺島屋弥兵衛商店
20 憩和井 平等院店

21 駿河屋
22 京料理 宇治川
23 夢浮橋之古蹟
24 永楽屋 細辻伊兵衛商店
　　宇治平等院店
25 橋姫神社
26 辻利 宇治本店

京都名物「鯡魚拉麵（にしんそば）」採用抹茶製作的拉麵，配上甘露煮的鯡魚，每碗￥1190。

新派老茶店

伊藤久右衛門 本店

宇治的老茶號，初代伊藤常右衛門早在江戶後期已在宇治田原南種茶，創業近300年。乃宇治眾老牌中最敢於創新的一家，推出大量抹茶小吃和甜點，甚至跟其他品牌聯乘。本店位於京阪電鐵「宇治」駅附近，零售店附設偌大的抹茶Café「茶房」，午餐主打抹茶拉麵（抹茶そば），新派甜點與傳統抹茶都有供應，還有大量本店限定。

「抹茶涼麵、雜炊飯加迷你芭菲套餐（抹茶そば、かやくご飯、ミニパフェセット）」每份￥1490。

┌─Info─┐

1 **地址：**京都府宇治市菟道荒槇 19-3
電話：0774-23-3955
營業時間：1000 - 1800
網址：itohkyuemon.co.jp
前往方法：京阪電鐵宇治線「宇治」駅下車，再步行約8分鐘。

常設展示中的「平安の間」，將平安時代貴族日常使用的牛車重現。

重塑平安時代綺麗

宇治市源氏物語博物館

「宇治市源氏物語博物館（ミュージアム）」乃全球唯一以日本文學巨著《源氏物語》為主題的博物館。展示區分為平安的間、棧橋、宇治的間、影像展示室及物語的間，還附設圖書館、茶店和商品店。館內巧妙地運用多媒體映像和模型，將平安時代的綺麗重現眼前，趣味與學術並重，很多場景都美得令人目眩。

「宇治の間」重現光源氏之子「薰」對大君一見鍾情的經典一幕。

博物館以寢殿為造型，藏身翠木豐茸之中，四周被水池環繞。

┌─Info─┐

2 **地址：**京都府宇治市宇治東內 45-26
電話：0774-39-9301
開放時間：0900-1700（最後入館 1630）
　　　　　（逢周一休息）
入場費：成人￥600、小童￥300
網址：city.uji.kyoto.jp/site/genji/
前往方法：京阪電鐵宇治線「宇治」駅，徒步約8分鐘。

入口處置有朱紅色鳥居，四周古樹參天，綠意盎然。

日本最古老本殿
宇治上神社

座落於宇治川東岸的朝日山山麓，在明治維新以前，與附近的宇治神社合稱為「宇治離宮神社」，主祀菟道稚郎子、應神天皇和仁德天皇，1994年被聯合國列為世界文化遺產。單看建築規模，很難理解為何被選上，但保存完整的本殿建於平安時代後期，是日本現存最古老的本殿建築，被譽為國寶。境內還有宇治七名水中唯一保留下來的「桐原水」以及多間攝社。

本殿由特別的社流構造三殿組成，四邊有格子障壁覆蓋，是唯一從平安時代流下來的完整神社建築。

Info

3 **地址**：京都府宇治市宇治山田 59
電話：0774-21-4634
開放時間：0900-1610
網址：ujikamijinja.amebaownd.com
前往方法：京阪電鐵宇治線「宇治」駅，徒步約10分鐘。

該店可一邊品茶一邊眺望宇治川，度過寧靜時光。

日本茶道教室
宇治茶道場 匠の館

該店共有 3 種喫茶體驗，各 ¥1000。在日本茶藝師指導下，掌握宇治茶的泡茶方法，並學習在用過的茶葉上淋上橙醋、灑上鹽，使之變成一道小菜的方法。

Info

4 **地址**：京都府宇治市宇治又振 17-1
電話：0774-23-0888
營業時間：1100-1700
網址：ujicha.or.jp
前往方法：京阪宇治線「宇治」駅出站直行即至。

抹茶火鍋
茶房 櫟

在宇治川河畔的茶房，名物是「抹茶火鍋（抹茶フォンデュ）」，每份 ¥900。將年糕沾上抹茶奶酪，口味十分特別。

Info

5 **地址**：京都府宇治市宇治又振 66-4
電話：0774-22-7140
營業時間：1100-1630
網址：ike-s.com
前往方法：「匠の館」正對面。

宇治神社的本社兼拜所，同樣漆有搶奪目的朱紅色，屋頂葺有檜皮。

國家重點文物
宇治神社

　　宇治十帖紀念碑對面的朱紅色鳥居，便是宇治神社，祀奉的是因與哥哥大鷦鷯皇子（日後的仁德天皇）推讓皇位，最後選擇在此投川自殺的菟道稚郎子，因此古代又名離宮下社、離宮八幡或菟道稚郎子的宮殿遺址。又相傳他曾在迷路時，一隻兔子出現為他引路，故後人供奉為「神使回頭兔（神使のみかえり兎）」。葺有檜皮的正殿，是典型的三間社流派風格，為鎌倉時代初期的建築，內殿供奉有菟道稚郎子的木製等身坐像，都被指定為國家重點文物。雖然名氣不及附近被列為世界遺產的「宇治上神社」，但香火依舊頂盛。

當地人都盛心參拜，香火不遜「宇治上神社」。

宇治神社入口築有巨型鳥居，旁邊的「狛犬」（石獅子）開口的叫阿形、閉口的叫吽形。

社內的水手舍名為「水原祠」，吐水的是「神使回頭兔（神使のみかえり兎）」。

─Info─

❻　**地址：**京都府宇治市宇治山田1
　　電話：0774-21-3041
　　開放時間：24 小時
　　網址：uji-jinja.com
　　前往方法：京阪電鉄宇治線「宇治」駅，徒步約
　　　　　　　　10 分鐘。

宇治茶體驗學校
福寿園 宇治茶工房

　　1790年於宇治南面的木津川市創立、200多年歷史的老茶號，2007年於宇治川旁開設了樓高兩層的「宇治茶工房」，提供多種宇治茶體驗教學，包括石臼磨碾抹茶、傳統茶道禮儀等都有教授。更附設兩間榻榻米茶室、主打以茶入饌簡餐的「福寿茶寮」，以及銷售部「茶店」，儼如日本茶體驗學校。

2樓設有餐廳「福寿茶寮」，主打以茶入饌的簡餐和甜點，價格便宜。

工房後山茶園內種有古宇治的茶種「朝日」，源自「宇治七名園」。

━━ Info ━━

7 **地址：**京都府宇治市宇治山田10
　　電話：050-3152-2930
　　營業時間：1000-1700
　　網址：ujikoubou.com
　　前往方法：京阪電鐵宇治線「宇治」駅，徒步約
　　　　　　　　10分鐘，毗鄰「宇治神社」。

「朝霧橋」漆上橘紅色，充滿日本平安時代宮廷風格。

追憶《源氏》悲戀
朝霧橋

　　宇治川中間有一個由兩個沙洲浮島（塔の島、橘島）組成的「中の島」，島上擁有3條木橋連接宇治川兩岸。其中最長的「朝霧橋」，橋身漆上搶眼奪目的橘紅色，充滿日本平安時代宮廷風格，下面便是水流湍急的宇治川，不期然想起《源氏物語》的悲戀。

在連接宇治兩岸的木橋上，觀賞岸上景色極佳。

「中の島」的另一側，「橘橋」連接至「平等院」的河岸。

朝霧橋旁的「宇治十帖紀念碑」以女主角浮舟和勻宮於宇治川上泛舟的名場景為主題。

━━ Info ━━

8 **前往方法：**「宇治神社」正前方。

每艘觀光船最多可乘坐 30 人，
但 10 人以上已可包船。

千年鸕鷀捕魚
宇治川観光通船

古時日本漁民有利用鸕鷀的捕魚方法，日文稱之為「鵜飼」。目前全日本只剩 12 處地方保存這傳統，當中包括宇治川，已有 1300 年歷史，更擁有日本罕見的女鵜匠。每逢夏季 7 至 9 月的傍晚時份，旅客可乘船觀看鵜飼捕魚。一般從晚上 7 點出發，鵜匠身穿傳統服裝，照明只靠船尾的火把。其餘日子，如果能湊足 10 人同行的話，亦可預約乘坐觀光船遊覽宇治川。

鸕鷀捕捉的是香魚，即小鱒魚，昔日的鵜匠屬國家機關，捕捉的香魚都向天皇奉獻。

━Info━

9 **乘船處**：宇治川喜巽橋旁
鵜飼觀覽船
活動時間：7、8 月 1900-2000；
　　　　　　　9 月 1830-1930
收費：成人 ¥2300、小童 ¥1200
＊每晚 1700 開始售票，如遇雨天暫停。
宇治川遊覽船
收費：¥800/ 位（只接受 10 人或以上之預約）
航程：約 15 分鐘
＊另有附餐的遊覽船，收費每位 ¥3000，航程約 90 分鐘。
查詢：0774-21-2328（宇治川観光通船）

「鰻魚蒸粽（鰻のいい蒸し）」打開竹葉即有撲鼻清香，軟綿的鰻魚飯蒸至入口即化。每個 ¥450。

宇治川蒲燒蒸鰻
鮎宗

本為平等院附近的便宜老旅館，但真正著名的是它附設的料理店，樓高兩層佇立宇治川旁，每逢夏季可以觀賞傳統鵜飼捕魚，秋冬也有紅葉美景，真正賞心悅目。提供多款鰻魚定食，選用宇治川產、別稱「宇治丸」的鰻鮓，招牌「鰻のいい蒸し」即鰻魚蒸粽，蒲燒鰻魚加上軟糯米飯，以竹葉包裹蒸熟，鰻魚精華盡滲飯中，乃宇治傳統名吃。

鮎宗旅館房租便宜，一泊二食只 ¥8500/ 晚。

料理店內部鋪設傳統榻榻米，面向寧靜的宇治川，連飯菜也特別美味！

━Info━

10 **地址**：京都府宇治市宇治塔の川 3-4
電話：0774-22-3001
營業時間：1100-1900（晚餐需特別預約）
網址：wao.or.jp/aiso
前往方法：JR 奈良線「宇治」駅，或京阪宇治線「宇治」駅，徒步約 10 分鐘。

仿照藤原賴通夢中所見的極樂淨土而建成的「鳳凰堂」，
佇立水平如鏡的阿字池上，池水倒影樓閣，真如極樂仙景。

10 円上的國寶
平等院

世遺

　　始建於 1052 年，由平安時代權傾一時的藤原賴通，以其父藤原道長的別院改建，擁有過千年歷史，被譽為平安時代建築的代表作，1994 年更被聯合國教科文組列為世界文化遺產。

　　當中「鳳凰堂」乃院內焦點，原名阿彌陀堂，傳説是藤原賴通根據夢中所見的極樂淨土而建，裏面安放着被譽為國寶的阿彌陀如來像，以及 51 尊「雲中供養菩薩像」。因中堂脊沿置有兩尊金銅鳳凰像，遂在江戶時期更名為「鳳凰堂」。匯集日本建築與藝術於一身，日本的 10 円硬幣及萬紙元幣上的圖案，正是鳳凰堂。

平等院「梵鐘」屬國寶級珍品，跟神護寺、三井寺古鐘合稱為日本三銘鐘。

前往平等院的公園小徑，乃宇治的賞楓勝地。

木造的鳳凰堂，左右兩翼對稱延展，四周有白砂和石卵圍繞，為典型的淨土式庭園。

━ Info ━

⓫ 地址：京都府宇治市宇治蓮華 116
電話：0774-21-2861
開放時間：庭園 0830-1730；
　　　　　　鳳翔館 0900-1645；
　　　　　　鳳凰堂 0930-1610
參拜費：入園 ＋ 鳳翔館￥600、
　　　　　鳳凰堂內部￥300
網址：byodoin.or.jp
前往方法：JR 奈良線「宇治」駅，或京阪宇治
　　　　　　線「宇治」駅，皆徒步約 10 分鐘。

表參道鋪設整齊的石板路，兩旁茶店、手信店林立，茶香香香。

老茶號集中地
平等院表参道

　　從宇治川通往平等院的表參道，短短160公尺長的街道兩旁，集合多家百年歷史的宇治老茶號，包括中村藤吉、伊藤久右衛門、三星園上林等，全是日本數一數二的名牌，還有各式綠茶小吃和手信，是整個宇治最熱鬧的地方。

Info
⑫ 前往方法： JR奈良線「宇治」駅，或京阪宇治線「宇治」駅，徒步約10分鐘。

門庭相當高雅，充滿京都人文氣息。

京都風懷石料理
平等院表参道 竹林

　　可眺望宇治川，是一家品味高雅的餐廳。「京懷石」價位約￥10000，而「京弁当」約￥5000，美味之餘性價比亦高！

Info
⑬ 地址： 京都府宇治市宇治蓮華21
電話： 0774-21-7039
營業時間： 1130-1400，1630-2100
　　　　　　（逢周三休息）
網址： chikurin-kyoto.com
前往方法：「平等院」北門前。

「宇治抹茶雪糕梳打（クリームソーダ）」雪糕亦灑滿沫茶粉，清涼爽快，消暑一流！每杯￥700。

超濃抹茶軟雪糕
增田茶舖

　　位於平等院入口的抹茶小吃店「增田茶舖（ますだ茶舖）」，招牌抹茶軟雪糕「抹茶ソフトクリーム」，店主特意在雪糕面層灑上厚厚的抹茶粉，質感軟綿，茶味濃郁如同喝着新鮮抹茶，於日本著名食評網「食べログ」評價極高。

「抹茶軟雪糕（ソフトクリーム）」灑上了厚厚的抹茶粉，茶與奶味皆濃郁非常，必吃！￥400

毗連的兩個鋪位都是「增田茶舖（ますだ茶舖）」。

Info
⑭ 地址： 京都府宇治市宇治蓮華21-3
電話： 0774-21-4034
營業時間： 1000-1800
前往方法：「平等院」北門前。

將軍御用茶師老店
三星園上林三入 本店

創業於天正年間、開業 500 多年的老茶號，初代上林三入從戰國時代起已為將軍家的御用茶師，至今第 16 代傳人，更是「全國茶審查技術競技大會」六段認定鑑定士，乃日本著名的品茶大師。位於平等院表參道的本店樓高 3 層，地下是茶館，供應傳統抹茶和甜點；2 樓設有免費參觀的「宇治茶資料室」，展出宇治茶的歷史資料，包括昔日使用的製茶工具；3 樓則為抹茶體驗教室「三休庵」，旅客可一嘗親手以石臼碾磨抹茶粉。

向街的店面為零售店，其招牌上的 3 顆紅點，其實源自上林三入家的家徽，圖中男生為新一代接班人。

Info

⑮ **地址：**京都府宇治市宇治蓮華 27-2
電話：0774-21-2636
營業時間：0900-1800
網址：ujicha-kanbayashi.co.jp
前往方法：「平等院表參道」中段。

超濃的「抹茶醬汁（ソース）」正是精華所在。

地下走廊展出現代化的抹茶碾磨機。

該店數量限定的「Premium 三星園芭菲（パフェ）」採用每公斤價值￥10 萬的濃茶所製作，超濃郁的茶香，令人一試難忘！每份￥1300。

「抹茶章魚燒（抹茶たこ燒）」
¥400／4粒

抹茶章魚燒
京都宇治 蛸Q

　　該店獨創的「抹茶章魚燒」最少可只買4粒，只要￥400。包住章魚的是抹茶麵糰，加上混合抹茶的蛋黃醬，就是濃厚的抹茶風味。此外店家還有提供抹茶餃子及抹茶軟雪糕。

Info
16 **地址**：京都府宇治市宇治蓮華91
電話：0774-22-5797
營業時間：1100-1730
前往方法：「平等院表參道」中段

午餐菜色每天不同。

抹茶軟雪糕
六条庵

　　一樓是雪糕店，名物「濃茶軟雪糕（お濃茶アイス）」每杯￥500，口感清爽而美味。而二樓則是「六条庵Cafe」，供應堂食午餐，價位約1500，性價比高！

Info
18 **地址**：京都府宇治市宇治蓮華5
電話：0774-20-5489
營業時間：1100-1700
前往方法：「平等院表參道」中段

兩層高的木建平房聳立宇治川旁，旁邊還有棵巨型老松樹，更添古意。

川畔老茶店
中村藤吉 平等院店

　　1859年創業的「本店」位於JR宇治驛附近，但兩層高的「平等院店」則是由江戶時代的料亭改建，聳立宇治川旁，古樸清幽，景致一流。店內最聞名的，是利用宇治名茶做成的抹茶果凍，口感柔軟滑嫩，茶味香濃還有淡淡回甘，配上紅豆、抹茶雪糕和白玉糰子，吃完滿心幸福！

「抹茶啫喱（生茶ゼリイ[抹茶]）」味道甘甜，糰子軟糯煙韌。￥1180

店內一邊設有落地玻璃窗，可一邊品嚐茶點一邊欣賞宇治川景致。

Info
17 **地址**：京都府宇治市宇治蓮華5-1
電話：0774-22-9500
營業時間：1000-1630
網址：tokichi.jp
前往方法：「平等院表參道」中段，「蛸Q」與「六条庵」之間，穿過停車場進入。

店內販售各種宇治茶，送禮自用兩相宜。

200 年茶葉老店
寺島屋弥兵衛商店

　　1827 年創業的老店，店內木製的茶櫃、掛鐘、紙燈籠等等，都充份表現出其歷史。店內販售各種宇治茶，包括煎茶、玉露、抹茶、焙茶等，送禮自用兩相宜。

─Info─
⑲ 地址：京都府宇治市宇治蓮華 40-1
電話：0774-22-3816
營業時間：0900-1800（逢周二休息）
網址：terashimaya.com
前往方法：「六条庵」正對面。

抹茶糰子（茶だんご）
每串￥100。

抹茶糰子
駿河屋

　　1910 年創業的「駿河屋」，專注於「抹茶糰子（茶だんご）」的製作。以上等米混合宇治抹茶製作，粘度剛好，風味甚佳！每串￥100。

─Info─
㉑ 地址：京都府宇治市宇治蓮華 41
電話：0774-22-2038
營業時間：0900-1700（逢周二、三休息）
網址：surugaya.co.jp
前往方法：「平等院表参道」入口，毗鄰「寺島屋弥兵衛商店」。

源氏芭菲（パフェ）
每份￥1000。

京都糖果工房
憩和井 平等院店

　　製作糖果起家的憩和井，以《源氏物語》為靈感的「源氏芭菲（パフェ）」，每份￥1000。店內亦有售自家製糖果。

─Info─
⑳ 地址：京都府宇治市宇治蓮華 5-6
電話：0774-23-0050
營業時間：1100-1730
網址：cafeiwai.exblog.jp
前往方法：毗鄰「六条庵」。

河畔風景餐廳
京料理 宇治川

　　「宇治川弁当」每份￥2970，可以品嚐多款不同的京都料理！而且樓高三層，不愁找不到坐位，還有好風景可以欣賞。

─Info─
㉒ 地址：京都府宇治市宇治蓮華 2-2
電話：0774-22-2628
營業時間：1100-1700
網址：ujigawa.com
前往方法：「平等院表参道」入口，「駿河屋」正對面。

「夢浮橋的古蹟」及《源氏物語》作者紫式部的塑像。

《源氏物語》的最終章
夢浮橋之古蹟

在宇治橋的旁邊，立下了「夢浮橋的古蹟」的標語。「夢浮橋」是《源氏物語》的最終回，表達對人生最終結果未知的浮沉。而其旁邊，更有該書作者紫式部的塑像，讓我們對這部鉅著致敬。

─Info─

23 **地址：**京都府宇治市宇治蓮華
前往方法：「平等院表參道」與「宇治橋」之交界處。

該店有說明如何利用「風呂敷」摺成各種手提袋。

木綿材質的風呂敷
永楽屋 細辻伊兵衛商店
宇治平等院店

1615 年由細辻伊兵衛所創立的「永楽屋」，專售木綿材質的風呂敷、手拭（手巾）和布袋。

─Info─

24 **地址：**京都府宇治市宇治妙楽 1-1
電話：0774-20-3400
營業時間：0930-1830
前往方法：近「平等院表參道」入口處。

當地人辦婚禮時都會盡量避免經過神社。

分手の神社
橋姬神社

這座神社有點殘舊，卻因《源氏物語》中一篇〈橋姬〉而聞名，是躲在垂簾後的貴族女子。日本人相信每座橋均有一位守護神，稱為「橋姬」。公元 646 年建成的宇治橋附近，亦建有小小的「橋姬神社」，供奉名為「瀨織津媛」的神祇，是全日本唯一有名字的橋姬。傳說橋姬的丈夫與其他女子出軌，於是在宇治川做了 37 天的修練，咒殺了那名情敵，自己亦化為鬼女，村人不堪其擾於是立祠供奉。因妒成恨的橋姬主管男女分手，故當地人辦婚禮時都會盡量避免經過神社；另一方面，也是斷除惡緣，讓惡緣可以隨水流走的神社。

這座神社相當殘舊，卻因《源氏物語》中一篇〈橋姬〉而聞名。

─Info─

25 **地址：**京都府宇治市宇治蓮華 47
電話：0774-21-2017
前往方法：JR 奈良線「宇治」駅下車，再徒步約10 分鐘。

辻利店中有售瓶裝茶（¥500），味道非常平凡，但塑膠瓶子卻非常堅固，原來飲料瓶才是主角！

「玉露」茶創始店

辻利 宇治本店

辻利創業於 1860 年，至今已逾 150 年歷史。雖然在京都宇治而言不算很老，但卻相當知名。日本的抹茶中，「玉露」被譽為最上等的茶種，就正由辻利宇治本店的創始人辻利右衛門所研發出來。店內販賣的茶葉種類甚多，被譽為宇治必訪的店家。該店的外面是零售店，而且茶葉提供試喝。而該店的裡面是 Cafe，該店所開發的多種抹茶甜點，都可一一品嚐。

辻利創業至今已逾 150 年歷史，以開發出「玉露」而在茶界知名。

── Info ──

26 地址：京都府宇治市宇治妙樂 156
電話：0774-94-6990
營業時間：1000-1800
網址：kataoka.com
前往方法：JR奈良線「宇治」駅徒步 5 分鐘即達。

1. 何謂「宇治茶」？

所謂宇治茶，不一定在宇治生產，根據「京都府茶業会議所」頒布的定義，只要是京都、奈良、滋賀、三重 4 縣所產的茶葉，並於京都府內加工，均可稱為「宇治茶」。

2.「日本茶道」解碼

原稱「茶湯」，已有 400 多年歷史，分為抹茶道與煎茶道兩種，還有不同流派。最初是僧侶用以集中意志，後來發展出一系列儀式。茶道精神為「和、敬、清、寂」，通過品茶陶冶情操、完善人格，與日本文化、哲學與宗教融合。

品茶的地方叫茶室，地方狹小，以四疊半榻榻米為標準，沏茶的師傅稱為茶主或亭主，副手則叫半束。上等的抹茶面層會有細緻的泡沫，茶香能從舌尖散開。

3. 日本茶種類

抹茶（まっち）：茶葉去除葉柄、莖後，以石磨碾磨成幼細的粉末，味道濃郁，屬高級品，用於茶道中。

玉露（ぎょくろ）：採收前 1 個月搭棚覆蓋，以減低陽光照射，只採摘茶葉的新芽，經過乾燥及揉捻而製成。色澤翠綠，味道甘甜柔和，為日本綠茶中最高級的茶品。

煎茶（せんち）：日本人最常飲的茶種，佔總產量 8 成。先經蒸青，再揉捻成卷狀，最後焙乾而成。顏色呈鮮綠，味道清爽而帶澀。

玄米茶（げんまいち）：在番茶或煎茶中混入炒過的糙米或爆米，味道帶獨特的米香。

番茶（ばんち）：集合硬的芽、嫩莖或是在加工煎茶時被剔除的葉子所製造，呈現黃褐色澤，具有祛油解膩的功效。

焙じ茶（ほうじち）：將番茶或是次等的茶葉以高溫炒過，茶呈褐色，香味濃郁，因為咖啡因含量少，刺激性低，故老幼咸宜。

注意：日文中的「お茶」，泛指所有的茶。

4. 怎樣才算好茶？

綠茶容易氧化，隨時間變色及走味，故上等綠茶首重色澤夠翠綠，茶色透徹，以證明新鮮，味道則要甘甜而有回甘。

春櫻秋葉名所

嵐山、嵯峨野

あらしやま / Arashiyama さがの / Sagano

3

1

20

18

12

21

京福電鉄（嵐電）嵐山本線「嵐山」駅；JR「嵐山」駅；或阪急「嵐山」駅即達。

交通

1 嵯峨野観光鉄道
2 御髪神社
3 竹林の道
4 古都芋本舗
5 鯛匠 HANANA
6 Black Paint
7 Bruce 2nd
8 嵐山 Rilakkuma 茶房
9 天龍寺
10 嵯峨豆腐 稲 本店
11 嵐山縮緬細工館

12 平靜舒暢 Square
　京福電鉄
　京友禅の光林
　嵐山温泉 駅の足湯
13 Miffy 櫻花廚房 嵐山店
14 eX cafe 京都嵐山本店
15 嵐湯 嵐山本店
16 琴きき茶屋
17 惠比壽屋 京都嵐山總本店
18 本店 嵐山よしむら
　豆腐料理 松ヶ枝

19 %ARABICA 京都嵐山店
20 保津川下り
21 渡月橋

22 大覚寺
23 嵯峨豆腐 森嘉
24 化野念仏寺
25 嵯峨鳥居本町並み保存館
26 平野屋
27 愛宕念仏寺

列車繞保津峽而駛，沿途群山蒼翠，碧波蕩漾，水面倒影藍天，景致醉人。

浪漫紅葉小火車
嵯峨野観光鉄道

行駛於「嵯峨野観光鉄道」的小火車又名「Romantic Train」，以柴油推動，共有5節車廂，其中第五節為半開放式設計，擁有透明天窗，兩旁不設窗戶，拍照一流。鐵路由JR山陰本線一段已廢線的舊鐵道改建，只有4個車站，以嵯峨駅為起點，駛至龜岡駅，全程需時約25分鐘。沿途山清水秀，春天櫻花盛放、夏季萬木蔥蘢、秋季紅葉滿山，經常一票難求，必須預先在官網訂票。龜岡駅更有接駁巴士通往「保津川下り」的亀岡乗船場。

第五節車廂為半開放式設計，擁有透明天窗，兩旁更不設窗戶，車身側邊甚至開有格子窗，行駛時可看見路軌。

Info

1 **營運日期**：3月1日-12月29日（逢周三休息）
車程：25分鐘
票價：（全線均一）成人￥880、小童￥440
網址：sagano-kanko.co.jp
前往方法：JR嵯峨野線「嵯峨嵐山」駅南口對面。

嵯峨野觀光鐵道 路線圖

保津川

JR 保津峽駅　トロッコ保津峽駅

亀岡乗船場（起點）　トロッコ亀岡駅

嵯峨野観光鉄道

JR 嵯峨嵐山駅

JR 嵯峨野線

JR 亀岡駅

JR 馬堀駅

トロッコ嵐山駅

トロッコ嵯峨駅

唯一頭髮神社
御髮神社

全日本唯一的頭髮神社，男性務必前來許願！

　　「御髮神社」主祀日本理髮業的始祖藤原采女亮。相傳龜山天皇時期，其父是任職官中的武士，因丟失了宮中的寶物而四出尋找，而藤原采女亮為了生計便從事髮結工作，並因手藝太好而聞名，成為髮結界的始祖。作為全日本唯一的頭髮神社，前來祈願者絡繹不絕！

──Info──

② **地址：**京都市右京区嵯峨小倉山田
電話：075-882-9771
營業時間：24 小時
前往方法：嵯峨野観光鉄道「トロッコ嵐山」駅直達（建議自「トロッコ亀岡」駅上車出發）。

「燒御手洗糰子（炙りみたらし）」每串￥280。

嵐山名物燒糰子
古都芋本舖

　　位處野宮神社參道入口的人氣甜品店。日文中「芋」為番薯，起家的「古都芋」是胡麻生地包白芋餡烤成。然而目前最受歡迎的卻是「燒御手洗糰子（炙りみたらし）」，每串￥280。

──Info──

④ **地址：**京都市右京区嵯峨天龍寺立石町 2-1
電話：075-864-1212
營業時間：0930 - 1800
前往方法：野宮神社參道「竹林の道」附近。

沿着幽靜而鬱蔥的竹林小徑直走，心境也變得平靜。

「治療系」小徑
竹林の道

　　在天龍寺北側與野宮神社之間，有一條「竹林隧道」，小徑兩旁長滿參天的「野宮竹」，把陽光也擋住了。夏天走在其中，亦感清風送爽，連空氣也有陣陣竹子清香，可以療癒旅途的疲憊。

　　沿着幽靜而鬱蔥的竹林小徑直走，心境也變得平靜，可通往《源氏物語》描繪中的野宮神社。

──Info──

③ **地址：**京都市右京区嵯峨小倉山田淵山町
前往方法：JR 嵯峨野線「嵯峨嵐山」駅，徒步約8 分鐘；或嵯峨野観光鉄道「トロッコ嵐山」駅直達（建議自「トロッコ亀岡」駅上車出發）。

嵐山知名的鯛魚餐廳
鯛匠 HANANA

「鯛匠 HANANA」是嵐山知名的鯛魚餐廳，其招牌套餐「鯛魚茶泡飯套餐（鯛茶漬け御膳）」更有3種吃法：首先直接吃配上自家製胡麻醬的鯛魚生魚片，然後配白飯一起吃，最後把剩下的鯛魚生魚片及胡麻醬全都放在飯上，再倒入熱茶作為茶泡飯來吃。鯛魚生魚片味道鮮甜，配上清爽的胡麻醬已經十分好吃。淋上熱茶時，鯛魚更會因而稍稍變熟，又是另一番風味！除此之外，還有熟食的「鯛西京燒御膳」及生熟兼備的「HANANA（はなな）御膳」可供選擇。

如想吃熟食，「鯛西京燒御膳」可以品嚐到燒到皮脆可口的鯛魚。每份 ￥3200。

鯛魚生魚片味道鮮甜，配上胡麻醬十分清爽。

淋上熱茶便成鯛魚茶泡飯。

Info

5
地址：京都市右京区嵯峨天龍寺瀬戸川町 26-1
電話：075-862-8771
營業時間：1100-1530
網址：hanana-kyoto.com
前往方法：JR嵯峨野線「嵯峨嵐山」駅，徒步約5分鐘。

招牌套餐「鯛茶漬け御膳」包含鯛魚刺身、京野菜、漬物、米飯、熱茶及甜品。每份 ￥2880。

京都名物美顏「石鹼」
Black Paint

前田美有起創立的護膚品牌，以天然藥用植物提煉，不含化學成份與防腐劑。集合潔面、卸妝及護膚功能「毛穴を洗う石鹼」連續 15 年獲獎，乃京都名物。

─Info─

6 地址：京都市右京区嵯峨天龍寺瀬戸川町 26-1
電話：0120-100-679
營業時間：1000-1800
網址：blackpaint.jp
前往方法：「鯛匠 HANANA」的入口旁邊。

店內鋪天蓋地都是不同圖案的人形袋。

千變萬化人形袋
Bruce 2nd

設計師兼藝術家鳥澤以皮革、藍染、尼龍等不同布料，製作了一系列人形袋，取名「people」。其創作室為「Bruce1st」，而「Bruce2nd」則是商店，店內牆身從地下到天花都貼滿人形袋、色彩繽紛。

─Info─

7 地址：京都市右京区嵯峨天龍寺北造路町 50 - 3
電話：075-881-6966
營業時間：1100-1800（逢周一、四休息）
網址：bruce-kyoto.com
前往方法：毗鄰「Black Paint」。

2 樓茶房主打和風定食與和菓子，都有可愛的鬆弛熊造型。甜點套餐￥1738。

鬆弛熊茶房
嵐山 Rilakkuma 茶房

「嵐山 Rilakkuma Tea House（りらっくま茶房）」自 2017 年開幕，是日本首家鬆弛熊茶房。樓高兩層，以蜂蜜為主題，2 樓茶房提供和風定食與和菓子；1 樓是外賣店和紀念品商店，主打加入蜂蜜的飲品與小吃，兼售鬆弛熊精品雜貨，還有大量打卡位。

店內店外都有大量打卡位，隨處都可以看見「鬆弛熊」。

日本首家鬆弛熊茶房樓高兩層，就在天龍寺對面。

─Info─

8 地址：京都市右京区嵯峨天龍寺北造路町 15
電話：075-863-2660
營業時間：茶房 1030-1700、Shop1000-1730
網址：rilakkumasabo.jp
前往方法：京福電鐵（嵐電）嵐山本線「嵐山」駅，步行 1 分鐘。

曹源池形狀似「龍」，中央設蓬萊島，並配置表現力爭
上游的「龍門瀑布」，以及鯉魚石。

京都五大禪寺
天龍寺

世遺

　　始建於 1339 年，由大將軍足利尊氏
為悼念醍醐天皇而建造，因其弟足利直義
於夢中見金龍在大堰川上騰飛，於是命名
為「天龍資聖禪寺」，簡稱天龍寺。為臨濟
宗天龍寺派的大本山，山號「靈龜山」，本
尊釋迦如來，被譽為「京都五大禪寺」之
首，也被聯合國教科文組列為世界文化遺
產。規模宏大，尤以開山住持夢窗疎石所
作的造景庭園「曹源池」而聞名，巧妙地
將嵐山風光融入其中，構成如畫美景。

遊人可坐在迴廊上欣賞庭園景致，慢慢思考當中的禪
意和喻意。

庫裏內置有一幅由前管長
平田精耕所畫的「達磨圖
（だるま図）」，乃天龍寺
另一名物。

法堂天花原飾有鈴木松都
繪畫的雲龍圖，但現在的
是 1997 年加山又造新繪
的第三代。

Info

⑨ **地址：**京都市右京区嵯峨天龍寺芒ノ馬場町 68
電話：075-881-1235
開放時間：0830 - 1700
參拜費：庭園 成人￥500、初中生或以下￥300
　　　　　諸堂（大方丈、書院、多宝殿）另加￥300
　　　　　法堂「雲龍図」￥500
網址：tenryuji.com
前往方法：JR 嵯峨野線「嵯峨嵐山」駅下車，徒
　　　　　　步約 13 分鐘；或乘京 Bus（バス）
　　　　　　61、72 或 83 號，於「京福嵐山駅前」
　　　　　　下車即達。

「京腐皮蓋澆御膳（京湯葉あんかけ御膳）」的主菜是腐皮蓋澆飯，每份¥1720。

一次過淺嚐伏見名酒
嵯峨豆腐 稻 本店

嵐山的湯豆腐名店「嵯峨豆腐（とうふ）稻」以「腐皮（湯葉）料理」聞名，尤以「京腐皮蓋澆御膳（京湯葉あんかけ御膳）」最受歡迎。而該店的「御膳」套餐，除了主餐的豆腐皮或湯豆腐菜式之外，還會附上其他配菜及甜品等。另外，該店在嵐山共有兩間分店，本店位於嵐山天龍寺入口前，經常大排長龍；而竹林小徑出口附近的為「稻北店」，則人流較少。大家可視乎情況選擇去哪一間。

位於嵐山天龍寺入口前為「本店」，經常大排長龍。

Info

⑩ 地址：京都市右京区嵯峨天龍寺造路町 19
電話：075-882-5808
營業時間：1100-1800
網址：kyo-ine.com
前往方法：「天龍寺」總門入口對面。

位於嵐山大街的本店，乃傳統民居改建而成。

可愛縮緬壽司
嵐山縮緬細工館

專售以京都傳統織布「縮緬（ちりめん）」製成的和式飾品，於京都擁有多間分店，位於嵐山大街的是本店，從早到晚都逼滿旅客。樓高兩層，面積偌大，提供過千款縮緬飾品，12 生肖、傳統日本吉祥神等等全都色彩繽紛，每逢特別節慶還有特色限定商品。尤其以一系列縮緬食物最受歡迎，壽司、京野菜、京菓子、蛋糕等，全都造型可愛。

縮緬羽子版 ¥3150

細工館為嵐山大街的人氣商舖，從早到晚都逼滿人。

Info

⑪ 地址：京都市右京区嵯峨天龍寺造路町 19-2
電話：075-862-6332
營業時間：1000-1800
網址：mrucompany.co.jp
前往方法：「天龍寺」總門入口對面。

該商場樓高三層，二樓為美食廣場，三樓有和服租借服務，及藝妓化粧攝影室。

熱鬧休息站
平靜舒暢 Square

　　「平靜舒暢 Square（はんなり・ほっこりスクエア）」座落京福電車「嵐山」駅、2007 年開設的三層高車站商場，由著名室內設計師森田恭通操刀，充滿傳統風格，以 3000 根野宮竹打造成能令旅客放鬆身心的環境。裏面集合 10 多家特色土產、道地小吃、精品雜貨店和餐廳，包括井筒八ッ橋本舖、ARINCO 等，場內還置有大量座椅供旅客慢慢享用，氣氛熱鬧，極富傳統車站氣氛。

商場地下採開放式設計，牆身、天花和樑柱都以嵐山本土產的野宮竹包裹，中間置滿傳統「緣台」座椅。

Info

12 **地址**：京都市右京区嵯峨天龍寺造路町 20 - 1
電話：075-873-2121
營業時間：地下 1000-1800；
　　　　　　 2、3 樓 1100-1800
網址：kyotoarashiyama.jp
前往方法：京福電車嵐山本線「嵐山」駅直達；
　　　　　　 JR 嵯峨野線「嵯峨嵐山」駅，徒步約
　　　　　　 10 分鐘。

電車外觀有相當復古，車頭會標示目的地。

百年懷舊電車
京福電鉄

　　早在 1910 年通車的京福電鉄「嵐山本線」，連接嵐山與京都市中心的「西大宮」駅，途經太秦映畫村，當地人都暱稱為「嵐電」。兩節車廂（2 両編成）的車身外形懷舊，其最高速只有 40 km/h，向來是日本鐵道迷的最愛。

車站月台展出著名攝影師家森谷洋的作品，稱之為「嵐電界隈館」。

「嵐山」駅月台擁有木建頂蓋，仍保留傳統車站設計，像回到 19 世紀初的日本。

Info

票價：全線均一成人￥250、小童￥120
網址：keifuku.co.jp

京友禪是京都獨有、傳統和服的印染技術。

每日黃昏會亮起燈光，營造出長長的光の森林步道，感覺夢幻。

足湯內設有簡單的木桌椅。

和服森林
京友禅の光林

在嵐山駅還有一座 600 根、用「京友禪」布料裝飾的柱子森林，布料都出自京都京友禪老店「龜田富染工廠」，總共有 32 種花紋圖案。晚上亮起燈光，更搖身一變成如夢似幻的「光の森林」。

600 根圓柱子高約 2 公尺，打造成和服森林步道。

╼Info╾
地址：京福電鉄「嵐山」駅內。
網址：kyotoarashiyama.jp

月台上的足湯
嵐山溫泉 駅の足湯

嵐山一帶，是京都著名的溫泉鄉，京福電車於 2004 年在「嵐山」駅月台設置日本首個車站足湯，收費 ￥250，非嵐電乘客都可以進入。天寒地凍，來自五湖四海的旅客，齊齊圍坐月台邊的小屋泡腳，有趣又溫馨。

「駅の足湯」的小屋就位於「嵐山」駅月台。

╼Info╾
開放時間：0900-1730
收費：￥250（附送毛巾）
位置：京福電車「嵐山」駅月台

該店名物 Miffy 造型紅豆麵包，每個￥313。

Miffy 麵包店

Miffy 櫻花廚房 嵐山店

「Miffy 櫻花廚房（みっふぃー桜きっちん）」位於熱鬧的嵐山駅旁邊，經常大排長龍。門口更掛著可愛的 Miffy 招牌，只要經過都會看到。店內販售各種 Miffy 的專屬商品，包括筷子架、杯子、廚具等等，此外還設有 Miffy 麵包店，主打 Miffy 造型的麵包、蛋糕，十分適合打卡之用。其中的超人氣麵包，就是 Miffy 造型紅豆麵包。此外還有嵐山店限定的麵包組合。

嵐山店限定、櫻花色的 Miffy 造型的筷子架，每個￥748。

因店內設有人數限制，人多時要等之前的人離開後才能進店。

Info

⑬ 地址：京都府宇治市菟道荒槇 19-3
電話：075-863-2022
營業時間：1000 - 1800
網址：miffykitchenbakery.jp
前往方法：毗鄰京福電鉄「嵐山」駅，近渡月橋方向。

「熱騰騰的烤丸子套餐（ほくほくお団子セット）」可以親自動手烤糰子。￥1650

可親手烤糰子的咖啡店

eX cafe 京都嵐山本店

作為能品嚐日式甜品的咖啡店，該店為日本宅院改建，食客可以一邊享受食物，一邊觀賞戶外的庭園景色。其名物「熱騰騰的烤丸子套餐（ほくほくお団子セット）」，是將糰子放在「七輪」（日式炭烤爐）上，依個人喜好燒烤享用，品嚐不同燒烤程度，以及沾醬油或紅豆，吃起來特別有趣。

該店將日本民宅改裝，即使屈居內街，但門面仍然十分亮眼。

Info

⑭ 地址：京都市右京區嵯峨天龍寺造路町 35-3
電話：075-882-6366
開放時間：1000-1800
網址：instagram.com/excafe_official
前往方法：京福嵐山線「嵐山」駅，徒步約 1 分鐘。JR 山陰本線「嵯峨嵐山」駅，徒步約 10 分鐘。

店內的「禪」套餐（30分鐘）收費￥4400，包含15分鐘綠茶足浴、15分按摩及一杯飲品。

日本傳統足浴
嵐湯 嵐山本店

　　「嵐湯」嵐山本店為京都民宅所改建，可以體驗日本傳統的足浴文化以及竹筒足部按摩。店內的服務套餐，都可以選擇30分鐘或50分鐘，價位約￥4000起。，而且會附贈的飲料，從而放鬆身心。此外，足浴時所投放的「嵐湯」獨家入浴劑，具有美肌成分，可改善足部乾裂、乾燥及瘙癢等問題，店內亦有售賣，可以買來當手信。

「嵐湯」的入浴劑具美肌成分，可改善足部乾裂、乾燥及瘙癢等問題，店內亦有零售，每包￥550。

──Info──
⑮ **地址**：京都府右京区嵯峨天龍寺造路町 35-40
　 電話：075-406-0010
　 開放時間：1200-1800
　 網址：arashiyu.jp
　 前往方法：「eX cafe」京都嵐山本店斜前方。

「油炸豆腐（厚あげ豆腐）」豆香濃郁，面層的麻醬還帶少少辛辣。￥400

無添加櫻餅
琴きき茶屋

　　早在江戶時代已於櫻花名所風折神社內開店，至昭和時代才遷至嵐山渡月橋旁，門前有巨型燈籠為記。招牌「櫻餅（櫻もち）」一共有兩款，一個是紅豆餡的道明寺米麻糬，外面以醃漬過的櫻花葉包裹；另一個則以紅豆餡包裹米麻糬，全以人手製作，絕無添加色素或防腐劑，已成嵐山名物。

至昭和時代才遷至嵐山渡月橋旁，門前有巨型燈籠為記。

「兩款櫻餅連抹茶套餐（桜もちおうす付き）」，其中櫻花葉包裹的一款，清甜中帶有鹹味。￥730

──Info──
⑯ **地址**：京都市右京区嵯峨天龍寺芒ノ馬場 1 番地
　 電話：075-861-0184
　 營業時間：1100-1630（逢周四休息）
　 網址：kotokikichaya.co.jp
　 前往方法：「渡月橋」北岸十字路口。

嵐山的車夫衣服背面寫有「嵐」字，每架人力車都
擦得亮亮，冬季會為乘客蓋上紅氈保暖。

人力車導賞之旅
惠比壽屋 京都嵐山總本店

　　嵐山一帶風光古樸雅致，相當適合乘
坐京都傳統人力車細意漫遊。而「惠比壽
（えびす）屋」正是在嵐山成立超過30
年的觀光人力車公司，目前提供7條遊覽
路線，包括最短的12分鐘渡月橋遊覽（兩
位收費￥5000），仍至最長的130分鐘
旅程（兩位收費￥41000），任君選擇，
在旺季時一車難求，記得及早預約。此外，
部份車夫更通曉中文或英文，更可沿途提
供導賞和解說。

車夫除了提供導賞，最重要是替乘客舉機拍照。

Info

17 地址：京都市右京区嵯峨天龍寺芒ノ馬場町3-24
電話：075-864-4444
營業時間：0930- 日落
網址：ebisuya.com
乘車位置：「渡月橋」北岸十字路口西側上車。

「嵐山膳」包括沙律、漬物、青じそご飯和主菜蕎麥
麵，麵身煙韌彈牙，蘸上鰹魚湯汁更滋味。￥1600

渡月橋景手打蕎麥
本店 嵐山よしむら

　　嵐山著名蕎麥麵店，收費絕不便宜，
但午市例必爆滿。使用一級蕎麥以傳統石
臼輾磨，並由專業職人全人手打麵，每位
師傅每小時只能打出20份蕎麥麵，為真
正的限量！兩層高的店子座落大堰川畔，
建築前身為日本著名畫家川村曼舟的畫
室，故一室古樸雅致，窗邊位置更能飽覽
渡月橋全景。

店子前身為京都著名畫家
川村曼舟的畫室，他就是
在這裏完成名作《嵐山春
色》。

內部仍保留昔日畫室的間
隔，地下還有展出不少藝
術作品。

Info

18 地址：京都市右京区嵐山渡月橋北詰西二軒目
電話：075-863-5700
營業時間：1100-1700
網址：yoshimura-gr.com/arashiyama
前往方法：「渡月橋」北岸十字路口西側。

「京都腐皮總匯（京の湯葉づくし）」套餐自選的手桶豆腐外，還各種的腐皮料理。¥3460

雙色格子豆腐

豆腐料理 松ヶ枝

　　豆腐是嵐山的其中一項名物，而渡月橋附近的「松ヶ枝」正是當名豆腐料理的名店之一。該店其實亦是「嵐山よしむら」集團旗下餐廳，有別於旁邊的本店主打蕎麥麵，這間則主打豆腐料理。「松ヶ枝」的名物豆腐，分為「湯豆腐」及「手桶豆腐」兩種，都包括原味及抹茶兩種口味。此外，餐點多數加入了黃豆粉或豆乳之類的，味道清爽，每道口味都不一樣！

因為是木質的日式和風建築，進入時必須脫鞋．店內還有日式庭園造景，下起雪來看起來更美。

—Info—

地址：京都市右京区嵐山渡月橋北詰西二軒目
電話：075-862-0102
營業時間：1100-1630
網址：yoshimura-gr.com/matsugae
前往方法：「嵐山よしむら」的旁邊。

%ARABICA 供應 Espresso、Macchiato、Latte 及 Americano 等咖啡。Americano ¥400（8oz）

長龍咖啡專家

%ARABICA 京都嵐山店

　　京都最人氣的咖啡店，2013年由 Kenneth Shoji 創辦。老闆在夏威夷擁有自家咖啡豆莊園，更找來世界拉花冠軍山口純一監修。現在分店愈開愈多，連香港也有多家分店。然而京都嵐山店坐擁渡月橋和大堰川美景，天天都大排長龍！

其實老闆最初在香港愉景灣開店，京都店爆紅後才回流返港。

嵐山店為素白色小屋，坐擁渡月橋和大堰川美景，天天都大排長龍！

—Info—

⑲ **地址**：京都市右京区嵯峨天龍寺芒ノ馬場町3-47
　電話：075-748-0057
　營業時間：0900-1800
　網址：arabica.coffee
　前往方法：京福電鉄（嵐電）嵐山本線「嵐山」駅，步行5分鐘；JR「嵐山」駅或阪急「嵐山」駅步行15分鐘。

船夫以長竿和船槳驅動並沿途講解。

泛舟河上賞紅葉
保津川下り

乘坐小舟順流而下，通過保津峽，直抵渡月橋畔。

起源於丹波高地的保津川全長 250 米，環繞群山奔流至嵐山，其中龜岡至嵐山一段，昔日居民利用木筏小舟運送物資，由於峽谷山水秀麗，自 1895 年即被開發成觀光遊船。

旅客從「龜岡乘船場」出發，乘坐小舟順流而下，至嵐山的渡月橋旁的「着船場」為終點，稱為「保津川下り」。全程約 16km，航程約 2 小時，船夫以長竿和船槳驅動並沿途講解。保津峽群山環繞，河水碧青，春櫻秋葉冬雪，四季景色美不勝收。還可近距離欣賞青蛙岩、獅子岩等奇岩。行程中段途經淺灘急流，水花四濺，又刺激非常。

嵐山地標
渡月橋

橫跨大堰川、全長 155 米的大橋，於平安時代承和年間（834-848 年）由弘法大師的弟子，即興建法輪寺的道昌所建造，原名「法輪寺橋」。後因龜山上皇渡橋時所賦的一句詩：「似滿月過橋般（くまなき月の渡るに似たり）」，才改名為「渡月橋」。過往橋身多次被燒毀，現在的是 1934 年所重建，外面是復古的木圍欄，其實內部為鋼筋混凝土構造。

古樸的復古木橋，跟背後的嵐山山巒景緻互相融合，構成如詩美景。

—Info—

20 **乘船處：**龜岡乘船場
地址：京都府龜岡市保津町下中島 2
電話：0771-22-5846（保津川遊船企業組合）
航班：0900-1500 每小時一班
　　　（12 月 29 日 -1 月 4 日休息）
航程：約 2 小時
船費：成人￥4500、小童￥3000
網址：hozugawakudari.jp
前往方法：（龜岡乘船場）
1. 嵯峨野トロッコ列車「龜岡」駅下車，設有接駁巴士往龜岡乘船場，車費￥310，車程約 15 分鐘。
2. JR 嵯峨野線「龜岡」駅北出口，徒步約 8 分鐘。

—Info—

21 **前往方法：**京福電鉄（嵐電）嵐山本線「嵐山」駅步行 5 分鐘；JR「嵐山」駅步行 15 分鐘；或阪急「嵐山」駅步行 10 分鐘。

「大沢池」仿照中國的洞庭湖而建，中央築有天神島，為日本最古老的人工林泉池。

最古老泉池
大覚寺

全稱為「舊嵯峨御所大覺寺門跡」，自公元 876 年由嵯峨天皇的離宮改建而成，故又名嵯峨御所，歷代住持皆由法親王擔任，是日本歷史最悠久的皇族寺院。屬真言宗大覺寺派的大本山，山號「嵯峨山」，本尊不動明王為中心之五大明王。

寺內的「大沢池」是仿中國洞庭湖而建的庭園，為日本最古老的人工林泉池，春櫻秋楓景致皆美，夏天還有觀賞嵯峨菊的盛會舉行，而自安平時代起，每年中秋更會舉辦盛大的觀月祭。由於大覺寺為嵯峨御流花道的發源地，故寺內隨處可見別緻的插花作品，瀰漫着高雅的的皇室氣派。

「勅使門」重建於嘉永年間 (1848-1854)，前方白砂中央還建有石舞台。

勅封心經殿，八角堂式設計，內部祀奉有 6 位天皇所書的心經，已登錄成日本指定文化財產。

寺內的正寢殿、御影堂、五大堂等都有迴廊相連，稱之為「村雨の廊下」。

Info

㉒ 地址：京都市右京区嵯峨大沢町 4
電話：075-871-0071
開放時間：0900-1700 (最終入場 1630)
參拜費：￥500
網址：daikakuji.or.jp
前往方法：
1. JR 嵯峨野線「嵯峨嵐山」駅徒步約 15 分鐘。
2. 京福電鉄「嵐山」駅前乘京巴士 (京 Bus) 61、62、64、71、72 或 74 號於「大覚寺」下車。

「飛竜頭（ひろうす）」外層是碎豆腐混合甘筍、黑木耳等，內層則是鮮百合和銀杏，每個¥292。

一吃難忘「飛竜頭」
嵯峨豆腐 森嘉

湯豆腐乃嵯峨野名物，清涼寺附近的「森嘉」正是當地著名的豆腐工場，連日本大文豪川端康成，也曾把它寫進名作《古都》中，因此聲名大噪！創業超過160年，其手工豆腐以嵯峨野甘甜的地下水，配合傳統石臼揄磨大豆製成，口感醇厚、豆味濃郁，主要供應附近的高級料理旅館。旅客必試名為「飛竜頭（ひろうす）」的招牌，新鮮現炸的豆腐球，包裹着清甜的銀杏和鮮百合餡，絕對一吃難忘！

早上開門不久已排着長長的人龍。

森嘉為豆腐工場，供應白豆腐、油豆腐、燒豆腐等。

Info

㉓ **地址**：京都市右京区嵯峨釈迦堂藤ノ木町42
電話：075-872-3955
營業時間：0900-1700（逢周二、三休息）
網址：sagatofu-morika.co.jp
前往方法：JR嵯峨野線「嵯峨嵐山」駅北口下車，徒步約12分鐘，毗鄰「清涼寺」。

成千上萬沒名沒姓的石佛和石塔，都集中於寺內的「西院の河原」，有一種說不出的荒涼和淒美！

8000 無緣佛滿山
化野念仏寺

「化野念佛寺（あだし野念仏寺）」原是「無緣佛」（無人認領遺骸）的亂葬崗，因寺內置滿超過8000座石塔和石佛而聞名，極之壯觀，每逢秋季紅葉滿山，更吸引大批攝影迷前來。據說，弘法大師某日路過化野，見骸骨散落荒野景象淒涼，於是建寺埋葬，留下無數沒名字的石塔和石佛為墓。直至明治中期，當地一名僧人得到村民協助，將石塔、石佛集中一處，並安置釋迦說法佛像，為孤魂祈求安息。每年8月最後一個周六及周日，更會舉行名為「千灯供養」的祭祀儀式。

「六面体六地藏尊」，六角形設計，每一面的地藏動作都不一樣。

Info

㉔ **地址**：京都市右京区嵯峨鳥居本化野町17
電話：075-861-2221
開放時間：0900-1630
參拜費：¥500
網址：nenbutsuji.jp
前往方法：嵯峨野観光鉄道「トロッコ嵐山」駅沿山路北行約20分鐘；京バス（京Bus）72號，於「鳥居本」下車。

免費參觀傳統町家
嵯峨鳥居本町並み保存館

　　築有茅草屋頂的「茅葺屋」跟嵯峨的美景融合，已被列為國家重要傳統建築群保存地區。其中一棟閒置的町家更改建成「保存館」，展出昔日農家的生活用品。

━━Info━━

㉕ 地址：京都市右京区嵯峨鳥居本仙翁町 8
電話：075-864-2406
開放時間：1000-1600（逢周一休息）
入場費：免費
前往方法：鄰近「あだし野念仏寺」。

深山靚茶寮
平野屋

「志んこ」三色糯子味道清淡，味道來自黃豆粉和黑糖，附抹茶￥880。

　　創業於江戶時代的茶屋，因位處「一の鳥居」旁邊，成為到愛宕山各神社參拜善信們的休息地。現在已變成貴價的鯰魚料理店，但白天仍是為善信服務的傳統茶屋。名物「志んこ」原是當地的祭祀食品，造成抹茶、黑糖和原味的三色糯子，吃時伴以黃豆粉和原粒黑糖。

━━Info━━

㉖ 地址：京都市右京区鳥居本仙翁町 16
電話：075-861-0359
營業時間：1130-2100
網址：ayuchaya-hiranoya.com
前往方法：「あだし野念仏寺」與「愛宕念仏寺」之間的愛宕街道上，鄰近「嵯峨鳥居本町並み保存館」。

一尊接一尊表情祥和的羅漢平排而置，看得人心景平和，這就是寺院當初徵集羅漢的原因。

1200 笑羅漢
愛宕念仏寺

　　別名「千二百羅漢の寺」，本尊為「厄除千手観音」，因寺內置有 1200 尊石造羅漢而聞名，每尊表情各異，有肥有瘦，部分長滿青苔，大多令人會心微笑。寺院相傳由聖武天皇的母親建於 8 世紀，但久經荒廢，直至 1955 年清水寺貫主大西良慶的推動，才得以復興。而石羅漢的出現，則始於昭和 56 年（1981 年），寺內發起雕刻羅漢徵集活動「昭和の羅漢彫り」，來自全國各地善信紛紛送來親手雕刻的石羅漢，最初目標為 500 尊，怎料 10 年後卻多達 1200 尊，變成寺院的景點。

本堂為鎌倉中期重建，現已被日本政府列為重要文化財產。

━━Info━━

㉗ 地址：京都市右京区嵯峨鳥居本深谷町 2-5
電話：075-285-1549
開放時間：0800-1630
參拜費：￥300
網址：otagiji.com
前往方法：京バス（京 Bus）72 號，於「愛宕寺前」下車。

421

避暑山莊

きぶね／Kibune

貴船、鞍馬

くらま／Kurama

6

12

1

16

9

14

交通

京都「出町柳」駅轉乘叡山電車鞍馬線至「貴船口」駅轉乘「京都バス（巴士）」33番至「貴船」；或乘叡山電車鞍馬線，至終站「鞍馬」駅。

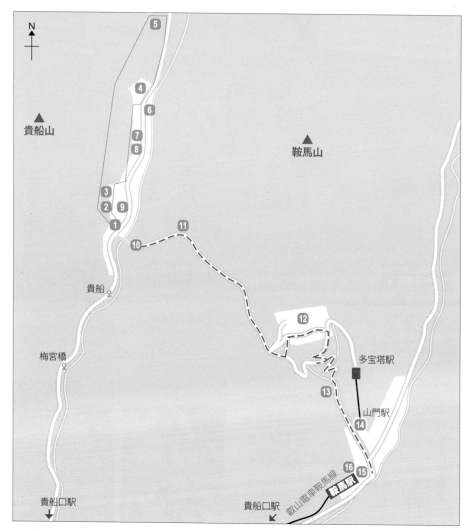

N

貴船山

鞍馬山

貴船

梅宮橋

多宝塔駅

山門駅

貴船口駅

貴船口駅

叡山電車鞍馬線

鞍馬駅

1 貴船神社
2 水占齋庭
3 本宮
4 中宮結社
5 奥宮
6 ひろ文
7 貴船倶楽部
8 貴船茶屋
9 鳥居茶屋

10 木の根道
11 奥の院魔王殿
12 鞍馬寺
13 由岐神社
14 鞍馬山鋼索纜車
15 多聞堂
16 鞍馬山大天狗

每天日落至 2000，本宮參道的春日灯篭都會點燈，夜景更美。

通往本宮參道有 87 階石級，兩旁有一整排朱紅色的木燈籠，跟翠綠的古樹形成對比，美不勝收，名為「春日灯篭」。

結緣靈神
貴船神社

具體創建年分不詳，至少 1,600 年歷史，為日本全國 450 座貴船神社的總本社，也是賞紅葉名所及「繪馬」的發源地。神社分為本宮、中宮 (結社) 和奧宮，分佈山上不同位置。主祭水神「高龗神」和「闇龗神」，掌管姻緣和降雨，自古已是祈求姻緣的勝地，深受善男信女愛戴。本宮參道石階兩旁有一整排紅燈籠，秋季紅葉層林盡染、寒冬則白雪覆蓋，構成如詩美景，已成貴船地標。

貴船神社是日本繪馬的發源地，本宮境內有黑色的銅馬，以及白色的石馬雕像。

「繪馬」由來

古時天皇向水神祈求降雨，會奉獻黑馬祭祀；祈求天晴則獻上白馬。因馬匹昂貴，平安時代後便改以繪上馬匹圖案的木板代替，變成現今的「繪馬」。

提提你

貴船神社的繪馬有多款圖案和形狀，每年都有新設計，還有節日限定。

貴船神社的御守款式選擇更多，最受歡迎當然是祈求姻緣的「結緣御守」。

Info

① **地址：**京都市左京区鞍馬貴船町 180
電話：075 - 741 - 2016
開放時間：0600-1800 (5 月至 11 月至 2000)
社務所 0900 - 1700
網址：kifunejinja.jp
前往方法：叡山電車「貴船口」駅，轉乘 33 番京都巴士至「貴船」駅，再步行 5 分鐘即達本宮。若從「貴船口」駅步行往本宮，需時約 40 分鐘。

紙籤放在「水占齋庭」水面上，籤文即慢慢顯現。

必求！水籤占卜
水占齋庭

　　主祭水神的貴船神社，擁有特別的水籤占卜「水占みくじ」。空白的紙籤浸水後即顯現籤文，深受年輕女生歡迎。不用擔心看不懂日文，最新紙籤還有 QR code，掃描即有中、英籤文解說！

水籤除了末吉、小吉等等級，還有戀愛、學問、旅行等詳細運勢分析。

―― Info ――
2 **位置：**沿貴船神社「本宮」石階直上即至。

中宮結社殿內祭祀的是戀愛之神的「磐長姬命」。

戀愛之神
中宮

　　又名「結社」，主祭結緣之神「磐長姬命」。平安時代詩人和泉式部，在此以和歌祈願，終與夫君破鏡重圓而聞名。

名為「相生の杉」的御神木，過千年樹齡的同根生杉樹，有白頭皆老之意。

―― Info ――
4 **位置：**貴船神社「本宮」往北徒步約 7 分鐘即達。

本殿建築神聖而宏偉，參拜者眾，經常大排長龍。

能治百病「御神水」
本宮

　　主祭水神，歷代天皇都會前來祈求降雨或天晴。此外，本宮天然湧出的「御神水」據說靈力極高、能治百病。

「御神水」據說靈力極高、能治百病，遊客可以自備瓶子裝入泉水。

―― Info ――
3 **位置：**「水占齋庭」旁邊。

本殿小巧而古樸，四周被古杉包圍，據說磁場非常高，被視為 power spot。

貴船神社發源地
奧宮

　　原為貴船神社的本宮，座落最高位置，傳說是日本初代神武天皇母親「玉依姬命」乘坐黃船着陸的所在地，境內的船型石相傳正由黃船化成。

―― Info ――
5 **位置：**貴船神社「中宮」往北徒步約 6 分鐘即達。

★I Can
Tips

1. 流水麵供應期，請於出發前先查詢官網。
2. 通常中午過後便派完籌，建議開店前去到，拿籌後再往貴船神社遊玩便剛剛好。

食客面向貴船川美景，細白的素麵隨竹子流水滑下，即使吃不飽也透心涼！每位￥1700。

貴船唯一「流水麵」
ひろ文

「流水麵」（流しそうめん）在京都為貴船獨有！「ひろ文」乃貴船的料亭旅館，座落山上最高位置，下車後還得走 15 分鐘上山。要吃麵，須先付款每位￥1700，然後拿到號碼牌，然後再等上 2、3 小時才能入座。但號碼牌中午過後便派完，必須及早前往。而吃麵時間只有 15 分鐘，於溪邊架置竹子做成的滑道，細白素麵隨流水緩緩滑下，旁邊食客用筷子順勢夾起食用，好玩又消暑，等多久也值得。

「ひろ文」是貴船的料亭兼旅館，每年夏天除了「流水麵」外，也有供應「川床料理」。

Info

6 **地址：** 京都市左京区鞍馬貴船町 87
電話： 075-741-2147
營業時間： 每年 5-9 月 1100-2100
　　　　　　（當天 1000 下雨的話休息）
網址： hirobun.co.jp
前往方法： 叡山電車「貴船口」駅，轉乘 33 番京都巴士至「貴船」駅，再步行約 15 分鐘。

「流水麵」流程：

1 先在接待處排隊拿號碼籌並付款，每位￥1700，再依店員指定的時間返回。

2 號碼籌特別以紙扇做，方便食客等候時扇風，還有不同語文的吃法介紹。

3 進店後還得坐在川床等叫號，之後每 10 人一組入座，每組限時 15 分鐘進食。

4 兩排各 3 條竹滑道，基本上每人選定一條，記得坐上游的要留手給下游。

5 每人有一份麵汁、山葵（わさび）和抹茶蕨餅（わらび餅）。

6 鐘聲響起，素麵即隨流水滑下，每人大約可吃到 6 至 8 箸麵，其實是不夠飽的。

7 蘸上麵汁即可食用，最後一輪更會換成梅子素麵。

特製 Pancake（パンケーキ）軟綿的鬆餅配上香濃雪糕、忌廉和紅豆蓉，份量豐富。

貴船唯一 Cafe
貴船倶楽部

貴船罕有的洋式 Cafe，也是著名高級川床料亭「右源太」的姊姊店。由村野藤吾所設計的杉木屋，落地玻璃外牆更將貴船美景引入室內。主打各式甜點輕食，以及貴船川水泡的咖啡。

―Info―

⑦ 地址： 京都市左京区鞍馬貴船町 76
電話： 075-741-3039
營業時間： 1100-1800
網址： ugenta.co.jp
前往方法： 貴船神社「本宮」與「中宮」之間。

川床料理必備烤鮎魚、天婦羅和素麵。

納涼川床料理
貴船茶屋

夏季的京都以悶熱聞名，「貴船茶屋」於是在河溪上架起納涼床人供應「川床料理」。每年 5 至 9 月期間，提供的川床料理價位 ￥7700 至 ￥16500，然而 5 月限定的迷你會席只要 ￥5500，值得推介！

―Info―

⑧ 地址： 京都市左京区鞍馬貴船町 69
電話： 075-741-2148
營業時間： 1030-1900（最終入店 1700）
網址： kibunejaya.jp
前往方法： 貴船神社「本宮」與「中宮」之間。

名物「香魚茶泡飯」
鳥居茶屋

貴船川料亭附設的茶屋，招牌「あゆ茶漬け」（香魚茶泡飯）每碗 ￥1900，將川床料理必備的「鮎魚」白燒後再以山椒炊煮一整天，味道鹹香甘甜，風味獨一無二。其餘推介還有玉子丼、湯豆腐等，午市還有價值 ￥8470 的會席料理。

「香魚茶泡飯（あゆ茶漬け）」先吃魚飯，再攪碎香魚倒入茶湯做成泡飯。每碗 ￥1900。

除了納涼床外，料亭樓高兩層，設有榻榻米和室。

―Info―

⑨ 地址： 京都市左京区鞍馬貴船町 49
電話： 075-741-2231
營業時間： 1100-1600（逢周二休息）
網址： toriijaya.com
前往方法： 貴船神社「本宮」參道旁邊。

其中一段山徑，地上樹根盤根錯節，名為「木の根道」，傳說牛若丸便在此邂逅天狗。

木の根道

毗鄰而立的貴船和鞍馬，乃京都熱門的登山路線。從貴船神社出發，經過奧の院後再沿「木の根道」山徑東走，逐一經過鞍馬寺本殿、由岐神社等，抵達鞍馬駅；亦可反方向自鞍馬出發抵達貴船。全程約 5.5 公里，需時約 2 小時，沿途綠陰如蓋，涼風陣陣又好走。

跨過鞍馬寺西門前鮮紅色的「奧ノ院橋」便是山路。

穿過鞍馬寺的西門，即為通往鞍馬的登山徑。

---Info---

🔟 **路線**：貴船神社→鞍馬寺西門→奧の院魔王殿→木の根道→鞍馬寺本殿→由岐神社→鞍馬寺仁王門→鞍馬駅

全長：約 5.5km

需時：約 1.5 - 2 小時

難度：☆☆☆

魔王殿四周被茂密的樹叢包圍，感覺有點陰森！

外星人神社
奧の院魔王殿

「奧の院魔王殿」位於鞍馬山西側山腰的一處奇岩上，四周被茂密的樹叢包圍，感覺有點陰森！供奉的「護法魔王尊」，相傳是650 萬年前從金星來到地球的外星人，是著名的能量景點（Power spot）。

前往「奧の院魔王殿」的路上是無盡的登山石級，幸好沿途古樹參天，即使盛夏亦不覺悶熱。

「奧の院魔王殿」與「鞍馬寺本殿」之間，會經過僧正が谷的「不動堂」，是山上另一能量景點。

---Info---

⓫ **地址**：京都市左京區鞍馬本町

前往方法：從貴船神社「本宮」徒步前往，需時約 25 分鐘。

鞍馬寺依山而建，從仁王門徒步到本殿金堂，需時約 30 分鐘。

本殿金堂前的金剛床，被譽為最強能量點，據說只要站在除魔護符「六芒星」中心，張開兩手高舉，即可獲得「宇宙能量」。

修行能量寺
鞍馬寺

　　770 年由僧人鑑禎上人創立，自成佛教一宗，屬鞍馬弘教的總本山，山號「鞍馬山」，本尊毘沙門天王、千手觀世音、護法魔王尊之三身一體的「尊天」。因「源義經」（幼名牛若丸）少年時曾在此修行而家傳戶曉，也是「鞍馬天狗」傳說的由來。山上擁有許多神秘傳說，自古吸引名人來冥想修行，而本殿金堂前的金剛床，更是京都著名的能量景點（Power spot）。

穿過仁王門會見到「観音・還淨水」，善信都排隊澆水為菩薩淨身。

普明殿附近的「童形六体地蔵尊」，每個表情不一，樣子可愛。

「九十九折參道」是從由岐神社通往本殿的山徑，九曲十三灣，走畢約 20 分鐘。

「仁王門」為鞍馬寺的山門，門前置有「阿吽の虎」，樓內則有仁王像。

Info

⑫ **地址**：京都市左京区鞍馬本町 1074
電話：075-741-2003
開放時間：0900-1615
參拜費：愛山費￥500
網址：kuramadera.or.jp
前往方法：叡山電車「鞍馬」駅，徒步約 5 分鐘可達「仁王門」。

本殿和拜殿由豐臣秀賴再建，有桃山時期的特徵，屬日本重要文化指定財。

「鞍馬山鋼索纜車（ケーブル）」車廂取名「牛若號」，全程只 2 分鐘！

火祭名寺
由岐神社

鞍馬寺的鎮守社，天慶 3 年（940 年）由朱雀天皇命名創建，主祭符咒之神「大國主命」和醫藥之神「少彦名命」，因京都三大奇祭之一、每年 10 月 22 日的「鞍馬の火祭」而聞名。

登山纜車
鞍馬山鋼索纜車

「鞍馬山鋼索纜車（ケーブル）」連接鞍馬寺山門，至山腰附近的「多宝塔」，車廂取名「牛若號」，全程只 2 分鐘，每隔 15 至 20 分鐘一班，若有老人家同行大可乘搭。

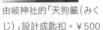
由岐神社的「天狗籤（みくじ）」設計成匙扣。￥500

800 年樹齡的大杉木，相傳誠心祈求能達成心願。

纜車每隔 15 至 20 分鐘一班，若有老人家同行大可乘搭。單程車費成人￥200、小童￥100。

由岐神社位於鞍馬寺境內，依山勢而建，入口處有水手舍和鳥居。

山門駅位置就在山門附近的「普明殿」。

— Info —

⑬ 地址：京都市左京区鞍馬本町 1073
電話：075-741-1670
開放時間：0900 - 1500
網址：yukijinjya.jp
前往方法：從仁王門步行約 6 分鐘。

— Info —

⑭ 營運時間：山門駅（上行）0840-1630
　　　　　　（6 至 8 月 0840-1700）
　　　　　　多宝塔駅（下行）0845 - 1635
　　　　　　（6 至 8 月 0845-1705）
票價：單程每位 成人￥200、小童￥100

鞍馬名物「牛若餅」，每個¥140。

第二代「大天狗」的造型，出自日本殿堂級漫畫家竹宮惠子手筆，乃打卡必影。

名物牛若餅
多聞堂

鞍馬駅附近的和菓子老舖，專售鞍馬名物「牛若餅」， 軟糯煙韌的糯米皮透薄非常，包住名為「栃の実」的豆泥餡，綿密清甜，還有抹茶味的「蓬糰子（だんご）」。

「牛若餅」用糯米皮包住名為「栃の実」的豆泥餡，綿密清甜。

「多聞堂」是鞍馬駅附近的和菓子老舖。

┌─── Info ───
⑮ **地址**：京都市左京区鞍馬本町 235
　　電話：075-741-2045
　　營業時間：1000-1700（逢周三休息）
　　前往方法：叡山電車「鞍馬」駅附近。

守護鞍馬
鞍馬山大天狗

鞍馬山是「鞍馬天狗」傳説的發源地，傳説長有紅色臉長鼻子的天狗，其實是山上修行的高僧。《義經》中的大天狗是鞍馬山僧正坊，化身為鬼一法眼，傳授牛若丸一身武藝。初代「大天狗」始建於2002 年，是鞍山駅的打卡點。及後因沉重的積雪致使其鼻子折斷，於是自2019 年推出第二代「大天狗」，其造型更出自日本殿堂級漫畫家竹宮惠子手筆。

2021年增設「緣の石」作為與「大天狗」的打卡定點，可站在上面拍照。

看似平平無奇的「緣の石（えんのいし）」，卻是建造日本庭園不可或缺的重要石頭「鞍馬石」。

┌─── Info ───
⑯ **位置**：鞍馬駅前

零散地區景點

きょうと / Kyoto

京都周邊

5

9

2

6

1

3

432

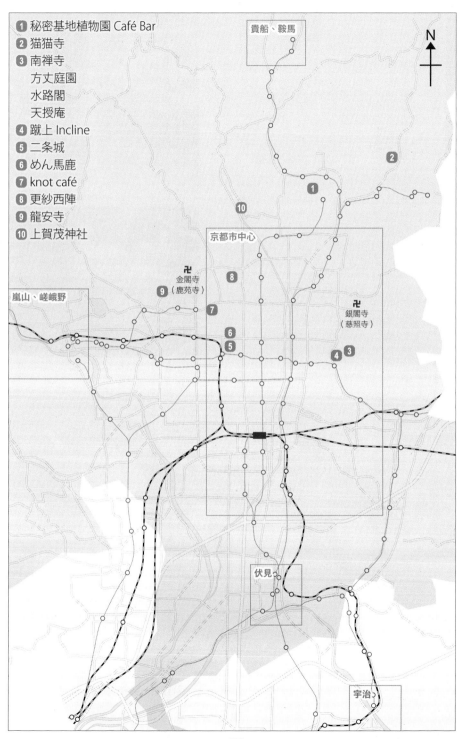

1 秘密基地植物園 Café Bar
2 猫猫寺
3 南禅寺
　方丈庭園
　水路閣
　天授庵
4 蹴上 Incline
5 二条城
6 めん馬鹿
7 knot café
8 更紗西陣
9 龍安寺
10 上賀茂神社

賀船、鞍馬

N

京都市中心

卍
金閣寺
（鹿苑寺）

卍
銀閣寺
（慈照寺）

嵐山、嵯峨野

伏見

宇治

異世界叢林
秘密基地植物園
Café Bar

這間充斥自然狂野風格的餐廳，最先是被日本當地喜歡拍攝「異世界般奇妙風景」的攝影師注意到，在他拍下一系列照片並發布後，隨即被日本網上媒體「ねとらぼ」跟進報導，自此便廣為人知，成為最新的打卡勝地之一。店家有意打造「在別家店看不到的氛圍」，因此收集來自世界各地的植物、生物標本等等，讓整間咖啡廳充滿花草水果的鮮豔色彩。而其菜單也相當特別，美味之餘賣相亦相當誇張。

期間限定的水果特飲，每次去都有新口味。

這間奇珍植物專門店是最新打卡勝地。

Info

1 **地址**：京都市左京区岩倉東宮田町 66
電話：075-286-3631
營業時間：1200-1600、1800-2200
網址：instagram.com/sekaichizuo
前往方法：地下鉄烏丸線「国際会館」駅出口 2，往西直行約 15 分鐘。

一如其店名，誰店的門面如同森林，一進店內就是秘密基地的模樣。

該店的餐點每天不同，價位每份大約 ¥1600。而已限坐 2 小時，有每人最少點一杯飲品的最低消費。此外，餐牌為店長全日文手寫，最好略懂日文或準備好查字典。

同堂兩個祭壇，左邊的是日本神社擺設，而右邊則是日本佛寺擺設。雖然並非真有其神其佛，但製作卻一絲不苟，十分專業講究。

愛貓之人的主題樂園
貓貓寺

　　「貓貓寺」是近年極具人氣的打卡點，日本的電視和雜誌亦經常採訪。這間由加悅徹一家共同經營的寺廟型美術館，店主本身是專業的神社寺廟壁畫師，妻子加悅順子為手作雜貨達人，兒子加悅雅乃及媳婦加悅愛菜都是累獲獎項的藝術家。正因一家都愛貓成癮，店主便以本身的專業技術將民宅改裝，牆上的壁畫皆出自加悅雅乃手筆。而其雜貨店更出售過百種貓精品，貓迷實在不容錯過！

若在寺內購買餐點的話，可以選擇在貓吧枱用餐。

運氣好遇上「貓主持」出巡，還有機會抱抱。

寺外設有餐車及露天茶座，供應輕食及咖啡。

寺內展出曾獲 2017 年藝術大賞的「招財貓」作品。

┌─ Info ─┐

❷ 地址：京都市左京区八瀬近衛町 520
電話：075-746-2216
營業時間：1100-1700（逢周二休息）
網址：nyannyanji22.www2.jp
前往方法：京都駅乘巴士（バス）17 系統，於巴士站（バス停）「神子ヶ渕」下車，再前行約 3 分鐘即至。

「三門」樓高 22 米，於 1628 年建成，代表空門、無相門及無願門，跟知恩院的三門及東本願寺的御影堂門，合稱「京都三大門」。

日本禪寺精粹
南禅寺

登上三門樓，可飽覽整個南禪寺，以至京都全市風景。

1291 年由龜山天皇創建，為臨濟宗南禪寺派的大本山，正式名稱為「瑞龍山大平興國南禪禪寺」，山號瑞龍山，正尊釋迦如來。地位崇高，被奉為京都五山及鎌倉五山之上。佔地極廣，規模宏偉，寺內名勝與珍品處處，更擁有多個極具代表性的日本庭園，其中大方丈庭園，被譽為枯山水庭園的代表作，盡見日本禪寺的精華。但寺中賞楓名所「南禪院」因修葺，暫停開放至 2025 年。

方丈的枯山水庭園稱為「虎子渡河」，由小堀遠州所作，被譽為江戶初期枯山水庭園的代表作。

方丈庭園

大方丈庭園稱為「虎子渡河」，以白砂作海洋，花草象徵人間天堂，砂海中的兩塊石頭，正是老虎帶着幼虎前往人間淨土。沿着迴廊欣賞庭園，造景多變，意景深遠。

砂海中的兩塊石頭，象徵老虎帶領幼虎，前往人間淨土。

Info

3　**地址：**京都市左京区南禅寺福地町 86
　電話：075-771-0365
　開放時間：12 月至 2 月 0840-1630；3 月至 11 月 0840-1700
　參拜費：境內免費；方丈庭園￥600、三門￥600
　網址：nanzenji.or.jp
　前往方法：地下鉄東西線「蹴上」駅出口 1，徒步約 10 分鐘；市內巴士站（バス停）「南禪寺永觀堂道」下車，徒步約 3 分鐘。

每到秋天，紅葉加上水路閣的
紅磚牆，即成 IG 的打卡熱點！

水路閣

　　「水路閣」，建於明治時代的疏水道，
將琵琶湖的湖水送往京都。長達 93 米，
設計參考自古羅馬，以紅磚砌成拱橋。

「天授庵」乃賞楓名所。

天授庵

　　「天授庵」是
南禪寺內其中一個
造景庭園，設有枯
山水和池泉回遊式
庭園，乃賞楓名
所。每年到了秋天，被紅葉包圍的枯山水
庭園，更是吸引許多攝影愛好者前往。

沿着迴廊欣賞庭園，造景
多變，意景深遠。

─Info─
地址： 京都市左京区南禅寺福地町 86-8
電話： 075-771-0744
營業時間： 0900-1630
參拜費： ￥500
前往方法： 南禪寺境內。

鐵路早在 1948 年停運，荒廢的舊車站，現在卻成
了賞櫻熱點。

蹴上傾斜鐵路
蹴上 Incline

　　原為明治 23 年 (1890 年) 通車的「京
都市電」蹴上線的一段，用以輔助琵琶湖
疏水道的貨運，全
長 582 米，高低落
差達 36 米，乃世界
上最長的傾斜鉄道。
1948 年停運後，僅
剩下南禪寺到蹴上
駅之間一段鐵道遺
蹟，夾道種了近百
株櫻花樹，近年成
為網美的打卡熱點。

筆直的舊路軌，沿途鋪
滿精緻石板路和細石，
拍照打卡一流。

蹴上傾斜鐵路，就藏身紅磚牆拱型隧道上面。

─Info─
④ **地址：** 京都市東山区東小物座町 339
前往方法： 地下鉄東西線「蹴上」駅 1 號出口，
　　　　　　徒步 3 分鐘。

唐門，二の丸御殿的入口，從伏見城轉移過來，作為後水尾天皇駕臨的玄關，
門上飾有皇室的菊花御紋，以及龍、鶴等吉祥動物，被列為重要文化遺產。

幕府權力象徵
元離宮二条城

由幕府第一代將軍德川家康於 1603
年下令興建，作為繼後將軍造訪京都時的
居所，但真正用意是向京都御所（皇宮）
顯示幕府的權力。日本近代史中最重要的
事件「大政奉還」，亦在二条城發生。

建有東西約 500 米、南北約 400 米
的圍牆。主要建築為本丸御殿和二の丸御
殿，以展現桃山時代建築之美而聞名，其
中「二の丸」被譽為國寶，內部富麗堂皇，
藏有大量狩野派畫
家的名畫，雕樑畫
棟、金碧輝煌。城
內擁有 3 個庭園，
共種植了 360 株櫻
花，品種多達 45
種，乃京都著名的
賞櫻及紅葉名所，
1994 年更被聯合國
列為世界文化遺產。

二の丸的地板名為「鶯聲
地板」，行走其上會發出
黃鶯般的「唧唧」聲，刺客
入侵時能發出警報。

「二の丸」御殿以華麗精緻見稱，其中的「一の間」，
正是第 15 代將軍德川慶喜發表《大政奉還》的地方。

二の丸庭園，以招待
當時駕臨的後水尾天
皇，又稱為「八陣之
庭」。水池中央建有
蓬萊島，左右兩邊則
為鶴島與龜島。

Info

5 **地址**：京都市中京区二条通堀川西入
　　　二条城町 541
電話：075-841-0096
開放時間：0845-1600
　　　　（每年 1、7、8、12 月逢周二休息）
　　　　（12 月 26 日至 1 月 3 日休息）
入場費：成人￥1300、中學生￥400、
　　　　小學生￥300
網址：nijo-jocastle.city.kyoto.lg.jp
前往方法：地下鉄東西線「二条城前」駅出口 1；
　　　　市內巴士站（バス停）「二条城前」下
　　　　車即達。

當滾油倒下，瞬間火光熊熊，火勢猛到無法直視！

京都噴火拉麵
めん馬鹿

「噴火拉麵店」位於二条城附近。所謂「噴火拉麵」是老闆宮澤雅道 30 年前所創的「蔥花拉麵（ねぎらーめん）」，吃前淋上燒熱的滾油，既能增添蔥香、又有視覺效果。入座時記得要選吧台位置，進食步驟和守則包括：請束起瀏海、全程必須穿着紙圍裙、不能觸碰麵碗、不能自拍、不可逃跑等等。一切準備就緒，老闆就將超過攝氏 300 度的滾油，倒入你面前的拉麵碗中，瞬間冒起熊熊烈火，火焰直衝天花，若不是老闆事前警告，真想拔足逃跑！

噴火拉麵即「蔥花拉麵（ねぎらーめん）」，選用京都最高級的「九条蔥」，每碗￥2000。

Info
6 **地址：**京都市上京区南伊勢屋町 757 - 2
電話：075-812-5818
營業時間：1100-1400、1700-2100
　　　　　　（逢周二休息）
網址：fireramen.com
前往方法：JR 山陰本線「二条」駅出口 1，徒步 15 分鐘；或地下鉄東西線「二条城前」駅 1 或 2 番出口，徒步 10 分鐘。

話題玉子漢堡
knot café

由一棟倉庫改建，以連結京都與紐約為主題，招牌「玉子燒漢堡」賣相可愛，一推出即 IG 爆紅。還有日本獨家的紐約名店「Café Grumpy」的咖啡。

蛋卷漢堡（出し巻きサンド）每個￥363。

該店由倉庫改建而成。

Info
7 **地址：**京都市上京区今小路通七本松西入東今小路町 758 - 1
電話：075-496-5123
營業時間：1000-1800（逢周二休息）
網址：knotcafe-kyoto.com
前往方法：市內巴士站（バス停）「上七軒」下車，「LAWSON」旁小巷進入即達。

浴場 Cafe
更紗西陣

鞍馬口駅一帶有很多舊式「錢湯」（澡堂），其中咖啡店「更紗（さらさ）西陣」由一間 80 年歷史的「錢湯」改建，外形十足《千與千尋》中的大浴場，內裝仍殘留澡堂間隔，甚受文化界寵愛。

咖啡店由 80 年歷史的「錢湯」改建，門口有宏偉的唐破風。

當天 Cake Set 為菠蘿芝士蛋糕配飲品。￥1100

Info
8 **地址：**京都市北区紫野東藤ノ森町 11-1
電話：075-432-5075
營業時間：1130-2100（逢周三休息）
網址：cafe-sarasa.com
前往方法：地下鉄烏丸線「鞍馬口」駅出口 2 右轉入鞍馬口通，往西直約 20 分鐘。

方丈石庭長 30 米、闊 10 米，以低矮的圍牆圍繞，細細的白砂被砂耙梳出工整的「同心波紋」，15 顆石頭外有青苔鑲邊，正是枯山水庭園抽象美的展現。

悟道石庭園
龍安寺

原是貴族的別墅，在平安時代的 1450 年改建為禪寺，屬臨濟宗妙心寺派，山號大雲山，本尊釋迦如來。寺內的「方丈石庭」，被譽為枯山水庭園的經典，1975 年英女王伊麗莎伯二世訪問日本時，也曾主動要求造訪，令石庭聞名世界，1994 年終被聯合國列為文化遺產。

每位參觀龍安寺的旅客，一定會做的是到方丈庭園數石頭。「方丈」即寺院主持的住處，石庭呈長方形，細細的白砂中依 5、2、3、2、3 的數目組合擺設了 15 顆石頭。有趣的是，無論從任何角度觀看，總只能看到 14 顆。

「日本庭園」解碼

依循日本神道教、佛教或禪宗哲學思想而佈局的庭園，強調人與自然的關係，通過修剪過的常綠樹、有耙紋的白砂、踏石、水池、石燈籠，甚至青苔，創造出充滿禪味的意境，以作冥想和沉思之用。庭園擁有多種佈局，最出名首推「枯山水」，以砂石象徵大海，石塊代表山或島嶼，沙面以砂耙梳出工整的「同心波紋」，以表現水的流動。

提提你

旅客都坐在走廊上靜心觀賞，忘卻自身和時間，投入砂海的無盡意景中。

方丈後方置有「蹲踞」，為日本茶道淨手用的水缽，外形像中國的古錢。

方丈外面是水平如鏡的「鏡容池」，池畔步道紅葉夾道，美不勝收。

Info

9 **地址：**京都市右京区龍安寺御陵下町 13
電話：075-463-2216
開放時間：0830-1630（3 至 11 月 0800-1700）
參拜費：成人￥600、高中生￥500、
　　　　　初中及小學生￥300
網址：www.ryoanji.jp
前往方法：嵐電「龍安寺」駅，徒步約 10 分鐘；
　　　　　京都駅乘巴士（バス）50 系統，於巴
　　　　　士站（バス停）「立命館大学前」下車，
　　　　　徒步約 7 分鐘。

朱紅色的樓門散發平安時代的貴族氣派，樓前的玉橋圍起結界，一般人不能踏橋而過，必需從旁邊繞道進入參拜。

京都三大古社
上賀茂神社

座落鴨川上游的「賀茂川」旁邊，始建於 678 年，正式名稱為「賀茂別雷神社」，與松尾大社、伏見稻荷大社並列京都三大古老神社。原為日本古代貴族、兼平安時代陰陽師之祖「賀茂氏」一族的神社，主祭雷大神，以消除厄運見稱。社內擁有 34 棟建築物，其中正殿和「權殿」屬國寶級文物，1996 年更成為世界文化遺產。每年 5 月 15 日與下鴨神社一同舉辦的「葵祭」，重現平安京時代天皇前祭祀的盛況。

細殿前有兩堆圓錐狀的「立砂」，代表陰陽兩座神山，在陰陽學裏有除厄驅邪的作用。

正殿前的「神馬舍」，古時會圈養奉獻給神社的馬匹，後來以木製的繪馬代替。

神社入口處的第一鳥居，筆直的參道兩旁是廣闊的綠草坪，外圍還種滿櫻花樹。

Info

⑩ 地址：京都市北区上賀茂本山 339
電話：075-781-0011
開放時間：0800-1645
網址：kamigamojinja.jp
前往方法：京都駅乘巴士（バス）4 或 9 系統，於巴士站（バス停）「上賀茂神社」下車，徒步約 3 分鐘。

浪漫地標
神戶港塔

　　為紀念神戶開港 130 周年而建
造的「神戶港塔 (Port Tower)」，於
1963 年建成。塔高 108 米，設計
靈感源自日本鼓，是世界唯一管狀
結構的觀光塔，也是成神戶市的地
標。91 米處設有高空展望台，可眺
望神戶港灣全景。2021 年，港塔展
開了翻新工程，並將於 2024 年春
季重開，有意進入的話，敬請先留
意官方最新消息。

Info

⭐ **地址：**神戶市中央区波止場 5-5
網址：kobe-port-tower.com
前往方法：毗鄰「美利堅公園」。

神戶 Kobe

異國浪漫風情

　　神戶（こうべ）位於大阪以西約半小時車程，是兵庫縣的行政和經濟中心。1868 年神戶正式開港，從此西式建築、音樂、藝術、思想以至飲食習慣在此遍地開花。和洋雜處的環境之下，使之發展成富有異國浪漫情調的港口城市！

前往神戶交通

空港連絡バス：
關西機場出發：関西空港 → 三宮駅
車程：約 80 分鐘　　　　**車費：**￥2000

JR 東海道新幹線のぞみ（Nozomi）：
京都出發：JR 京都駅 → JR 新神戶駅
車程：約 29 分鐘　　　　**車費：**￥2870

大阪出發：JR 新大阪駅 → JR 新神戶駅
車程：約 13 分鐘　　　　**車費：**￥1530

神戶市內交通

JR 神戶線：運行大阪至兵庫縣姬路市之間，從大阪前往神戶，一般都在三ノ宮駅下車。

神戶地鐵：只有「西神・山手線」和海岸線兩條線路。西神線由西神中央駅開往新神戶駅；海岸線則由新長田駅開往「三宮・花時計前」駅。

神戶高速船

　　從關西機場前往神戶的交通方法，速度最快亦最便宜，首選「海上高速船」。該航線將關西機場與神戶機場連接，只需約 1 小時便能抵達神戶三宮。
網址：kobe-access.jp/chi2
營運時間：0620-2350，每小時 1 至 2 班。

阪神本線：由大阪的梅田駅開往神戶的元町駅，跟 JR 的神戶線并行，乘客可於元町駅轉乘 JR。

阪急電鐵神戶線：從大阪的梅田駅開往神戶的三宮駅，行駛線路離海岸較遠。

CITY LOOP（循環巴士）
循環行駛神戶市內的觀光巴士，全線共 16 個車站，每 15 到 20 分鐘一班，環城一周約 63 分鐘。
運行時間：平日 0818 - 1948；
　　　　　　周六、日及假期 0813 - 2003
票價：單程成人￥260、小童￥130；
　　　　1 日乘車券：成人￥700、小童￥350
　　　　2 日乘車券：成人￥1000、小童￥500
「1 日/2 日乘車券」可於新神戶駅的觀光案內所購買。

神戶市域的士：首 1.8 公里起錶價：￥680
　　　　　　　　　其後每 253 米：￥80

單程船費：成人￥1880、12 歲以下兒童￥940；
　　　　　　6 歲以下幼兒免費。
* **定期提供外國人特惠：成人￥500、兒童￥250；**
　出發前可先上官方網站查詢及預訂，亦可現場即時
　買票。

乘搭流程：
1. **購買船票：**關西機場第一航廈的售票處，位於空港入境大堂的最右邊；而第二航廈則在 E 出口附近。
2. **接駁車至碼頭：**持海上高速船船票者，可免費乘搭接駁車，車程約 8 分鐘。
3. **高速船至神戶機場碼頭：**航程約 30 分鐘。
4. **接駁車至神戶機場：**車程約 5 分鐘。
5. **港灣人工島線至神戶三宮：**單程票價￥330，車程約 15 分鐘。
　　全程約 60 分鐘。

浪漫港灣

こうべこう／Port of Kobe

神戸港

★

2

5

9

8

🚌 交通

4

地下鉄海岸線「みなと元町」、「ハーバーランド」駅；搭CITY LOOP或Port Loop，於「メリケンパーク」、「ハーバーランド」下車即達。

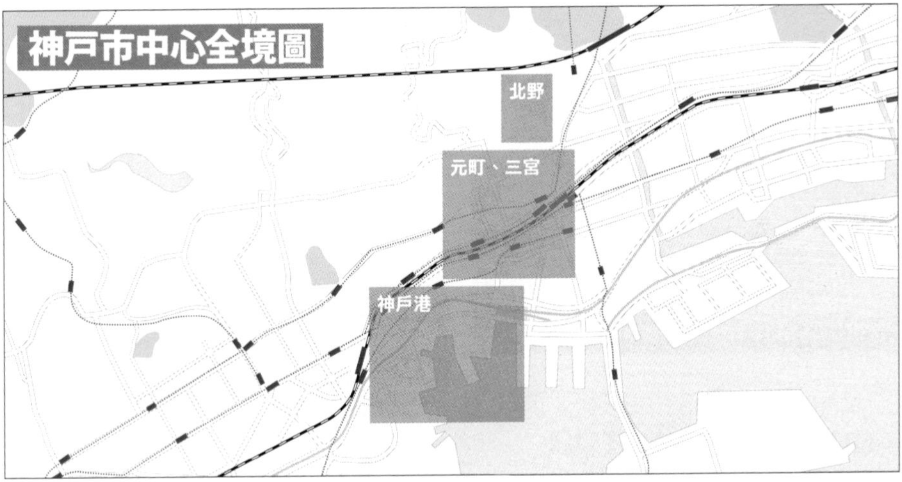

神戶市中心全境圖

北野

元町、三宮

神戶港

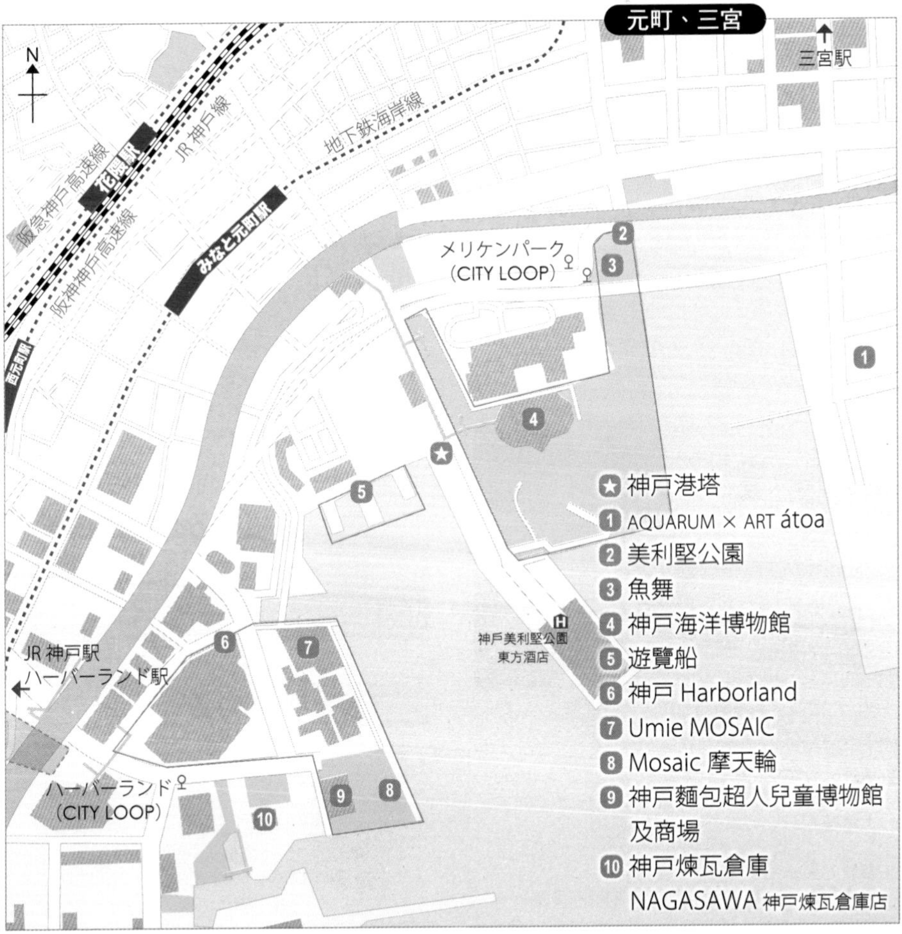

元町、三宮

N

三宮駅

阪急神戶高速線

阪神神戶高速線

JR 神戶線

地下鉄海岸線

高速神戶駅

花隈駅

みなと元町駅

メリケンパーク
（CITY LOOP）

②

③

①

④

★

⑤

JR 神戶駅
ハーバーランド駅
←

⑥

⑦

神戶美利堅公園
東方酒店 🏨

ハーバーランド ♀
（CITY LOOP）

⑩

⑨

⑧

★ 神戶港塔
① AQUARUM × ART átoa
② 美利堅公園
③ 魚舞
④ 神戶海洋博物館
⑤ 遊覽船
⑥ 神戶 Harborland
⑦ Umie MOSAIC
⑧ Mosaic 摩天輪
⑨ 神戶麵包超人兒童博物館
　 及商場
⑩ 神戶煉瓦倉庫
　 NAGASAWA 神戶煉瓦倉庫店

3 樓「PLANETS 行星」的球形水槽為必看焦點。

夢幻打卡水族箱

AQUARUM×ART átoa

位於神戶港博物館內的「átoa」，是一間結合舞台藝術和數位藝術的劇場型水族館，於 2021 年底開幕。館內共分為 8 大區域，每個區域都有一個對應的主題，包括：2 樓的 CAVE 起點的洞穴、MARINE NOTE 生命的波動、ELEMENTS 精靈的森林；3 樓的 FOYER 探索的房間、PLANETS 奇蹟的行星、MIYABI 日本與光的房間、GALLERY 探索的走廊，以及位於 4 樓的 SKYSHORE 空中花園和 ROOFTOP 觀景露台。

「átoa」位於神戶港博物館內的 2 至 4 樓。

—Info—

1 **地址：**神戶市中央区新港町 7-2
開放時間：1000-2000（最終入場 1900）
入場費：成人￥2400，小學生￥1400，
3 歲或以上￥800
網址：atoa-kobe.jp
前往方法：各線「三宮」駅往南徒步約 20 分鐘。

為紀念神戶開港 120 年，1987 年建成這臨海公園。

拍照勝地

美利堅公園

「美利堅公園（Meriken Park）」原為外國輪船專用港口，因「亞美利堅領事館」昔日位於碼頭附近，俗稱美利堅碼頭。1987 年為紀念神戶開港 120 年，將美利堅防波堤填平改建成臨海公園，神戶港 3 大景點：海洋博物館、港震記念公園和神戶港塔，皆位於這裏，處處皆是拍照位，向來是情侶的約會勝地。

2017 年新添的「BE KOBE」巨型地標，為紀念阪神大地震 20 周年而建，晚上還會亮起幻變燈光。

—Info—

2 **地址：**神戶市中央区波止場町
開放時間：24 小時
前往方法：
1. 市營地下鉄海岸線「みなと元町」駅，往海岸方向徒步約 5 分鐘。
2. 乘搭 CITY LOOP 或 Port Loop，於「メリケンパーク」下車即達。

「魚舞」是一座巨大的鯉魚形藝術裝置。

浪漫地標
魚舞

1987 年紀念神戶開港 120 年設立的巨大鯉魚藝術裝置「Fish Dance（フィッシュダンス）」，也就是「魚舞」，是由美國著名建築師 FRANK GEHRY 所設計，並由安藤忠雄監修的。到了晚上，更會投射燈光，呈現出不同顏色，拍照觀賞都非常美麗。此外，旁邊設有名為 FISH DANCE MUSIC PLACE 的空間音樂練習區。

到了晚上，更會投射燈光，呈現出不同顏色。

┌─── Info ───┐

3 地址：神戶市中央区波止場町 2
網址：kobe-port-tower.com
前往方法：「美利堅公園」內。

這是以海洋、船隻與港口為主題的博物館。

體感模型眾多
神戶海洋博物館

1987 年，為紀念神戶開港 120 年周年而開設的博物館，以海洋、船隻與港口為主題。樓高兩層，1 樓集中介紹神戶的港口歷史與航運發展，並展出多艘巨型船舶模型。2 樓則設「川崎世界（カワサキワールド）」展覽，介紹源自神戶、有過百年歷史的日本企業「川崎重工業」，並提供大量體驗活動，包括能試坐新幹線駕駛艙、直升機、貨輪等，還有大量體感遊戲，不止小朋友喜歡，連大人都玩得興奮！

以 1:8 比例的古軍艦模型，旁有巨型陶版壁畫。

0 系新幹線的車廂，可走進駕駛艙觸摸各式儀器。

┌─── Info ───┐

4 地址：神戶市中央区波止場町 2-2
開放時間：1000-1800（最終入場 1730）
（逢周一休息）
入場費：成人￥900，高中或以下￥400
網址：kobe-maritime-museum.com
前往方法：毗鄰「美利堅公園」。

447

御座船安宅丸。

Tips
I Can!

漫遊神戶港
遊覽船

遊覽船起航前 10 分鐘若還有空席，有可能在碼頭搖鈴推出特價船票，機會可遇不可求！

　　要近距離欣賞神戶港美景，最佳方法是乘坐遊覽船暢遊其中。而在中突堤碼頭，便提供了多艘不同特色的遊覽船。其中「神戶 Bay Cruises（ベイクルーズ）」目前有「御座船安宅丸」及「Royal Princess（ロイヤルプリンセスー）」兩艘遊覽船提供服務，船費 ¥1500，航程一般 40 至 45 分鐘，每日都有多個航班，航行路線略有不同。另有航程較長的豪華遊輪選擇，有些更提供海上盛宴。

2020 年才投入服務的「Royal Princess（ロイヤルプリンセスー）」航程更會通過「神戶大橋」。

┌─Info─┐

5 **碼頭**：中突堤中央ターミナル（Terminal）
　　查詢：078-360-0039
　　營運時間：1045-1645（每小時一班）
　　船費：成人 ¥1500，中學生及長者 ¥1300
　　　　　　兒童 ¥800
　　網址：www.kobebayc.co.jp
　　前往方法：神戶港塔旁邊。

中庭位置設有玻璃天花，每達假日更有大型音樂表演。

神戶港購物地標
神戶 Harborland

　　神戶 Harborland（ハーバーランド）原址為日本國鐵湊川貨物站，由「NORTH MALL」、「SOUTH MALL」和「MOSAIC」3 館組成，網羅 225 個人氣品牌，當中 50 家更為神戶首家、甚至西日本首家，包括關西首家「Calbee+」、大阪人氣雜貨店 ASOKO、長龍鬆餅王 Egg'n Things、神戶首家「大垣書店」及 Kindy Land 等等。

神戶 Harborland 是神戶港的購物地標。

┌─Info─┐

6 **地址**：神戶市中央区東川崎町 1 丁目 7-2
　　電話：078-360-1722
　　營業時間：1000-2000
　　網址：umie.jp
　　前往方法：JR 神戶線「神戶」駅徒步約 5 分鐘。
　　　　　　　地下鉄海岸線「ハーバーランド」駅，
　　　　　　　徒步約 5 分鐘。或乘搭 City Loop 於
　　　　　　　「ハーバーランド」下車即達。

2、3 樓以開放式設計，紅磚地板加上兩旁的小攤檔，像置身歐洲小鎮市集一樣。

歐洲小鎮購物場

Wi-Fi 退稅

Umie MOSAIC

　　原名「Mosaic（モザイク）」，原址前身為舊港灣機關大樓，現在變成樓高 3 層的大型綜合購物中心，集合過百家特色商店、餐飲和電影院，尤其多神戶本地品牌。特別在 2、3 樓以開放式露天設計，沿途鋪設紅磚地板，到處滿目蒼翠，像極歐洲小鎮的露天市集。

每間商舖的設計都有特別，到處都是情侶！

1 樓外圍還有運河環繞，小橋流水、鳥語花香，充滿度假感覺。

——Info——

7 地址：神戶市中央区東川崎町 1 丁目 6-1
電話：078-371-4270
營業時間：1000-2000
網址：umie.jp
前往方法：「神戶ハーバーランド」近海的區域。

遊樂場焦點是 50 米高的「umie 大觀覽車」，晚上會發放幻彩燈光，當車廂升上最高點時，遠至六甲山、瀬戶內海也盡收眼底。收費：¥800／位

戀人遊園地

Mosaic 摩天輪

　　Mosaic 摩天輪（モザイク大観覧車）是「Mosaic」附設的設施，高達 50 米，位處海岸邊，晚上會發放幻彩燈光，當車廂升上最高點時，遠至六甲山、瀬戶內海也盡收眼底。旁邊更有一座古燈塔「神戶港舊信號所」，高 46.3 米，配合背後的晚霞景致特別迷人，情侶所需的浪漫元素全部有齊。

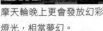

摩天輪晚上更會發放幻彩燈光，相當夢幻。

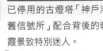

已停用的古燈塔「神戶港舊信號所」配合背後的晚霞景致特別迷人。

——Info——

8 營業時間：1000-2200
網址：umie.jp
前往方法：「Umie MOSAIC」的海傍。

神戶麵包超人博物館座落神戶港畔，樓高兩層，
後面便是 Harborland 地標大覽纜車。

西日本最佳親子樂
神戶麵包超人兒童博物館及商場

　　座落神戶港 Harborland 內的「神戶麵包超人兒童博物館及商場（神戶アンパンマンこどもミュージアム＆モール）」是西日本首間麵包超人主題館，樓高兩層，分為需購票入場的博物館，以及免費進入的商場兩部分。

　　2 樓的博物館擁有多個主題遊樂區，包括動畫場景街道「我們的城市」、遊樂場、官方精品店和餐廳，模擬壽司店、彩虹滑梯等。焦點的劇場表演，一眾角色載歌載舞，更會走落台跟小朋友合照。

　　而 1 樓的商場，則集合 19 家主題商店與食肆，提供多不勝數的麵包超造型食品，包括人形燒、肉包、飯糰等，令人花多眼亂。此外，更有大量限定商品發售，大小朋友一樣玩得盡興，已成為神戶親子遊的首選景點！

劇場每日有多場表演，載歌載舞之餘，更會帶領小朋友做體操，不懂日文也玩得開心。

「神戶ガス燈通り」沿路都置有《麵包超人》角色的石像，可逐一合照。

遊樂場色彩繽紛，進入麵包超人和細菌小子太空船都必須排隊。

Info

9　地址：神戶市中央区東川崎町 1‧6‧2
電話：078‧341‧8855
開放時間：1000 - 1700（最終入館 1600）
入場費：￥2000（閒日）￥2500（假日）
　　　　1 歲以下免費
　　　　（只進入商場免費）
網址：kobe-anpanman.jp
前往方法：JR 神戶線「神戶」駅中央口，沿「神戶ガス燈通り」徒步約 8 分鐘。

煉瓦倉庫於 1990 年被神戶市列為「重要建築物」，使倉庫外牆得以原整保留。

戀人の紅磚倉庫
神戶煉瓦倉庫

　　「神戶煉瓦倉庫」原為明治 30 年（1897 年）建成的紅磚倉庫群，其中兩棟得以完整保留，並改造成特色餐廳及藝文空間。座落神戶港旁邊，為防治地震，內部以鋼柱補強結構，擁有鮮豔的門廊、仿古屋簷，還有木平台步道環繞，充滿異國風情。晚上亮起仿古煤油燈後更添浪漫氣氛，成為戀人勝地！

倉庫擁有鮮豔的門廊、仿古屋簷，還有木平台步道環繞，充滿異國風情。

Info
⑩ 地址：神戶市中央区東川崎町 1-5-5
**　 網址：**kobe-renga.jp
**　 前往方法：**JR 神戶線「神戶」駅中央口，沿「神戶ガス燈通り」徒步約 10 分鐘

明治年代的紅磚倉庫內部，配上原木地板和航海裝飾，更散發異國氛圍。

130 年高級文具
NAGASAWA
神戶煉瓦倉庫店

　　「NAGASAWA（ナガサワ）」於明治 15 年（1882 年）於三宮創業，130 多年歷史的高級文儀用品店，主打著名品牌、設計師或文豪選用的專業墨水筆、手帳、印章、原稿紙及繪圖用品，連神戶芸術工科大學、兵庫県庁等都是其長期客戶。位於煉瓦倉庫的分店面積偌大，除了高級文具，還有大量以神戶港為主題的精品，買來作手信也不錯。

NAGASAWA 位置就在煉瓦倉庫南棟，而本店則位於三宮町。

以神戶開港初期的舊廣告為圖案的罐裝火柴，充滿懷舊味道。

Info
地址：神戶市中央区東川崎町 1-5-5
　　　　ハーバーランド煉瓦倉庫南棟
電話：078-371-8130
營業時間：1100-1900（逢周三休息）
網址：kobe-nagasawa.co.jp
前往方法：「神戶煉瓦倉庫」南棟內。

華洋雜處

もとまち/Motomachi

さんのみや/Sannomiya

元町、三宮

交通 JR神戸線或阪神本線「元町」、「三宮」駅；地
下鉄海岸線「旧居留地・大丸前」駅直達。

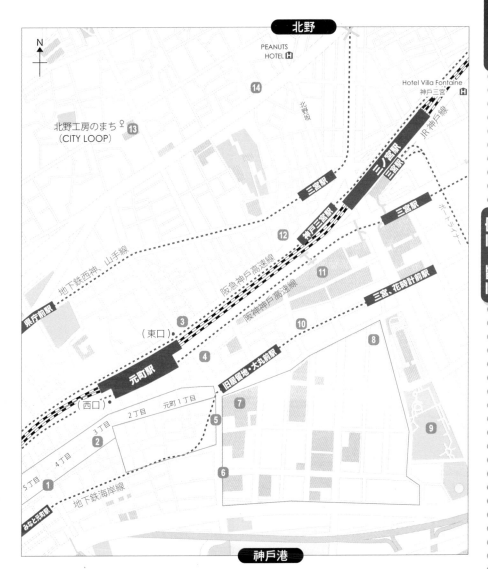

❶ 元町商店街
❷ 神戸風月堂 元町本店
❸ RED ROCK 元町店
❹ 三宮一貫楼 本店
❺ 南京町
❻ 旧居留地
❼ 大丸 神戸店
❽ Grill 十字屋

❾ 神戸 Luminarie
❿ PATISSERIE TOOTH TOOTH
⓫ 章魚燒 橘
⓬ Steakland 神戸館
⓭ 北野工房之街
　　Match 棒
⓮ 神戸西村珈琲店 中山手本店

元町通 1 丁目又名「元町一番街」，是人流最暢旺的一段，每年 7 月還有晚市舉行。

300 家老店
元町商店街

　　全長約 1.2 公里的元町通，早在江戶時代經已出現，是神戶最早的街道。約有 300 家店舖，不少更是神戶開港時創業的老店，並常有特別節慶活動舉行。

―Info―
1 **地址**：神戶市中央区元町通
電話：078-391-0831（元町商店街連合會）
網址：kobe-motomachi.or.jp
前往方法：JR 神戶線或阪神本線「元町」駅西口出，左轉進入「元町パークロード（Park Road）南走約 3 分鐘即達。

Gaufres（ゴーフル）有多種口味。
一盒 6 片，￥486。

神戶首家洋菓子
神戶風月堂 元町本店

　　1897 年創業，是神戶最早的洋菓子店，招牌作「Gaufres（ゴーフル）」，是兩塊薄脆餅夾着香濃的草莓、朱古力或雲呢拿忌廉。位於元町通的是創店時的本店，連地庫樓高 3 層，附設餐廳。

―Info―
2 **地址**：神戶市中央区元町通 3 丁目 3-10
電話：078-321-5555
營業時間：1000 - 1800（逢週一休息）
網址：kobe-fugetsudo.co.jp
前往方法：位於「元町商店街」3 丁目。

數量限定的「黑毛和牛肉排火山丼飯（黑毛和牛ローストビーフ丼）」並盛￥1950。

神戶牛扒
RED ROCK 元町店

　　由神戶發跡，於日本非常有名，而且有很多分店的美式牛肉切片丼飯專門店「RED ROCK」，位於神戶的是總本店。只限神戶地區供應的限定食品「神戶牛扒飯」，每日數量限定售完即止！晚市之前吃到的機率較高！

　　另外亦有傳統的「黑毛和牛肉排火山丼飯」，半生熟的雞蛋混合美式沙律醬及燒汁，加上軟脸的牛排，比其他地區的 RED ROCK 更鮮甜美味！神戶必試！

黑毛和牛赤身牛扒飯（ステーキ重）並盛￥2200。

―Info―
3 **地址**：神戶市中央区北長狭通 3-3-5 泰隆ビル 2F
電話：078-331-6018
營業時間：1130-2130
電話：moriya-kobe.co.jp
前往方法：JR 或阪神「元町」駅，徒步 1 分鐘。

招牌「豚まん」（肉包）皮軟汁多，有淡淡黑胡椒香，肉厚而甜美，日本人吃時喜歡蘸黃芥末。¥250

神戶排隊肉包
三宮一貫楼 本店

　　1964 年於神戶創立的中華料理，跟「大阪 551 蓬萊」、「南京町老祥記」並稱日本 3 大包子店。元町本店樓高 3 層，招牌「豚まん」（肉包）每天不停出籠，

本店樓高 3 層，地下是工場和外賣部，任何時間都有人排隊。

豬絞肉內餡混有淡路島的新鮮洋蔥，一口咬下肉汁四溢，難怪任何時間都有人排隊。

顧客可透過玻璃窗一睹員工的快速做包技巧，另外燒賣也很有名。

─Info─

④ 地址：神戶市中央区三宮町 3-9-9
　　電話：078-331-1974
　　營業時間：1100-1500，1700-2100
　　　　　　　（逢周一、周四休息）
　　網址：ikkanrou.jp
　　前往方法：位於「三宮センター商店街」入口。
　　　　　　　JR 或阪神「元町」駅東口出，往南過
　　　　　　　馬路即至。

南京町廣場前的一對中國娃娃，女叫來來男叫財財，乃中華街地標，日本人都爭着排隊拍照。

神戶中華街
南京町

　　隨着神戶開港遠道而來貿易的，除了洋人，還有中國人。元町通與榮町通之間，東西寬約 200m、南北長110m 的範圍內，集合近百家中菜館

南京町東、南、西面入口都豎有中國式的牌樓，而位於西面的正是「西安門」。

或售賣中式工藝和國貨的雜貨店，稱為「南京町」，與橫濱、長崎並稱「日本三大中華街」。南京町尤以小吃聞名，馳名全日本的餃子和肉包，姑勿論是否「日式中菜」，但味道真的不錯！

─Info─

⑤ 地址：神戶市中央区栄町通
　　電話：078-332-2896（南京町商店街振興組合）
　　網址：nankinmachi.or.jp
　　前往方法：JR 神戶線或阪神本線「元町」駅西口
　　　　　　　出，左轉進入「元町パークロード
　　　　　　　（Park Road）南走約 5 分鐘即達。

「旧居留地」區內無論是新或舊建築，都充滿西洋古典風格。

昔日神戸租界
旧居留地

　　1868 年神戸開港後，毗鄰的神戸村被劃為洋人居住區，稱為「居留地」(租界)，直至 1899 年明治政府才收回。現在「旧(舊)居留地」已成金融商業區，但區內仍保留多棟西洋風古建築，洋溢異國風情。

──── Info ────
6 **地址**：神戸市中央区
　　網址：kobe-kyoryuchi.com
　　前往方法：地下鉄「旧居留地・大丸前」駅直達。

新館為旧居留地的「38 番館」，昔日是花旗銀行的神戸分行大樓。

古蹟變百貨巨人
大丸 神戸店　【退税】

　　神戸唯一分店，分本館和新館兩棟，地下的「CAFFERA」更於拱形迴廊設有露天茶座。新館前身為旧居留地的「38 番館」，始建於 1929 年，網羅多間品牌店。

──── Info ────
7 **地址**：神戸市中央区明石町 40 番地
　　電話：078-331-8121
　　營業時間：1000-2000
　　網址：daimaru.co.jp/kobe
　　前往方法：地下鉄「旧居留地・大丸前」駅直達。

「紅酒燉牛肉（シチュービーフ）」將和牛燉至軟腍入味，十分滋味，每份￥2,450。

老洋食店的燉和牛
Grill 十字屋

　　昭和 8 年（1933 年）創業的老洋食店「Grill（グリル）十字屋」，招牌包括紅酒燉牛肉、炸牛排等，均選用國產和牛，精粹是加入秘製的「Demiglace sauce」，要燉煮兩天再存放 1 天而成，牛味濃郁而豐厚，酸鹹辛味夾雜，滋味無窮。

「炸牛排（ビーフカツレツ）」將和牛炸得外酥內嫩滑，每份￥1650。

「Grill（グリル）十字屋」創業於 1933 年，是氣氛懷舊的的老洋食店。

──── Info ────
8 **地址**：神戸市中央区江戸町 96
　　電話：078-331-5455
　　營業時間：1100-1430，1730-1930
　　　　　　　（逢周日休息）
　　網址：grill-jujiya.com
　　前往方法：地下鉄海岸線「三宮・花時計前」駅，
　　　　　　　　徒步約 4 分鐘。

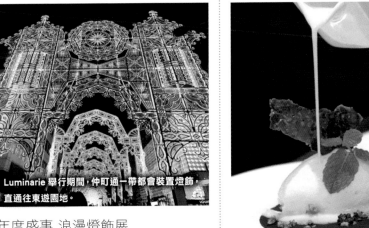

Luminarie 舉行期間，仲町通一帶都會裝置燈飾，直通往東遊園地。

年度盛事 浪漫燈飾展
神戶 Luminarie

自 1995 年發生「阪神大地震」後，每年冬天都會於舊居留地的「東遊園地」舉行大型燈飾展「Luminarie（ルミナリエ）」，為阪神地震中死難者祈求安息，並祝願神戶市復興。311 大地震後，亦同時追悼 311 亡魂。屆時，東遊園地一帶裝置數以萬計的幻彩燈飾，象徵「夢與希望」，燈光璀璨，場面莊嚴又溫馨，已成神戶一年一度的大盛事。

情侶們都相擁合照，場面溫馨。

Tips ★ I Can

舉行期間，舊居留地一帶或會封路，並實施人潮管制，旅客最好乘搭公共交通工具前往，並留意當地電視廣播。

---Info---

9 **舉行日期：**2024 年 1 月 19 至 28 日
（每年舉行日期不同，請先瀏覽官網）
舉行地點：舊居留地「東遊園地」一帶
網址：feel-kobe.jp/kobe_luminarie
前往方法：「三宮」駅出站後沿フラワーロード（Flower Road）南行約 15 分鐘。

Fondre Chapeau（フォンドルシャポー）清爽的雪糕加上朱古力、吉士、杏仁片等，口感豐富！¥800

神戶人氣洋菓子
PATISSERIE TOOTH TOOTH

1986 年開業的神戶著名洋菓子店，老闆金指光司作風創新、點子多多，旗下餐廳包括大阪 GRAND FRONT OSAKA 的深夜食堂「UMEKITA FLOOR」。標榜使用當季新鮮食材製作的法式糕點，猶如寶石般精緻。位於三宮的本店樓高兩層，1 樓為手信餅店，而 2 樓則有歐風的甜點 Salon，提供多款本店限定和季節限定的甜點，全是水準之作。

該店外觀如同法國小餐館，相當吸睛。

---Info---

10 **地址：**神戶市中央区三宮町 1-4-11
電話：078-334-1350
營業時間：1100-1900
網址：toothtooth.com
前往方法：阪急神戶線「三宮」駅 2 番出口，徒步約 6 分鐘，近三宮中央通路口。

正宗吃法是夾上「三つ葉」（鴨兒芹），再蘸一蘸鰹魚湯汁，然後一口咬下。

「明石燒」名店
章魚燒 橘

1956年創業的「章魚燒 橘（たこ焼たちばな）」是章魚丸燒老店，招牌「明石燒」源自兵庫縣的明石市，麵糊混有較多蛋汁，故又名「玉子燒」。最特別是吃時蘸鰹魚湯汁同吃，口感更軟滑，富濃郁雞蛋香，多吃也不膩。

「明石焼き」口感鬆軟滑嫩，富濃郁雞蛋香，蘸鰹魚湯汁同吃，感覺更健康清淡。一份10粒¥650

「たちばな」位於 San Plaza 商場地庫，另於元町設有分店。

Info

⑪ **地址**：神戶市中央区三宮町 1-8-1
　　　　San Plaza B1/F
電話：078-391-3793
營業時間：1100-1800（每月第 2、4 周三休息）
前往方法：「三宮」駅對面。

「神戶牛 Steak Set（ステーキセット）」牛肉油脂豐富，每份¥4880 / 180g。

平吃鐵板燒神戶牛
Steakland 神戶館

來到神戶，怎能不嚐「日本三大和牛」之一的神戶牛呢？但一頓正宗神戶牛鐵板燒，動輒過萬円；若想便宜一點，推介於三宮擁有 3 間分店之多的「Steakland（ステーキランド）」，其正宗神戶牛扒鐵板燒套餐，選用足180g 但馬種神戶牛，由專業廚司在席前炮製，收費只¥4880；午市更有¥3180 的 150g 套餐可選。

每位廚司都擁有專業資格，在席前鐵板燒，格外香氣撲鼻。

餐廳位於大廈6樓，設多張大型鐵板燒吧枱和 VIP 房。

Info

⑫ **地址**：神戶市中央区北長狹通 1 丁目 9 番 17
　　　　三宮興業ビル 6 階
電話：078-332-2900
營業時間：1100-1400，1700-2200
網址：steakland.jp
前往方法：JR 神戶線、阪急神戶線、阪神本線、市營地下鐵山手線或ポートライナー「三宮」駅下車，徒步約 3 分鐘。

內部仍保持昔日學校的木板走廊和拱形橫樑。

神戶名產體驗學校
北野工房之街

「北野工房之街（のまち）」前身為1908年創立的北野小學校，因阪神大地震損毀嚴重，被逼閉校並面臨拆卸。及後當地居民發起保育運動，最終改建而成目前的神戶文化體驗工房。

----Info----
⑬ 地址：神戶市中央区中山手通3丁目17-1
電話：078-221-6868
開放時間：1000-1800
網址：kitanokoubou.jp
前往方法：乘CITY LOOP至「北野工房のまち」。

可長期保存的罐裝火柴套裝，內附一盒火柴及可持續4小時的蠟燭，乃店內人氣商品。¥550。

火柴專門店
Match棒

火柴專門店「Match（マッチ）棒」，提供過千款火柴選擇。不說不知，原來火柴製造業曾是兵庫縣重點工業，產量佔全國80%之多，隨着打火機的普及，現在的火柴主要為收藏或災難時的緊急用品。

----Info----
位置：「北野工房のまち」2階
電話：078-221-5561

每款咖啡都會用不同的咖啡杯，此為「西村原創混合咖啡（にしむらオリジナルブレンド）」¥650。

文人咖啡館
神戶西村珈琲店
中山手本店

1948年開業於神戶的「西村（にしむら）珈琲店」是著名老牌咖啡店，也是日本首家提供黑咖啡、Cappuccino的地方，於神戶擁有10多家分店，本店正位於中山手通，古典裝潢的內部向來是文化人和名媛的聚腳地。

該店自設烘焙室，選用特約農場當年採收的新鮮咖啡豆，並以神戶著名釀酒區「灘」的著名「宮水」沖泡而成的咖啡，味道特別醇厚味甘，堪稱極品。此外，西村的各式手工蛋糕同樣有口皆碑。

西村本店大樓就位於中山手通街角。

室內佈置古典，但注意店面大部分為吸煙區，且任何時間都煙霧彌漫。

----Info----
⑭ 地址：神戶市中央区中山手通1丁目26-3
電話：078-221-1872
營業時間：0830-2300
網址：kobe-nishimura.jp
前往方法：中山手通、近ハンター坂交界。

漫遊異人館

きたの / Kitano

北野

SHERLOCK HOLMES KOBE

5

3

6

10

9

交通 地下鉄西神、山手線「三宮」、「新神戸」駅徒步20分鐘；
搭CITY LOOP於「北野異人館」下車即達。

1

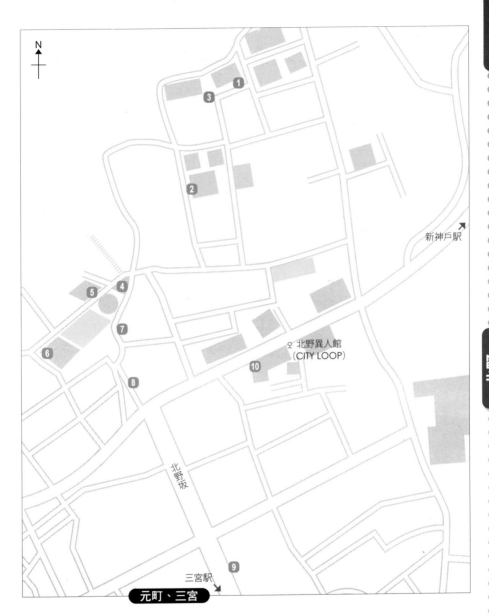

神戸港

元町、三宮

北野

元町、三宮

北野坂

三宮駅

新神戸駅

♀ 北野異人館
(CITY LOOP)

1 山手八番館

2 香之家荷蘭館

3 鱗之家・鱗美術館

4 北野観光案内所

5 風見鶏の館

6 萌黄の館

7 神戸六甲牧場

8 風見鶏本舗

9 Bistrot Café de Paris

10 英国館

「撒旦椅子」位於入口旁第一個房間，一共有 2 張，左邊是男生坐的、右邊則是女生。

館外置有一巨型木屐供旅客拍照，還有免費的小木屐可供試穿。

試坐「撒旦椅子」
山手八番館

　　建於明治後期，屬英格蘭都鐸王朝風格的三連式塔狀房屋，以館內擁有大量藝術藏品見稱，包括創作《沉思者》的羅丹、布爾岱勒、倫勃朗等名家作品，還有大量泰國佛像、非洲神像等古民族雕刻。焦點是兩張「撒旦椅子」，傳說人坐在其上許願，即能夢想成真！

白色磚牆上外露的木框架為都鐸王朝式建築特色。而入口兩旁還有天燈鬼和龍燈鬼的銅像。

館內的佛像藏品不乏過千年歷史的古物，但全部都不設圍欄阻隔。

Info

1 地址：神戶市中央区北野町 2-20-7
電話：0120-888-581
開放時間：0900 - 1700
入館費：￥550
網址：kobe-ijinkan.net
前往方法：北野最高位置，近北野道。

最多體驗活動
香之家荷蘭館

　　「香之家荷蘭館（香りの家オランダ館）」前身為 19 世紀初荷蘭總領事官邸，1987 年開放參觀，內部仍保持大正年間的裝潢和陳設，包括一台 150 年歷史的荷蘭製自動演奏鋼琴。因提供多項體驗活動和拍照位而深受年輕人歡迎，包括荷蘭傳統服飾租賃、木屐試穿等。更附設「香水工房」，專業調香師會根據客人的血型、星座、喜好等，度身調配一瓶專屬香水，現場所見深受日本女學生喜愛。

色彩繽紛的迷你木屐匙扣，乃人氣商品。

館內附設香水店和精品店，專售荷蘭直送的紀念品。

Info

2 地址：神戶市中央区北野町 2 丁目 15-10
電話：078-261-3330
開放時間：1000-1700
入館費：成人￥700、中學生￥500、
　　　　小學生￥300
網址：orandakan.shop-site.jp
前往方法：「山手八番館」前行至十字路口右轉，至第二個街口即至。

鱗之家外形活像歐洲城堡，外牆鋪設魚鱗狀的天然石片裝飾，在陽光照射下會變成不同深淺的綠色。

賞景兼賞名畫
鱗之家・鱗美術館

　　「鱗（うろこ）之家」因外牆鋪設的天然石片，狀似魚鱗而得名，為異人館內3大人氣展館之一。始建於1905年，原位於旧居留地，為昔日外國人居住的高級租借房屋，明治後期才後遷移至北野。內部保存大量精緻的古董家具和擺設，附設「鱗（うろこ）美術館」，展出大量歐洲著名藝術品，以及神戶當地畫家的畫作，藏品極之豐富，乃北野異人館中最早開放參觀的一家。3樓更設有展望室，可飽覽整個神戶市景致。

由義大利的藝術家 Pietro Takka 雕刻的銅野豬，傳説摸豬鼻可帶來好運。

由於鱗之家位於北野町最高處，故是賞景的最佳位置。

2樓展望室的窗戶能夠打開，旁邊還置有一架皇子專用的古董皇家馬車。

3層高的鱗美術館內，處處都是18、19世紀的歐洲名畫。

水晶吊燈、古老大鐘加上貴族茶具，典型的貴族生活。

Info

3 地址：神戶市中央区北野町2-20-4
電話：078-242-6530
開放時間：0900 - 1700
入館費：￥1050
網址：kobe-ijinkan.net
前往方法：毗鄰「山手八番館」。

觀光中心 2 樓的「風見鶏のタマゴ」，是以蛋包飯馳名的餐廳。

北野觀光資訊
北野觀光案内所

　　位於「北野町広場」旁邊的觀光中心，提供北野旅遊資訊和免費地圖索取，還附設公共洗手間和紀念品店，集合全北野的土產，一次過便可買齊特色手信！除此之外，觀光中心 2 樓設有餐廳「風見雞的蛋（風見鶏のタマゴ）」，其蛋包飯亦相當馳名，是當地的午餐之選。

餐廳的風景極佳，可看著「風見鶏の館」來用餐。

附設大型紀念品店，專售限定手信。

―― Info ――

④ **地址**：神戶市中央区北野町 3-10-20
　　電話：078-251-8360
　　開放時間：觀光中心：0900 - 1700
　　　　　　　　餐廳：1100-1530
　　前往方法：「風見鶏の館」對面、「北野町広場」旁邊。

「風見鶏の館」目前進行工程而休館，但作為地標的「風見鶏」仍清晰可見，遊客仍樂於在館外打卡。

北野地標
風見鶏の館

　　雖然目前因進行耐震改修工程，休館至 2025 年 3 月，但不少遊客仍樂於在館外打卡。作為北野町內最人氣的異人館，原為德國貿易商人 G. Thomas 建於 1909 年的私宅，尖頂塔樓上聳立的「風見雞」（風向標）因 1977 年日本 NHK 電視台播映的同名電視劇大收而聞名，成為北野以至整個神戶的標誌，是故任何時間都逼滿旅客。典型德國傳統風格建築，由當時德國著名建築師 George de Lalande 設計，也是北野唯一的紅磚赤瓦建築，內部仍保留傳統德式家居布置。

日文「風見」為風向儀，所以「風見雞」即雞型的風向儀、風信雞。

―― Info ――

⑤ **地址**：神戶市中央区北野町 3-13-3
　　電話：078-242-3223
　　開放時間：館內暫停開放（休館至 2025 年）
　　網址：kobe-kazamidori.com
　　前往方法：「北野町広場」旁邊。

「萌黄の館」擁有浪漫的蘋果綠色外牆，但早期曾漆上白色，故有「白い異人館」的別稱。

舊美國總領事邸
萌黄の館

北野町內3大人氣異人館之一，原為美國駐神戶總領事 Hunter Sharp 建於1903年，的邸宅，1944年後成為神戶電鉄社長小林秀雄的住宅，已被指定為國家重要文化遺產。兩層高木結構建築，特別之處是擁有兩種不同形式的凸窗，還有阿拉伯式風格的台階，處處匠心獨運。

大廳佈置溫馨，背後的凸窗有助阻擋陽光。

2樓南側的走廊擁有3面圍窗，昔日可以放眼神戶港景致，但現在已被前面的大楠樹所遮。

―Info―

6 **地址：**神戶市中央区北野町3丁目10-11
電話：078-222-3310
開放時間：0930-1800
入館費：成人￥400、高中生以下免費
網址：kobeijinkan.com/ijinkan_list/moegi
前往方法：「北野町広場」附近。

「芝士蛋糕（ホワイトチョコチーズケーキ）」，芝士味濃郁非常。￥1500

鮮牛乳雪糕
神戶六甲牧場

位於六甲山的「六甲牧場」盛產優質牛奶，這裏是牧場的自家甜點店，專售招牌牛奶製作的雪糕和蛋糕，尤其是奶味濃郁的軟雪糕，已成北野最人氣的小吃。

此外，該店亦有售「軟雪糕（ソフトクリーム）」，每杯￥450，有抹茶、牛奶、朱古力及綜合口味選擇，口感軟滑香濃。

「軟雪糕（ソフトクリーム）」，口感軟滑香濃，每杯￥450。

該店開在「北野町広場」附近，下斜坡即到。

―Info―

7 **地址：**神戶市中央区北野町3丁目11-4
電話：050-5461-3191
營業時間：0900-1800
前往方法：「北野町広場」附近。

風見雞布甸（ぷりん）有齊：金（蛋味）、銀（牛奶）、マンゴ（芒果）和杏仁共 4 款口味，口感嫩滑香濃。一盒 4 個 ¥ 2000。

北野名物手信
風見鷄本舗

北野町內最馳名的甜點店，於 JR「新大阪」和「神戶」駅都設有專櫃，這裏是其本店。招牌包括「風見雞芝士蛋糕（チーズケーキ）」及「風見雞布甸（ぷりん）」，標榜全使用本地食材製造，已成北野指定手信。

本舖位於北野坂盡頭小巷內，分為兩個舖位相對而建，兩店所售商品略有不同。

由於包裝精緻又有北野特色，已成北野指定手信，店員還會請顧客試吃。

┌─Info─┐

⑧ 地址： 神戶市中央区北野町 3 丁目 5-5
電話： 078-231-7656
營業時間： 1000-1700
網址： kazamidori.co.jp
前往方法： 沿北野坂北走至盡頭小巷內。

午餐價位 ¥ 2200 起，可自選主菜。其中「紅酒燉牛肉（牛肉の煮込み）」牛肉燉至軟嫩入口即化，醬汁濃郁香甜，蘸麵包吃一流。

路邊法式品味
Bistrot Café de Paris

自 18 世紀末神戶開港以來，便有大量外國人定居於此從事貿易，但更多的是開設餐館。「Bistrot Café」乃北野坂上著名法國餐廳，由一對法國兄弟開設，老闆倆都說得一口道地日語。店內佈置充滿法式小店的輕鬆悠閒氣氛，附設露天茶座，真正法式味道，加上老闆親切健談，數年間已在北野連開兩間分店。

露天茶座位於北野坂旁，最受情侶歡迎。

┌─Info─┐

⑨ 地址： 神戶市中央区山本通り 1-7-21
電話： 078-241-9448
營業時間： 1130-2100
網址： cafe-de-paris.jp
前往方法： 北野坂、近山本通交界。

2 樓的「福爾摩斯部屋」，重現小說中 Sherlock 入住的 Baker Street 221B 單位，內部陳設全都經過專業考究，更置有一華生醫生像。

福爾摩斯展
英国館

1907 年落成，原為英國人福德賽克博士（フデセック博士）的私宅，也曾用作醫院大樓，典型的殖民風格建築，內部陳列 17 世紀巴洛克時代與 19 世紀維多利亞時代風格的豪華家具，重塑昔日英國紳士的富裕生活。地下層擁有一典雅的酒櫃台，內裏放滿各種世界名酒，每到晚上便變成傳統英式酒吧「King of Kings」。2 樓特設日本首現的福爾摩斯展「シャーロックホームズの部屋」，更免費提供多款偵探和倫敦警察服飾給你 Cosplay。

庭院置有一台 Maureen 古董車，乃館內人氣拍照位。

昔日的英國紳士都喜歡收藏珍品，是故屋內布滿藝術品和擺設。

地下層的酒櫃台。每到晚上，這裏變成傳統英式酒吧「King of Kings」，憑特選入館券購買啤酒可享折扣。

「英国館」大門旁邊，掛有福爾摩斯的招牌剪影。

--- Info ---

⑩ 地址：神戶市中央区北野町 2‧3‧16
開放時間：0900 - 1700
入館費：￥750
網址：kobe-ijinkan.net
前往方法：搭 CITY LOOP 於「北野異人館」下車即達。北野通、近天神坂交界。

京阪神住宿推介！

客房提供免費高速網路及迷你吧等服務，而高級客房更可飽覽城市全景。

大阪 梅田　絕佳的地利之便

大阪格蘭比亞大酒店

「大阪格蘭比亞大酒店（HOTEL GRANVIA OSAKA）」位於熱鬧的梅田區，與大阪火車站直接相連。雖然樓下便是「大丸」，不過酒店設有專屬直降機，可以快速直達酒店樓層，出入不必與百貨公司的顧客爭電梯。由於梅田車站四通八達，步行至 HEP FIVE 摩天輪只需 7 分鐘，至新梅田 City 亦不過 12 分鐘。此外，該酒店內亦設有多間高質的餐廳，菜式包括日式、義式及法式的料理。另外，亦設有兩間休閒酒吧，以及提供輕食的快餐店，選擇十分豐富。

該酒店內亦設有多間高質的餐廳，菜式包括日式、義式及法式的料理。此外，入住高級客房樓層的賓客，還可使用供應免費飲品和點心的貴賓休息室。

放在雪櫃中的甜品，無限量享用，一次過品嚐 4 種口味的小點心，貴賓級享受！

以日本的飯店標準而言，該酒店算是闊落。房間整潔乾淨之餘，浴室設備亦應有盡有。

餐廳所提供的早餐自助餐選擇十分豐富，不但色彩鮮艷，味道亦屬一流。

─ Info ─

地址：大阪市北区梅田 3 丁目 1-1
電話：06-6344-1235
房租：$ $ $ $
網址：granvia-osaka.jp
前往方法：JR 東海道本線「大阪」駅直達；地下鉄御堂筋線「梅田」駅徒步約 7 分鐘。

旅館座落道頓堀川畔，每間客房皆附設特大窗戶小陽台。坐在窗邊，陽光輕輕灑落，道頓堀川繁華美景一覽無遺，日夜景致皆美！

大阪 道頓堀 大阪市中心的日式旅館

兼吉旅館

　　「兼吉（かねよし）旅館」始創於 1920 年，座落不夜城大阪道頓堀川畔，環境旺中帶靜，是大阪市中心難得的傳統日式旅館。樓高 6 層，15 間客房全為榻榻米和室，可供 2 至 6 人入住，每間都備有私家衛浴，以及道頓堀川景致的小陽台，頂樓還有傳統日式大浴場。旅館提供的和風早餐，精緻度媲美溫泉旅館，另有「會席料理」級的晚餐供應，最適合大班朋友或家族旅行。

旅館正門位於宗右衛門町通，往道頓堀、黑門市場、心齋橋等都是 10 分鐘內步程。

位於頂樓的大浴場分為男女湯，男湯面積偌大，水氣濛濛，十足電影《羅馬浴場》的情景。

和式客房全鋪設榻榻米，內裏備有茶几、椅子、LCD 電視、保險箱、衣廚、迷你雪櫃等，圖為 3 至 4 人房。

晚上，服務員會到房間鋪設「布団」（床墊被鋪），為照顧外國旅客需要，床墊都特別加厚，不怕硬！

朝食可選擇在自己房間，或於 3 樓過千平方呎的榻榻米宴會廳進食。

媲美溫泉旅館的和風早餐，有煎蛋卷、三文魚、火腿、魚板、味噌湯等。

─Info─

地址：大阪市中央区宗右衛門町 3-12
電話：06-6211-6337
房租：$ $ $
網址：kaneyosi.jp
前往方法：地下鉄御堂筋線或堺筋線「日本橋」駅出口 2，往道頓堀川方向徒步約 3 分鐘。

大和屋座落道頓堀川畔，分為新館和分館兩棟，合共提供39間和風客房。

位於頂樓的男女獨立大浴場，白天有格子窗光影投射，氣氛 cozy，男湯更附設三溫暖。

大阪 道頓堀 **高級日式旅館**

大和屋本店

「かねよし旅館」的姊妹店，同樣座落道頓堀川畔，面積更大、設施更高級！新館和分館合共提供39間和風客房，最小的2人房也有210平方呎，每間都備有乾濕分離獨立衛浴。設施完善，附設品茶室、手信店、遊戲室、麻雀室及多間宴會廳等，頂樓的男女獨立大浴場，更配備三溫暖。大和屋更以「料理旅館」自居，和風早餐包括新鮮刺身、手工豆腐、時令野菜煮物、溫泉蛋、烤魚等等，論豐富度媲美會席料理，晚上還有神戶牛會席、河豚鍋套餐供應。

最值得一讚是衣櫃內有齊大中細碼浴衣，不似一般旅館只得一個「世界碼」。

旅館的和風早餐，包括新鮮刺身、時令野菜煮物、溫泉蛋、烤魚、甜點等等，菜式隨時令變更，豐盛非常！

必嚐主廚依照大阪古法炮製的手工豆腐，口感軟滑如茶碗蒸，一吃愛上！

房內備有茗茶和本地著名土產茶點，連茶具也精緻過人。

全館只得兩間的「和の Renewal」，請來日本著名古宅設計師倉橋英太郎主理，一室古雅舒適。

面積最小的2人房也有6帖榻榻米大，免費 Wi-Fi、茶几、椅子、LCD電視、保險箱等俱備。

Info

地址：大阪市中央区島之内 2-17-4
電話：06-6211-3587
房租：$ $ $
網址：yamatoyahonten.co.jp
前往方法：地下鐵御堂筋線或堺筋線「日本橋」駅出口2，往道頓堀川方向徒步約3分鐘。

大阪店以純白色調裝潢，大堂正中間巨型金字塔書架，異常搶眼，天花還掛滿漫畫。

大阪 心斎橋 大阪首家書店旅館

BOOK AND BED TOKYO 心斎橋

　　「BOOK AND BED」座落大阪心齋橋，平面和商業設計請來「Soda design」負責，而內裝則由「INTENTIONALLIES」規劃。有別於其他分店的原木色系，大阪店以白色為基調，大堂正中間置有巨型金字塔書架，藏書超過 2000 冊，設有 47 個床舖，其中 Superior room 更設有陽台。附設 Cafe「by BOOK AND BED TOKYO」，供應心齋橋店限定的常設飲品及餐點。

藏書超過 2000 冊，由「SHIBUYA PUBLISHING & BOOKSELLERS（SPBS）」負責選書。

提供住宿與「daytime」休息服務，每日 1300 至 1800 開放非住客看書。

浴室、洗手間需共用，但有獨立淋浴間，惟盥洗用品沒有提供。

Cafe 與京都人氣的沙瓦專賣店「sour」合作，開發以黑色為主題的飲食，包括心齋橋店限定的黑拿鐵、黑咖啡牛奶和黑色水果三明治等。

47 個床舖分為 Single、Double 和 Superior room 3 種，獨立充電插頭、床頭燈、Wi-Fi 等齊備。

只得一間的 Superior room，可 2 人入住，特別在附設專屬陽台。

Info

地址：大阪市中央区東心斎橋 1-19-11 ウナギダニスクエア 3 階
房價：$ $
網址：bookandbedtokyo.com/ja/shinsaibashi
前往方法：御堂筋線「心斎橋」駅出口 10，徒步 1 分鐘。

酒店座落奧嵐山的大堰川畔，遠離喧囂的旅遊區，獨覽嵐山四季美景。

京都 嵐山 嵐山隱世秘宿

虹夕諾雅京都

「虹夕諾雅（星のや）京都」是星野集團在關西的唯一酒店，座落奧嵐山大堰川畔，遠離喧囂的旅遊區，住客需乘坐專屬的小舟才能抵達，自成一國。以「河邊的私邸」為概念，貫徹低調奢華的設計，由多棟建於明治時代的數寄屋造建築組成，只有 25 間客房，加上長谷川浩己的地景設計、植彌加藤的庭園造景，將嵐山四季美景融入其中。曾經連續多年獲得關西《米芝蓮》最高的「5 Red Pavilion」評級。不過需要注意：該酒店不接受未滿 13 歲的兒童入住。

住客先到專屬碼頭的「舟待合」休息，喝過熱茶，然後便乘坐小舟展開旅程。

所有壁紙皆為「京唐紙」，出自京都唯一唐紙職人本城武男之手，隱約浮現金光。

住客需到渡月橋旁的碼頭，乘坐專屬小舟才能抵達，約 10 分鐘船程沿途賞盡大堰川美景。

24 小時開放的 Library，有免費茶水和小吃，還有一乘寺惠文社的選書。

最大的特別室「月橋」三面開窗，擁有極廣闊的窗外美景，賞盡嵐山山水與四季。

抵達酒店，首先映入眼簾的「水の庭」，還有職員敲響清翠的銅鉢聲歡迎。

庭園造景由 160 年歷史的「植彌加藤造園」操刀，「奧の庭」就像現代版的枯山水庭園。

┏Info┓

地址：京都市西京区嵐山元録山町 11-2
電話：075-871-0001
房價：＄＄＄＄＄
網址：hoshinoya.com/kyoto
前往方法：渡月橋南端的「星のや京都 舟待合」轉乘住客專用的小舟直達。

京都 比叡山 比叡山上的法式享受

L'Hotel de Hiei

同樣隸屬星野集團的「L'Hotel（ロテルド）比叡」，座落比叡山最高點、世界遺產的延曆寺旁，可眺望琵琶湖甚至雲海美景。只有 29 間客房，空間寬敞而靜謐。內裝由法國設計師主理，佈置優雅而富空間感，附設日本庭園和標高 650 米的「空中山床咖啡館」，將法式浪漫與自然美景融合。

特設「空中山床咖啡館」，標高 650 米，居高臨下景致一流，黃昏還有夕陽美景。

29 間客房空間寬敞，每間都擁有一個法文名字，裝潢也風格迥異。

隱匿於深山之中，附設日本庭園，滿眼綠意盎然與靜謐。

L'Hotel 座落比叡山最高點，可俯瞰整個琵琶湖，以至雲海美景。

酒店主廚岡亮佑來自東京米芝蓮餐廳，以近江食材炮製一系列法國佳餚。

內裝由法國設計師主理，挑高的大堂盡引自然光線，裝潢優雅。

座落世界遺產延曆寺旁，酒店每天清晨皆有專車接載住客前往參拜。

Info

地址：京都市左京区比叡山一本杉
電話：0570-073-022
房價：$ $ $ $
網址：hotel-hiei.jp
前往方法：JR 京都駅設免費接駁巴士，車程約 45 分鐘，每天 3 班（必需預約，至少提早一天聯絡酒店）。

土屋安娜、AKB48 等女星的御用攝影師——蜷川実花
打造的 Concept Room，盡現蜷川式的花花世界。

京都 京都駅 藝術名家主題房

HOTEL ANTEROOM KYOTO

　　結合 Art Gallery 與 Music Lounge 的京都著名藝術酒店，由一棟廿多年歷史的學生宿舍改建，大堂一邊是 Gallery；一邊是 Music Lounge，全日提供好音樂，藝術品也隨處可見。以「365 日 Art Fair」與「和」為主題，設有 67 間客房，請來 80 個日本藝術或設計單位，打造超過 200 件作品散落全館。焦點是 8 間由當代著名藝術家打造的 Concept Room，包括日本女星御用攝影師蜷川実花、藝術家名和晃平、金氏徹平等等。

名為 Terrace 的房種附設小陽台，特大的玻璃窗採盡天然光線，設計帶 Retro 風格，牆上掛滿藝術品，書枱抽屜還有其介紹小冊。

由京都出身的著名藝術家金氏徹平操刀，牆身、窗簾、家具都印滿代表現在的動漫。

Music Lounge 全日提供好音樂，感覺 chill out。

新增 8 間由當代著名藝術家打造的 Concept Room，包括日本的著名藝術家名和晃平。

酒店由一棟學生宿舍改建，門前還有個開放式庭院。

大堂一邊是「GALLERY 9.5」，中央是日本藝術家名和晃平作品 Swell-Deer。

┌─── Info ───

地址：京都市南区東九条明田町 7 番
電話：075-681-5656
房租：$ $ $
網址：uds-hotels.com/anteroom/kyoto/
前往方法：地下鉄烏丸線「九条」駅，徒步約 8 分鐘

一列三室的房間沿狹長的走廊（通の庭）排列，還有町家必備的小庭園「坪庭」。

2樓最深處置有原木枱椅，加上溫馨的捲簾，是住客休息納涼的秘密空間。

Tips

1. 洗手間和淋浴室需共用，民宿附近也有溫泉錢湯。
2. 至少兩個月前預約。
3. 沐浴露、洗髮水有提供，但毛巾、牙膏牙刷需自備。
4. 沒提供就寢用的浴衣，但有租用服務（￥300）。

京都 西陣 溫馨京町家

金魚家

「町家」是京都的傳統建築，特點是門面狹窄而內部深邃，動輒過百年歷史。近年京都掀起一片町家改造潮，市內愈來愈多舊町家改建的旅館。其中「金魚家」位於上京區的「西陣」，且房租便宜，兩層高「表屋造」町家，前身為「西陣織」老店，專門生產高級和服與架裟專用織錦。老闆野村由美子和丈夫原是上班族，及後將之改建成民宿。擁有狹長的通庭、造景坪庭、捲簾、火爐等，還有無處不在的金魚裝飾。最窩心是野村太太親手做的早餐，選用她京北老家種植的稻米，配上家常小菜，啖啖道地風味。

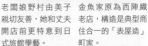

老闆娘野村由美子親切友善，她和丈夫開店前更特意到日式旅館學藝。

金魚家原為西陣織老店，構造是典型商住合一的「表屋造」町家。

其中一間Twin room，放滿一排排原建築留下的巨型原木櫃，昔日用以放置和服，表面佈滿歲月痕跡。

Deluxe room由原來的「床の間」改建，可供2至4人入住，陽台下便是綠意庭園景觀。

金魚無處不在，全是京都的傳統工藝，既點題也富本土風味。

野村太太每天親手做的早餐，米飯是自家種植，配上無農藥的時令野菜，簡單的煎蛋卷、味噌湯和涼菜，充滿家的味道。

---Info---

地址：京都府京都市上京区歓喜町243
電話：075-411-1128
房租：$ $
網址：kingyoya-kyoto.com
前往方法：「京都」駅轉乘市巴士46號，於「乾隆校前」下車，徒步約5分鐘。

大廳是晚上住客們聚首一堂的地方，飽覽
庭園美景，隨時邂逅一段異國戀！

老闆娘 YUKI 操流
利英語，性格隨和，
由於本身也是旅遊
愛好者，故特別了解
旅客心意。

京都　京都御所　京都町家民宿始祖

和楽庵

　　「和楽庵（WARAKU）」由日籍老闆娘 YUKI 和法籍丈夫
Nico 所開設，乃京都町家改造民宿的先驅，一直深受外國旅客
推崇。建築原為百年歷史的日式旅館，老闆娘跟原是木匠的丈夫
本身也是背包客，深知旅人的喜好和需要，故特別保留町家原來
的結構，配上傳統京町家陳設，彌漫混搭而懷舊的氛圍。從合宿
Dormitory、2 人房，到附有庭園景觀緣廊的 Deluxe Room 俱備，
租金便宜，但衛浴設施則需要
共用。

公共大廳置有西洋
風的紅色梳化，跟傳
統町家氣氛出奇地
調和，也更舒適。

從內街後門可清楚
看到 3 層高的町家
全貌，擁有格子門、
蟲籠窗、捲簾和一文
字瓦頂等町家特徵。

洗臉台位於走廊，早上所有住客都會在
此刷牙洗面，水槽底鋪有精緻馬賽克。

位於丸太町通的入
口並不顯眼，一不小
心便會錯過。

穿過一段綠意盎然
的石板小徑，終來到
和楽庵的大門玄關，
率先洗滌心靈。

最喜歡和楽庵的窗
檻，每一個的形狀和
圖案都不同，投射出
縱橫交錯的光影。

隨便一角，已甚有
電影感，攝影迷一
定從早拍到晚！

Info

地址：京都市左京区聖護院山王町 19-2
電話：080-6360-0775（0900 - 2100）
房租：$ $
網址：gh-project.com
＊房租未連稅，純住宿，洗手間浴室需共用，
　簡單早餐需另外收費。
前往方法：京阪本線「神宮丸太町」駅，往
　　　　　平安神社方向徒步約 6 分鐘。

老闆倆悉心打造的日式庭園，緣廊上置有
火爐和茶壺，滿眼美景更會隨四季變更，
充滿日式禪意。

Twin Room 可供 2 至 3 人入住，昏黃的燈
光混着榻榻米的清香。

Tips

透過右方
QR Code 向
酒店訂房，將
可享特別折購
優惠，敬請萬
勿錯過！

酒店位於神戶灣區的美利堅公園旁，坐擁三面海景。

神戶 神戶港 三面環海 位置優越

神戶美利堅公園東方酒店

1995 年開業，坐落於神戶灣區的美利堅公園東方大酒店，三面環海的優越地理位置，每一個海景房間也擁有私人大平台，可以讓住客舒適地曬日光浴，或晚上於陽台上把酒談心，遠望海景，相當浪漫寫意。

酒店內設有室內泳池和桑拿浴室，不過需要額外付費使用，房價不包含在內，而且泳池的使用是按小時計，2000 日元一小時。酒店早餐以自助餐形式供應，西式及日式料理為主，相當豐富！而且有海景坐位，讓你飽覽美景及享用美食。

於 JR 車站有接駁巴士往返三宮地區，即使不熟路的旅客也不用擔心迷路，編排行程也相當方便。

酒店早餐以自助餐形式供應，西式及日式料理為主，而且有海景坐位，讓你一面飽覽美景、一面享用美食。

Info

地址：兵庫県神戶市中央区波止場町 5-6
電話：078-325-8111
房價：＄＄＄＄
（包含自助早餐）
網址：kobe-orientalhotel.co.jp
前往方法：阪急、阪神、地下鉄山手線「三宮」
駅，免費接駁巴士直達。

每一個海景房間也擁有私人大平台，就像置身遊輪假期。

酒店就在美利堅公園旁邊，旺中帶靜。

PEANUTS HOTEL 外牆還繪有《花生漫畫》。

© 2019 Peanuts Worldwide LLC

神戶 三宮 日本首間 Snoopy 酒店

PEANUTS HOTEL

　　日本首間以 Snoopy 及《花生漫畫》為主題的設計酒店，座落神戶北野異人館附近，樓高 6 層，全館 18 間客室佔據 3 層，每層以「Imagine」、「Happy」及「Love」為主題，每間客房都以一則《花生漫畫》故事作主題，每間設計都獨一無二。還有關西首家「PEANUTS CAFE」，以及「PEANUTS DINER」餐廳，隨處可見花生漫畫的角色和對白，粉絲和文青都冇死！

位於 4 樓「Imagine」樓層的 47 號房，焦點是床後牆身塞滿 Snoopy 公仔。

63 號房以「You're the only friend I've got snoopy.」為題，床頭櫃擺滿《花生漫畫》的舊玩具。

64 號房以「Happiness is a warm puppy..」為題，粉紅色調設計，還有巨型 Snoopy 毛公仔給你抱抱。

54 號乃全館唯一的和風設計房，大玩雲上壁畫，茶几還藏有迷你白砂庭園。

61 號為 SPECIAL ROOM，附設偌大的花園陽台，更請來園藝家西畠清順佈置。

就連沐浴備品都印有 Snoopy，粉絲至愛。

Info

地址：兵庫県神戸市中央区中山手通 1-22-26
電話：078-200-5848
房價：$ $ $ $
　　　（包含 PEANUTS DINER 早餐）
網址：peanutshotel.jp
前往方法：阪急、阪神、地下鉄山手線「三宮」
　　　　　駅，步行約 6 分鐘。

酒店大堂設有極具特色的巨型西洋棋盤，打卡一流。

神戶 三宮 每晚 3 小時的 Happy Hour

Hotel Villa Fontaine 神戶三宮

Hotel Villa Fontaine 神戶三宮（Kobe-Sannomiya）鄰近電車站，交通方便，步行數分鐘即達三宮驛，距離「南京町」亦不過 10 分鐘左右路程。酒店附近就是主要購物區，觀光景點、餐廳和酒吧等一應俱全。

酒店的設施方面，每間客房除電視、雪櫃及咖啡機之外，亦提供免費 Wi-Fi。如要洗衣服，酒店內亦附設投幣式洗衣機。除此之外，尤其值得一提的是每晚 5 時至 8 時，Lobby Lounge更設有 Happy Hour，住客均可免費享用紅白酒及汽泡酒、咖啡、芝士粒及餅乾等等，性價比一流。若是日間在外面跑了一整天的話，正好可以在此淺酌一杯，從而消除疲勞了。

每晚 Lobby Lounge 設 3 小時的 Happy Hour，住客可免費享用紅酒、咖啡等。

Happy Hour 提供的酒品款式不少，均採自助方式自行添飲。

Info

地址：兵庫県神戶市中央区旭通 4-1-4
電話：078-224-5500
房價：$ $
網址：hvf.jp/chi/kobe-sannomiya
前往方法：阪急、阪神、地下鉄山手線「三宮」
駅，步行約 3 分鐘。

每間客房除電視、雪櫃及咖啡機之外，亦提供免費 Wi-Fi。

常用日語

常用短句

日文	讀音	中文解釋
すみません	su - mi - ma - sen	不好意思
ありがとう	a - ri - ga - to - u	多謝
よろしく	yo - ro - shi - ku	多多指教
おねがい	o - ne - ga - I	麻煩你了
大丈夫	da - i - joo - bu	無問題
ありますか	a - ri - ma - su - ka	有嗎？
あります	a - ri - ma - su	有
ありません	a - ri - ma - sen	沒有
はい	ha - i	是
いいえ	i - i - e	不是

購物

日文	讀音	中文解釋
試着（しちゃく）	si - cha - ku	試穿
割引	wa - ri - bi - ki	折扣
他の色	ho - ka - no - i - ro	別的顏色
中古	chuu - ko	二手
いくら	i - ku - ra	多少錢？
領收書	ryo - syu - sho	收據
高い	ta - ka - i	貴
安い	ya - su - i	便宜
小さい	chii - sa - i	細
大きい	oo - ki - i	大

交通

日文	讀音	中文解釋
片道	ka - ta - mi - chi	單程
往復	oo - fu - ku	來回
切符（きっぷ）	ki - ppu	車票
指定席	shi - te - i - se - ki	指定座位
自由席	ji - yuu - se - ki	Free seat
子供（ことも）	ko - to - mo	小童
大人（おとな）	o - to - na	成人
両替	ryou - ga - e	零錢找換
お釣り	o - tsu - ri	找錢
精算機	se - i - san - ki	補票機
次の	tsu - gi - no - e - ki	下一站
特急	to - kkyuu	特快
各停	ka - ku - te - I	站站停
駅	e - ki	車站

進膳

日文	讀音	中文解釋
予約	yo - ya - ku	預約
セット	se - tto	套餐
メニュー	me - nyu	餐牌
お薦め	o - su - su - me	推薦
同じ物	o - na - ji - mo - no	同一樣的東西
茶碗	cha-wan	碗
箸	ha - shi	筷子
スプーン	su - puun	湯匙
替玉	ga - e - da - ma	加麵底
楊枝	yoo - ji	牙籤
お勘定	o - kan - joo	結賬
別々に	be - tsu - be - tsu - ni	分開結賬

問路

日文	讀音	中文解釋
地図	chi - zu	地圖
どこ	do - ko	哪裏？
左	hi - da - ri	左
右	mi - gi	右
前	ma - e	前面
後	u - shi - ro	後面
曲がる	ma - ga - ru	轉彎 / 拐彎
向かい側	mu - ka - i - ga - wa	對面
信	shin - goo	交通燈
歩道橋	ho - doo - kyoo	天橋
トイレ	to - i - re	洗手間
ビル	bi - ru	大廈

日期

日文	讀音	中文解釋
日曜日	ni - chi - yoo - bi	周日（SUN）
月曜日	ge - tsu - yoo - bi	周一（MON）
火曜日	ka - yoo - bi	周二（TUE）
水曜日	su - i - yoo - bi	周三（WED）
木曜日	mo - ku - yoo - bi	周四（THUR）
金曜日	kin - yoo - bi	周五（FRI）
土曜日	do - yoo - bi	周六（SAT）
祝日	shu - ku - ji - tsu	假期
今日	kyo - o	今天
昨日	a - sa - tte	昨天
明日	a - shi - ta	明天
午前	go - zen	上午
昼	hi - ru	中午
午後	go - go	下午

點餐常見食物名稱

海產

日文	讀音	中文解釋
鮪（まくろ）	ma - gu - ro	吞拿魚
鰹（かつお）	ka - tsu - o	鰹魚
うなぎ	u - na - gi	鰻魚
鯛（たい）	ta - i	鯛魚
鰤（はまち）	ha - ma - chi	油甘魚
サーモン	saa - mon	三文魚
ふぐ	fu - gu	河豚
うに	u - ni	海膽
鰒（あわび）	a - wa - bi	鮑魚
えび（海老）	e - bi	蝦
いか	i - ka	魷魚
かき	ka - ki	蠔
たこ（タコ）	ta - ko	章魚
とろ	to - ro	魚腩
赤身	a - ma - ki	魚背肉

日本料理

日文	讀音	中文解釋
ラーメン	ra - men	拉麵
とんかつ	ton - ka - tsu	炸豬扒
牛すじ	gyu - su - ji	牛筋煮
おでん	o - den	關東煮
うどん	u - don	烏冬
蕎麦（そば）	so - ba	蕎麥麵
天丼	ten - don	天婦羅飯
出し巻たまご	da - shi - ma - ki - ta - ma - go	煎蛋卷
カレー	ka - ree	咖喱
ホルモン	ho - ru - mon	內臟
餃子（ぎょうざ）	gyoo - za	餃子
もち	mo - chi	麻糬
オムライス	o - mu - rai - su	蛋包飯
コロッケ	ko - rro - ke	可樂餅（炸薯餅）